Die Privatisierungstätigkeit der Treuhandanstalt

Christopher Freese studierte Betriebswirtschaftslehre und Soziologie in Kiel, Göttingen und am M.I.T. Cambridge. Von November 1990 bis März 1993 war er für die Treuhandanstalt in Berlin tätig. Heute arbeitet er als Berater für die Boston Consulting Group.

Christopher Freese

Die Privatisierungstätigkeit der Treuhandanstalt

Strategien und Verfahren der Privatisierung in der Systemtransformation

Campus Verlag
Frankfurt/New York

2. Auflage, unveränderter Nachdruck 2021
Druck und Bindung: Books on Demand

Die Deutsche Bibliothek – CIP-Einheitsaufnahme

Freese, Christopher:
Die Privatisierungstätigkeit der Treuhandanstalt: Strategien
und Verfahren der Privatisierung in der Systemtransformation /
Christopher Freese. – Frankfurt/Main; New York:
Campus Verlag, 1995
ISBN 3-593-35244-3

Umschlaggestaltung: Atelier Warminski, Büdingen
Druck und Bindung: KM-Druck, Groß-Umstadt
Gedruckt auf säurefreiem und chlorfrei gebleichtem Papier.
Printed in Germany

Meinen Eltern,
ohne deren Unterstützung
dieses Buch nicht entstanden wäre

Inhalt

Verzeichnis der Abkürzungen

ABM	Arbeitsbeschaffungsmaßnahmen
ABS	Arbeitsförderung, Beschäftigung, Strukturentwicklung
AG	Aktiengesellschaft
A-Interview	Interview des Verfassers (vgl.: Literatur und Quellen)
ATLAS	Ausgewählte Treuhandunternehmen vom Land angemeldet zur Sanierung
B-Interview	Interview für das Forschungsprojekt Treuhandanstalt (vgl.: Literatur und Quellen)
BARoV	Bundesamt zur Regelung offener Vermögensfragen
BIP	Bruttoinlandsprodukt
BDI	Bundesverband der Deutschen Industrie
BNL	Beteiligungsgesellschaft Neue Länder
BMF	Bundesministerium für Finanzen
BMG	Beteiligungs-Management-Gesellschaft mbH
BMWi	Bundesministerium für Wirtschaft
BRD	Bundesrepublik Deutschland
BRH	Bundesrechnungshof
BVVG	Bodenverwertungs- und -verwaltungs GmbH
BVS	Bundesanstalt für vereinigungsbedingte Sonderaufgaben
DAG	Deutsche Angestelltengewerkschaft
DDR	Deutsche Demokratische Republik
DGB	Deutscher Gewerkschaftsbund
GPH	Gesellschaft zur Privatisierung des Handels
GmbH	Gesellschaft mit beschränkter Haftung
GUS	Gemeinschaft unabhängiger Staaten
IHK	Industrie- und Handelskammer
IfW	Institut für Weltwirtschaft, Kiel

KoKo	Kommerzielle Koordinierung
M&A	Mergers and Acquisition
MBI	Management-Buy-In
MBO	Management-Buy-Out
MfS	Ministerium für Staatssicherheit (Stasi)
MKG	Management-Kommandit-Gesellschaft
NL	Niederlassungen
NRW	Nordrhein-Westfalen
RGW	Rat für gegenseitige Wirtschaftshilfe
THA	Treuhandanstalt (Treuhand)
TLG	Liegenschaftsgesellschaft der Treuhandanstalt mbH
TOB	Treuhand-Ostberatungsgesellschaft
VEB	Volkseigener Betrieb
VM	Vertragsmanagement
VRA	Vertragsmanagement, Reprivatisierung, Abwicklung
Z	Zentrale

Verzeichnis der Abbildungen

Vorwort

Dieses Buch wurde in der Absicht geschrieben, eine Zeit aufzuarbeiten, die viele Menschen des vereinigten Deutschlands in besonderer Weise in Anspruch genommen hat - und es noch tut. Diese Zeit ist voller Mißverständnisse. Wenn es gelingt, einem Ausschnitt der wirtschaftlichen Transformation in Ostdeutschland eine versachlichende Diskussionsgrundlage zu verleihen, ist ein wichtiges Ziel erreicht. Ein anderes ist schon deshalb erreicht, weil durch den selbst auferlegten Zwang eine Dissertation zu schreiben, mir selbst vieles klarer geworden ist.

Mein ganz besonderer Dank gilt Horst Kern (Professor an der Universität Göttingen) und Charles F. Sabel (Professor am MIT, Cambridge), deren Rat und Inspiration von unschätzbarem Wert für das Gelingen meines Vorhabens waren. Die Jahre 1990 bis 1994 in Berlin und bei der Treuhand haben mein Leben entscheidend geprägt. Frau Birgit Breuel hat mir die Chance zu einer aktiven Mitarbeit an der Gestaltung der wirtschaftlichen Erneuerung gegeben. Die vielen Gespräche und wertvollen Diskussionen mit meinen Kollegen und Freunden haben mir über viele Klippen hinweg geholfen. Kilian Krieger und Wolfgang Seidel waren wichtige und ausdauernde Ratgeber. Die Volkswagenstiftung hat mein Projekt finanziell unterstützt. August v. Joest und Price Waterhouse haben die Infrastruktur zur Verfügung gestellt.

Claudia Voelker, Ulrike Siegert, Swantje Vick, Peter Bachsleitner und mein Bruder Jan Freese waren Hilfe und Rückhalt in einer Phase höchsten Zeitdrucks. Schließlich danke ich meiner "Frau", Angela Bretsch, deren Geduld, Verständnis und Ermutigung meiner Arbeit den Spaß und Erfolg erhalten haben.

Christopher Freese
Berlin, im Dezember 1994

Einleitung

Seit über vier Jahren bewegen sich die Staaten Mittel- und Osteuropas in einer Phase der Systemtransformation - mit unterschiedlicher Geschwindigkeit und weit auseinanderfallenden Ergebnissen. Überall verlangt der politische und wirtschaftliche Neubeginn unter immer noch gespannter Aufmerksamkeit der Weltöffentlichkeit den Menschen und Institutionen einen tiefgreifenden Wandel ab.

Während die grobe Richtung festgelegt scheint, verlieren sich die Bemühungen der Akteure, dorthin zu gelangen, nicht selten in der Debatte, wie lang oder kurz, wie schnell oder langsam die Schritte sein sollten. In dieser Hinsicht gehen Praxis und Theorie Hand in Hand. Den tonangebenden Strategievorschlägen der Wirtschafts- und Sozialwissenschaftler galt zunächst das schnelle Entkoppeln der ehemals zentralgeleiteten Unternehmensstrukturen von jeglicher staatlicher Einflußnahme als entscheidender Hebel des Strukturwandels. Viele der Argumente entstammten der im Westen geführten Debatte.[1] Nach und nach wurden die simplifizierten Annahmen aber von einer realexistierenden Komplexität und der regelmäßigen Sprachlosigkeit bei ihrer Entwirrung widerlegt und mußten fallengelassen werden.[2] Die Dezentralisierung der Entscheidungsprozesse auf dem Weg vom Plan zum Markt,

---

1 Zu einzelnen Punkten siehe Hinds (1990), Issues in the Introduction of Market Forces in Eastern European Socialist Economies, Kornai (1990), The Affinity Between Ownership Forms and Coordination Mechanisms, Lipton/Sachs (1990), The Privatization in Eastern Europe: The Case of Poland, Newberry (1992), Sequencing the Transition, North (1992), Privatization, Incentives, and Economic Performance, Blanchard/Layard (1991), How to privatize.

2 Earle/Frydman/Rapaczynski (1993a), The Ambiguity of Privatization an the Paths of Transition: The Struggle for a Private Property Regime in Eastern Europe.

stieß bei ihrer faktischen Umsetzung auf scheinbar unlösbare Probleme, die wiederum heute eine ganze Reihe neuer Ansätze (zu ihrer Lösung) inspiriert haben.

Konnte eine anwendbare *Theorie* zur Entstaatlichung in einer radikalen Transformationsumgebung schon deshalb nicht existieren, weil niemand auf der einen Seite des eisernen Vorhangs ernsthaft damit gerechnet hatte und niemand auf der anderen Seite damit rechnen wollte oder durfte, daß es in naher Zukunft einen empirischen Untersuchungsgegenstand dafür geben würde, richtete sich die Aufmerksamkeit früh dorthin, wo man hoffte, aus einem Vorsprung in der *Praxis* lernen zu können - nach Ostdeutschland.

Viele dieser Hoffnungen sind vor der Erkenntnis der Unterschiedlichkeit der Ausgangsbedingungen erheblich kleiner geworden oder sogar ganz verschwunden.

Der ostdeutsche Privatisierungsfall bleibt ohne Beispiel. Dort wurde mit der Wirtschafts-, Währungs- und Sozialunion beider deutscher Staaten ein Systembruch inszeniert, dem sukzessive, aber mit hohen - weit höheren als andernorts - Anforderungen an Tempo und Gelingen, die Inhalte und das Leben folgen mußten. Mit der Einführung der Marktwirtschaft vor dem Aufbau korrespondierender Eigentumsrechte und dem Aufpropfen eines ausgeklügelten Ordnungs- und Rechtssystems waren diese politisch geschaffenen Bedingungen als Einschränkung der strategischen Optionen hinzunehmen. Daraus erwuchsen allerdings in eben solchem Maße die Sicherheit und die Unumkehrbarkeit des Prozesses.

Gleichzeitig wollte man sich auf die Erfahrungen eines großen Bruders verlassen, der bereit stand, der Vereinigung der Menschen auch die der wirtschaftlichen Bedingungen folgen zu lassen.

Der ebenso zentrale wie umstrittene Akteur der Realanpassung der Wirtschaft in Ostdeutschland war die noch vom Ministerrat der DDR gegründete Treuhandanstalt[3]. An der Schnittstelle zwischen Staat und Unternehmen für den Übergang institutionalisiert, die nahezu vollständige Überführung des

3 "Anstalt zur treuhänderischen Verwaltung des Volkseigentums", im folgenden Treuhand genannt.

ehemals volkseigenen Produktionsvermögens zu organisieren, wurde sie früh zum Träger vieler hoffnungsvoller und zum Synonym vieler enttäuschter Erwartungen.

Organisation, Selbstverständnis und Aufgabenwahrnehmung entwickelten sich in der Institution nicht unbeeindruckt von ihrer Rolle, aber doch unter Zurückweisung einer aus ihrer Sicht unannehmbaren Verantwortung für einen industrie- und strukturpolitischen *masterplan*. Einem solchen Leitfaden für den Weg vom Plan zum Markt fühlte sie sich nicht verpflichtet, obwohl sie de facto mit jeder Einzelentscheidung die Herausbildung neuer oder die Verfestigung alter industrieller Strukturen wesentlich bestimmte und sich dieses Mosaik nach seiner *Fertigstellung* fast ausschließlich aus Steinen zusammensetzen würde, mit deren *Gestaltung* sie beauftragt worden war.

Ihrem Dilemma zwischen eigenem Verständnis und externen oft widersprüchlichen Erwartungen und Forderungen hätte sie nur entfliehen können, wenn es ihr gelungen wäre, ihrem Vorgehen einen konzeptionellen Rahmen zu verleihen. Daran ist sie offensichtlich gescheitert.

Von ihren über 13.000 Unternehmen hatte sie im Mai 1994 noch weniger als 200 zu privatisieren. Dennoch ist die Resonanz auf ihre Tätigkeit in der Breite des ost- wie westdeutschen Meinungsspektrums eher ablehnend. Vielleicht sind es aber auch diese Erwartungen an Vorgehensweise und Ergebnis, die angesichts der engen Gestaltungsräume in der ostdeutschen Transformationslandschaft abgelehnt werden müssen.

Um diese Frage zu beantworten, soll die Privatisierungstätigkeit der Treuhand in diesem Buch einer detaillierten Untersuchung unterzogen werden, deren Weg auf der Makroebene beginnt, sich bis hinunter in den Einzelfall fortsetzt und dann zu seinem Ausgangspunkt zurückkehrt.

Bei der Entwicklung eines Aufgabenverständnisses hatte die Treuhand dreierlei zu beachten: die institutionellen und wirtschaftlichen Rahmenbedingungen, ihren vom Gesetzgeber definierten Auftrag und die Notwendigkeit ihrer sofortigen Handlungsfähigkeit. Dieser Dreiteilung folgt auch der inhaltliche Aufbau des *ersten Teils*. Dort wird es zunächst darum gehen, ein differenziertes Verständnis der Positionierung der Treuhand im institutionellen Umfeld des zusammenwachsenden Landes zu entwickeln. Im Rahmen ihrer Organisationsfestlegungen hat sie an der Definition von Schnittstellen und gemeinsamen wie getrennten Handlungsräumen mit den übrigen zentralen Akteuren der Transformation entscheidend mitgewirkt.

Dem thematischen Fokus des Buches folgend wird dem Aufspüren der strategischen Optionen der Privatisierung im Kerngeschäft der Treuhand und ihrer Einbettung in ein Aufgabenverständnis im *zweiten Teil* des Buches größerer Raum gegeben. Im Zentrum der Betrachtung stehen fünf Beispiele für die Gestaltung des Eigentumsübergangs durch die Privatisierungsagentur.

An den Anfang wird aber zunächst eine theoretische Erörterung gestellt. Der Text bedient sich einiger zentraler Erkenntnisse zur Organisation von Wirtschaftsprozessen, innerhalb und außerhalb von Hierarchien (Theorie der Firma). Ich sehe die Gefahr, daß sich der Leser durch ein zuviel an Theorie abschrecken läßt. Dieser Abschnitt kann übersprungen, sollte dennoch wenigstens überflogen werden. Ich halte das für wichtig, weil dort das Gerüst zur Differenzierung alternativer Arrangements[4] entworfen wird, in das die Fallbetrachtung eingeordnet werden soll.

Der *dritte Teil* greift die Ergebnisse der Falluntersuchung auf und stellt sie noch einmal rückblickend in die ihnen übergeordneten Zusammenhänge. Gleichzeitig wird das Buch versuchen, den Weg nachzuzeichnen, den die Treuhand in den letzten zwei Jahren ihrer Tätigkeit nach Überschreiten des Scheitelpunktes ihrer Lebensdauer genommen hat und welche Rückschlüsse sich daraus auf die *Erledigung ihres Auftrags* ziehen lassen.

Dem tentativen Charakter der Untersuchung zum Trotz werden eine Reihe - allerdings noch vorläufiger - Aussagen zu dem Erfolg oder Mißerfolg der Treuhand-Privatisierungstätigkeit gemacht. Einerseits bietet die in Auflösung begriffene Institution selbst einen ersten Einblick in die Entwicklung der von ihr privatisierten Unternehmen, andererseits zeichnen sich in der im Anpassungsprozeß *ramponierten* industriellen Landschaft Ostdeutschlands schemenhaft Konturen schöpferischer Elemente ab.

---

4 Darunter soll hier die Entwicklung, Verhandlung und Einbettung einer Privatisierung verstanden werden.

Schließlich soll ein Ausblick einige Fragestellungen aufgreifen, deren Beantwortung in unmittelbarem Zusammenhang mit den Erkenntnissen dieses Buches angegangen werden kann und sollte.[5]

---

5 Der Aktualität des Themas geschuldet gibt es wenige grundsätzliche wissenschaftliche Auseinandersetzungen mit der Treuhand (abgesehen von den Beiträgen zum Forschungsprojekt "Treuhandanstalt", Das Unmögliche wagen). Die Hintergrundgespräche und Interviews des Verfassers mit zahlreichen (auch ehem.) Treuhandmitarbeitern (vgl.: Literatur und Quellen) waren insofern mehr als hilfreich einige Sachverhalte zu klären. Dieser Text gibt (wo nicht ausdrücklich anders gekennzeichnet) die Meinung des Verfassers wieder.

Erster Teil:
Der ostdeutsche Privatisierungsfall

Um die Treuhandanstalt zu verstehen, muß man sich ihre Ursprünge und die Situation, in die sie hineingeboren wurde, vergegenwärtigen.

Die Transformation in Ostdeutschland folgte eigenen Gesetzmäßigkeiten. Wie andernorts gab es auch hier keine Rezepte, aber die Erwartungen an einen schnellen Erfolg waren ungleich höher. Die Entscheidungen des Einigungsjahres wurden getroffen inmitten überschäumender Freude, Ungeduld und politischen Notwendigkeiten. Das Jahr 1990 war das "Jahr der Politiker, nicht der Ökonomen"[6]. Wo die Folgen nicht bis ins letzte vorhersehbar schienen, blieb vieles in dieser Zeit unausgesprochen.

1991 entwickelte sich zum "Jahr der Ernüchterung". Die Hoffnung, die Marktwirtschaft könnte die Gräben zwischen den ungleichen Teilen mühelos zuschütten, wich auf beiden Seiten einer Enttäuschung. Der Prozeß dauerte den Westdeutschen zu lange und drohte, ihre finanzielle Opferbereitschaft schon früh zu überfordern. Auch die Ostdeutschen empfanden Überforderung angesichts des ungewissen und tiefgreifenden Strukturwandels, der schnell sichtbare Spuren hinterließ. Um zu erhalten, was ihnen erhaltenswert schien, fühlten sie sich in die Rolle von Bittstellern gedrängt.[7]

Im Mittelpunkt vieler enttäuschter Erwartungen stand die Treuhandanstalt. Ausgestattet und zunächst allein gelassen mit dem gesetzlichen Auftrag, die ökonomische Umwälzung zu organisieren, galt sie vielen als "Bedingungsgröße des gesellschaftlichen und wirtschaftlichen Wandels". Unter hohem Zeitdruck und ohne Erfahrungshintergrund hat diese *systemfremde* und eigentlich *undemokratische* Institution des Übergangs ihre intermediäre Stellung genutzt, um sich einen Interpretations- und Handlungskorridor zu schaffen.[8] Die Philosophie ihres Tuns hat sich nicht an Dogmen,

---

6 Wolfram Fischer / Harm Schröter (1993), *Die Entstehung der Treuhandanstalt*, zitieren Christa Luft, S. 38.

7 Vgl.: Helmut Schmidt (1993). "Diese Abhängigkeit wirkt sich auf die Befindlichkeit der in den Landtagen und Landesregierungen tätigen Personen aus, ebenso auf die öffentliche Meinung in den östlichen Bundesländern. Das Bewußtsein der Trennung und der Unterordnung unter westdeutsche Organe und Personen wird vertieft." *Handeln für Deutschland*, S. 31f..

8 B-Interview mit W. Schöde. Ihr Übergangsstatus wirkte in zweierlei Richtungen. Einerseits war sie den angestammten Institutionen des demokratischen Rechtsstaates

sondern am Machbaren - das heißt auch an der eigenen Überforderung[9] - orientiert. Sie hat versucht, einen flexiblen Weg zwischen den diskussionsbestimmenden Strategien zu wählen. Damit hat die Treuhand es wiederum fast niemandem Recht gemacht. Die Enttäuschung hat sich früh in Mißtrauen und Kritik entladen und eine andauernde Debatte um die Gewichtung der Aufgaben und die Kontrolle ihrer Erledigung entfacht.

Aufgabe und Auflösungscharakter forderten der Treuhand stets Beweglichkeit ab. Bereits früh war absehbar, daß sich ihre Entwicklung in Phasen vollziehen würde: prozessual - von der Spontanität zur Systematisierung; inhaltlich - erst operativ dann administrativ; organisatorisch - vom Aufbau in die Abschmelzung.

Zur Einleitung in die ostdeutsche Privatisierungslösung werden in diesem Teil drei Ebenen unterschieden [Abb. 1], zunächst bewußt nebeneinander gestellt und entsprechend gegliedert erörtert. Zeitliche Überlappungen und inhaltliche Interdependenzen erschweren diese Vorgehensweise und können an einigen Stellen zu Redundanzen führen. Dort müssen sie aus Gründen der argumentativen Klarheit und Genauigkeit in Kauf genommen werden.

Auf der ersten Ebene wird die politische und wirtschaftliche Ausgangssituation in Ostdeutschland zum Jahreswechsel 1990/91 skizziert, die den äußeren Rahmen für die Treuhandaktivitäten gesetzt hat [Kapitel 1.]. Auftrag und Organisation der Treuhandanstalt im institutionellen Umfeld schließen sich daran an [Kapitel 2.]. Beide Erörterungen skizzieren einen Prozeß und schließen mit einer Beschreibung des Zustands, aus dem heraus die Treuhand ihr Handeln definiert und vollzieht.

(bundesdeutscher Prägung) ein Dorn im Auge, weil sie deren Kompetenzen und Handlungsfreiräume einengte. Andererseits konnten sie sich dort hinter ihr verstecken, wo die eigene Exponiertheit drohte, die eigene Inkompetenz in der Ausnahmesituation der Transformation offenzulegen.

9 Vgl.: Birgit Breuel (1992b), *Der Winter kommt*, Die Zeit vom 13.11.92, S. 30. Ihre Überforderung aus der vom Gesetzgeber vorgesehenen gestalterischen Aufgabe (in einer von Gleichzeitigkeit und Dynamik der Verschlechterung geprägten Situation, die nicht eigentlich gestaltbar war) gilt als Fundament zur Beschreibung und Erklärung ihres Handelns. Sie wird an anderer Stelle in dieser Arbeit ausführlich erörtert und zieht sich wie ein *roter Faden* durch die Suche nach Strategie und Verfahren der THA-Privatisierungstätigkeit.

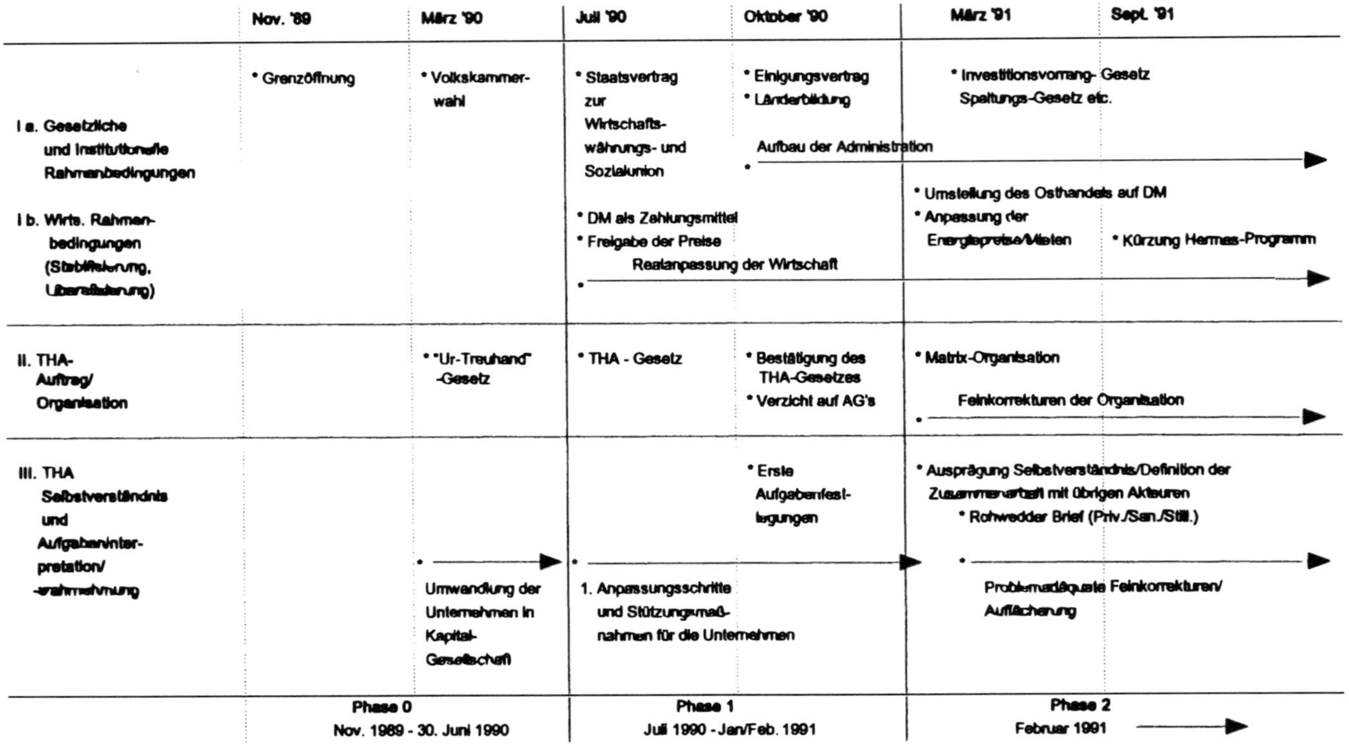

Abb. 1: Elemente und Schritte der Transformation in Ostdeutschland

Kapitel 3. setzt mit diesem *Zustand* ein und trägt dem tentativen Charakter von Organisation, Positionierung im institutionellen Umfeld und Handeln Rechnung, indem die Entwicklungen danach (auch auf den vorgenannten Ebenen) in ihren kausalen Zusammenhang gestellt und entlang der Zeitachse beschrieben werden. Denn während ihr Aufgabenspektrum mit der Bestätigung des Treuhand-Gesetzes durch den Einigungsvertrag fixiert wurde, haben sich parallel mit der anfangs schnellen und fortwährenden Veränderung der institutionellen und ökonomischen Rahmenbedingungen ihre Aufgabeninterpretation und -gewichtung entwickelt. Einfluß und stetiger Wandel lassen sich also im Organisations-*Tuning* nachvollziehen. Bei der Erledigung ihres operativen Geschäftes ist die Treuhand ihren Grundsätzen und ihrem Selbstverständnis allerdings weitestgehend treu geblieben. Das Prinzip der Dezentralisierung und eine am Einzelfall orientierte Vorgehensweise haben aber mit fortschreitendem Lernen eine Verfeinerung und Auffächerung der Methoden ermöglicht.

Übertragen auf ein Phasenmodell[10] hieße das, die ersten zwei Abschnitte betrachten getrennt nach Ebenen die Phasen bis Januar bzw. Sommer 1991, der dritte Teil die Zeit bis etwa Anfang 1992.

Bei der Beschreibung des ostdeutschen Privatisierungsfalls in diesem Kapitel verschränken sich systematische und chronologische Betrachtungsweise. Der Vollständigkeit halber sei hier bereits erwähnt, daß die Zeit von Anfang 1992 bis zur Auflösung der Treuhand zum Ende 1994 Gegenstand der empirischen Analyse anhand ausgewählter Fälle im zweiten Teil und der Nachbetrachtung im dritten Teil des Buches sein wird.

---

10 Phasenmodelle der ostdeutschen Transformation haben immer etwas Konstruiertes, Künstliches. Je nachdem, welchen Blickwinkel der Betrachter wählt, ändert sich die Phaseneinteilung. Die hier gewählte Unterteilung entspringt der Treuhand-Sichtweise, ist aber selbst innerhalb dieses Betrachtungsfeldes nicht die einzig mögliche Variante. Ein von Treuhand-Seite akzeptiertes, offizielles Modell existiert nicht. Das hier gewählte ist auf die Ziele der Arbeit zugeschnitten und somit vorläufig.

1. Der institutionelle Rahmen in Ostdeutschland

1.1. Politischer Umbruch - "Das Wort veraltet im Munde"

Als mit dem Fall der Mauer die friedliche Revolution im Herbst 1989 ihren Kulminationspunkt erreicht hatte, begann ein Prozeß, der die starren Strukturen rasch zerbröckeln ließ. Die sich zuerst nur in Konturen abzeichnende neue politische Ordnung verlangte auch nach einer Neuordnung des Wirtschaftsystems. Die damalige politische Führung der DDR suchte nach dem Sturz Honneckers einen "Dritten Weg", der eine Symbiose aus Überbleibseln der Planwirtschaft und marktwirtschaftlichen Elementen anstrebte. Nach langer Trennung sollten sich die beiden deutschen Staaten langsam, zunächst unter Beibehaltung ihrer Autonomie, aufeinander zubewegen.[11]

Dieses Experiment war zum Scheitern verurteilt, hatte die DDR doch mit dem *Verlust* des Sozialismus auch ihre Legitimation als Staat verloren, weil ihr im Unterschied zu den sozialistischen Bruderstaaten die nationale Identität fehlte.[12]

Die deutsche Situation wurde zum Sonderfall, der in ökonomischen Theorien nie eine Rolle gespielt hatte.

---

11 Auch das 10-Punkte-Programm des Bundeskanzlers vom November 1989 sah über die Zusammenarbeit der beiden deutschen Staaten eine schrittweise enger werdende Verflechtung bis zur Konföderation vor, die schließlich in der Vereinigung münden sollte.

12 Vgl.: Otto Reinhold, Direktor der Akademie für Gesellschaftswissenschaften beim ZK der SED (nachzulesen bei Christ/Neubauer (1991), *Kolonie im eigenen Land*, S. 17).

Spätestens mit der Wahl der Regierung de Maizière im März 1990 und unter dem Druck der einsetzenden Ost-West-Migration wurden die bis dahin vorgelegten wirtschaftspolitischen Entwürfe unbrauchbar. Diese Dynamik fand ihren Ausdruck in dem viel zitierten Satz: "Das Wort veraltet im Munde". Die Zeitperspektive der deutschen Vereinigung schrumpfte merklich.[13]

Für die meisten DDR-Bürger war die D-Mark Symbol für westdeutschen Wohlstand und die eigene materielle Besserstellung. Fasziniert vom Unmittelbaren konzentrierte sich die Politik auf die Beseitigung der am stärksten spürbaren Symptome. Dahinter mußte nahezu zwangsläufig die Übernahme des Ordnungsrahmens der alten Bundesrepublik stehen. Während die Ökonomen noch über Reihenfolge und Timing der Integration nachdachten, nutzte die westdeutsche Politik - allen voran der Bundeskanzler - das nationale und internationale Entscheidungsvakuum zur Forcierung der wirtschaftlichen und politischen Einheit. Richtung und Tempo der Entwicklung wurden nun weitgehend von Bonn bestimmt. Die Wirtschafts- und Währungsunion kam innerhalb von 4 Monaten, die Vereinigung innerhalb von 7 Monaten.[14]

Mit Inkrafttreten des Staatsvertrages zur Wirtschafts-, Währungs- und Sozialunion am 1. Juli 1990 wurde die DM alleiniges Zahlungsmittel und die Bundesbank für die Geld- und Währungspolitik zuständig. Die DDR übernahm gleichzeitig die wesentlichen Wirtschaftgesetze der Bundesrepublik oder paßte ihre eigenen entsprechend an.[15] Die politische Rationalität stellte die wirtschaftliche auf den Kopf. Alles geschah nun ungeordnet und in anderer Reihenfolge. Die Anpassung der realen Wirtschaft, also des Waren- und Kapitalverkehrs und der Arbeitsmärkte mußte der monetären Integration folgen. Daß damit strukturelle Anpassungsprobleme ausgelöst wurden, die alles bisher Dagewesene in den Schatten stellen sollten, muß den Entscheidern klar gewesen sein. Warnungen gab es jedenfalls zuhauf. Das Primat der

---

13 Vgl.: H. Siebert (1992b), *Das Wagnis der Einheit*, S. 18f..

14 Die Vereinigung wurde im wesentlichen gemäß Artikel 23 des Grundgesetzes vollzogen. Die neuen Bundesländer wurden zum "Beitrittsgebiet". Eine Vereinigung wäre ebenso nach Artikel 146 Grundgesetz möglich gewesen. Der Entwurf einer neuen Verfassung wäre allerdings mit "erheblichen Unwägbarkeiten und Risiken verbunden gewesen". Ebd., S. 24.

15 Vgl.: Wirtschaft und Währung (1992), *Ostdeutsche Wirtschaft im Wandel*, S. 13.

Politik, das in der DDR den Zusammenbruch des Gesamtsystems maßgeblich verantwortete, setzte sich in bemerkenswerter Weise mit Währungseinheit und Vereinigung fort und verschärfte die Lage zusätzlich.[16] Das Wort von der "Schocktherapie" für die ostdeutsche Volkswirtschaft und ihre Betriebe machte die Runde. Dieses anfängliche Vertrauen in den therapeutischen Erfolg des Schocks hat später allerdings erheblich gelitten.

Neben dem absehbaren ökonomischen Chaos bot diese - speziell deutsche - Transformationsvariante aber auch Chancen:

1) Die Übernahme einer erprobten institutionellen Ordnung sollte die Anpassung erleichtern und die Unumkehrbarkeit des Prozesses sicherstellen. Zumindest letzteres hat sich bestätigt. Neben Rechtssicherheit wurde Vertrauen in den Staat, seine Funktionsträger und die Bewältigung der anstehenden Probleme hergestellt. Die Übertragung der westdeutschen "Hitech"-Gesetze, Verordnungen und Verfahren hatte zwar einerseits stabilisierende Wirkung, verursachte aber andererseits Adaptionsprobleme. Die Etablierung und Entfaltung der elementaren Pfeiler des BRD-Wirtschafts- und Gesellschaftssystems (Länderparlamente, Gewerkschaften, Verbände etc.) konnte erst nach einer Übergangszeit vollständig gelingen. Zudem waren die mentalen und habituellen Voraussetzungen zur Freisetzung der positiven Anreizeffekte nur rudimentär vorhanden.

2) Mit den alten Bundesländern stand den Ostdeutschen ein Partner zur Seite, für den der Transformationserfolg ebenfalls zu einer existentiellen Frage wurde.

"Wir erwarten Gemeinsamkeit und Solidarität. Die Teilung kann tatsächlich nur durch Teilen aufgehoben werden."[17]

Alte und junge Bundesländer konnten wirtschaftlich auf Dauer keine getrennten Wege gehen. Ein ostdeutsches "Mezzogiorno" käme einer politischen und sozialen Zerreißprobe gleich. Tatsächlich sind bis heute finanzielle Lei-

---

16 Vgl.: Heering/Schroeder (1992), *Hohe Motivation und verhaltener Optimismus*, S. 5f..

17 DDR-Ministerpräsident Lothar de Maizière in seiner Regierungserklärung vom 19.4.1990.

stungen in jährlich dreistelliger Milliardenhöhe von West nach Ost transferiert worden. Die Bereitschaft der Westdeutschen zu teilen, hat auf dem Weg gelitten - so sie überhaupt vorhanden war. Die Politik hat gen Osten und gen Westen zu spät davor gewarnt, den "status quo als faszinierende, segensreiche Zukunftsorientierung zu umklammern"[18].

3) Durch die Einführung der D-Mark wurde ein Stabilitätsanker in die Wirtschaft eingezogen. Die Verknüpfung von monetärer und institutioneller Stabilität begründete die Funktionsfähigkeit des Kapitalmarktes, verbesserte die Bedingungen für die notwendige Kapitalzufuhr und führte den Preis als Steuerungssignal in den Wirtschaftskreislauf ein.

Am Sonderfall Ostdeutschland dokumentiert sich die Zweischneidigkeit der Transformation besonders deutlich. Von den drei großen Gebieten der ökonomischen Reform[19] waren zwei - die Schaffung der institutionellen Infrastruktur und die monetäre Stabilisierung - im wesentlichen per Dekret erledigt. Die *formale Einheit* mußte nun im wirklichen Leben nachvollzogen werden. Die Unumkehrbarkeit des Prozesses hat wiederum selbst zu einer endogenen Beschleunigung gedrängt. Die politisch notwendigen Entscheidungen waren als Daten hinzunehmen.

"In den Geschichtsbüchern zur Transformation von Planwirtschaften ist Ostdeutschland damit ein Laboratoriumsexperiment, in dem allein die realwirtschaftliche Anpassung zur Debatte steht, allerdings unter der spezifischen Bedingung, daß zwei Teile einer Nation zusammenwachsen müssen."[20]

---

18 Birgit Breuel, Rede anläßlich der Verleihung der Bernhard-Harms-Medaille in Kiel am 11.3.1994.

19 Vgl.: Siebert (1992b), S. 26.

20 Ebd..

1.2. Wirtschaftlicher Umbruch - außer Kontrolle[21]

Auch wenn der unmittelbare Anlaß politischer Art war, lagen die tieferen Ursachen für die ostdeutsche Wende in wirtschaftlicher Natur. Die DDR stand 1989 vor dem Staatsbankrott. Sie hatte in den achtziger Jahren eine Konkursverschleierung bei immensem Substanzverzehr betrieben. Ihre Marschroute in der Strukturpolitik, die zuletzt auf die vorrangige Förderung von *Schlüsseltechnologien* ausgelegt war, hatte wenige hochmoderne Vorzeigebetriebe hinterlassen, während der Rest zu Industrieruinen verfiel.[22]

Der Kapitalstock der Unternehmen (1989 auf 1750 Mrd. Mark geschätzt) war zu einem großen Teil wirtschaftlich und ökologisch überaltert und für Strukturen ausgelegt, die mit einer tiefgreifenden Arbeitsteilung im internationalen Wettbewerb wenig gemein hatten. Spezialisierung und Arbeitsteilung gab es nur innerhalb der monopolistischen *Kombinats-Saurier*. Die Dominanz des komplementären Tauschhandels mit den RGW-Ländern führte zu einer weitgehenden Abschottung vom weltwirtschaftlichen Innovations-, Qualitäts und Substitutionswettbewerb.[23]

Ihre Autarkiepolitik machte die DDR zu einer Wirtschaftsinsel, die wiederum aus großen Produktionsinseln bestand, die alle selbst nach Autarkie strebten. Die planwirtschaftlichen Fehlentwicklungen hinterließen gravierende Leistungs-, Effizienz- und Strukturdefizite. Nach Berechnungen des IfW Kiel waren unmittelbar vor der Währungsunion rund 50% des Kapitalstocks obsolet. Die Produktion orientierte sich an verzerrten Preisen. Die Belegschaften waren stark überbesetzt. Das Humankapital entsprach trotz guter Grundqualifikation nicht den modernen technischen Anforderungen. Das von der Natur bereitgestellte *Kapital* war erheblich belastet. Ostdeutsch-

---

21 Dieser Abschnitt hat maßgeblich von den unzähligen Diskussionen mit G. v. Gusinski und H. Schmidt (Volkswirtschaftliche Abteilung der THA) profitiert.

22 Paradoxerweise hatten gerade die Lieblingskinder der alten DDR-Riege bei ihrem Übergang in die Marktwirtchaft die größten Schwierigkeiten. Mit dem Wegfall der umfangreichen Militärprojekte können die enormen Abschmelzungsprozesse nicht allein erklärt werden. Der Fall Carl Zeiss Jena wird später in dieser Arbeit als Beispiel einer Sonderlösung der Umstrukturierung und Privatisierung genauer untersucht. Andere Beispiele finden sich insbesondere in der Mikroelektronik.

23 Vgl.: G. v. Gusinski (1992), *Wachstum in Ostdeutschland - Chancen, Risiken und Perspektiven*, S. 75f..

land zeigte sich generell überindustrialisiert. Der Dienstleistungssektor wurde über lange Zeit vernachlässigt. Mit der letzten Enteignungswelle wurde 1972 das Verschwinden des leistungsfähigen Mittelstands eingeleitet.

Der Zustand der als "Schweiz des Ostens" gerühmten Volkswirtschaft offenbarte sich in seiner ganzen Dimension allerdings erst, als sie sich nach dem 30.6.1990 dem internationalen Wettbewerb stellen mußte. Der abrupte Übergang von der abgeschotteten Verwaltungswirtschaft in die Marktwirtschaft glich einem Strukturbruch, der in Ausmaß und Intensität in Deutschland unbekannt war.[24] Der Schutzzaun zweier Währungen fiel als Instrument zur Anpassung ebenfalls aus wie andere außenwirtschaftliche Kompensationsmaßnahmen. Der Umtauschkurs von 1:1 kam einer drastischen Aufwertung der heimischen Währung um über 300 Prozent gleich.[25]

Die Unternehmen waren weder preislich noch qualitativ wettbewerbsfähig. Das Anfangsniveau der Löhne wurde zwar in Anlehnung an Produktivitätsschätzungen (zwischen 30 und 50%) auf einem Drittel der Westlöhne festgelegt. Dennoch war zum Ende des Jahres 1990 die ostdeutsche Produktion auf die Hälfte des Vorjahresniveaus gefallen. Durch die Umorientierung der Präferenzen der Ostdeutschen auf Westprodukte fielen trotz weitgehender Wettbewerbsneutralität der Löhne im Inland schlagartig große Teile der Binnennachfrage aus.[26]

Für die bisherigen Exportindustrien bedeutete dieses Lohnniveau eine Verteuerung der Arbeit um das Vierfache. Parallel waren die erzielbaren Preise

---

24 Weder die Krise von 1919 noch die von 1932 kannten derartige Einbrüche bei Produktion und Beschäftigung, wie sie nach 1990 in den neuen Ländern zu beobachten waren (Lichtblau (1993), *Privatisierungs- und Sanierungsarbeit der Treuhandanstalt*, S. 6). Die Bewältigung des von der Ölkrise 1973 ausgelösten Strukturwandels im Stahl und bei der Kohle hat die alte Bundesrepublik die letzten 20 Jahre beschäftigt und zig Milliarden DM verschlungen.

25 Gerlinde Sinn / H.-W. Sinn (1991), *Kaltstart*, S. 42.

26 1991 wurden westdeutsche Waren und Dienstleistungen im Wert von 207 Mrd. DM in die neuen Länder verkauft; umgekehrt waren es nur Güter im Wert von 38 Mrd. DM. Helmut Schmidt (1993), S. 24, verweist auf den Symbolcharakter der Einstellung der Trabant-Produktion im Jahr 1990. Bereits im Oktober fällte die Treuhand ihren ersten herausstehenden Liquidationsbeschluß, der die gesamte Kamera-Herstellung der DDR (Pentacon Dresden) betraf.

um 77% zurückgegangen (Wechselkurs DM:M vor dem 1.7.90 ca. 0,23 DM), was auch einen implosionsartigen Zusammenbruch des Außenhandels nach sich ziehen mußte. Nach einem kurzen Aufschwung gingen die Exporte schon zum Jahreswechsel 1990/91 mit der Änderung der Verrechnungsmodalitäten des Tranferrubels auf ein Drittel zurück. In dieser Situation war die Entscheidung, die Tariflohnentwicklung an das westdeutsche Niveau zu koppeln und damit weit über den Produktivitätsfortschritt hinaus zu beschleunigen, eine der wirtschaftlich zweifelhaftesten des Jahres 1990. In einer Art konzertierten Aktion der frühen Stunde waren sich Politik, Gewerkschaften und westdeutsche Arbeitgeberverbände mit ihrem *Lohnanpassungsabkommen* einig. Den westdeutschen Unternehmen war die Faktorkostendifferenz auch mittelfristig zu unbequem. Die Arbeitnehmervertreter folgten ihren Vorstellungen der sozialen Einheit und für die Politik galt es Wege zu finden, wenigstens einen Teil der gemachten Versprechungen einzulösen. Zu keinem Zeitpunkt des Wandels in Ostdeutschland gab es später eine derart weitgehende Annäherung dieser Institutionen in einer bedeutenden Sachfrage.[27]

Die Betriebe in den neuen Ländern sahen sich dadurch in eine Situation existentieller Bedrohung gebracht. Der sprunghaften Erhöhung der Lohnstückkosten (Produktlöhne) standen auf den Weltmärkten *unverrückbare* Weltmarktpreise gegenüber, die eine Aufrechterhaltung der Exportbeziehungen verhinderten.[28] Die gestiegenen Konsumlöhne (verfügbares Einkommen) verhalfen nicht der ostdeutschen, sondern der westdeutschen Konjunktur zu einem allerdings kurzen Zwischenhoch. Der Bankrott war vorprogrammiert.[29]

Das Ergebnis faßten Akerlof et al. (1991) in ihrer Studie zusammen: Unter Berücksichtigung der technologischen Voraussetzungen und der alten

---

27 Hier sei insbesondere auf die Diskussionen zum Solidarpakt im Jahr 1992 verwiesen und was von ihr schließlich blieb.

28 A-Interview mit G. v. Gusinski, Leiter der volkswirtschaftlichen Abteilung der THA.

29 Rohwedder und Pöhl waren sich Anfang 1991 über das Ausmaß der "Katastrophe" einig. Rohwedder warnte vor den "katastrophalen Veränderungen des Beschäftigungspotentials".

	1990	1991	1992 (1)	1993
Finanztransfer an Gebietskörperschaften (2)	**43,5**	**111,3**	**125,5**	**120,5**
- Fonds Deutsche Einheit	22,0	35,0	34,0	31,5
- Gemeinschaftswerk Aufschwung Ost	-	12,0	12,0	-
- Einigungsbedingte Ausgaben des Bundes (Saldenausgleich ohne Gemeinschaftswerk)	19,2	50,5	62,5	71,0
- Umsatzsteuerausgleich der Länder	1,3	10,8	12,0	13,0
- Transfer der Länder	1,0	2,0	2,5	3,0
- Einigungsbedingte Mindereinnahmen in Westdeutschland (3)	-	1,0	2,5	2,0
Finanztransfer an Sozialversicherungen	**2,7**	**20,5**	**37,5**	**40,5**
- Zuschuß an die Arbeitslosenversicherung	1,9	20,5	35,5	34,5
- Zuschuß an die Rentenversicherung	0,8	-	2,0	6,0
Finanztransfer insgesamt	**46,2**	**131,8**	**163,0**	**161,0**

(1) Schätzung der beteiligten Institute - Angaben gerundet
(2) Ohne Zinssubventionen für ERP-Kredite
(3) Mindereinnahmen in Westdeutschland durch Inanspruchnahme der Zulage für Investitionen in den neuen Bundesländern

Quelle: Gemeinschaftsgutachten der fünf Forschungsinstitute, Oktober 1992 (Übersicht bei Wegener, 1992, S. 48)

Abb. 2: Finanztransfer nach Ostdeutschland

Beschäftigungsstrukturen waren nur noch etwa 8,2% der Arbeitsplätze in Ostdeutschland rentabel. Von den 4,1 Millionen Beschäftigten in den der Treuhand überantworteten Unternehmen erfüllten damit etwa 400.000 nach betriebswirtschaftlichen Maßstäben die Kriterien Rentabilität und Effizienz. 3,7 Millionen erfüllten sie nicht. Das allein reichte allerdings zur Einschätzung der Sanierungsbedürftigkeit noch nicht aus. Ohne die erforderlichen Absatzmärkte waren auch diese Wirtschaftlichkeitsberechnungen Makulatur. Das von den Ökonomen als *Prinzip der Nichtdiskriminierung* gefeierte Freihandelsprinzip hatte nicht ursächlich, aber de facto den ostdeutschen Produktionsstandort über alle Maßen diskriminiert.

Als sich zum Jahreswechsel 1990/91 immer deutlicher abzeichnete, daß der Kapitalstock abzüglich aller zu erwartenden Belastungen mit negativem Vorzeichen zu versehen war, stand ebenso fest, daß der Finanzbedarf aus *externen* Quellen - primär aus Westdeutschland - gedeckt werden müßte. Allein der Investitionsbedarf für eine Angleichung der Lebens- und Arbeitsbedigungen an das westdeutsche Niveau zu Beginn der neunziger Jahre wurde in der Ausgangssituation (inkl. Wohnungsbau, Umweltsanierung und Infrastrukturmaßnahmen) auf zwischen 2 und 3 Bill. DM veranschlagt.[30] Offen blieben schwer kalkulierbare dynamische Effekte und vor allem die Verteilung auf den Staat und den privaten Sektor [Abb. 2].

1.3. Umbrüche für die Menschen - "Die Natur macht keinen Sprung"[31]

Die "schützende Hand" oder Allgegenwärtigkeit des Staates kann zu einer zwingenden Macht werden; die individuelle Verantwortung erstickt.[32] Individuen und private Institutionen verlieren mit wachsender Dominanz des Staates einen Teil ihrer Unab-hängigkeit, Eigenverantwortlichkeit, Disziplin und

---

30 Priewe/Hickel (1991), *Der Preis der Einheit*, S. 123.

31 Alfred Marshall, *Principles of Economics*.

32 Vgl.: Friedrich A. Hayek (1976), *Law, Legislation, and Liberty* und Robert A. Nisbet (1962,) *Community and Power*.

den Mut, Risiken einzugehen. Durch den Rückzug aus bestimmten Bereichen ist der Staat in der Lage, diesem Szenario entgegenzuwirken und die "moralische Ader" einer Nation zu stärken.[33]

Eine Marktwirtschaft läßt sich aber nicht sofort und in allen Bereichen nach den Lehrbüchern einpflanzen, weil sie auch auf kulturellen Nährboden fallen muß. Sie ist eine Ordnungsform, die einen Rahmen schafft, aber keine Gebrauchsanweisung liefert. Die Anpassung an die neue Umgebung kann nur graduell erfolgen. Dies gilt insbesondere für die Menschen. Bei der Überwindung des Systemwechsels, der stets mit der Überwindung der überkommenen Wirtschaftsstrukturen gleichgesetzt wurde, hat diese Erkenntnis nur partiell Berücksichtigung gefunden und Lösungen hervorgebracht. Ein Überstülpen der gewachsenen Rechts- und Wirtschaftsordnung bundesdeutscher Prägung mußte den Menschen in den jungen Bundesländern wie eine Kolonialisierung anmuten und sie überfordern. Schlagartig sollten aus Befehls-empfängern *Entscheider* werden, Unauffälligkeit als Lebensform sollte einem täglich praktizierten Wettbewerb weichen, Flexibilität und Mobilität sollten alte Mauern einreißen und neue Chancen eröffnen. Deutsch-deutsche Ungleichzeitigkeiten boten viel Raum für Mißverständnisse und Berührungsängste. Individualisierung und Pluralisierung standen einer trainierten Gemeinschaftsorientierung als Konfliktkultur gegenüber.

"Wir begegnen jetzt einer Erfolgsgesellschaft, die ihre eigenen Deformationen angesichts des Scheiterns des anderen Systems vernachlässigen zu können meint. Die Botschaft lautet: Lernt! Paßt euch an! Arbeitet! Seid dankbar!" Friedrich Schorlemmer

Die Westdeutschen rechtfertigten ihre Dominanz im Prozeß und ihren Missionierungseifer mit ihrem Modernisierungsvorsprung auf fast allen Feldern. Ihre Überheblichkeit und das ihnen entgegengebrachte Unverständnis verletzte die neuen Bundesbürger in ihrer Selbstachtung und erschwerte die Neuorientierung [Abb. 3]. Auf beiden Seiten bestand die Gefahr einer Rückbesinnung auf die Vergangenheit als Vision (Konservatismus als Utopie). Die Aufdeckung der wirtschaftlichen Schwäche der Ex-DDR und die Dynamik des Niedergangs im Anpassungsprozeß war nicht nur - das gilt

---

33 Eine ausführliche Diskussion findet sich bei: Wolf, Carles F. (1979), *A Theory of Non-market Failures*, S. 114-133.

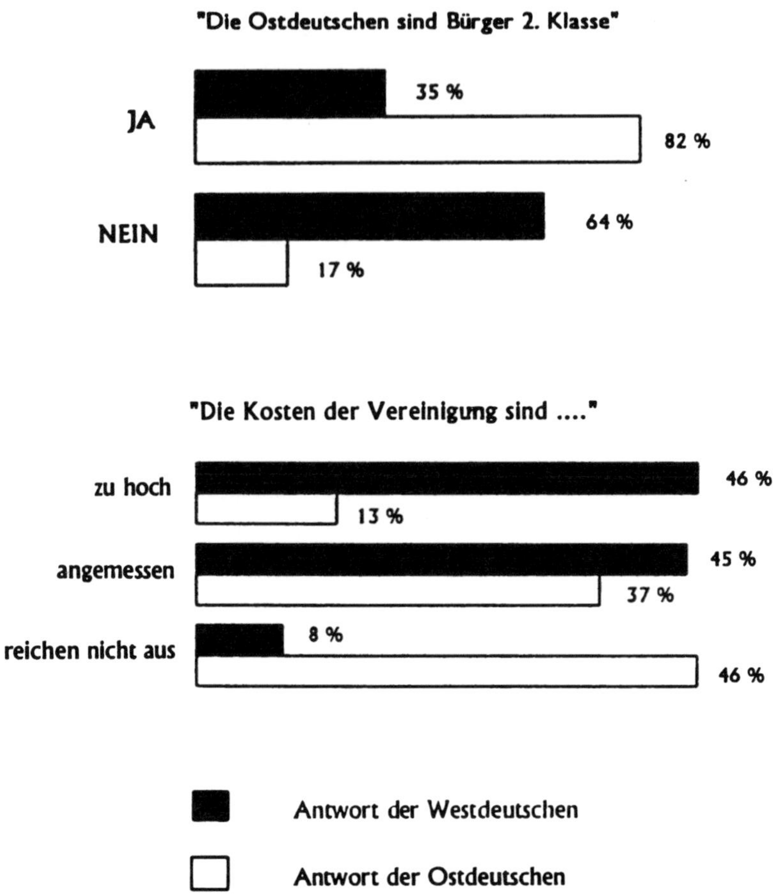

Quelle: EMNID - Befragung (veröffentlicht in: Der Spiegel Dokument, 2, März 1994)

Abb. 3: Bürger zweiter Klasse

auch heute noch - ein ökonomisches Problem.[34] Der wirtschaftliche "Abschwung" wurde begleitet von einem "psycho-sozialen Abschwung Ost".

Auch deshalb hat der radikale Wandel der von der Politik gesetzten Rahmenbedingungen und der Zusammenbruch der planwirtschaftlichen Lenkungssysteme für die Unternehmen in der Mehrzahl nicht die gewünschten Effekte gebracht. Die Betriebe, früher über die *Bilanzierung* von Absatz- und Lieferströmen gesteuert, lagen ab dem Morgen des 1. Juli 1990 in der alleinigen Verantwortung der Unternehmens-leitungen. Im Verhalten der betrieblichen Akteure mündete die Unübersichtlichkeit der stattfindenen Veränderungen in Unsicherheit. Statt einen konstruktiven Veränderungswillen zu mobilisieren, führte die Orientierungslosigkeit zu Attentismus und Verharren in alten Verhaltensweisen.[35] Parallel zu den bahnbrechenden Entscheidungsstrukturen wuchs aber der individuelle Handlungsdruck mit der sich zusehens verschlechternden Situation der Unternehmen.

Otto Graf Lambsdorff zitiert in seinem Grundsatzpapier zur Verwirklichung der deutschen Einheit Adam Smith:

"'Das natürliche Bestreben des Menschen, seine Lage zu verbessern, ist, wenn es sich frei und sicher geltend machen darf, ein so mächtiger Antrieb, daß es ganz allein und ohne Beistand nicht nur das Volk zu Wohlstand und Blüte führen, sondern auch hundert

---

34 Eine Dimension des unvermeidlichen strukturellen Umbruchs dokumentiert sich bereits in der Beschäftigungs-Ausgangssituation. 92% der Erwerbsfähigen in der DDR waren erwerbstätig. In der alten Bundesrepublik lag diese Zahl 1989 bei gerade 67%. Unter der Annahme einer nachholenden Modernisierung und Technisierung mußte der soziale Strukturbruch immens sein. Vergegenwärtigt man sich darüber hinaus die Relationen von BIP und Bevölkerungszahl, lag Ostdeutschland 1991 bei einem Drittel des Westniveaus. Bei diesem Niveau und gleicher Technisierung hätten nur zwischen 20 und 30% der erwerbsfähigen Bevölkerung Arbeit. Auch wenn die Betrachtungsweise rudimentäre Züge annimmt, bleiben die sozialen Konsequenzen erahnbar. Zum Vergleich sei hier noch einmal auf den Strukturwandel in NRW verwiesen - auch vor dem Hintergrund der über mehrere Jahre diskutierten und den Menschen bekannten Notwendigkeiten diesen Wandel zu vollziehen.

35 "Die Unternehmensführer waren in der Anfangszeit planverhaftet und haben was die Sitution vor Ort betraf hemmungslos gelogen" (H. Brahms, Podiumsdiskussion zur Veröffentlichung des THA-Sammelbands).

schmähliche Hindernisse, mit denen die Torheit menschlicher Gesetze sie nur allzu oft zu hemmen suchte, überwinden kann.'"[36]

Dieses oft verwandte Bild, das auch in Schumpeters *schöpferischer Zerstörung* seinen Ausdruck findet, kennzeichnet den Umbruch in Ostdeutschland im Jahr 1990 nur unzureichend. Dazu fehlte sowohl in der Politik als auch in den Betrieben das schöpferische Element. Der Glaube an die selbstheilenden Kräfte der Marktwirtschaft erwies sich in der deutschen Wirtschaftspolitik als resistent. Nur allmählich wurde die Hoffnung in die Wiederholung eines Erhardschen Wirtschaftswunders fallengelassen [Abb. 4.]. Die unsichtbare Hand *heilte* nicht, sondern *zerstörte* zusehens. Damit wurden auch die Rufe nach anderen systemfremden Eingriffen und Einflußelementen des Staates lauter.

In dieser Situation konzentrierten sich die Hoffnungen und Erwartungen ersteinmal auf die noch im Aufbau befindliche Treuhandanstalt. Institutionalisiert als Zwischeneigentümer nahezu der gesamten DDR-Wirtschaft stand sie vor der "historisch einzigartigen Aufgabe"[37] den Strukturwandel zu gestalten, der mit der Transformation abrupt in Gang gebracht worden war.

"Von allen Aufgaben, die ihr im Verlauf des Einigungsprozesses zuwuchsen, hat die Treuhandanstalt diese eine wirklich gemeistert: Regierungen, Interessengruppen und die gesamte Öffentlichkeit zu desillusionieren."[38]

---

36 Adam Smtih zitiert von Otto Graf Lambsdorff (1992), *Mut statt Mißmut*, S. 1.

37 Selbst nüchtern formulierende Wissenschaftler wählten dieses etwas pathetisch klingende Wort.

38 Czada (1993), Die Treuhand im Umfeld von Politik und Verbänden, S. 172.

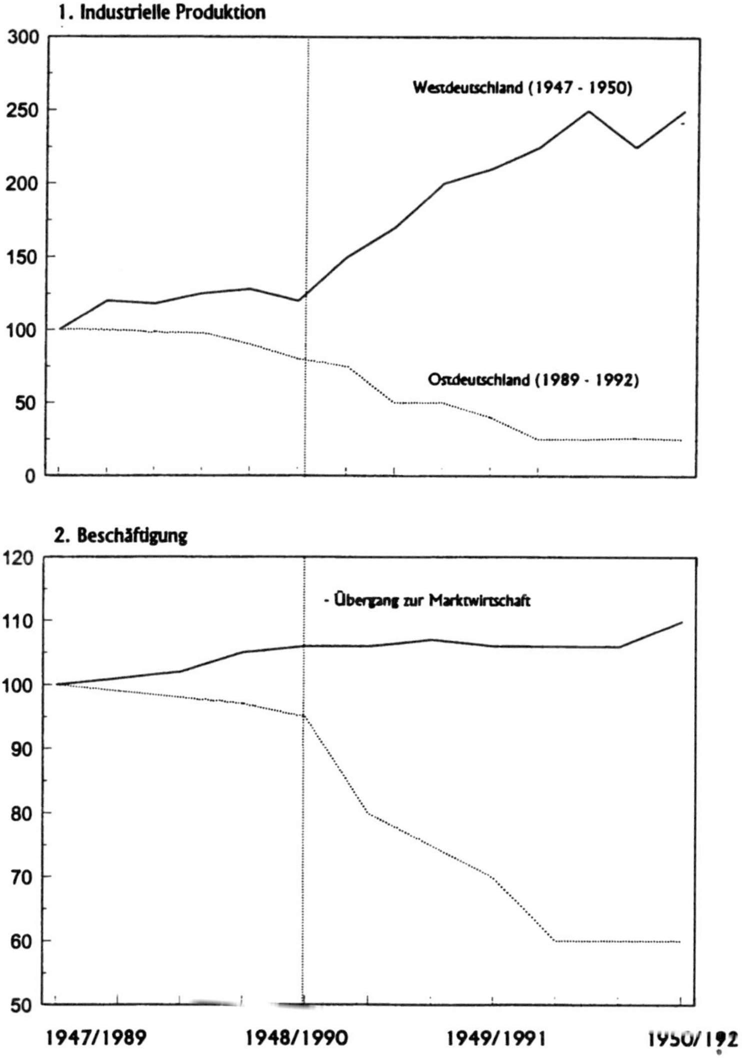

Das Schaubild vergleicht die Anpassung nach den Erhardschen Reformen 1948 (durchgezogene Kurve) mit der Anpassung in den neuen Bundesländern nach der Einführung der Marktwirtschaft (gestrichelte Kurve). Die vertikale Gerade kennzeichnet die Erdharsche Reform 1948 und die Wirtschafts- und Währungsunion 1990.

Quelle: Schmieding (1991, S. 16), aktualisiert bei Siebert (1992b), S. 54.

Abb. 4: Der Vergleich 1948 und 1990

2. Die Treuhand als Privatisierungsagentur

Helmut Schmidt nennt die Konstruktion "Treuhandanstalt" den fünften Kardinalfehler der Politik im Jahr 1990.[39] Sie sei de facto ein "Bundesministerium für die strukturelle Umgestaltung der ostdeutschen Unternehmenslandschaft", das für seine Aufgabenerledigung aber keine Gesetzgebung benötige. Jenseits von jeglichem parlamentarischen Einfluß und ausgestattet mit weitreichenden Kompetenzen und Finanzmitteln wäre sie im Ergebnis eine mächtige und schwer kontrollierbare Nebenregierung. Damit zählt der Alt-Bundeskanzler zu den eher wohlwollenden Kritikern dieser systemfremden Institution.[40] Legimitiert durch ein durch die Transformation entstandenes Vakuum, ist sie in Ostdeutschland schon allein wegen ihres undemokratischen Charakters auf breite Ablehnung gestoßen. Der negative psychologische Effekt, der von den "Bilderbuch-Kapitalisten" (Bärbel Bohley) ausging, hat ihre Aufgabenerfüllung nachhaltig beeinträchtigt. Über ihr Erscheinungsbild hinaus gab es auf der darunterliegenden Ebene weitreichende, teils erbitterte Auseinandersetzungen hinsichtlich ihrer Aufgabeninhalte. Der Erklärungsversuch, sie sei letztlich eine Hinterlassenschaft der DDR ist entstehungsgeschichtlich betrachtet richtig, inhaltlich gesehen aber unpräzise. Die Bestätigung des Treuhandgesetzes durch den Einigungsvertrag war mehr oder weniger Formsache. Organisation der Treuhand und ihre Interpretation haben sich jenseits der gesetzlichen Fixierung zuerst rapide, später langsam und weniger spürbar gewandelt.

---

39 Vgl.: Helmut Schmidt (1993), S. 32.

40 Die öffentliche Kritik hat sich bis zum Frühjahr 1991 immer weiter hochgeschaukelt und hinterließ Treuhand-Bezeichnungen wie "die Knochenhand des Sensenmannes" (Neues Deutschland) und "Schlachthof" (Franz Steinkühler).

2.1. Die Ur-Treuhandanstalt und Neufassung ihres Auftrages[41]

Der erste Entwurf des Treuhandanstalt-Auftrags wurde vom Ministerrat der vorletzten DDR-Regierung unter Modrow, der sie auch unterstellt wurde, verabschiedet und umgesetzt.[42] Auf der Suche nach dem *Dritten Weg* sollten die Unternehmen in neuem Gewand (als GmbH oder AG) langsam mit marktwirtschaftlichen Elementen konfrontiert werden. Zur treuhänderischen Verwaltung und Bewahrung des volkseigenen Vermögens, im Interesse der Allgemeinheit, wurde eine Anstalt ins Leben gerufen, deren Privatisierungsaufgabe weitgehend auf Kleinstunternehmen beschränkt war. Das Reformkonzept der Übergangsregierung ging zwar von einer Öffnung der Wirtschaft aus, allerdings bei Dominanz des öffentlichen Eigentums.[43] Zunächst sollten nach dem 1. März 1990 mit der Umwandlung als einzig konstruktivem Element aus den ehemals 360 Kombinaten rund 8.000 eigenständige Unternehmenseinheiten entstehen, deren Eigentümer die Treuhand wurde. Gesetzlich festgelegt wurde ihre Rechtsform und ihre territoriale Gliederung. Die Konstruktion Treuhand war Ergebnis eines konsensualen Einigungsprozesses des zentralen "Runden Tisches".[44] Leitbild dieses Vorschlags war der Schutz des damals von Modrow auf 900 Mrd. Mark geschätzten Vermögens vor dem Zugriff alter Funktionsträger und seine Bewahrung für das Volk. In die Geschäfte der Betriebe sollte die Treuhand nicht eingreifen. Das war ein eindeutiges Votum gegen den Staatszentralismus früherer Tage. Organisation und Besetzung der Anstalt erweckten in der

---

41 Dieser Abschnitt hat außerordentlich von den Gesprächen mit Prof. Hilmar Schmidt profitiert. Schmidt hat als einer der ersten Mitarbeiter der Treuhand im März 1990 diese Zeit entscheidend mitgeprägt.

42 Verordnung über die Umwandlung von volkseigenen Kombinaten, Betrieben und Einrichtungen in Kapitalgesellschaften vom 1.3.1990; Gesetz über die Gründung und Tätigkeit privater Unternehmen und über Unternehmensbeteiligungen vom 7.3.1990; Statut der Anstalt zur treuhänderischenVerwaltung des Volkseigentums vom 15.3.1990.

43 Vgl.: B-Interview mit H. Schmidt.

44 Vorschlag von W. Ullmann (Demokratie Jetzt) vom 12. Februar 1990, der allerdings nicht bei allen Beteiligten die Bedenken ausräumen konnte.

Öffentlichkeit aber schon bald den Eindruck einer Weiterexistenz der Plankommision vergangener Zeiten.

Bei der Umsetzung dieser vorläufigen Ziele bis zur Neufassung des Gesetzes am 17. Juni 1990 hatte die Ur-Treuhand größere Probleme als erwartet.[45] Da dem Gesellschaftsrecht nach 40 Jahren Planwirtschaft die Basis fehlte, wurde schon die Frage nach AG oder GmbH zum Stolperstein - ganz abgesehen von technischen Problemen bei dem Entwurf eines Gesellschaftsvertages oder der Erstellung eines Abschlußberichts. Einerseits überforderte der Teil der Betriebe, der durch einsetzende Zentrifugalkräfte den Weg in die *Freiheit* suchte, die wenigen Treuhänder (knapp 100) bereits qualitativ und mengenmäßig, andererseits versuchten andere den alten Zustand möglichst weit in die neue Zeit zu retten. Der Treuhand wurde vorgerechnet, daß bei diesem Tempo allein die juristische oder formale Privatisierung bis ins 21. Jahrhundert dauern würde.

Über die wirtschaftliche Situation und Entwicklung der Betriebe lagen keine präzisen Vorstellungen vor. Der Umstand, daß die Treuhand an deren Einnahmen über Gewinnausschüttungen von Gesetzes wegen partizipieren sollte, mit solchen aber nicht bedacht wurde, läßt nur vermuten, daß bereits Mitte 1990 viele Betriebe an ihrer Substanz zehrten. Wieviel Substanz über *Mitnahmeeffekte* der alten Betriebsleitungen in dieser Zeit verloren ging, ist ungewiß.

Bereits im April hatte de Maizière in seiner Regierungserklärung deutlich gemacht, daß seine Vorstellungen zur Organisation der wirtschaftlichen Transformation inhaltlich und formal andere waren. Ein Reihe unterschiedlichster Vorschläge und Konzepte machte die Runde - von der Börseneinführung über die Volksaktie bis hin zu den unterschiedlichsten Organisationsformen.[46] Den meisten gemeinsam war der Gedanke der Fortführung von Umwandlung und Entflechtung, der Einführung von Privateigentum und die Vermutung eines nennenswerten Wertes, dessen Verwendung bzw. Verteilung zu regeln war.

---

45 Vgl.: B-Interview mit H. Schmidt.

46 Eine detaillierte Aufzeichnung der Intentionen und des Einflusses der wechselnden Akteure findet sich bei Fischer/Schröter (1993).

Letzteres verlor spätestens mit dem 1. Juli 1990 an Bedeutung. Mit dem Staatsvertrag zur Währungsunion trat auch das neue Treuhand-Gesetz in Kraft, dessen Zielsetzungen in der Präambel zusammengefaßt wurden:

"Getragen von der Absicht,

- die unternehmerische Tätigkeit des Staates durch Privatisierung so rasch und so weit wie möglich zurückzuführen,
- die Wettbewerbsfähigkeit möglichst vieler Unternehmen herzustellen und somit Arbeitsplätze zu sichern und neue zu schaffen,
- Grund und Boden für wirtschaftliche Zwecke bereitzustellen,
- daß nach einer Bestandsaufnahme des volkseigenen Vermögens und seiner Ertragsfähigkeit sowie nach seiner vorrangigen Nutzung für Strukturanpassung der Wirtschaft und die Sanierung des Staatshaushaltes den Sparern zu einem späteren Zeitpunkt für der bei der Währungsumstellung am 2.Juli 1990 reduzierten Betrag ein verbrieftes Anteilsrecht an volkseigenem Vermögen eingeräumt werden kann,

wird folgendes Gesetz erlassen."[47]

Der später als Schwerpunkt der operativen Tätigkeit definierte Dreiklang von Privatisierung, Sanierung und Stillegung wurde durch Gesetz und Satzung bereits festgeschrieben.[48] Eine zeitliche oder inhaltliche Rangfolge läßt sich daraus jedoch nicht ableiten. Sie hätte Ausdruck einer klaren Willensbildung sein müssen und tragfähige Konzepte zur Bewältigung der Aufgabe vorausgesetzt. Beides war im Frühsommer 1990 nicht erkennbar. Insofern ist der Gesetzgeber (wohl mehr aus Verlegenheit) nicht in eine *Theoriefalle* gegangen, die die Diskussion um die Arbeit der Treuhand in der Folgezeit permanent bestimmen sollte. Der Einfluß der westdeutschen Politik auf Auftrag und personelle Besetzung der jungen Treuhand ist ein in der vorliegenden Literatur heftig umstrittenes Thema. Dieser Text begnügt sich hier mit einer

---

47 Gesetz zur Privatisierung und Reorganisation des volkseigenen Vermögens (Treuhand-Gesetz) vom 17.6.1990.

48 "Das volkseigene Vermögen ist zu privatisieren (§1 (1) TreuhG.). § 2 (1) stellt dies in Verbindung mit den "Prinzipien der sozialen Marktwirtschaft" und definiert in Abs. 6 "die Entwicklung sanierungsfähiger Betriebe zu wettbewerbsfähigen Unternehmen" als damit verbundene Aufgabe. Die "Stillegung und Verwertung des Vermögens von nicht sanierungsfähigen Unternehmen und Unternehmensteilen" greift §8 (1) auf. Ihre Erwähnung steht in Zusammenhang mit der Aufgabenfestlegung für die einzurichtenden dezentralen Treuhand-AG's.

kurzen Darstellung der Fakten, die für die weitere Untersuchung erklärenden Charakter besitzen.[49]

Die Festschreibung der Aufsichtsfunktion des Ministerpräsidenten dokumentierte den Verzicht auf jegliche parlamantarische Kontrolle und betonte gleichzeitig die exekutive Bedeutung des Verwaltungsrats (mit Rohwedder als Vorsitzendem, 7 West-Managern, 7 Treuhandunternehmens-Vorständen und 2 Vertretern der Volkskammer). Erst mit dem Wechsel im Vorstand der Treuhand - Rohwedder folgte Gohlke und Odewald übernahm den Vorsitz des Verwaltungsrats - wurde Ende August 1990 die tiefgreifende Umstrukturierung und personelle Erneuerung der Institution eingeleitet. Parallel wurde in Bonn und Berlin ihre Überleitung in eine Institution des wiedervereinigten Deutschlands vorbereitet. Darüber hinaus spielten Stellung, Aufgaben und Organisation der Treuhand offenbar bei den Verhandlungen um den Einigungsvertrag "keine strittige oder sonstwie erhebliche Rolle.[50] Der Vertrag sah die Fortgeltung des Treuhandgesetzes mit einigen ergänzenden Maßgaben vor. Dazu gehörte die Umwandlung in eine bundesunmittelbare Anstalt des öffentlichen Rechts, ihre Zuordnung zum BMF zur Vermeidung von Abstimmungsproblemen mit dem BMWi, die Festlegung des Kreditrahmens auf 17 Mrd. DM und die Erweiterung und Neubesetzung des Verwaltungsrats. Die Beibehaltung des Anstaltsstatus bedeutete den Verzicht auf die unmittelbare Eingliederung in das Finanzministerium. Neben haushaltsrechtlichen haben dabei auch andere Überlegungen eine Rolle gespielt.

Die Treuhand sollte

"gegenüber staatlichen Weisungen weitgehend unabhängig sein und ihren Auftrag (...) unter staatlicher Aufsicht, aber in eigener Verantwortung durchführen. Schließlich sollte sie nach der Vereinigung eine Bundeseinrichtung bleiben, obwohl ihre Aufgabe faktisch in die Länderdomäne der regionalen Wirtschaftspolitik fiel."[51]

---

49 Eine ausführliche Erörterung bieten Fischer/Schröter (1993) und Marrisal (1993), *Der politische Handlungsrahmen der Treuhandanstalt.*

50 Vgl.: Wolfgang Seibel / S. Kapferer (1993), *Die organisatorische Entwicklung der Treuhandanstalt*, S. 111.

51 Ebd., S. 113. Sowohl in der Volkskammer als auch in der Spitze des BMWi ist die Zuordnung der Zuständigkeit zum Finanzministerium in Frage gestellt worden.

Uno actu, gleichsam über Nacht, wurden der Treuhand die gesamten Betriebe des Bergbaus, der Energie- und Wasserwirtschaft sowie fast alle übrigen industriellen Strukturen übertragen, ebenso der überwiegende Teil des Handels- und Verkehrswesens, einschließlich aller See- und Binnenhäfen sowie die Verkehrs- und Agrarflughäfen und wesentliche Teile des Banken- und Versicherungswesens. Das waren rd. 8.500 Gesellschaften mit über 70.000 Betriebsstätten (darin 5.200 Unternehmen des Verarbeitenden Gewerbes, 850 des Bauhaupt- und Baunebengewerbes, 1.100 gastgewerbliche Unternehmen mit 16.000 Ladengeschäften, 4.000 Gaststätten und Hotels sowie Apotheken, Kinos, Buchhandlungen, 400 Kraftverkehrsgesellschaften mit Güterspeditionen und öffentlichen Personennahverkehr).[52]

Die Treuhand wurde zum Sammelbecken des größten Teils der wirtschaftlichen Aktivitäten der untergehenden DDR, zur (wie sie später oft genannt wurde) größten Industrieholding der Welt. Neben ihrem operativen Kerngeschäft, dieses inhomogene Konglomerat in die Marktwirtschaft zu entlassen, wurden ihr an zusätzlichen Aufgaben übertragen:

- die Vermarktung von über 30.000 Immobilien und Liegenschaften (von nicht betriebsnotwendigen Grundstücken bis hin zu Objekten des MfS) und damit die Bereitstellung von Grund und Boden für wirtschaftliche Zwecke,
- die Verpachtung / der Verkauf von etwa 1 Mio. ha. landwirtschaftlicher und 400.000 ha. forstwirtschaftlicher Nutzfläche,
- die Verwaltung des Vermögens der Parteien und Massenorganisationen,
- die Abwicklung der Außenhandelsbetriebe und Betriebe des Bereiches Kommerzielle Koordination,
- die Übertragung von Vermögenswerten an Gemeinden, Städte etc. zur kommunalen Selbstverwaltung (Kommunalisierung),
- die Rückübertragung der 1972 enteigneten Betriebe und Genossenschaften sowie der Vermögenswerte aus rechtsstaatswidrigen Enteignungen, die zehntausende An-

---

Sowohl Haussmann als auch Möllemann haben ihrer Forderung nach einer Umressortierung öffentlich Ausdruck verliehen. Eine Länderlösung scheiterte vordergründig an den noch im Entstehen begriffenen und damit nicht funktionsfähigen Ländern selbst.

52 A-Interviews mit G. v. Gusinski und H. Schmidt. Einiges des hier Erwähnten tauchte erst später nach Aufnahme ihrer Tätigkeit auf. Ursprünglich war die Rede von etwa 8.000 Unternehmen mit 45.000 Betriebsstätten. Diese Zahlen werden deshalb auch in den meisten Publikationen genannt.

sprüche auf Treuhand-Unternehmen und andere treuhänderisch verwaltete Vermögenswerte betrafen (Restitution),

- die Vermögenszuordnung (später einschließlich des Erlasses von Investitionsvorrangbescheiden nach §3a Vermögensgesetz) als hoheitliche Aufgaben,
- und die Übernahme vor allem finanzieller Verpflichtungen, die nicht unmittelbar mit ihrem Auftrag in Zusammenhang stehen (Ausgleich von Vermögens- und Ertragsverlusten von Rückübertragungsberechtigten, Verwahrkosten stillgelegter Bergwerke etc.).

2.2. Herausbildung der Organisation

"Nur die Deutschen glauben, daß die Umwandlung einer kommunistischen Befehlswirtschaft in eine weltoffene Marktwirtschaft in sechs bis acht Monaten oder einem Jahr geschafft werden könnte." Detlev Rohwedder.

In der Sekunde der Einführung der D-Mark war die Treuhand von einem Staatsnotar, der buchhalterisch die Gründungsdokumente der sich umwandelnden VEB's sammelt, zu einem Finanzierungsinstitut von über 8.000 Betrieben geworden, von denen sie damals nicht wußte, daß es 8.000 sind.[53] Über 90% der Gesellschaften mußten schon im ersten Monat an den Liquiditätstropf, um ihre akute Zahlungsunfähigkeit nach der Umstellung abzuwenden. Diese unkonventionelle Versorgung mit Liquidität würde - das war absehbar - so lange aufrecht erhalten werden müssen, bis der Status der Unternehmen feststand (testierte DM-Eröffnungsbilanz) und ihr Weg vorgezeichnet und verabschiedet war (geprüftes Unternehmenskonzept). Dazu hatte die Treuhand im Juli 1990 123 Mitarbeiter und zunächst 3 Mrd. DM zur Verfügung. Innerhalb weniger Wochen betrug das beantragte Globalbürgschaftsvolumen rd. 24 Mrd. DM. Also mußte der zweite Schritt vor dem ersten kommen. Dieses Dilemma wurde zu einem ständigen Begleiter.

Virtualität der Organisation

Das Dringliche rangierte vor dem Wichtigen. In Abwandlung von Chandler bedeutet dies: "strategy and structure follow performance". Die Umkehrung

53 Vgl.: B-Interview mit W. Schöde.

organisatorischer Prinzipien mußte durch strukturelle Mängel und zwangsläufig auch durch Fehlentscheidungen erkauft werden. Deshalb war eine annähernde Parallelität beider Aufgaben herzustellen. Dennoch hat die Organisation erst sehr viel später aufgeholt - überholt, wie manche meinen.[54] Der Wechsel von Gohlke zu Rohwedder Ende August 1990 schien notwendig, da Gohlke genau an dieser ungewöhnlichen Parallelität zu scheitern drohte.[55]

Die Treuhand war insbesondere in dieser Zeit eine (wie Seibel/Kapferer, 1993, sie nennen) virtuelle Organisation. Rohwedder verfolgte zwar das Ziel, die Organisation schnell zumindest in ihrer Grundstruktur festzuschreiben und dann sukzessive mit Leben zu füllen. Die bis dorthin gesammelten Erfahrungen zeigten aber, daß keine der Aufgaben kurzfristig auch nur annähernd zufriedenstellend zu erledigen sei. Die Zuteilung der finanziellen Hilfen erfolgte flächendeckend mit der Gießkanne. Gänzlich unbekannt war, in welchen Fällen es sich um reine Liquiditätsprobleme aufgrund veränderter Zahlungsmodalitäten handelte und wo echte Rentabilitätsprobleme vorlagen. Bestenfalls konnte die allgemeine wirtschaftliche Lage eingeschätzt werden, die sich aber punktuell ganz unterschiedlich auswirken würde.

So notwendig die Liquiditätshilfen waren, um Brücken zu bauen, so weit waren sie von den eigentlichen Zielen der Umstrukturierung und Privatisierung entfernt.

Die Treuhand hatte Geld, aber ihr fehlten die Leute, das Know how und die Information über ihre Unternehmen. Die Betriebe hatten unvollständige Vorstellungen von den eigenen Möglichkeiten in der neuen Situation und in der Regel kein Geld. Außerdem waren die Stillhalte-Anreize größer als der Druck zu reagieren. Die schnell herbeigeeilten Investoren verfügten dagegen über Know how, vielfach bessere Informationen als die Treuhand und hohe Erwartungen. Zudem folgten sie stärker dem Wirtschaftlichkeitsprinzip als einem irgendwie gearteten *Einheits-Gefühl* und konzentrierter und besser als Treuhand und Betriebe dies vermochten. Dies beschreibt eine denkbar ungünstige Ausgangssituation für eine Institition, die neben Quantität schon

---

[54] Dieses Thema soll zu einem späteren Zeitpunkt in dieser Arbeit diskutiert werden. Hier geht es um die Darstellung der wesentlichen organisatorischen Festlegungen und das Verständnis der Aufgabenerfüllung, d.h. um den Aufholprozeß.

[55] Vgl. auch: Seibel/Kapferer (1993), S. 116 f..

von Staats wegen auch Qualität der eigenen Arbeit beachten mußte. Aus dieser Zeit stammen einige später gerügte Entscheidungen, Unstimmigkeiten und vor allem Nachlässigkeiten, die die Virtualität und gleichzeitige Überforderung der Institution dokumentieren.[56]

Strukturelle Dezentralisierung als Wegbereiter für "chaotische" Organisationsoffenheit

Die organisatorische Kehrtwende vollzog Rohwedder mit der Abkehr von den im Gesetz verankerten Treuhand-Aktiengesellschaften. Gleichzeitig kennzeichnete dies nach Auffassung der vorliegenden Literatur die erste Demonstration unabhängigen Handelns der Treuhand.[57] Eine ganze Reihe von sachlichen, wie politischen Gründen sprachen gegen die Einrichtung der AGen. Einerseits war ein langwieriger Aufbau absehbar, andererseits befürchtete Rohwedder Probleme mit Haftungsfragen (aus dem AG-Recht), eine Scheindezentralisierung (Möglichkeit einer *subkutanen* Fortexistenz der alten Strukturen), ein Kontrollvakuum, hohe Reibungsverluste und Organisationskosten sowie unerwünschte Zwänge aus dem Mitbestimmungsgesetz. Dem strukturellen Dilemma der Anhäufung von Handlungskompetenz und Macht in der Zentrale, die gleichzeitig die Verwandtschaft zur abgeschüttel-

---

56 Die spätere Präsidentin Breuel hat ihre Vorträge häufig mit einer Nachzeichnung dieser Zeit begonnen: "Als wir vor gut einem Jahr mit der wirklichen Arbeit angefangen haben, mußten wir vielerlei gleichzeitig tun. Wir mußten eine Bestandsaufnahme machen (...) Wir mußten eine Organisation aufbauen - dezentral (...) Wir mußten ein Konzept entwickeln. Ein ordentlicher Unternehmer hätte das Unternehmen erst einmal für ein halbes Jahr geschlossen (...) und dann den Laden wieder aufgemacht" (B. Breuel, *Arbeit der Treuhandanstalt - Rückschau und Perspektiven 1991*). Von einem deutschen Kabarettisten stammt (bezugnehmend auf die Skandalträchtigkeit) der Vergleich: "Generalinventur bei offenem Laden ist wie Ölwechsel bei laufendem Motor".

57 Vgl. dazu: Seibel/Kapferer (1993), S. 117f. und Marissal (1993), S. 32f.. Beide zitieren Rohwedder mit den Bemerkungen "Wo kein Kläger, da kein Richter" und "Erst kommt das Leben dann die Paragraphen". Bei letzterem handelt es sich um einen Erklärungsversuch des Präsidenten bei seinem Auftritt in der Volkskammer am 13.9.1990. In beiden Beiträgen wird Rohwedders Haltung als gravierende Mißachtung des DDR-Gesetzgebers interpretiert. Es zeigt sich in seinem Alleingang aber bereits die Entwicklung eines von den Sachzwängen stark geprägten Selbstverständnisses.

ten Zentralverwaltungswirtschaft augenscheinlich werden lassen würde, sollte durch "intelligente Verschlankung" entgegengetreten werden. Die AGen hätten bald losgelöste Objekte eigenständiger Politik werden und Kerne künftiger Staatsholdings sein können. Die Lastigkeit der Erfahrungen möglicher Manager zugunsten der Sanierung und zu Lasten der Privatisierung hätte außerdem in Verbindung mit dem durchaus *konstruktiven Inhalt* der Aufgabe zu einer Vernachlässigung der Privatisierungsaufgabe geführt.

Die Abkehr von den Treuhand-AGen bedeuteten ein unumstößliches Votum für eine Dezentralisierung der Entscheidungen. Ausschlaggebend dafür war ein bereits fortgeschrittener Erkenntnisprozeß hinsichtlich einiger Grundprinzipien der eigenen Arbeit:[58]

1.) Die Verschlechterung der wirtschaftlichen Situation der Betriebe erforderte schnelles und lernoffenes Handeln, d.h. vor allem schnelle und pragmatische Entscheidungsprozesse. Der Privatisierung mußte vorerst die höchste Priorität eingeräumt werden.

2.) Bei den Entscheidungen waren zwar einheitliche Kriterien zugrunde zu legen. Lösungen für einen großen Teil der Betriebe waren in einer zutiefst unsicheren Situation aber nur dezentral aus dem "lokalen Kontext" heraus zu entwickeln.

3.) Die Interpretation des Gesetzes garantierte also einerseits kein einheitliches und durchsetzbares Verständnis der Aufgaben innerhalb der Organisation. Das mußte jedoch zunächst in Kauf genommen werden, sollten die Strukturen andererseits möglichst wenige Ansatzpunkte zur Verfestigung bieten, die der Lernoffenheit und dem Selbstauflösungscharakter der Institution später entgegenstehen würden.

---

[58] Gestützt wird diese Annahme durch zwei Gutachten namhafter Beratungsfirmen, die im Auftrag der Treuhand Vorstellungen zur Neuorganisation entwickeln sollten. Eines dieser Gutachten liegt dem Verfasser vor. Dieses Thema wird bei der Herausbildung einer Privatisierungsstrategie im folgenden Kapitel noch einmal und ausführlicher aufgegriffen. Bemerkenswert ist, daß entgegen der weitläufigen Vermutung (die Willensbildung in der Treuhand sei geprägt von personenspezifischen Dogmen oder der öffentlichen Dikussion Anfang 1991) bereits im Spätsommer 1990 die Grundsätze der Treuhandpolitik in ihrer Organisation abgebildet wurden. Das Ergebnis der Debatte im Frühjahr 1991 (Rohwedders "Osterbrief") verfestigt insofern eher Prinzipien und reichert sie an, als daß es neue aufstellt.

Die Treuhänder brauchten einige Anläufe, bis sie die organisatorische Antwort auf ihre Aufgaben und Positionierung gefunden glaubten. Auf dem Weg dorthin dokumentierten sich Vorteile, wie Nachteile der Dezentralisierung gleichermaßen. Den ersten Schritt (auf der formal-organisatorischen Ebene[59]) tat die Treuhand mit der Umwandlung der Außenstellen in Niederlassungen und dem Einsetzen von fünfzehn erfahrenen West-Managern als Niederlassungsleiter ("kleine Rohwedders" im Treuhand-Jargon), knapp drei Wochen nach dem Amtsantritt von Birgit Breuel Ende September 1990. Die personelle Neubesetzung des Unterbaus sowie die Abgrenzung der Aufgabeninhalte und Unternehmensportfolios wurden in den folgenden Monaten *nachgeholt*. Die Konzeption dezentraler, weitgehend selbständig operierender Einheiten - verstärkt durch die faktischen Verhältnisse vor Ort - führte in der Anfangszeit zu schnellen, nicht immer überlegten, Entscheidungen und überraschender Weise zu *positiven* Kompetenzkonflikten mit der Zentrale hinsichtlich der Unternehmenszuständigkeiten.[60] Dort wo Zuständigkeiten mangels Information nicht genau geregelt waren, beanspruchte derjenige mit dem *Erst-Kontakt* den *claim*. Dieser *Geist* prägte vornehmlich die Anfangszeit der Treuhand, was insofern bemerkenswert ist, als sich vermuten ließe, überlastete Akteure würden eher die umgekehrte Strategie verfolgen.

Die Wirkung auf Unternehmen und Investoren mußte hingegen fatal sein. Zu den Schwächen der technischen Infrastruktur (Kommunikation etc.) traten unübersichtliche Kompetenzen und unklare Entscheidungswege in der Organisation. Auf diese Weise konnten weder die Orientierungslosigkeit vor Ort, noch der Nachfrageüberhang aus dem Westen entscheidend abgebaut werden. Rückwirkend zum 1.1.1991 wurden, um zumindest Zuständigkeiten klar zu regeln, den Niederlassungen die Betriebe unter 1.500 Mitarbeitern (insgesamt 6.718 oder 60%) und der Zentrale alle verbleibenden inklusive

---

59 Die Delegation der Aufgabeninhalte (und damit die Fortsetzung der Dezentralisierungsprinzips auf der Operationalisierungsebene) wird entsprechend bei der Untersuchung der Privatisierungsstrategie Gegenstand einer genaueren Betrachtung sein. Je konsequenter diese "Fortsetzung" ausfällt, desto weniger wird die Strategie tatsächlich Strategie sein; desto mehr zerfällt sie in Einzelverfahren und Einzelfälle.

60 Vgl.: B-Interview mit N.v. Scherpenberg.

der kleineren aus einem Unternehmensverbund oder einiger Sonderbranchen (insgesamt 3.826) Unternehmen zugeordnet.

Auch die Reorganisation der Berliner Zentrale i.S. einer Dezentralisierung erwies sich zunächst als unpraktikabel. Funktionalisierung sollte (als Gegensatz zur Divisionalisierung in der ehemaligen DDR) die Vielfalt der Aufgaben widerspiegeln und ihnen entsprechend Geltung verschaffen. In der Außenwirkung wurde die Treuhand-Zentrale dadurch zu einem undurchschaubaren Koloß. Keiner konnte mit Genauigkeit sagen, ob ein Unternehmen nun in die Zuständigkeit der Privatisierer, Beteiligungsbetreuer, Sanierer oder Abwickler fiel. Insbesondere die Verkäufer wurden durch den Privatisierungssog zum Flaschenhals. Neben Zuständigkeitskonflikten sorgte auch die einsetzende politische und öffentliche Debatte zu den Prioritäten der Auftragsinhalte für ein Umdenken.

Zum 1.1.1991 trat, nach einer sechs monatigen *Test-Phase*, die "Matrix-Organisation" in Kraft, die in Wirklichkeit eine Hybridform von Funktional- und Branchenbestandteilen auf der Vorstandsebene bedeutete [Abb. 5]. Innerhalb der divisionalisierten operativen Vorstandsbereiche wurden nun die Aufgaben Privatisierung und Beteiligungsbetreuung erst auf der dritten Ebene getrennt. Auch wenn das Arbeiten mit dieser Lösung noch geübt werden mußte, war es damit gelungen, das Konfliktpotential der Einzelfallentscheidungen in die Tiefe der Organisation hineinzuverlagern. Dieses Prinzip behielt bei allen später vorgenommenen Organisationsänderungen Gültigkeit.[61] Zu seiner Bewahrung wurden zwei organisatorische Stützen einge-

---

61 Die zunächst beibehaltene Zuordnung der "Privatisierung" zum Unternehmensbereich 1 (Schirner) sollte die Zusammenfassung und Bearbeitung von Grundsatzthemen in diesem Bereich ermöglichen. Letztlich war es mehr oder weniger eine Übergangslösung, die später an Bedeutung verlor. Der Hybrid-Charakter der Organisation beweist sich an solchen Beispielen. Lerneffekte, politische Einflußnahme und Veränderungen in der personellen Besetzung der Vorstandsressorts haben immer wieder zu Umstellungen in der Organisation und zum Verschwinden und Entstehen neuer Einheiten geführt. Beispielweise hat der wachsende externe Kontrollwunsch die Stärke und Zahl der mit der Informationsverteilung und dem Schutz der operativen Bereiche betrauten Einheiten sprunghaft steigen lassen. Zunehmender Abstimmungsbedarf und immer neue Aufgaben haben dafür Sorge getragen, daß die Zahl der unterstützenden Mitarbeiter schnell an der der mit dem Kerngeschäft befaßten

zogen: a.) Die Festlegung großzügiger Genehmigungserfordernisse delegierte einen Großteil des Geschäftes auf die operativen Direktoren und Niederlassungsleiter [Abb. 6]. Gesamtvorstandspflichtig waren nur (i.S. des Ganzen) vergleichsweise wenige Fälle.[62] Interpretiert man den Vorstand als eine Art Konsensarena, zur Abstimmung grundsätzlicher Entscheidungen und *weniger*, zentraler Fälle erklärt sich, warum ganze Branchen und auch die Niederlassungen in der Folgezeit wiederholt und scheinbar reibungslos die Vorstands-Zuständigkeit wechseln konnten.[63] b.) Gleichzeitig mußten zur Absicherung der Akteure und zur Hemmnisbeseitigung bei der Bewältigung dieser für jeden einzelnen unbekannten Aufgabe (und Verantwortung) in einer zutiefst undurchsichtigen Situation befristete Haftungsfreistellungen[64] gewährt werden.

Die frühe Dezentralisierung war - dem Chaos zum Trotz - unabdingbar, wollte die Treuhand bereits kurz nach Aufnahme ihrer Tätigkeit operative Entscheidungen treffen. Dennoch konnte von *Entscheidungsreife* zum Jahreswechsel 1991/1992 wohl noch keine Rede sein. Qualität erforderte einerseits Lernen am Einzelfall und andererseits Richtungsweisung und seine Bündelung. Externes Vertrauen forderte Sicherheit und Einheitlichkeit. Wieviel davon der Treuhand bereits früh (und ungerechtfertigter Weise) dadurch verlorenging, daß sie erst bei laufenden Motor versuchte, Flexibilität

---

Mannschaften vorbeizog. 1992, als die ersten operativen Bereiche ihr Geschäft beendeten wuchs die Zahl der *supporter* immer noch. Wie weit darin Tendenzen einer Verselbständigung der Organisation (*Parkinsons Gesetz*) zu sehen sind, ist heute ein viel diskutiertes Thema. Eine Wertung soll in Teil 3 des Buches versucht werden. An dieser Stelle liegt der Fokus auf den organisatorischen Implikationen für die Privatisierungstätigkeit. Wachsende unterstützende Bereiche haben natürlich auch wachsende Informationwünsche. Dennoch wird für die weitere Analyse zunächst angenommen, daß die bis 1992 stark gestiegene Mitarbeiterzahl positive Effekte auf die Leistungsfähigkeit der Organisation hatte. Dies dokumentiert sich nicht zuletzt in dem ansteigenden Tempo der Privatisierung.

62 Diese Aussage relativiert sich bei dem Vergleich mit anderen westdeutschen Großunternehmen oder Großbanken. Der Gesamtvorstand mußte sich in zahlreichen der wöchentlichen VS-Sitzungen neben Grundsatzthemen mit bis zu 30-40 Einzelfällen befassen, die von der Dimension ihrer Probleme *eigene* Sitzungen verlangt hätten.

63 A- Interview mit H. Maaßen.

64 Haftungsfreistellung für Verträge bei grober (bis 30.6.1991) bzw. leichter (ab 1.7.1991) Fahrlässigkeit.

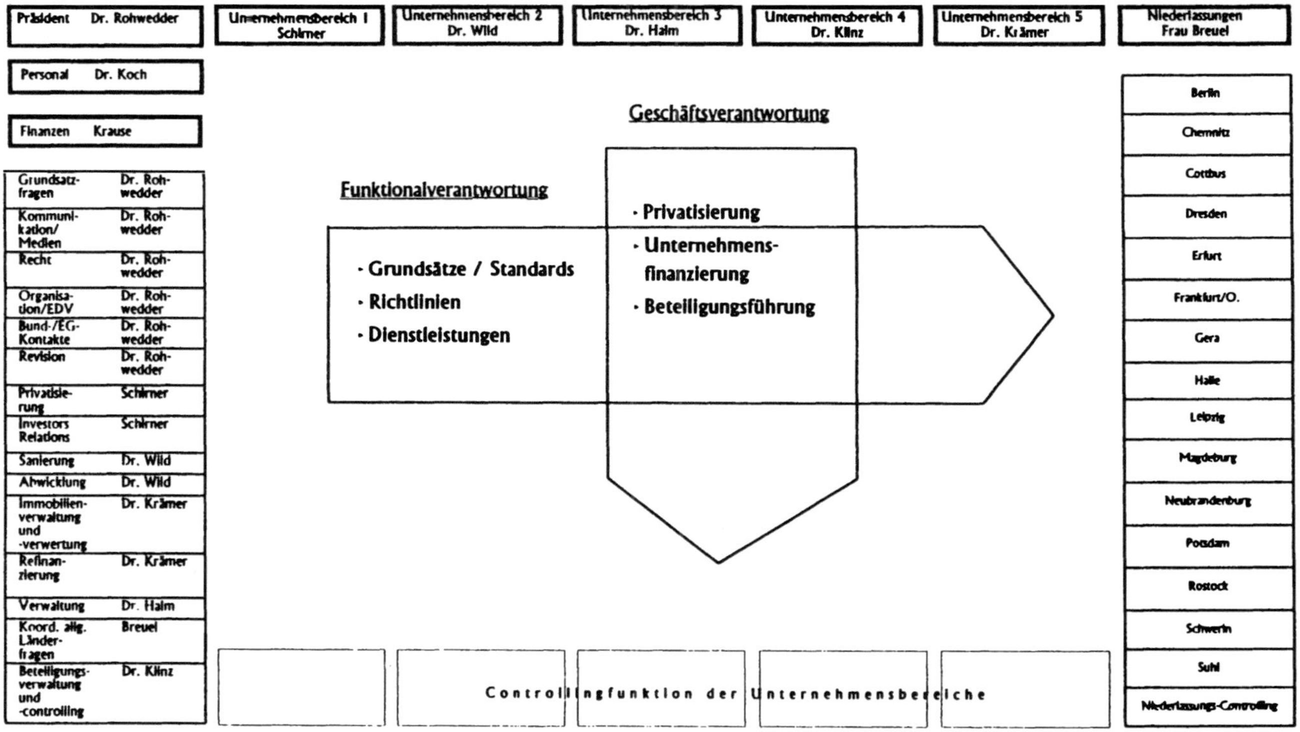

Quelle: Treuhandanstalt

Abb. 5: Matrixorganisation der Treuhandanstalt (Stand 31.1.1991)

1. Privatisierung •1				2. Unternehmenskonzepte/Sanierungshilfen			
Arbeitnehmer bis zu •2	Bil. Brutto Zu-/Abgänge (Mio)	Umsatz (Mio) •3	Genehmigung durch	Kredite Bürgsch. u. Garantien •4	Anerkennung von Ausgleichsforderungen, Entschuldung	Finanzhilfen an nachgeordn. Unternehmen	Zulässiges Gesamtobligo •5
500	25	75	Niederlassungsleiter bzw. Direktor + Vorstandsmitglied	10	10	10	30
1.500	100	200	Zwei Vorstandsmitglieder •6	30	50	30	50
> 1.500	100	300	Gesamtvorstand	100	100	100	100
> 2.000	> 100	> 300	Verwaltungsrat	> 100	> 100	> 100	100
> 2.000	> 100	> 300	BMF (BMWI)	> 100	-	> 100	-

•1 Zwei von drei Kriterien müssen erfüllt sein. Zuständigkeiten für: Veräußerung, Erwerb, Auflösung von Unternehmen und Unternehmensteilen; Abschluß von langfristigen Pacht-/Mietverträgen Betriebsüberlassungen, Betriebsführung.
•2 Zum Zeitpunkt des Vertragsabschlusses einschließlich Kurzarbeit - O.
•3 Vorschau lfd. Jahr.
•4 Für Bürgschaften für Liquiditätskredite gelten gesonderte Richtlinien.
•5 Das Gesamtobligo gilt bei Nutzung mehrerer Finanzinstrumente, wobei das Limit für jedes einzelne nicht überschritten werden darf.
•6 Finanzvorstand + 1 VS-Mitglied bei Sanierungshilfen.

Quelle: THA-Organisationshandbuch, Richtlinie Nr. R 01/91 (Stand 1/91)

Abb. 6: Genehmigungserfordernisse der Treuhandanstalt

mit Kontrolle in Einklang zu bringen, ist schwer zu beurteilen. 1991 verbesserten sich ihre Entscheidungen, weil Flexibilität durch Dezentralisierung weiter Bestand hatte und sich Kontrolle durch Verfeinerung des Orientierungsrahmens langsam entfaltete. Diese Entwicklung greift das folgende Kapitel [3.] bei der Operationalisierung des Privatisierungsauftrags auf.

Abseits der rein zahlenmäßigen und qualitativen Überlastung und der fehlenden Infrastruktur galt es, andere strukturelle Besonderheiten und Hemmnisse in der Organisation zu überwinden, als auch deren Einbettung in das vorhandene Umfeld zu gestalten. Die Beschreibung der internen Schwierigkeiten soll sich hier mit ihrer Erwähnung bescheiden.[65] Organisationspsychologen bietet die Bewältigung der Integration und Dynamisierung der Organisationselemente (bis hin zu ihrer Erlahmung?) ein weites Untersuchungsfeld. Bis Ende 1991 war es der Treuhand weitgehend gelungen über 3.000 neue Mitarbeiter zu integrieren und gegen die täglichen Presseberichte und öffentlichen Anfeindungen mit einem *Wir-Gefühl* auszustatten. Erst die Ermordung ihres Präsidenten, Detlev Rohwedder, an Ostern 1991 brach der Polemik die Spitze, die sich zuvor primär gegen Personen gerichtet hatte.

Außer der Personalqualität (Christ/Neubauer (1991) zitieren Rohwedder mit "Wir haben genommen, was wir kriegen konnten") war deren Struktur (keinen Mittelbau - viele Junge und viele Alte) für die Aufgabenerledigung zu berücksichtigen. Während die Zusammenarbeit von Ost- und Westmitarbeitern in der Treuhand als weitgehend reibungslos empfunden wurde, sorgten externes Mißtrauen und politische Auflagen parallel für wiederholte Entlassungswellen von ehemaligen Funktionträgern auf allen Ebenen des DDR-Regimes. Das Stasi-Problem und die von Treuhandseite als unangenehm und in Einzelfällen wohl unangemessen empfundenen "Säuberungsaktionen" hinterließen zunächst einmal inhaltliche Lücken. Sie trugen aber zusätzlich zu erheblicher Unruhe, insbesondere bei den verbliebenen Ostmitarbeitern, bei.[66]

---

65 Zu einer Vertiefung sei hier auf Seibel/Kapferer (1993), Marissal (1993) und Christ/Neubauer (1991) verwiesen.

66 Vgl.: B-Interview mit W. Schöde.

2.3. Interaktion mit den übrigen Akteuren der Transformation

Mit Inkrafttreten des Gesetzes wurde die Treuhand im Sommer 1990 zum entscheidenden Vehikel des Strukturwandels. Ihre Unabhängigkeitsposition machte sie gleichzeitig im Zentrum der Erwartungen zur wichtigsten strukturpolitischen Instanz in den neuen Ländern - losgelöst von ihren eigenen Vorstellungen darüber, welches Leitbild ihren Entscheidungen zugrunde gelegt werden sollte. Sie hatte ihre Aufgaben an der Schnittstelle zwischen staatlichem und privatwirtschaftlichen Sektor zu definieren, denn rechtlich war sie kein Unternehmen und faktisch keine staatliche Behörde.[67] Ihr operatives Geschäft war verwandt mit dem eines Konzerns. Ihre Stellung bei der Förderung und Entwicklung der Wirtschaft rückte sie in die Nähe der Kreditanstalt für Wiederaufbau oder der Bundesanstalt für Arbeit. Ihre Selbständigkeit vermittelte anfangs den Eindruck einer Vergleichbarkeit mit der technokratischen Autonomie der Bundesbank.

Die Gestaltung ihrer Außenbeziehungen mußte für die Treuhand von Anfang an eine vordringliche Aufgabe sein, auch wenn diese Priorität in der Parallelität der Ereignisse und des Handelns nachrangig zu werden drohte. Ihr Eigeninteresse wurde aber vor allem dadurch am Leben gehalten, daß sie sich in einer unauflösbaren Konstellation aus ungewöhnlichem Erfolgszwang und Unmöglichkeit der Aufgabenerfüllung wahrnahm. Den auf sie konzentrierten Erwartungsdruck konnte sie versuchen, durch Kommunikation ihrer Positionsbestimmung zu mildern. Diese Strategie war aber nur solange erfolgversprechend, wie andere bereit waren, Aufgaben zu übernehmen, aus denen sie sich zu exculpieren versuchte. Nachdem die Limitationen ihres Wirkens zunehmend offensichtlich wurden, wuchsen aus den enttäuschten Erwartungen Forderungen nach Verfügungs- und Kontrollrechten und zusätzlicher Einflußnahme. Diese Tendenz verstärkte sich mit der Etablierung der institu-

---

67 Kern/Sabel (1993b), *Die Treuhandanstalt: Experimentierfeld zur Entwicklung neuer Unternehmensformen* , S. 483 und Czada (1993), S. 155f..

tionellen Strukturen und der Netzwerkbildung - besser gesagt der "Realanpassung" der von West nach Ost transformierten Netze. Die Treuhand mußte darin ein Fremdkörper bleiben.

Mit der Zeit hat sich die Zahl derer, die in dieses Feld gesprungen sind, ständig vergrößert. Das Geflecht aus Interessenkonstellationen, Ressourcenverteilungen und Abhängigkeiten hat an Komplexität und Unübersichtlichkeit gewonnen.[68] Während der Forderungskatalog der Akteure immer länger wurde, ist die Bereitschaft, einen aktiven Beitrag zu leisten, zurückgeblieben. So gab es viele, die Fragen stellten und hineinredeten und nur wenige, die Alternativen präsentierten und handelten. Außer in Forderungen (unterstellen wir ihnen einen konstruktiven Charakter) haben sich enttäuschte Erwartungen in Kritik (vermuten wir hier eher destruktive Elemente) niedergeschlagen. Auch wenn in der Regel die Prägnanz der Urteile mit der Entfernung vom kritisierten Gegenstand wuchs, bestätigt die Konzentration der Kritik auf die Treuhand ihre Rolle als Symbolträger des staatlich verordneten Anpassungsprozesses. Die Treuhänder hatten die Rolle des "Watschenmanns der Nation" (Rohwedder) weitgehend akzeptiert, während sie den Forderern versuchten den Spiegel entgegenzuhalten.

"Und überhaupt ist die Treuhandanstalt nicht der Garderobenständer, auf dem nun jeder seine Probleme aufhängen kann."[69]

Der Pressesprecher der Treuhand beschreibt ihre Optionen in dieser Situation in Anlehnung an Wilhelm von Humboldt folgendermaßen: "(...) sie war frei um den Preis der Einsamkeit. Oder einsam, um frei zu sein."[70]

---

68 Czada (1993), S.151 faßt das Problem zusammen: "Die Regierungen der fünf neuen Länder, zahlreiche Behörden des Bundes, gesellschaftliche Interessenverbände und Finanzierungsinstitutionen betraten nach und nach den Schauplatz der ökonomischen Transformationspolitik, auf dem zuerst (...) die Treuhandanstalt tätig geworden war. (...) Die Treuhandanstalt begegnete der rasch fortschreitenden Differenzierung ihres politischen Umfeldes, indem sie Abteilungen aufbaute, die als Brückenköpfe nach außen dienen sollten."

69 Die Frankfurter Allgemeine Zeitung v. 22.9.1990 zitiert D. Rohwedder im Gespräch mit Kommunalpolitikern.

70 B-Interview mit W. Schöde.

Wenn die Erfüllung der sich überlagernden, teils widersprüchlichen Einzelaufgaben also voraussetzte, daß die Treuhand ihren Handlungsraum selbst festlegen und gestalten konnte, mußte sie sich Einsamkeit und Freiheit erhalten. Einsamkeit entstand schon durch die Nähe zum Geschehen. Problemerkennen und Adjustieren des eigenen Handelns gelang in der Regel vor dem Aufnehmen eines Themas durch den politischen Sektor. Schöde spricht der Treuhand eine "Lokomotivfunktion" zu, die sie in der Kommunikation und im Handeln wahrgenommen hat, ohne sich politisch zu artikulieren.[71]

Andererseits ließ sich Freiheit auch durch Unübersichtlichkeit erreichen. Den Forderungen nach Transparenz und Kontrolle mußte sie aber durch Lockerung der Unübersichtlichkeit gerecht werden. Sie war gezwungen, ihr Tun zu erklären. Das jedoch mußte ihr regelmäßig schwerfallen. Sie konnte keine Linie kommunizieren, weil es keine einheitlich festgelegte Linie gab. Auch nicht unter dem Druck einzelner Institutionen hatte sie sich festlegen wollen, um das Mindestmaß an erforderlichem öffentlichen Konsens nicht zu gefährden. Außerdem hätte jeder Einzelfall die Grundsätzlichkeit ihrer Grundsätze in Frage stellen können.

Also nutzte die Treuhand die Kommunikation von "Wasserstandsmeldungen" und die Einrichtung von Informations-Stäben (Brückenköpfen) in der Organisation, um das Problem zu umschiffen. Beides hatte eine freiheitserhaltende Pufferfunktion. Als wirksames Mittel, sich Freiheiten im Handeln zu erhalten, erwies sich allerdings auch das vertrauensvolle Teilen der Einsamkeit. Dazu mußte die Treuhand ausgewählte Akteure in die eigenen Probleme einbeziehen. Nur so war Verstehen und Arbeitsteilung bei der Lösung möglich. Demnach mußte ihr schon aus Gründen des eigenen Autonomieerhalts daran gelegen sein, strategisch zu interagieren und die Schnittstellen zu den anderen Akteuren genau zu definieren. Seibel (1993)

---

71 Ebd.. Bei zahlreichen Themen (z.B. MBO's, Investitionen, Kerne etc.; vgl.: Pressekonferenz, B. Breuel aus 26.09.1991) läßt sich das Vorpreschen der Treuhand anhand einer Dokumentenanalyse belegen. Fraglich bleibt, ob der Feinjustierung der Kommunikation auch eine Anpassung des Handelns folgte. In manchen Fällen dürfte die Treuhand das Vorpreschen nur dazu genutzt haben, nicht auf dem falschen Bein erwischt und belehrt zu werden. Die Dokumentation des Erkenntnisprozesses mag wiederum allein zu einem Verstummen bestimmter Forderer geführt haben. Insofern schafft auch die reine Kommunikation Freiräume.

nennt diese Vorgehensweise die Ausdifferenzierung der politischen Konfliktdämpfungsmechanismen "im Wege verbesserter Kooptation, intensiverer Nutzung der losen Kopplung mit dem Regierungs- und Verwaltungssystem und geschickter politischer Rhetorik"[72].

Ihre hochpolitische Rolle als "Projektionsleinwand" aller Erwartungen und "Überbringer der schlechten Nachrichten" hat es der Treuhand leicht gemacht, das Prinzip der losen Kopplung zu verfolgen. Zumindest in der Anfangszeit ist es ihr gelungen, sich dadurch weniger in eine Prinzipal-Agenten-Beziehung mit der Bundesregierung zu begeben[73] und sich im Zuge dessen bei ihrer Aufgabenwahrnehmung weitgehend zu verselbständigen. Ihrer Rechtsstellung nach untersteht die Treuhand zwar direkt der Exekutivgewalt des Bundes, die über die Rechts- und Fachaufsicht durch das BMF wahrgenommen wird. Bei der tatsächlichen Einflußnahme (insbesondere über die Fachaufsicht) blieben der Regierung aber weite Ermessenspielräume im Umgang mit der lex specialis Treuhand. Die Einführung eines praktikablen, vereinfachten haushaltsrechlichen Verfahrens machten nur etwa 2 bis 3% aller Privatisierungen genehmigungspflichtig und minimierte den Abstimmungsbedarf mit dem BMWi. Trotz früh absehbarer und massiver finanzieller Inanspruchnahme des Bundes, wußte man dort wohl, was man an der Treuhand hatte.[74] Beide Seiten manifestierten ihre *lose Bindung* durch gegenseitige Zufriedenheitsbekundungen und die Pflege der informellen und persönlichen Kontakte. Der Leitungsauschuß, als Beratungs- und Prüfungsorgan des BMF bereits im Herbst 1990 eingerichtet, fügte sich geradezu nahtlos in die Organisation ein. Die eigenständige, aber eng eingebundene Gruppe beschäftigte sich nahezu ausschließlich mit der Prüfung und Bewertung der Unternehmenskonzepte vornehmlich großer (dies wurde später wie

---

72 Seibel/Kapferer (1993), S. 131.

73 Vgl.: Czada (1992b), *Die Treuhandanstalt im Tranformationsprozeß*, vorläufige Forschungsskizze, S. 12.

74 "Die Entscheidungen, die wir treffen, könnte ein Kabinett gar nicht treffen, weil es sofort abgewählt würde", Birgit Breuel, Interview der Wochenpost vom 19.12.91, S. 22

derholt und je nach Erfordernis genauer spezifiziert) Betriebe. Ihre Tätigkeit wurde zumindest in der Treuhandspitze als Entlastung des operativen Geschäftes und willkommene, über die Einheitlichkeit dieser schwierigen und teuren Aufgabe wachende Querschnittsfunktion empfunden. Der Treuhand-Vorstand hat sich ihres unabhängigen Rates bei zahlreichen Organisationsentscheidungen bedient. Außerdem galten die Einschätzungen des Leitungsausschusses intern als Absicherung genehmigungspflichtiger, finanzwirksamer oder konzeptioneller Entscheidungen in Richtung der Bonner Aufsichtsbehörde. Über die informellen, teilweise mit der Zeit auch institutionalisierten Beziehungen zum Bund hinaus, die bereits im Herbst 1990 durch die Einrichtung eines dafür zuständigen Direktorats weitgehend kanalisiert wurden, oblag die parlamentarische Kontrolle der Treuhand anfänglich dem relativ unbedeutenden und passiven "THA-Unterausschuß des Haushaltsausschusses des Bundestages"[75].

Der Einfluß des Bundeskanzlers auf die Treuhandanstalt ist ein in der vorliegenden Literatur unterschiedlich eingeschätztes Thema. Formal obliegt ihm die Berufung der Mitglieder des Verwaltungsrats. Dabei dürfte der Spielraum - zumindest hinsichtlich der beteiligten Institutionen - begrenzt sein. Mit der Einrichtung der sog. Ludewig-Runde und den Wirtschaftskonferenzen im Kanzleramt haben sich Foren etabliert, auf denen in Grundsatz- und Einzelfragen Positionen festgelegt und kommuniziert werden können. Marissal (1993) vermutet, daß kein Einzelfall von überregionaler Bedeutung ohne

---

[75] Czada (1993), S. 158, betont seine vergleichsweise geringe Bedeutung für die "Überwachung und Steuerung der Treuhandanstalt". Gegen die Wirksamkeit seiner Kontrollausübung sprächen einerseits seine Zusammensetzung und andererseits die Nichtanwendbarkeit der "üblichen Lenkungsmechanismen und Zustimmungsvorbehalte des parlamentarischen Budgetrechts" auf die Treuhand. Erst mit dem THA-Kreditaufnahmegesetz im Juli 1992 war eine Einwilligung des Haushaltausschusses für bestimmte Geschäfte erforderlich. Erst die Einrichtung eines Treuhandausschusses (Februar 1993) und später eines Untersuchungsausschusses (September 1993) veränderte die Berichtspflicht und parlamentarische Kontrolle der Treuhand maßgeblich. Auch der Bundesrechnungshof hat erst im Jahr 1992 nenneswert versucht, in die Geschäfte der Treuhand einzugreifen. Siehe zu beiden Punkten den dritten Teil dieses Buches.

Kenntnis des Bundeskanzleramts entschieden wird.[76] Die Kenntnis allein gibt allerdings keinen Aufschluß über die tatsächliche Einflußnahme. Als gesichert kann angenommen werden, daß zwischen Treuhand und Regierungsspitze über die formalen hinaus, enge informelle Verbindungen geknüpft wurden.[77] Eine Abhängigkeit der Treuhand, ihr Handeln auf die Wünsche des Bundeskanzlers auszurichten, ist für den weitaus überwiegenden Teil ihres Geschäftes aber zu verneinen. Dagegen spricht sowohl dessen Entfernung zum Gegenstand (die sich auch in manchen publizierten Lage-Einschätzungen niederschlägt) als auch die dafür ungenügende organisatorische Ausstattung seiner Behörde. Einig waren sich Treuhandspitze und Bundeskanzler in der Einschätzung des Freiheitsbedürfnisses der Institution. Freiheit und Einsamkeit galten beiden als schützenswertes Gut.

"Die Treuhandanstalt kann diesen umfassenden Auftrag nur erfüllen, wenn sie die notwendigen Entscheidungen auch mit großer Unabhängigkeit treffen kann. (...) Die Bundesregierung tut alles, um diese Unabhängigkeit gegen manchen Widerstand auch in der praktischen Arbeit zu gewährleisten." Helmut Kohl (bei seinem THA-Besuch anläßlich der Einweihung des Detlev-Rohwedder-Hauses).

In der Zusammenarbeit mit den neuen Ländern mußte die Treuhand eher eine Gratwanderung vollziehen. Einerseits lag es in ihrem Interesse, daß die Länder schnell funktionsfähig wurden, um ihren struktur- und sozialpolitischen Aufgaben nachkommen zu können; andererseits wollte die Treuhand ihr Letztentscheidungsrecht im Einzelfall nicht aufgeben. Auf eine einfache

---

76 Zum Beleg direkter Einflußnahme zieht Marissal (1993), S. 58f. die Entscheidungen zur Sicherung der Chemie-Standorte und zur Verwirklichung der Späthschen Carl-Zeiss-Lösung heran. In beiden Fällen sei die Treuhand den Vorstellungen des Bundeskanzlers gefolgt. In der Chemie läßt sich ein Vorpreschen mit politischen Vorgaben der Presse entnehmen (z.B. Die Zeit vom 8.11.19, S.25). Welche Absprachen zwischen Treuhand, Gewerkschaft, BMF und Bundeskanzleramt im Vorfeld des terminierten Besuchs des Kanzlers in der Region getroffen wurden, bleibt allerdings im Dunkeln. Im Fall Carl Zeiss geht nach eigenen Recherchen kein nennenswerter Einfluß von Bonn aus. Daß der Kanzler Späths Lösung gegen die vom BMF bevorzugte Liquidation durchsetzte, ist Spekulation. Die Fallbetrachtung in Teil 2 wird zeigen, daß das Zusammenwirken unterschiedlicher Akteure, die Lösung möglich und notwendig gemacht haben. Bonner Interessen hatten dabei eine vergleichweise geringe Bedeutung.

77 Vgl.: B-Interview mit W. Vehse.

Formel gebracht hieß dies: Die Entscheidung sollte bei dem Träger ihrer finanziellen Folgen verbleiben. Das BMF hätte über den Länderfinanzausgleich diese Politik außer Kraft setzen können. Daran war Bonn augenscheinlich nicht gelegen. Damit konzentrierte sich die Zusammenarbeit zunächst auf die Verpflichtung der Treuhand zur Information.

Die Verfeinerung der Verflechtung wurde in den "Grundsätzen der Zusammenarbeit von Bund, neuen Ländern und Treuhandanstalt für den Aufschwung Ost"[78] festgelegt. Der Treuhand wurde die Rolle eines "Dienstleisters" für die Länder "beim Aufbau sozialverträglicher regionaler Wirtschaftsstrukturen" zugeordnet. Die Informationsbeziehungen wurden über die Verwaltungsrat-Sitze der Ministerpräsidenten (Einbindung ohne zentralen Einfluß) auf regelmäßig tagende "Treuhand-Wirtschaftskabinette" und "Monatsgespräche" ausgedehnt.

Im Herbst 1991 folgte nach einigen schlechten Erfahrungen die Einrichtung eines "Frühwarnsystems" für bevorstehende Abwicklungsfälle. Die festgeschriebenen Grundsätze haben bis zum heutigen Tage Bestand. Vereinzelte, auch öffentliche Auseinandersetzungen (insbesondere mit Sachsen) haben zwar einerseits die davon ausgehenden Begrenzungen im Handlungsspielraum der Länder augenscheinlich werden lassen, andererseits aber keine darüber hinaus gehenden Vereinbarungen hervorgebracht.[79] Letztlich bewegten sich auch die Länder gezwungenermaßen auf dem schmalen Grat zwischen praktiziertem Fürsorgeinteresse und finanziell folgenreicher Intervention. Im Umfeld der ausgehandelten Grundsätze haben sie mit Förde-

---

78 Vereinbarung vom 14. März 1991; siehe Organisationshandbuch der Treuhand, RS1/91. Die Koordination der Länderfragen übernahm ein bereits im Oktober 1990 gegründetes, zunächst dem Vorstandsbereich Niederlassungen zugeordnetes, Direktorat.

79 Auch die sog. Breuel-Schommer-Vereinbarung vom 23.4.92 wird in der Treuhand als Briefwechsel ohne zwingend bindenden Charakter interpretiert. Der sächsische Wirtschaftsminister hatte einen "Tauschhandel" beabsichtigt. Das Land wollte mit seinem ganzen finanziellen Instrumentarium regional bedeutsame (strukturbestimmende) Unternehmen fördern. Die Treuhand sollte im Gegenzug den notwendigen unternehmerischen und finanziellen Spielraum (selbst für einen längeren Modernisierungsprozeß) einräumen. Scheitern mußte eine Vereinbarung schon an der Zuordnung der Festlegung, was erhaltenswert ist. Die Treuhand beharrte auf der Sanierungsfähigkeit als K.o.-Kriterium. In Einzelfällen ist sie dennoch bereit gewesen, durch "Streckung" dem Land entgegen zu kommen.

rungsmaßnahmen und zahlreichen, nur mäßig erfolgreichen Modellen und Institutionen (z.B. ATLAS, ANKER) versucht, ihren Vorstellungen mehr Geltung zu verleihen.[80]

Auf eine andere Weise diffizil gestaltete sich die Zusammenarbeit von Treuhand, Gewerkschaften und Wirtschaftsverbänden. Waren Bund und Länder selbst dem Zwang zum Interessenausgleich unterlegen, stießen Treuhandentscheidungen bei den Vertretern gegensätzlicher Gruppeninteressen fast zwangsläufig auf laut artikulierten Widerstand der einen oder anderen Seite. Je freier die Rufer von finanziellen Konsequenzen ihrer Forderungen waren, desto lauter wurden die Rufe. Für die Gewerkschaften galten zwei Einschränkungen: Je offensichtlicher ein Bremsen des ostdeutschen Strukturwandels den westdeutschen beschleunigen mußte, desto größer wurde auch ihr Dilemma. Die mitgliederstarken und besser organisierten Gewerkschaftsverbände auf westdeutscher Seite mußten vielfach die Oberhand gewinnen. Wie bei allen anderen Akteuren galt außerdem mit wachsender Einbindung eine Steigerung der Mitverantwortung für das Ganze und damit eine stärkere Differenziererung in Einzelfragen.

Nachdem über die Ablehnung der THA-Aktiengesellschaften die Mitbestimmung verhindert wurde, entwickelte sich der Verwaltungsrat (insbesondere sein Präsidium) zum zentralen Einflußforum, das die Gewerkschaften unterschiedlich nutzten. Auch wenn die meisten vorlagepflichtigen Beschlüsse im Verwaltungsrat nach oft intensiver Vorklärung einstimmig getroffen wurden, wies die Zusammenarbeit qualitative Unterschiede auf. Während der IG-Chemie Vorsitzende Rappe seine Schwerpunkte in konsensstiftenden Auseinandersetzungen im Verwaltungsrat auf der *Makroebene* zu setzen schien[81], verlagerte die ebenfalls dort vertretene IG-Metall ihre Auseinander-

---

80 Eine detailierte Analyse der Motive, Chancen und Implikationen des ATLAS-Projektes in Sachsen findet sich bei Kern/Sabel (1993), S. 484f.. Die Zusammenarbeit mit den Ländern wird in dieser Arbeit noch einmal beim Sonderfall "Carl Zeiss" und bei der Beurteilung der Treuhand-Strategie aufgegriffen.

81 Vgl.: Wirtschaftswoche vom 15.9.1994 und Kern/Voskamp (1994), *Bochsprungstrategie - überholende Modernisierung zur Sicherung ostdeutscher Industriestandorte*, S. 102ff.

setzungen stärker auf die betriebliche *Mikroebene*. Außerhalb der *Konsens-Arena* Verwaltungsrat blies deren Vorsitzender Steinkühler (offensichtlich ohne Erfolg) zudem zu diversen Angriffen auf Selbstverständnis und Aufgabenwahrnehmung der Treuhand.[82] Die erfolgreichere Strategie scheint Rappe gewählt zu haben. Die Treuhand erwies sich gegenüber Einflußversuchen über Betriebsbesetzungen und Demonstrationen als weitgehend immun. Viele Einzelgefechte hatten Kraft und Interesse am Konsens eher erlahmen lassen.[83] Der Einfluß der IG-Chemie bei der Erhaltung der Standorte in Sachsen-Anhalt übersteigt wohl deshalb den der Schwestergewerkschaft bei der überregionalen Sicherung industrieller Kerne in den Bereichen Maschinenbau und Mikroelektronik.

Abseits der Gestaltung des vorwärts gerichteten Strukturwandels durch Umstrukturierung und Modernisierung hatte man sich früh einen Kompromiß hinsichtlich der Flankierung der "zerstörenden" Strukturveränderungen abgerungen. Bereits im April 1991 kam es zur gemeinsamen Erklärung von DGB, DAG und Treuhandanstalt über die Sozialplanregelungen. Mit der Rahmenvereinbarung vom 17. Juli 1991 konnte die Kontroverse um die Arbeitsförderungs-, Beschäftigungs- und Strukturentwicklungsgesellschaften beigelegt

---

82 Nicht Steinkühler (einer der vehementesten Kritiker der Treuhand) nahm den Sitz war, sondern das IG-Metall-Vorstandsmitglied Klaus. (Außerdem berief der Bundeskanzler den Vorsitzenden des DGB, Meyer, und der DAG, Issen, in den Verwaltungsrat). Neben zahlreichen Verbalattacken ("Schlachthof") entstanden im wesentlichen zwei übergreifende IG Metall-Konzepte: 1.) Die Umgründung von Teilen der THA zu einer "Industrie-Holding" für kurzfristig nicht privatisierbare Unternehmen (vom 6.5.91) und ein 2.) "Industriepolitisches Konzept für den ostdeutschen Maschinenbau" (vom 29.5.92). Während 1.) noch ein radikales Umdenken der Treuhand erfordert hätte und in Folge dessen ebenso deutlich abgelehnt wurde, fordert 2.) wesentlich moderater die "Fortsetzung des in der Sanierungspolitik eingeschlagenen Wegs", S. 10f.. Gemeint war der Ausbau der Management-KG's. Der Diskussionsprozeß in der Treuhand wird im Rahmen der Behandlung dieses Themas aufgegriffen.

83 Rappe konnte die Standortkonzentration der Chemie nutzen, eine Rahmenstrategie im Konsensverfahren zu erarbeiten. Der IG-Metall mußte dies schon allein wegen der überregionalen Positionierung der industriellen Kerne schwerer fallen. Dennoch scheint - auch wenn diese Beurteilung hier nur oberflächlich sein kann - die unterschiedliche Herangehensweise auf der einen Seite Zusammenarbeit und auf der anderen Seite Abgrenzung herausgefordert zu haben.

und arbeitsrechtliches Neuland abgesteckt werden.[84] Die Treuhand wollte sich zukünftig an den Kosten für Sozialpläne in einer Höhe bis max. 5.000 DM pro Mitarbeiter sowie mit 10% an den Trägergesellschaften der ABS auf Landesebene und einer Anschubfinanzierung beteiligen. Damit hatte sie sich, im wesentlichen durch finanzielle Zugeständnisse, eine überregionale Ruhe und Sicherung ihrer Privatisierungstätigkeit erkauft.

Die Interessen der westdeutschen Arbeitgeber- und Wirtschaftsverbände waren in einigen Punkten denen der Treuhand sehr nah. Bei ihrer Entstaatlichungspolitik konnte sie in zweierlei Hinsicht mit Rückendeckung rechnen. Einerseits lag die Senkung der Staatsquote auf der Linie der westdeutschen Wirtschaft, andererseits wurde der Kauf ostdeutscher Unternehmen durch westdeutsche aus unterschiedlichsten Gründen als positive Entwicklungschance angesehen. In Einzelfragen war folglich mit einer neutralen Haltung der Interessenvertreter zu rechnen. Anders verhielt es sich fast zwangsläufig im Hinblick auf die Abfederungs- und Streckungsmaßnahmen der Treuhand. Insbesondere die massive, anfänglich unkontrollierte Subventionspolitik wurde der Treuhand als Unterstützung einer Dumpingpolitik der Betriebe ausgelegt und vorgeworfen.

Der Verlust der angestammten Märkte, veranlaßte die Treuhandunternehmen durch aggressive Preisnachlässe zu versuchen, die technologischen Eintrittsbarrieren in die Westmärkte zu überwinden. Die Treuhand war weder in der Lage noch willens, ihre Unternehmen bis auf die Auftragsebene zu kontrollieren. Ihre finanziellen Stützungsmaßnahmen bei festgestellter Sanierungsfähigkeit mußten die Betriebe als Chance erachten, auf neuen Märkten wenigstens einen Teil ihrer Produktion unterzubringen. Die Treuhand hat das verständlicherweise geduldet.[85]

---

84 Die gemeinsame Erklärung von DGB, DAG und THA zur Sozialplanregelung sowie die Rahmenvereinbarung von Gewerkschaften, Arbeitgeberverbänden und THA zu ABS sind abgedruckt in: THA-Informationen, Nr.3/4, August 1991, S. 20-23.

85 Nach lange schwelender Diskussion, ging die Treuhand-Spitze gegen immer lauter werdende Anwürfe im Jahr 1992 in die Offensive. Der westdeutsche "Abschwung" hatte die Brisanz des Themas stetig wachsen lassen. Frau Breuel wehrte sich zwar gegen die Bezeichnung "Kampf-Preise", rechtfertigte die Vorgehensweise aber im Hinblick auf die bewußt aufrechterhaltenen Eintrittsbarrieren im Westen. Vgl.: Die Zeit vom 9.10.92, S. 27.

Die zahlreichen Versuche, die Wirtschaftsverbände zu mobilisieren, andere Wege zur Überwindung der Barrieren zu finden, versandeten schnell auf den westdeutschen Interessensfeldern.[86] Darüber hinaus gab es mehrere Anläufe der Treuhand, die Verbände als Vehikel zur Beschaffung von Management-Kapazität in unterschiedlichster Form zu nutzen. Auch wenn die Bemühungen auf diesem Gebiet sichtbarer waren, ließ sich ein durchschlagender Erfolg nicht verbuchen. Einzelinitiativen in Richtung einer Mittelstandsförderung (IHK's) oder einer Lohnsubventionierung (Tyll Necker) haben den Diskussionsprozeß angeregt, die Treuhand bei ihrer täglichen Arbeit aber weder behindert noch entscheidend unterstützt.

Nicht unerwähnt bleiben darf bei der Betrachtung wettbewerbsrechtlicher Fragen der Einfluß des Bundeskartellamts und der EG-Kommission. Während es der Treuhand in den meisten Fällen (auch durch die räumliche Nähe) gelang, einen engen Abstimmungsmodus mit der Berliner Kartellbehörde zu entwickeln, konnte sie der Skepsis der EG nur mit Mühe entgegentreten. Hatte die Bundesregierung durch ihre Versicherung, die Realanpassung der Wirtschaft als nationale Angelegenheit anzusehen, die Transferleistungen *legalisieren* können, vermochte der Verdacht einer Zuwiderhandlung der Treuhand gegen geltendes EG-Recht nicht ausgeräumt werden. Die Brüsseler Kommission befürchtete neben der Gewährung unerlaubter Beihilfen auch die Bevorzugung nationaler Investoren. Insbesondere das Thema Beihilfen war von der Treuhand allein nicht zu lösen. Die anfänglich informellen Beziehungen bewegten sich an der Grenze der Nichtachtung, wollte man eine Verzögerung des operativen Geschäftes nicht in Kauf nehmen. Erst mit der Festlegung von Mindestgrenzen wurde das Prozedere formalisiert.[87] Durch organisatorische Brückenköpfe nahm die Treuhand etwaigen Vermutungen einer rein "deutsch-deutschen Veranstaltung" früh ihre Berechtigung.

---

86 Ein Beispiel von vielen war der zähe Prozeß der Listung ostdeutscher Produkte bei den westdeutschen Kaufhaus- und Einzelhandelsketten.

87 Unterrichtungschreiben der Bundesregierung an die Treuhandanstalt vom 26.9.1991. Einer der ersten Fälle war wiederum die Sonderlösung Carl Zeiss, an der beispielhaft die Problematik dokumentiert werden soll. Mit der heftigeren Debatte zur Erhaltung industrieller Kerne und der modifizierten Sprachregelung der Treuhand wurden später neue Unsicherheiten in Brüssel entfacht, die die Kommission veranlaßten, die Kontrolle zu verschärfen (B-Interview mit W. Vehse).

THA-Büros in den USA und Japan, Beauftragte in anderen wichtigen Industriestaaten und vor allem die Einschaltung internationaler Investmentbanken im Privatisierungsgeschäft sollten die Eintrittsbarrieren für ausländische Interessenten merklich senken.

Die Zusammenarbeit der Treuhand mit weiteren Institutionen und Interessensvertretern wie z.B. den Kommunalverwaltungen (Kommunalisierung), den staatsanwaltlichen Ermittlungsbehörden (Wirtschafts-kriminalität), den Vermögensämtern (Investitionsvorrangverfahren und Vermögenszuordnung) und den Geldmarktinstituten (Refinanzierung) soll keiner genaueren Betrachtung unterzogen werden. Sie erfolgt punktuell - wo erforderlich - bei der Tangierung der zentralen Treuhand-Aufgaben.[88]

Die Beurteilung der zunehmenden Vernetzung in ihrer Wirkung auf die Aufgabenerledigung muß sich an der Frage orientieren, ob es der Treuhand gelungen ist, die eigenen Interessen in diesem Prozeß bestmöglich zu wahren. An dieser Stelle isoliert sich die Betrachtung auf den Zeitraum, in dem sie das Fundament zur Bewältigung ihres operativen Geschäftes gelegt hat.

Aus dem Vorangegangenen ist festzuhalten, daß die Treuhand die eigenen Schnittstellen innerhalb des Transformations-Netzwerkes in wesentlichen Teilen selbst definiert hat. So ist es ihr gelungen, auf dem Aushandlungswege zugleich eigene Freiräume zu sichern und gemeinsame Handlungsräume mit machtvollen Akteuren herzustellen.[89] Trotz der damit gewonnenen legimatorischen Entlastung haben die Zielkonflikte in der Sache und die gegensätzlichen Erwartungen sie in einer Situation mit unkalkulierbarem Konfliktpotential belassen. Die Steuerung des Zusammenwirkens der wachsenden Zahl "interessierter" Akteure hat der Unkalkulierbarkeit lediglich die Spitze gebrochen. Formlosigkeit im Handeln verspräche am ehesten eine Auflösung des Dilemmas. Diese würde aber zwangsläufig die Forderer nach Kontrolle auf den Plan rufen. Eine erfolgsversprechende Strategie mußte also einerseits durch flexible, wechselseitige Anpassung nach außen (auch in der Kommunikation) Handlungsfreiräume schaffen und bewahren, die in der täglichen

---

88 Einzelheiten sind u.a. nachzulesen bei Czada (1993), S. 165f..

89 Ebd., S. 170.

Aufgabenerfüllung andererseits durch kommunizierbare Grundsätze strukturiert werden müßten, ohne dabei die Flexibilität im Einzelfall einzuengen. Bei der oberflächlichen Betrachtung würde eine Mischung aus Formlosigkeit und Anpassung einem *Hindurchwursteln* gleichkommen. Es ließe sich vermuten, daß die Treuhand die Suche nach einer Konzeptionierung ihrer Arbeit früh aufgegeben und zugunsten dieses Vorgehens fallengelassen hat. Dagegen spricht ihre Beharrlichkeit in der Privatisierungsfrage und der rein zahlenmäßige Erfolg (zugegebenermaßen ebenfalls oberflächlich betrachtet) ihres Tuns.

Einer präziseren Einschätzung dieser Fragen widmet sich das folgende Kapitel.

3. Herausbildung einer Privatisierungsstrategie

"Von Anfang stand die Treuhand an der Schnittstelle zwischen Ost und West, zwischen den Kräften des alten Regimes und der pluralistischen Vielfalt des Westens, zwischen Hoffnungen, Ängsten, Ansprüchen und Forderungen der Bürger in Ost und West." Birgit Breuel in einem Mitarbeiter-Brief, *Machen wir wirklich alles richtig?*, am 8.8.1991

Durch *lex specialis* war eine Institution geschaffen worden, die im zweiten Halbjahr 1990 noch weit davon entfernt war, den in sie gesetzten Erwartungen gerecht zu werden. Eine Situationsbeschreibung in der Sprache des Theaters wäre vielleicht die folgende (ein keineswegs despektierlich gemeinter Vergleich): Sie hatte zwar ein Engagement für ein Stück, d.h. einen Vertrag, allerdings für unbestimmte Zeit und für ein lückenhaftes parallel entstehendes Skript. Den ersten Akt erlebte sie noch im Zuschauerraum. Insbesondere der Beginn des zweiten Aktes war in hohem Maße abhängig vom Improvisationstalent der neuen Hauptdarstellerin. Ihre Rolle definierte sich einerseits aus den eigenen Freiheitgraden und Talenten, andererseits aus der Anzahl und dem Rollenverständnis der übrigen Darsteller und dem zunächst schwer beeinflußbaren Fortgang des Stücks. All das vollzog sich unter gespannter und kritischer Aufmerksamkeit des Publikums. Erst mit der Zeit nahmen Skript und Darstellertruppe Gestalt an. Improvisation mußte Präzision weichen. Rollen und Beziehungsgeflecht nahmen andere Formen an.

Erst der Winter 1990/91 brachte einige Klarheit. Die politischen, wirtschaftlichen und psychologischen Prozesse hatten Fakten geschaffen. Die Realanpassung der ostdeutschen Wirtschaft vollzog sich primär durch Ausscheiden von Strukturen, Unternehmen und Belegschaften aus dem Wirtschaftsgeschehen zu unakzeptabel hohen sozialen Kosten. Die Problemlage blieb unkontrollierbar und beweglich. Dennoch war sie besser einschätzbar und mit ihr auch der Korridor der Treuhand-Aktivitäten. Der gesetzliche Rahmen hatte ein Aufgabenspektrum vorgeschrieben, die Spielräume aber nur unwesentlich eingeengt. Interpretation, Gewichtung und inhaltliche Wahrnehmung der Aufgaben blieben weitestgehend ihr überlassen. Ihre institutionelle Einbettung diente einer besseren Zielabstimmung und ermöglichte ihr die Abgabe von politischen Erwartungsräumen. Zurück blieb ein Pfad mit individuellen Gestaltungsmöglichkeiten. Die Freiheit im Handeln wurde höchstes Gut, das es zu bewahren galt. Demnach formierte sich das Selbstverständnis, aus den bestehenden und pfadabhängigen, sachlich bedingten Handlungsrestriktionen heraus, in einer pragmatisch orientierten Herangehensweise.

3.1. Strukturen erhalten oder radikaler Wandel? - Entwicklung eines Selbstverständnisses

Wie sollte die Treuhand die Spielräume nutzen, die ihr Auftrag und institutionelle Einbettung ließen? Die Antwort verbarg sich in der grundsätzlicheren Frage, wie der Strukturwandel zu bewältigen sei, in einer Situation, in der weder Markt noch Hierarchie befriedigende Steuerung verhießen.[90] Weder war der Pfad vom Plan zum Markt selbst planbar, noch machten sich spürbar selbstheilende Kräfte ans Werk. Die Transformation hatte verhindert, daß elementare Spielregeln der Marktwirtschaft in Ostdeutschland in Kraft gesetzt worden waren. Doch es standen auch ersatzweise keine erprobten Einflußmechanismen des Staates zur Verfügung. Ein breiter Konsens in Politik, Wirtschaft und Öffentlichkeit bestand hinsichlich der Notwendigkeit des Strukturwandels. Die Rahmenstrategie der Treuhand war insofern im Ganzen abgesichert, in Einzelfragen aber höchst umstritten.[91] Als "Hybridinstitution" an der Schnittstelle zwischen Unternehmen und Bürokratie hatte sich die Treuhand in der Interaktion mit den übrigen Akteuren

---

90 Vgl.: Kern/Sabel (1992a), *Zwischen Baum und Borke - Zur Unsicherheit der Treuhand, was sie als nächstes sagen sollte*, S. 68.

91 Vgl.: Czada (1992b), S. 11.

auf der einen Seite insbesondere unternehmerische Freiräume gesichert. Sie wußte, daß die aktive Gestaltung weitestgehend dem Markt überlassen werden müßte. Die hierarchischen Elemente ihres Auftrages wollte sie, wenn nicht abgeben, jedenfalls teilen. Je mehr sie ihre Aufgabe darauf konzentrieren konnte, dem Markt den Weg zu bahnen, desto freier und flexibler konnte sie in der Sache agieren. Die bestmögliche Flankierung des Wandels sollten andere übernehmen, mit denen sie allerdings stetig interagierte und kommunizierte.[92]

Die Suche nach dem Selbstverständnis einer Institution kann in ihrer Organisation beginnen. Dort müßte die Treuhand schon qua Aufgabe und Positionierung hybriden Charakter aufweisen. Die klare Trennung ihrer Organisation in Kerngeschäft und "support staff" zeigt einerseits ihre zwei Gesichter. Andererseits verbergen sich hinter den Bezeichnungen bereits Gewichtungen in den Aufgaben. Die Anpassung an veränderte Präferenzstrukturen in einem weiteren Akteursfeld haben den schützenden "Mantel" um den "Kern" stetig wachsen lassen, während die Treuhand nicht müde wurde, den Schwerpunkt ihres Auftrags zu betonen.

"Der Treuhand wurde vieles aufgetragen. Aber nichts darf uns von unserem Kerngeschäft *Privatisierung* abhalten."[93]

Hier muß die Suche nach dem Treuhand-Selbstverständnis vornehmlich unterhalb der Trennung operativ/support auf der Ebene der Festlegungen im Kerngeschäft unternommen werden, wo die Auseinandersetzung mit der zentralen Aufgabe der Wirtschaftstransformation wiederum hybride Lösungen erwarten ließ.

Mußte der Strukturwandel in der Konstellation aus Erfolgszwang und ungewöhnlich hohem Konsensbedarf konzeptionslos und experimentell erfol-

---

92 Stellvertretend für eine Vielzahl solcher, allerdings hauptsächlich konsumptiver Stützungsprogramme seien hier die Transferleistungen über den Fonds deutsche Einheit und die Bundesanstalt für Arbeit, sowie die Stützung der Ostexporte über Hermesbürgschaften und das Infrastruktur genannt.

93 Birgit Breuel (1991), *Miteinander. Arbeiten für die soziale Marktwirtschaft*, Grundsatzreferat, gehalten an den Mitarbeiter-Tagen im November.

gen? Folgt die Treuhand innerhalb ihres Kerngeschäfts einer Strategie oder ist sie deren Objekt? Steuerung abseits des Marktprinzips setzt die Ausstattung mit einer konsistenten Präferenzstruktur bis hinunter in den Einzelfall voraus. Da eine Ideologisierung in einer Situation mit "moving targets" von vornherein ausscheiden mußte, konnte ein Weg (wenn überhaupt) nur über die Festlegung von am Machbaren orientierten Grundsatzpositionen gefunden werden. Im Winter 1990 fand innerhalb der Treuhand eine intensive Diskussion über das Verhältnis der gestellten Aufgaben zueinander statt. Die Fixierung der Treuhandpolitik in dem "Osterbrief" ihres Präsidenten vom 27. März 1991 war später das Ergebnis eines Herantastens der ersten Monate an die realen Verhältnisse. Bei der Aufnahme ihrer Tätigkeit hatten auch die Treuhand-Verantwortlichen das vor ihnen liegende Problem nicht in seiner vollen Schärfe realisiert.[94] Die Einschätzung Rohwedders, das Treuhandvermögen beliefe sich auf etwa 600 Mrd. DM, dokumentiert die Diskrepanz zwischen Einschätzungen und Realität.[95] Dahinter stand die Bewertungsunsicherheit der tatsächlichen Potentiale der Unternehmen. Erst in der Folgezeit relativierte sich dieses Bild im Zusammenhang mit den großangelegten finanziellen Stützungsmaßnahmen. Im Frühjahr 1991 kristallisierte sich heraus, daß es sich dabei keineswegs allein um die Verhinderung eines Dominoeffektes und das Bauen von Brücken in eine kurzfristig vielversprechende Zukunft handelte. Das andere Ufer war für die meisten Betriebe nicht in Sicht. Die undifferenzierten Liquiditätshilfen begründeten die Sorge einer Ressourcenvergeudung und falschen Weichenstellung. Die hohen Informationsunsicherheiten bargen ebenso hohe Verhaltensrisiken. In diese Zeit fallen auch eine Reihe großer Privatisierungen, von denen einige Impulsgeber für ganze Regionen sein können (z.B. die Automobil-Fälle), während andere später fehlschlugen (z.B. Planeta Druckmaschinen). Die Unkontrollierbarkeit der Situation erhöhte gleichzeitig den Entscheidungsdruck. Der Zeitaspekt gewann eine besonders hohe Bedeutung.

---

94 Vgl.: N. v. Scherpenberg "Unternehmensprivatisierung nach der deutschen Wiedervereinigung", Skript vom März 1994.

95 Die Berliner Zeitung vom 20.10.1990 zitiert D. Rohwedder: "Der ganze Salat ist etwa 600 Mrd. DM wert". Diese verbale und zahlenmäßige Geringschätzung der ehemaligen DDR-Wirtschaft hatte zu einem Aufschrei in der Öffentlichkeit geführt.

"Wir dürfen hier keine schlechteren Strukturen schaffen als in der alten Bundesrepublik"[96], formulierte Rohwedder noch im November 1990 das ordnungspolitische Ziel der Treuhand. Die Treuhand-Spitze empfand sich eingezwängt zwischen marktorientierter Privatisierung und strukturpolitischen Steuerungserfordernissen; gewissermaßen zwischen Baum und Borke.[97] Der Aufbau einer modernen Wirtschaftsstruktur mit einem entwikkelten Unternehmertum solle sogar "ein Quäntchen moderner, umweltbewußter und verbraucherfreundlicher" sein als in den alten Bundesländern, und die Treuhand habe nicht das Ziel, nach der Privatisierung eine "verbrannte Erde"[98] zu hinterlassen. In ihren "Leitlinien zur Geschäftspolitik" verdichtete sich das ordnungspolitische Bekenntnis zur Umsetzung in der täglichen Arbeit auf die Umstrukturierung der rund 8.000 Unternehmen. Der Privatisierung sollte gegenüber der Sanierung Priorität eingeräumt werden: Privatisieren, wo es möglich; Sanieren, wo es notwendig ist, um Betriebe zur Privatisierung aufzubereiten. Außerdem dürfe jedes Unternehmen, das glaubt "auf der Grundlage eines tragfähigen Unternehmens- und Sanierungskonzepts wettbewerbsfähig"[99] werden zu können, auf die Hilfe der Treuhand rechnen. Die Treuhand verstand sich nicht als neutraler Notar, der eine Konkursmasse mit unbeteiligter Miene versteigert, sondern als verläßlicher, aber strenger Eigentümer der ihr anvertrauten Unternehmen. Diese Selbstauffassung war gereift unter dem Eindruck, die Einnahmen aus der Privatisierung könnten zur Entlastung der Haushalte von Bundesregierung und Treuhand verwendet werden. Damit war es zunächst auch gelungen, der öffentlichen Diskussion um die Interpretation ihres Auftrags die Schärfe zu nehmen. Die Ruhe konnte allerdings nur von kurzer Dauer sein. Die Erfahrungen des Winters 1990 brachten eine bittere Wahrheit zu Tage: Nichts würde den Strukturwandel aufhalten, nicht die neuen Eigentümer und nicht eine noch so gut ausgestattete Treuhand.

Der Markt, sollte sich später herausstellen, bewertet das Treuhandportfolio heute mit einem Negativbetrag von annähernd 300 Mrd. DM.

96 Zitiert in: Die Welt vom 7.11.90, S. 11 "Wir rackern uns zielstrebig aus dem Chaos".

97 Vgl.: Kern/Sabel (1992a), S. 63.

98 D. Rohwedder zitiert in: Die Marktwirtschaft, 12/90, S.12.

99 Leitlinien der Geschäftspolitik der Treuhandanstalt, Nov. 1990.

Keine andere Debatte sollte die Aufgabenerledigung der Treuhand über die Zeit derart stark begleiten, wie die Frage nach dem Primat von Sanierung oder Privatisierung. Mit voranschreitender Dauer hat sich neben der Aufgabenwahrnehmung auch die Begrifflichkeit weiterentwickelt und verfeinert. Das Thema und die sich entgegenstehenden Leitideen blieben die gleichen. Einiges an dieser Diskussion ist mißverständlich. Das liegt vor allem daran, daß sie auf zwei unterschiedlichen Ebenen mit den gleichen Begriffen geführt wurde. Die Treuhand mußte auf der ordnungspolitischen Ebene ihren "Bankrott" erklären. Weder ihr eigener noch der entschlossene Wille des Staates konnte die Realanpassung steuern. Also verlagerte sie die Diskussion auf die Unternehmensebene.[100] In der Terminologie sind ihre Kritiker ihr gefolgt, nicht aber in der Problemvereinfachung. Die Gleichzeitigkeit von Eigentumswechsel (Privatisierung) und Strukturwandel (insbesondere Arbeitsplatzabbau) hat über die Gleichzeitigkeit hinaus den Eindruck eines ursächlichen Zusammenhangs entstehen lassen.[101]

Die Sanierung stand entsprechend für Nicht-Privatisierung, überspitzt formuliert auch für Nicht-Marktwirtschaft, also für Arbeitsplatzerhalt, später für den Erhalt industrieller Kerne. Damit blieb die Treuhand im Bild der Öffentlichkeit in ein Korsett gezwängt, aus dem sie sich gerade befreien wollte. Wohl am drastischsten faßt der Spiegel-Redakteur Kampe die Kritik an der Treuhand zusammen: "Es war der radikale Privatisierungskurs der Treuhand, der Millionen ostdeutschen Arbeitsplätzen ihre Existenzberechtigung absprach. Unternehmen wurden nicht umgebaut, modernisiert, lebensfähig gemacht, sondern zerschlagen, geschrumpft oder liquidiert."[102] Die Treuhand habe (so Kampe) die Aufgabe des Wirtschaftsaufbaus auf die Privatisierung von Unternehmen verengt und auf die Sanierung überlebensfähiger Firmen verzichtet. Dem halten Christ/Neubauer die "wenig ermutigenden" Versuche westdeutscher Bundes- und Landesregierungen entgegen, sich in die "Geschicke von Unternehmen und Branchen" einzumischen. Sie

---

100 Die operativen THA-Manager mußten sich dort nicht mit dem "Ausbalancieren" ihrer ordnungspolitischen Verpflichtungen herumschlagen (Kern/Sabel (1992a), S. 63.).

101 A-Interview mit W. Schöde.

102 Dieter Kampe (1993), *Wer uns kennenlernt, gewinnt uns lieb*, S. 8 und 10.

bemühen den Ökonom und Nobelpreisträger Friedrich A. Hayek, der es als "Anmaßung von Wissen" bezeichnet hat, wenn der Staat glaubt, wirtschaftliche Chancen besser beurteilen zu können, als Unternehmer.[103]

Die Treuhand-Spitze war zum Jahreswechsel 1990/91 weit davon entfernt, sich anzumaßen, den Strukturwandel intelligent und phantasievoll gestalten zu können. So reduzierte sich die Diskussion der Aufgabenschwerpunkte innerhalb des Hauses (entgegen häufig in der Presse geäußerten Vermutungen) auf die Frage, ob sanierungsfähige Unternehmen besser durch Private oder die Treuhand selbst umzustrukturieren seien und zu welchen Kosten dies akzeptabel sei. Die Verengung des Problems auf die unternehmerische Rationalität konnte hingegen ihr Dilemma nicht vollständig auflösen. Zwar konnte sie die Entwicklung ihres "Instrumentenkastens" an ihrer Aufgabenauffassung ausrichten, doch mußte ihr bewußt sein, daß für einige Wirtschaftszweige und Regionen das Messen mit der betriebswirtschaftlichen Elle das "Aus" mit unvertretbaren sozialen Folgen bedeutet hätte. Aus dieser Verantwortung konnte sie sich nicht vollständig exkulpieren. Dennoch mußte sie, wollte sie nicht auf der ganzen Linie Scheitern, die Debatte auf die Unternehmensebene zerren, um sich damit in jedem Einzelfall Entscheidungsfreiräume zu schaffen. Rohwedders Osterbrief an die Mitarbeiter wurde durch seine Ermordung wenige Tage später zu einer Art Vermächtnis für die Arbeit der Treuhand. Die Gleichzeitigkeit der Ereignisse ließ die Anfeindungen in der emotionalisierten Diskussion verstummen. Bestand hatte diese Positionsbestimmung aber vor allem deshalb, weil sie das erfolgreiche Bemühen (zumindest nach innen) kennzeichnete, die Interpretation des gesetzlichen Auftrags an der Praktikabilität in der täglichen Arbeit und nicht an der Unmöglichkeit der Erwartungen zu orientieren:

"Die Treuhand erfüllt ihren Auftrag: *Schnelle Privatisierung - entschlossene Sanierung - behutsame Stillegung*

1. (...)
2. Zentrale Aufgabe, die der Gesetzgeber der Treuhandanstalt gestellt hat, ist es, diesem Umbau der Unternehmen herbeizuführen und zu begleiten. (...)

---

103 Christ/Neubauer (1993), S. 150.

3. Der Weg zu diesem Ziel ist heute verständlicherweise umstritten. (...) Die Entscheidung, diese Arbeitsplätze abzubauen, ist schmerzlich für die Betroffenen, sie aufrechtzuerhalten ist teuer für die Gesamtheit und verlangsamt den gewollten Umbau der Volkswirtschaft.
4. Der Treuhandanstalt ist die *Verantwortung im Einzelfall* übertragen worden. Sie darf nicht das Ziel ändern, aber sie hat das Tempo im Einzelfall und insgesamt unter Berücksichtigung der sozialen, wirtschaftlichen und finanziellen Folgen abzuwägen. (...)
5. Priorität wird auch weiterhin die Überführung von Unternehmen in privates Eigentum haben. Dies ist der beste Weg, um mit neuem Wissen, neuem Kapital und neuen strategischen Unternehmenszielen ein Unternehmen und seine Arbeitsplätze zu erhalten und ihm eine neue Zukunft zu geben. *Privatisierung ist die wirksamste Sanierung.*
6. Unternehmen, die Zukunftschancen haben, die aber noch nicht privatisiert sind, wird die Treuhandanstalt weiterhin in der unternehmerischen Verantwortung des Eigentümers entschlossen unterstützen, ihre Sanierung ebenso wie ihr Wachstum finanziell absichern und tragen. (...) Hier sind Arbeitsplatzverluste so wenig zu vermeiden wie bei der Privatisierung oder bei der Stillegung. *Sanierung ist ständiger Auftrag der Treuhandanstalt für die Unternehmen auf dem Weg zur Privatisierung.*
7. (...) In diesen Fällen [ohne Chance Wettbewerbsfähigkeit zu erreichen; Anm. d. Verf.] ist die Stillegung unvermeidlich. In diesen Fällen ist die Treuhand bemüht, diesen Stillegungsprozeß behutsam zu strecken, um Zeit für das Aufwachsen neuer Arbeitsplätze zu gewinnen. (...) Stillegungen sollen zum Kristallisationskern neuer Aktivitäten werden.
8. Die Treuhand hat eine gesetzlichen Auftrag und sie leistet ihre Dienste in Erfüllung dieses Auftrags. Sie ist *verpflichtet, unternehmerisch zu handeln* - aber nicht im Eigeninteresse: Ihre Aufgabe ist *Dienstleister* für das ganze Volk.
9. (...)
10. (...)".[104]

Diese Linie hat bis heute Gültigkeit. Ihre Grundaussagen ziehen sich wie ein roter Faden durch Sprache und Tun der Institution.[105]. Die Vision einer blühenden Landschaft und eines Masterplans zur Gestaltung des Wandels findet sich in der Treuhand-Terminologie nicht. Das Ziel wird wenig emotional beschrieben als *Aufbau in den neuen Ländern* oder *Dynamisierung der Wirtschaft*. "Unser Auftrag ist erfüllt, wenn die Wirtschaft in den neuen

---

104 Gekürzte Fassung der zehn Thesen des Briefes an die Mitarbeiter vom 27.3.1991; Hervorhebungen durch d. Verf..

105 Vgl. insbesondere: B. Breuel (1991) und Breuel-Brief an die Mitarbeiter vom 8.8.1991. Außerdem THA-Grundsatzbroschüren *Arbeiten für die soziale Marktwirschaft* und *Entschlossen Sanieren* sowie Redetexte, Artikel und Interviews der Treuhand-Verantwortlichen.

Ländern eine ausreichende Eigendynamik erreicht, wenn die Marktwirtschaft anfängt sich selbst zu tragen." Die Treuhand versteht sich als Ausbringer der Saat, nicht als diejenige, *die die Ernte einfährt*. Sie will Dienstleister für die Belegschaften und die investierende Wirtschaft sein. Dieser selbst auferlegte Kooperationswille erstreckt sich auch auf Bund, Länder und Kommunen, allerdings mit getrennten, klar festgelegten Rollen. "Das [Dienstleister sein; Anm. d. Verf.] heißt nicht: Allen zu Diensten sein."[106] Distanz blieb wichtig zur Entscheidungsentfaltung. Auf der Unternehmensebene versteht sich sich als *Organisator der Verselbständigung* und *Begleiter in die Wettbewerbsfähigkeit* und weist darauf hin: "Hier sind wir Architekt".[107] Die verfeinerte Darstellung des operativen Dreiklangs (Privatisierung, Sanierung, Stillegung) durch Breuel in ihrem Grundsatzreferat auf den Großtagungen für Mitarbeiter und Management im Winter 1991 ist insofern die konsequente Fortführung der Treuhand-Politik angereichert mit den Erfahrungen des Jahres 1991. Ein Thema aus dem Osterbrief wurde diesmal allerdings stärker betont und über allem schwebend aufgenommen. War Schnelligkeit noch Anfang des Jahres notwendiges Ziel der Privatisierung allein, wurde nun die Betonung der Zeit als knappste Ressource auf das gesamte operative Geschäft und die Organisation übertragen. Einerseits mündete die zur Wahrheit gewordene Befürchtung, die Treuhand werde zur Hängematte für ihre Unternehmen, in dem Hinweis auf eine zwar konstruktive, aber "streng befristete" Sanierungsbegleitung. Außerdem solle die behutsame Stillegung nicht als zeitliche Streckung, sondern als Versuch verstanden werden, "all das zu retten, was eine realistische Chance hat, sich künftig (...) zu behaupten"[108]. Andererseits galt es, sich gegen erste Bürokratisierungstendenzen

---

106 Breuel (1991), S. 5.

107 Ebd., S. 6.

108 Ebd., S. 14.
Die Lernerfahrungen der Treuhänder im operativen Geschäft vermischen sich bei der Aufforderung ihrer Präsidentin zur Schnelligkeit mit der Berücksichtigung einiger politischer und fiskalischer Transformationsnotwendigkeiten. Ausschlaggebend aber war die Erkenntnis, daß in der weitaus größten Zahl ihrer Unternehmen nur privatwirtschaftliches Engangement die in Gang gesetzte Realanpassung bewältigen konnte. Die ersten Monate der Treuhand-Tätigkeit widerlegten bereits die vielgehörte These des destruktiven Effekts eines *geschürten* Zeitdruckes. Die Alternative (Treuhand-Obhut) konnte weitaus destruktivere Wirkung entfalten. Diese Erkenntnis findet an den verschiedensten Stellen dieser Arbeit Unterstützung. Bei

von innen und außen zu wehren und die Mitarbeiter zu motivieren, gegen den öffentlichen Wunsch nach Verlangsamung des Prozesses ihr persönliches Dilemma zu verstärken und durch "engagierte [und sture; Anm. d. Verf.] Arbeit" ihre eigene "Überflüssigkeit" und das Ende der Organisation zu beschleunigen. "Unser operatives Geschäft füllt uns vielleicht noch zwei, drei oder vier Jahre aus."[109] Dieser Termin wurde nicht viel später auf den 31.12.1994 festgelegt. Seibel/Kapferer sehen in Breuels Rede die Zusammenfassung von Strategie und Mythos verwirklicht. Aus der Not der klaren Zieldefinition hatte die Treuhand die Tugend der Endlichkeit gemacht.[110]

3.2. Ineinandergreifen von Sanierung, Privatisierung und Liquidation - Umsetzung in Organisation und Tagesgeschäft

Die Treuhand konnte sich aus ihrer dilemmatischen Lage nur dann befreien, wenn es ihr gelang, ihre diffusen Ziele in eine einigermaßen umsetzbare Strategie zu transformieren. Sie war noch eine Organisation im Aufbau und vermochte sich auf kein theoretisches oder praktisches Modell, lediglich auf Erfahrungsfragmente ihrer Mitarbeiter stützen. Bei der überwiegenden Zahl sanierungserfahrener Führungskräfte bestand die Gefahr, daß diese ihre Kenntnisse zunächst darauf konzentrieren könnten, die ihnen anvertrauten Betriebe zu sanieren. Die organisatorische Festlegung einer Zusammenfassung von Privatisierungs- und Sanierungsaufgabe auf der operativen Direktorenebene würde diesem Versuch Vorschub leisten, wenn die Treu-

---

der Gesamtwertung der Treuhand-Strategie wird die Frage nach Vor- und Nachteilen der Schnelligkeit erneut aufgeworfen und beantwortet werden.

109 Ebd., S. 7.

110 Die Tugend der Endlichkeit sei gleichzeitig die eines *élan vital* der Organisation. "Mutmaßlich sind es dieser Vitalismus und die dadurch ins Positive gekehrte Einsicht in die Unmöglichkeit der Aufgabenbewältigung nach den herkömmlichen Maßstäben der Regelmäßigkeit und des zweckrationalen Mitteleinsatzes, die die wesentliche Integrationskraft der Organisation ausmachen", Seibel/Kapferer (1993), S. 143.

hand-Spitze das entwickelte Selbstverständnis nicht als Orientierungsrahmen in den Branchendirektoraten und Niederlassungen verankern würde.[111]

Instrumente in der Organisation

Die Festlegung eines handlungsleitenden Orientierungsrahmens mußte, um der Vielfalt der unterschiedlichen Bedürfnisse in jedem Einzelfall gerecht zu werden, zwangsläufig mit einer *Vergrobung* des Problems einhergehen. Im Sinne der Informationsökonomik war dies allerdings gleichzusetzen mit einer dann notwendigen Hierarchisierung[112], die als Lösungsprinzip bereits abgelehnt worden war. Der organisatorische Aufbau der Treuhand verfolgte sehr konsequent das Dezentralisierungsprinzip und eine weitgehende Autonomisierung der operativen Akteure. Der Vorstand mußte versuchen, die *per se* inkompatibel erscheinenden Strategievarianten miteinander in Einklang zu bringen. Dies sollte einerseits durch die Formulierung von Richtlinien und Organisationsanweisungen gelingen, an denen sich das Handeln der Akteure im Einzelfall orientieren konnte. Andererseits wurde durch die bereits erwähnten Genehmigungserfordernisse das operative Geschäft in Entscheidungsebenen aufgeteilt. Richtlinien konnten als eine Art Leitfaden Qualität und Einheitlichkeit der Verfahrensweise absichern. Für die auch in kleinen Fällen komplexen Entscheidungen ließen sie genügend Spielräume. Mit ihnen galt es durch inhaltliche und formale Festlegungen, einen Korridor anzubieten, innerhalb dessen sich die Entscheidungen bewegen mußten, d.h. Berechenbarkeit zu schaffen, ohne gleichzeitig die dezentral geschaffenen Entscheidungskompetenzen einzuschränken.[113]

---

111 Die Trennung von Vorstand und übriger Mannschaft mag hier etwas künstlich wirken. Das im vorherigen Abschnitt beschriebene Selbstverständnis ist nicht das Ergebnis einer Vorstandsentscheidung am grünen Tisch. Vielmehr faßt es die Erfahrungen der Arbeit der ersten Monate im operativen Geschäft zusammen. Dennoch konnte es als keineswegs gewährleistet angesehen werden, daß die Interpretation der Erfahrungen durchgängig bei allen operativ Verantwortlichen die gleiche war. Zudem mußte auch für die unterstützenden Bereiche ein weitgehend einheitliches Verständnis der Aufgaben erreicht werden.

112 Czada (1992b), S. 15f..

113 C. Schröder (1992), *Eine gemeinsame Aufgabe hilft Brücken bauen*, S. 3f. Der damals für die Koordination der Niederlassungen verantwortliche Direktor v. Scherpenberg kennzeichnet es als wesentliches Merkmal der Treuhand, daß er ihr

Das Ineinandergreifen von Privatisierung, Sanierung und Stillegung im Tagesgeschäft setzte eine Entscheidung nach einheitlichem Verständnis über die Zuordnung der Unternehmen zu einer *Verfahrensgruppe* voraus, die über grundsätzliche Anweisungen oder Empfehlungen abzusichern war. Die Treuhand hat sich hierfür der Kommunikation nach innen und außen als *zusammenschweißendes* Instrument bedient[114]. Während der Auftrag die Begriffe Privatisierung und Sanierung scheinbar trennte, hat die Treuhand-Spitze stets und überall vehement darauf hingewiesen, daß es sich bei beiden nicht um ein Gegensatzpaar handelt. Das Prinzip der Eigenverantwortlichkeit hat das vielschichtige Spannungsfeld auf der Unternehmensebene an die Mitarbeiter weitergegeben. Die Exponiertheit ihrer Entscheidungen hat die Treuhand-Akteure die öffentliche Aufmerksamkeit und Kritik dadurch oft ungefiltert bei der Aufgabenerledigung spüren lassen. Der Treuhand-Vorstand hat in alle Richtungen die Hand über die Mitarbeiter gehalten. So ergab sich die wohl beabsichtigte Kombination aus öffentlicher Peitsche und hausinternem Zuckerbrot. Unter dem zusätzlichen Druck des Treuhand-Mythos (Seibel) Endlichkeit hat sich daraus ein *Wir-Gefühl* entwickelt, das durch die Beharrlichkeit und Einsilbigkeit der aufgabenbezogenen Kommunikation ein weitgehend einheitliches Aufgabenverständnis unterstützt hat.

Die unterschiedliche Herkunft und das Fehlen konkreter Erfahrungen hat andererseits eine experimentelle Dynamik entfacht, die durch ein zu strenges

---

wichtiger war, "daß etwas halb geregelt war, als daß es richtig geregelt war". Außerdem lohne es sich nicht, "unsere Lösungen zu perfektionieren in einer Organisation, die sowieso auf Zeit angelegt war". B-Interview mit N.v. Scherpenberg. Bis Ende Februar 1991 entstanden so grundlegende Richtlinien zur Privatisierung, zur Erstellung und Prüfung von Unternehmenskonzepten, zur Finanzierung und Abwicklung. Die Privatisierungsrichtlinie ist im folgenden Abschnitt Gegenstand einer genaueren Betrachtung.

114 B-Interview mit W. Schöde. Schöde beschreibt die Vielfalt der kommunikativen Maßnahmen insbesondere in Verbindung mit der Abwehr der öffentlichen Diskussion. Dazu gehörte auch die Verteilung von täglich 1.500 Exemplaren einer zweiteiligen Presseschau an die Mitarbeiter. Abgesehen von dem oft gehörten Vorwurf, vieles sei nur über die Presse zu erfahren, handelte es sich dabei um ein mächtiges Instrument der internen Informationsverbreitung.

Regelwerk nicht erstickt werden sollte.[115] Sie erwies sich als elementar für die Weiterentwicklung und Verfeinerung der Aufgabenwahrnehmung und eine flexible Problemanpassung.

Gleichzeitig konnte aber die unterschiedliche Sozialisierung der Treuhand-Akteure in dieser Hinsicht auch zu Belastungen führen. Von den Gegensätzen zwischen jung und alt bzw. Beamten- und Industriekarrieren einmal abgesehen - die an anderer Stelle bereits erwähnt wurden und hier nicht von zentraler Bedeutung sind - war zu erwarten, daß die altersmäßig insgesamt homogene Gruppe der operativen *Entscheider* (Direktoren, Niederlassungsleiter) unterschiedlichste fachliche Erfahrungen und Netzwerke einbrachten, die die dezentrale inhaltliche Verselbständigung unterstützen konnte. Nicht Karriereaussichten, sondern die Annahme einer *Herausforderung* in der voraussichtlich letzten Station ihres Berufslebens hatte die meisten in die Treuhand geführt. Zudem in vielen Fällen ausgeliehen von ihren westdeutschen Arbeitgebern (*Kanzler-Hundert-Aktion*) werden sie ihren Kontrolleuren vergeleichsweise unabhängig gegenübergestanden haben.[116] Ihre Unabhängigkeit konnte wiederum die organisatorische Verselbständigung ganzer Einheiten nachsichziehen - unter der glaubhaften Prämisse, daß die Mannschaft ihnen folgte.

Beides, organisatorisches und inhaltliches Auseinanderbewegen der operativen Aufgabe, konnte zu unkontrollierbaren Schwerpunktsetzungen abseits des Organisationslernens führen, das im Einzelfall zwar erwünscht war, aber est unterhalb eines einheitlichen Verständnisses der Zielsetzungen stattfinden sollte. Das öffentlich sichtbare Ausscheren einer operativen Einheit aus dem ohnehin fragilen (weil umstrittenen und immer wieder attackierten) Selbstverständnis der Organisation konnte zu seiner weiteren Schwächung bei-

---

115 v. Scherpenberg faßt das Ergebnis dieses Prinzips aus der Sicht der Niederlassungen zusammen: "Ich bin sicher, daß diese organisatorische Lösung dazu geführt hat, daß viele Einzelfälle weniger gekonnt, weniger perfekt (...) durchgeführt worden sind (...) Umgekehrt hat es dazu geführt, daß sehr viele Fälle sehr viel schneller überhaupt realisiert worden sind, als sie bei einer stärkeren Zentralisierung realisiert worden wären. B-Interview mit N. v. Scherpenberg.

116 Zu einer detaillierteren Einschätzung möglicher Probleme und Chancen der *besonderen* Mitarbeiterstruktur der Treuhand vgl.: Kern/Sabel (1992a), S. 65f. und Seibel/Kapferer (1993), S. 137f..

tragen. Es ist anzunehmen, daß funktionierende Schwerpunkte in den operativen Einheiten punktuell unterschiedlich gesetzt wurden. In der Nachbetrachtung ist die Trennung des Einflusses divisions- bzw. branchenspezifischer Notwendigkeiten und persönlicher Sozialisierung der Führungskräfte aber nur schwer möglich.[117]

Die Gratwanderung zwischen den Vorteilen einer Dezentralisierung und den Nachteilen einer Verselbständigung konnte nur gelingen, wenn das *Wir-Gefühl* der Individualität einen festen Rahmen gab. Wenn es in dann gelang, das individuelle Lernen zu vernetzen, konnte man erwarten, daß die Organisation in ihrer Gänze der Problembewältigung näher kommen würde. Die institutionellen und informellen Voraussetzungen dafür waren jedenfalls geschaffen. Perfektion wurde schon aufgrund der zeitlichen Limitierungen kein definiertes Ziel.

" (...) der Grundwiderspruch dieser Institution ist, daß sie etwas tun muß, was eigentlich gar nicht geht - und das mit einer hohen Anforderung an Rationalität, gleichzeitig mit einer hohen Anforderung an Pragmatismus. Und das in Deutschland, wo wir keine Tradition im rationalen Pragmatismus haben."[118]

Auf dem Weg zur Entschleierung der Treuhand-Strategie läßt sich bis dato folgendes zusammenfassen: Die Treuhand hat ihren weitgefaßten Auftrag auf die unternehmerische Perspektive verengt und so das grundsätzliche Steuerungsproblem (zwischen Staat und Markt) in die Nähe des Wettbewerbs gerückt. Durch wechselseitige Interaktion mit den institutionellen Akteuren hat sie auf der einen Seite dieses Vorgehen abgesichert und auf der anderen Seite durch Kompromißbereitschaft verflochtene Entscheidungs- und Handlungsräume geschaffen. Die Wahrnehmung der eigenen Freiräume im Einzelfall hat sie in einer hybriden Kombination aus Hierarchie (Rahmen und Kontrolle) und konsequenter Divisionalisierung (Flexibilität) zu steuern versucht [Abb 7]. Diese Mischung aus Problemvereinfachung und Problem

---

117 Eine Beurteilung möglicher positiver wie negativer Konsequenzen dieser Beobachtung wird im Rahmen der Gesamtbetrachtung der Treuhand-Strategie im dritten Teil des Buches unternommen.

118 B-Interview mit W. Schöde.

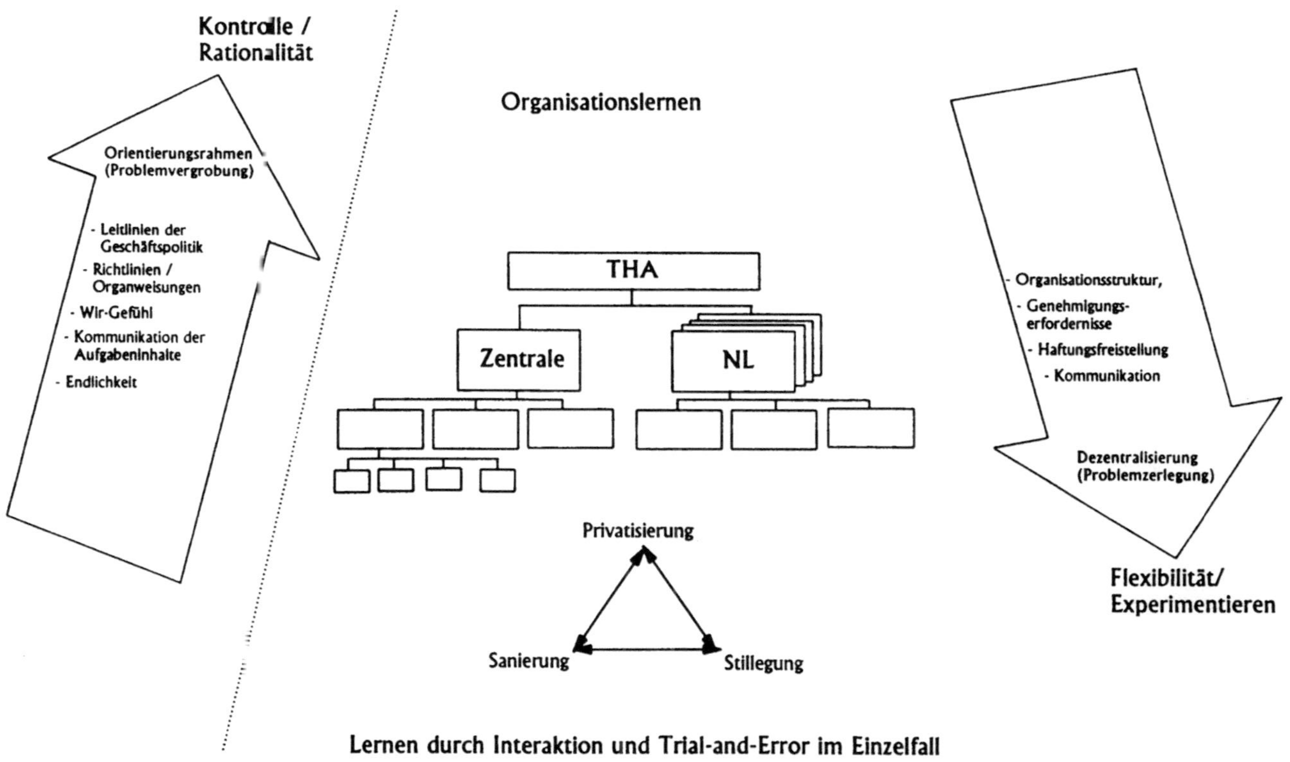

Abb. 7: Organisation des Lernprozesses

zerlegung konnte eine Einheitlichkeit der Entscheidungen und Verfahren nicht bis ins Kleinste sicherstellen. Daraus erwuchs die Chance eines Lernens. Ein Trial-and-error Vorgehen war als pragmatischer Weg der Aufgabe angemessen, würde aber in der Außenwirkung an Form und Rationalität vermissen lassen. Einzelfallentscheidungen schafften Unabhängigkeit, wurden aber erkauft mit mangelnder Priorisierung in der Vorgehensweise. Auf diesem Grat mußte sich die Treuhand bewegen. Es gelang ihr, sich nicht immer wieder in die Diskussion um den geeigneten Weg verstricken zu lassen und zwischen den zwei, die Diskussion dominierenden, Rahmenstrategien einen kreativen Weg für ihre Beteiligungen in individuellen unternehmens- und marktbezogenen Lösungen zu suchen. Nur so konnten auf der Verfahrensebene Lerneffekte fruchtbar gemacht werden. Dabei war nicht auszuschließen, daß im Einzelfall oder in einzelnen Organisationseinheiten Fehler gemacht und Entscheidungen abseits der *großen* Linie gefällt würden. Ihr Vorgehen erinnert an ein ***muddling through*** auf hohem Niveau[119], in einem (zwar schwer kontrollierbaren aber) selbstdefinierten und emsig kommunizierten Entscheidungskorridor mit unterschiedlichen Rationalitätsanforderungen auf unterschiedlichen Entscheidungsebenen.

Implikationen für das Tagesgeschäft

"Wir betreiben keine (Aus-) Verkaufspolitik, sondern eine Einkaufspolitik.

- Wir kaufen ein: unternehmerisches Management, technisches Know how und letztlich Märkte.
- Wir bringen ein: Bestandszusagen und damit kurzfristig gesicherte und mittelfristig neue Arbeitsplätze.
- Wir fordern ein: Investitionen in die Zukunft."[120]

Die Treuhand hatte eine Politik entwickelt, die nicht die Frage nach Sanierung oder Privatisierung stellte, sondern nach Privatisierung oder Liquidation. Allen gemeinsam war das Ziel der Umstrukturierung, also letztlich des Strukturwandels. Allen gemeinsam war auch die Notwendigkeit Arbeitsplätze abzubauen. Von trennendem Charakter war lediglich die Frage

---

119 Vgl.: Kern/Sabel (1992a), S. 70.

120 B. Breuel (1991), S. 8.

nach dem Träger der Umstrukturierung [Abb. 8]. Die Treuhand betrachtete sich als Zwischeneigentümer. Also mußte sie neue Träger finden. Dies mußte schnell geschehen, weil der Strukturwandel drohte, die Betriebe zu überrollen. *Interne* Träger des Umstrukturierungsmanagments versprachen, die Hauptprobleme auf dem Weg zum *turn around* nur ansatzweise zu bewältigen. Wenn bei den meisten der 8.000 Unternehmen neben verschlissenem Kapitalstock, verdeckter Arbeitslosigkeit und ineffizienten Verschöpfungsstrukturen, alles aus dem Verzicht auf eine ökonomisch sinnvolle Arbeitsteilung, vor allem die fehlenden Produkte und weggebrochenen Märkte den rasanten Niedergang verantworteten, verhießen auch *externe* Träger wie Banken oder Beratungsgesellschaften keinen überlebenssichernden Erfolg.[121] Zumindest für die Betriebe, deren alte Produkte ihre Absatzmärkte verloren hatten, blieben Sanierungsmaßnahmen Stückwerk, solange nicht neue Technologien und Marktzugänge eine Perspektive boten. Bei diesen Betrieben handelte es sich aber gerade um den Kern der industriellen Basis der früheren DDR.

Die neuen Träger mußten außerdem neue Eigentümer sein, denn nur sie hatten Anreize und waren in der Lage, in einer solchen Situation ein passendes *Umstrukturierungs-Paket* gezielt zur Verfügung zu stellen.[122]

Absehbar war folglich auch, daß jenseits aller Kapazitätsprobleme, die Sanierung durch die Treuhand, wenn sie sich wie ein Finanzinvestor verhielte, zu einer Stabilisierung auf niedrigerem Niveau führen mußte, als bei einem seriösen industriellen Partner. Ihr Umstrukturierungsverhalten wäre - wie sie stets betonte - ökonomisch gesehen fehlgeleitet. Die Schlußfolgerung mußte sein, daß ein privater, industrieller Investor für den Kernbereich ihres Unternehmensbestandes der effizientere, schnellere und sicherere Weg zum Erfolg war. Priorität wurde der Privatisierung gegeben, ohne daß der Bestand in der vorliegenden Form privatisierbar war. Er mußte aufgeteilt werden; erst aufgespalten durch Entflechtung, später zugeordnet zu *Privatisierung* oder *Stillegung*. In beiden Fällen, so die Hoffnung der Treuhänder, würden

121 Vgl.: Roland Berger&Partner, Presseinformation *Die DDR und ihre Betriebe*, veröffentlicht auf der Bilanzpressekonferenz 1989/90, S. 2f..

122 Zu den Prämissen von Eigentümeranreizen vgl.: Kapitel 3.1..

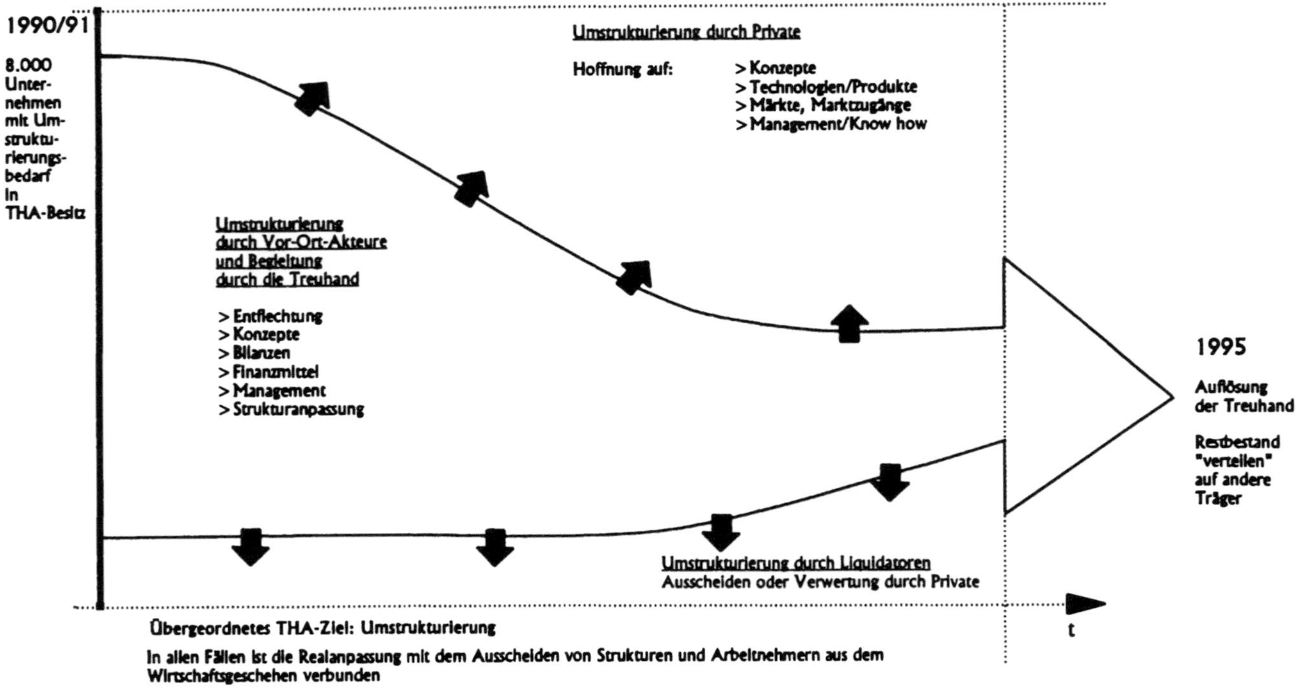

Quelle: Interviews Treuhandanstalt

Abb. 8: Ineinandergreifen von Privatisierung, Sanierung und Stillegung im Tagesgeschäf

externe Manager und Eigentümer die übernommenen Assets in ökonomisch sinnvoller Weise nutzen. Aus der Liquidation heraus bot sich für schwierige Fälle die Möglichkeit einer zweckentfremdeten Verwertung der Reste (z.B. Grundstücke oder Belegschaftsteile). Ihre Sanierungsaufgabe verengte sich auf die vorbereitende Begleitung der Unternehmen auf dem Wege dorthin.

Unter den getroffenen Annahmen war diese Argumentation einleuchtend und an dieser Stelle bleibt festzuhalten, daß sie als Fundament und Gerüst des propagierten *Dreiklangs* diente. Die Umsetzung stellte die Treuhand-Akteure aber nicht nur rar bleibenden Schlüsselfigur des Eigentümer-Investors vor erhebliche Probleme und drohte die Stringenz der Argumentation und der Entscheidungen aufzuweichen. Die Strategie formierte sich aus Einzelfallentscheidungen. Das Ineinandergreifen oder besser die Lückenlosigkeit des Dreiklangs war daher nur so lange gewährleistet, wie jedem Einzelfall eine eigene erkennbare Rationalität in der Zuordnung und Vorgehensweise innewohnte. Das wiederum war aus genannten Gründen auszuschließen. Für das Tagesgeschäft mußten Kriterien und Verfahren entwickelt werden, die als *Hilfskonstruktionen* bereit standen, die Akteure bei ihrem *Durchwursteln* zu unterstützen.

Der grundsätzlichen Vorgehensweise und der Probleme im Privatisierungsgeschäft ist der letzte Abschnitt in diesem Kapitel zur Strategiefindung gewidmet. Versteht man die Sanierung durch den Eigentümer Treuhand als vorbereitendes und begleitendes Maßnahmenpaket der Privatisierung mußte auch ihr Gelingen (oder Mißlingen) in die Beurteilung der Privatisierungsaktivitäten einfließen. Daher werden im folgenden ihre wesentlichen Elemente und deren Entwicklung kurz dargestellt. Auf eine Untersuchung der Stillegungsaktivitäten und ihrer Chancen als Pendant zur Privatisierung muß verzichtet werden. Sie sind ein interessantes, aber den Rahmen dieser Arbeit übersteigendes Feld, das eine intensive Erforschung rechtfertigt und fordert.[123]

---

123 Einen Einstieg bieten Wandel/Mosen (1993), *Abwicklung nicht sanierungsfähiger Unternehmen durch die Treuhandanstalt.*

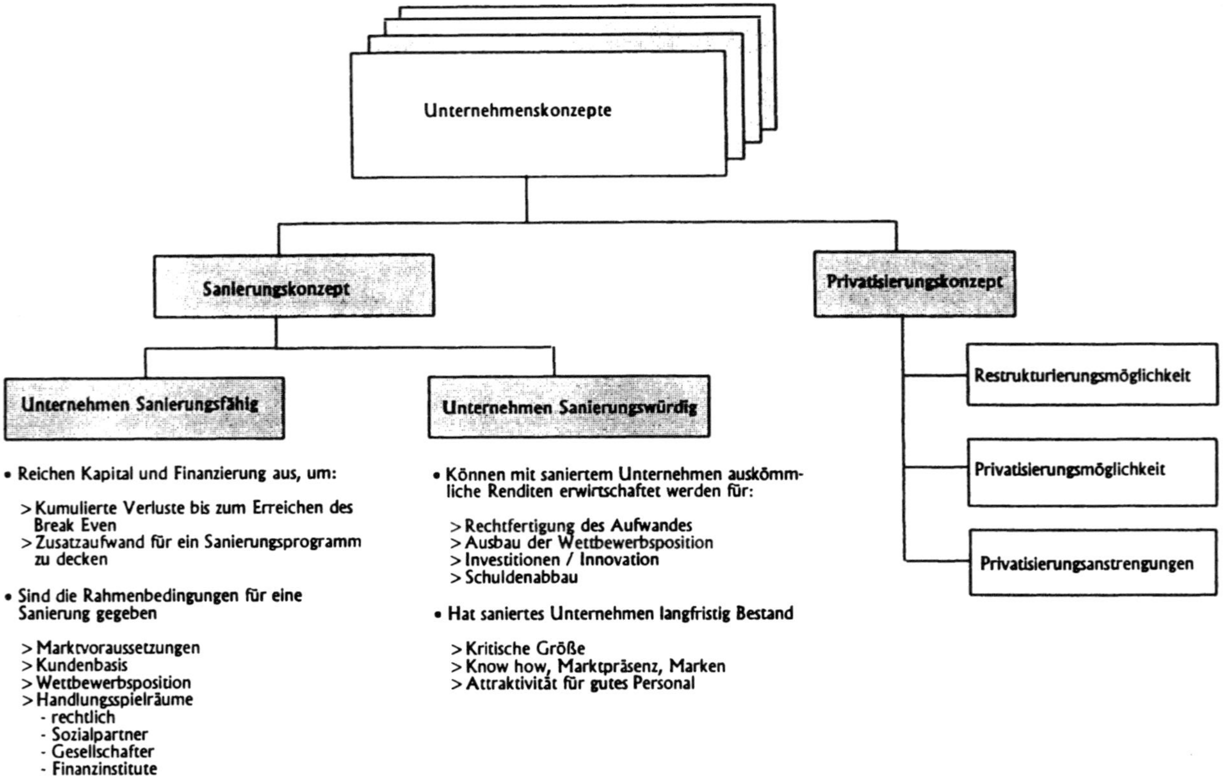

Einstufungen 1. bis 6.2.

Quelle: Interview mit W. Seidel und Leitungsausschuß

Abb. 9: Beurteilung der Unternehmenskonzepte

1.	Unternehmen arbeitet rentabel. Kein weiterer Sanierungsbedarf. Privatisierung zügig vorantreiben.
2.	Unternehmen erreicht die Rentabilitätsschwelle voraussichtlich im Jahr ... Kaum Sanierungsbedarf. Privatisierung zügig vorantreiben.
3.	Unternehmenskonzept scheint erfolgreich.
3.1.	Verbindlicher Übernahmepartner muß vorgewiesen werden, sonst Umstufung nach Gruppe 5 oder 6.
3.1.1.	Geringer Liquiditätsbedarf. Partner muß innerhalb eines bestimmten Zeitraumes gefunden sein.
3.2.	Unternehmenskonzept ist auch ohne Übernahmepartner erfolgreich, unabhängig davon ist die Privatisierung zügig voranzutreiben.
4.	Sanierungsfähigkeit erscheint gegeben, das Konzept ist noch nicht ausreichend, Alternativkonzepte sollten erstellt werden.
4.1.	Eine Rettung erscheint für das Gesamtunternehmen möglich.
4.2.	Voraussichtlich lassen sich wesentliche Bereiche des Unternehmens retten.
5.	Sanierungsfähigkeit erscheint zweifelhaft. Eingehende Untersuchung erforderlich.
6.	Unternehmen ist nicht sanierungsfähig. Entscheidung, ob Konkurs oder stille Liquidation muß getroffen werden.
6.1.	Stille Liquidation.
6.2.	Gesamtvollstreckung.

Quelle: Treuhandanstalt

Abb. 10: Einstufung der Unternehmen

Der Ausgangspunkt für die Zuordnung eines Unternehmens zu einer Handlungsgruppe, war die Einschätzung seiner Sanierungsfähigkeit und -würdigkeit. Entgegen der vielfach geäußerten Vermutung, die Prüfung der *Fähigkeit* sei rein betriebswirtschaftlich, während die *Würdigkeit* das Tor für die Berücksichtigung anderweitiger Interessen öffnet[124], gilt die betriebswirtschaftliche Rationalität für beide Prüfungsteile. Ganz im Gegenteil ist die Prüfung auf Sanierungswürdigkeit das strengere beider Kriterien, das über die reine Einschätzung einer kurzfristigen Erreichung des *break even* hinaus die langfristigen Markt- und Wettbewerbschancen beurteilen helfen soll [Abb. 9 und 10].[125] Prüfungsgegenstand waren die, von den Unternehmen anhand eines Leitfadens zu erstellenden Unternehmenskonzepte. Die Prüfung in der Treuhand sollte einheitlich in Anlehnung an eine dazu entwickelte Richtlinie erfolgen.[126] Auf der Grundlage der Unternehmenseinstufungen (in Gruppen von 1 bis 6; insgesamt 13 Abstufungen) konnten dann geeignete Maßnahmen eingeleitet werden.

Hier soll keineswegs der Eindruck eines objektivierten Verfahrens erweckt werden. Auch wenn die Instrumente Qualität und Vergleichbarkeit verbesserten, blieb genügend Raum, das Vorgehen *ad absurdum* zu führen. Zunächst gaben die betriebswirtschaftlichen Indikatoren kaum Aufschluß über etwaige Entflechtungs- und Privatisierungschancen. Deren Einschätzung verlangte vor allem kreatives Know how, das - wenn überhaupt vorhanden - heillos überlastet war. Weder die Erfahrungen von punktuellen Sanierungsmaßnahmen bei in Schieflage geratenen, aber markt- und wettbewerbserprobten Westunternehmen lieferten eine Vergleichsgrundlage, noch die westdeutscher

---

124 Vgl. z.B.: Schwalbach/Gless (1993), *Begleitung sanierungsfähiger Unternehmen auf dem Weg zur Privatisierung*, S. 180.

125 Die Unterscheidung geht zurück auf die Entwicklung einer Prüfungsroutine durch den Leitungsauschuß, dem in der Anfangszeit Berater von McKinsey angehört haben. Die Trennung ist eine in dieser Beratungsgesellschaft übliche Vorgehensweise bei der Beurteilung von Sanierungschancen.

126 Leitfaden der Treuhandanstalt für die Ausgestaltung von Sanierungskonzepten vom 15.7.1990 und Richtlinie zur Erstellung und Behandlung von Unternehmenskonzepten vom Januar 1991; beide später aktualisiert und verfeinert.

Mergers&Akquisition Experten. Zudem konnte man nicht sicherstellen, daß die Akteure vor Ort zu realitätsnahen Beurteilungen willens und in der Lage waren. Nimmt man dies alles an, dann unterlag die Situation auch noch einer nicht einschätzbaren Veränderungsdynamik. Mit den sich radikal ändernden gesamt- und weltwirtschaftlichen Rahmenbedingungen waren Umsatzplanungen und mit ihnen die Konzepte und Einstufungen ebenso bruchartig Makulatur. Wenn schon die Einschätzung der Chancen kaum zuverlässig gelingen konnte, mußte die Vorbereitung und Begleitung reaktiv bleiben. Die Treuhand-Akteure mußten sich erst langsam an die Zustände in ihren Märkten, Branchen und Unternehmen herantasten. Für die Zeit der Unsicherheit und im Bewußtsein einer nicht leichtfertig ablehnbaren Verantwortung als *Richter* über die ihnen anvertrauten Betriebe, prägte sich eine Haltung im Sinne eines *in dubio pro reo* aus. In ihr lag viel eher der Ursprung einer Aufweichung der Entscheidungslogik, als in bewußt unschlüssig angelegten Regelungs- und Prüfungsmechanismen.

Die Sanierungsbegleitung hat sich im Lernprozeß zwar intensiviert und verfeinert, saniert hat die Treuhand aber nie. 1990 konnte es ihr zunächst um nicht mehr gehen als darum, ohne eine aussagefähige Informationsbasis in erheblichem Umfang mit der "Gießkanne" finanzielle Hilfen zur Liquiditätssicherung bereitzustellen. Sie kaufte Zeit, um den Unternehmen für erste Anpassungsschritte Luft zu verschaffen. Geeignete Instrumentarien und Organisationsstrukturen sollten später für eine aktivere Begleitung und Kontrolle der Unternehmen weiterentwickelt werden. Die operativen Branchendirektorate und Niederlassungen wurden personell verstärkt und durch kaufmännische Einheiten mit Steuerungs- und Kontrollfunktion ergänzt. Hinzu kamen der Ausbau des zentralen Beteiligungscontrolling, der Revision und des Finanzressorts. Dabei mußte sie stets berücksichtigen, daß sie sich in ihrer Aufgabenwahrnehmung am Rande eines "qualitativ faktischen Konzerns" bewegte. Diese Grenze durfte sie nicht überschreiten, wollte sie nicht für alle Verpflichtungen ihrer Unternehmen haftbar gemacht werden. Die verfeinerte Prüfung und das Nachhalten der Unternehmenskozepte durch den Leitungsauschuß und die operativen Einheiten, das Drängen auf die Umsetzung erforderlicher Anpassungsmaßnahmen - vornehmlich des Personalbestandes und der Kapazitäten[127] - und die Ausrichtung auf veränderte Produkt- und Markterfordernisse mußte primär der Unterstützung der Vor-Ort-Akteure und dem Hinweis auf eine größere Sanierungseigenverantwortung dienen. Mit der Feststellung der DM-Eröffnungsbilanzen und der damit verbundenen Ausstattung der Unternehmen mit branchenüblichen Eigenkapital und begrenzter Verlustvorsorge sollten die unabdinglichen Voraussetzungen geschaffen werden [Abb. 11].

Dennoch schienen einige der Probleme nicht oder nur sehr langsam lösbar. Der allmähliche Aufbau einerseits - erst Ende 1991 waren Organisation und Qualität einigermaßen sichergestellt - und die Geschwindigkeit der Veränderungen im Umfeld und in den Betrieben selbst andererseits verzögerten länger als erwartet eine proaktive Vorgehensweise. Die Orientierungs- bzw. Hilfslosigkeit und auch Verweigerungshaltung auf Seiten der Unternehmensleitungen schien nur sehr schwer aufbrechbar. Zahlreiche Bemühungen, den Unternehmen zusätzliches Management-Know how beizustellen, blieben stecken.[128] Der Hoffnung auf eine zumindest indirekte Unterstützung durch die Banken stand deren Geschäftspolitik entgegen. Solange diese risikofrei mit treuhand-verbürgten Krediten Gewinne machen konnten, gab es keinen Handlungsanreiz. Die Forderung nach einer stärkeren finanziellen Entlastung der Treuhand durch Erhöhung der Eigenobligo-Anteile auf Seiten der Finanzinstitute verpuffte in den meisten Fällen. Die damit verbundene Chance auf einen Know how-Transfer und eine Verstärkung des marktorientierten Neuausrichtungsdrucks blieb ungenutzt.

---

127 Vgl.: v. Gusinski (1993), *Vom Plan zum Markt: Erfolge, die schmerzen*, S. 34.

128 Neben dem bereits 1990 initiierten, mehrheitlich erfolgreichen "Aufsichtsräte-Programm" (1.500 Aufsichtgremien Ende 1991) und dem Austausch von etwa 2.000 ehemaligen Geschäftsführern (Ende 1991) konnten nur in Einzelfällen zusätzliche Kapazitäten gefunden werden. Weder die BDA/BDI-Aktion "Führungs- und Fachkräfte-Transfer", das Beirats- und Paten-Modell in Zusammenarbeit mit den IHK's, noch der treuhandeigene Managementpool vermochten erfahrene Westmanager in großer Zahl in die neuen Länder zu locken. Insbesondere die Aufsichtsräte erwiesen sich allerdings aus ihrer Unabhängigkeitposition und Branchenerfahrung heraus in zahlreichen Fällen als unverzichtbare Träger der Umstrukturierung und Initiatoren von Privatisierungslösungen. Wie so oft gibt es freilich genügend Gegenbeispiele, die dieser Einschätzung widersprechen.

		Gesamtleistung (DM Mio.)	davon: Sanierungshilfen incl. Inv. u. Kapitalausst.	davon: Sozialplanzuwendung	davon: Liquiditätshilfen u. Verlustausgl.
Ausgaben	1. Finanzhilfen THA	5.289	1.433	3.391	465
	2. Darlehen THA	3.158	3.108	50	-
	3. Zinsleistungen auf Altkredite	9.252	-	-	9.252
	Zwischensumme:	17.699	4.541	3.441	9.717
Bilanzmaßnahmen	4. Altkreditübernahme in DM-Eröff.-Bilanz davon:	26.333	26.333	-	-
	- Umwandlung in Eigenkapital	13.304	13.304		-
	- Umwandlung in Gesellschafterdarlehen	4.898	4.898	-	-
	- Auflösung von Ausgleichsforderungen *	7.336	7.336	-	-
	- Ablösung ausstehender Einlagen *	795	795	-	-
	5. Anerkennung Ausgleichsforderungen in Bilanz THA-Unternehmen	3.200	-	-	3.200
	Zwischensumme	29.533	26.333	-	3.200
Eventualverbindlichkeiten	6. Einzelbürgschaften	4.020	1.642	-	2.378
	7. Globalbürgschaften	26.200	2.200	-	24.000
	Zwischensumme	30.220	3.842	-	26.378
Leistungen der THA für Sanierung und Restrukturierung von THA-Unternehmen		77.542	34.716	3.441	39.295

* Beseitigung eines Kapitalfehlbetrages

Quelle: vorläufige Abrechnung des Jahresplans 1991/ In: Entschlossen Sanieren, 1992

Abb. 11: Treuhandleistungen zur Vorbereitung, Begleitung und Restrukturierung von Unternehmen

Mit dem im Einzellfall unkonkreten Ziel der Privatisierung vor Augen hat die Treuhand bei der Wahrnehmung ihrer temporären *Sanierungsaufgabe* ihr Vorgehen am Machbaren und aus ihrer Sicht Sinnvollen orientiert. Das Ausbleiben potentieller Eigentümer-Investoren durfte in vielen Fällen nicht allein als Ausdruck für fehlende Umstrukturierungswürdigkeit dieser Unternehmen angenommen werden. Die Entscheidungsgrundlage für eine gezielte Entflechtung und Modernisierung unter Treuhand-Obhut mußte aber das Konzepte bleiben, das gerade nach einem identifizierbaren externen Träger verlangte. In diesen Fällen blieb die schwer zu beantwortende Frage, über welchen Zeitraum und mit welcher Intensität das Bemühen um ein Unternehmen (Privatisierungsbemühungen vs. Liquidation) fortgeführt werden sollte.[129] Die Haltung "im Zweifel für den Angeklagten" (pro Privatisierung) mußte ohne konkrete Aussicht bei seiner Begleitung oft zu einem Attentismus führen und in enormem Umfang finanzielle, konsumptiv genutzte Mittel verschlingen, die punktuell für absehbare Lösungen hätten besser investiv eingesetzt werden können.

Die Treuhand saß in einer Zwickmühle, aus der ein Befreien kaum möglich schien. Einerseits wurde das Primat des Handelns bei der Privatisierung und die Unabhängigkeit im Einzelfall (Ablehnung eines Masterplans für wenige Leuchttürme) in der Unternehmensbegleitung teuer erkauft mit einer gleichmäßigen Schlechtbehandlung der unklaren Fälle. Andererseits mußte sich das Problem des fürsorglich gemeinten *Abwartens* in einer dynamischen Welt mit fortschreitender Dauer in einer ebenfalls beweglichen Verschlechterung sowohl der Privatisierungs- als auch der Gesundungschancen der bei der Treuhand verbliebenen Unternehmen äußern.

Auf die Forderungen aus dem politischen und öffentlichen Raum nach einer Intensivierung und Verbesserung der Sanierung hat die Treuhand - in dem Wissen um ihr Scheitern - meist nur mit Änderungen in der Terminologie reagiert. Das Jahr 1992 wurde zum Jahr der "Sanierung vor Ort" ausgerufen. Für die Treuhand-Akteure bedeutete dies eine verfeinerte Fortsetzung ihrer "dialogorientierten Begleitung". Daraus enstand auch die Formel, die

---

129 Vgl.: Kokalj/Richter (1992), *Mittelstand und Mittelstandspolitik in den neuen Bundesländern: Privatisierung*, S. 4f..

Sanierung von sanierungsfähigen Unternehmen solle grundsätzlich nicht an der Finanzierung scheitern.

"Wir werden neben den schnell zu privatisierenden und stillzulegenden Unternehmen im Rahmen der Sanierung zukunftsträchtige Unternehmen besonders aufmerksam begleiten. Welche es sein werden, wird von ihrer eigenen Tüchtigkeit abhängen. Letztlich müssen unsere Unternehmen ihre Zukunft selbst gestalten. Denn: Träger der Sanierung sind allein die Unternehmen und die Verantwortung liegt bei Vorständen und Aufsichtsräten."[130]

Die Ineffizienz des eigenen Tuns hat den Versuch, durch Druck und Anreizgestaltung die Führungskräfte vor Ort zur Verfolgung zeitlicher und inhaltlicher Ziele zu bewegen, zunehmend verstärkt. Dennoch haben die Treuhand-Betriebe hauptsächlich eine passive Anpassung von Beschäftigung, Produktpalette und Fertigungstiefe vorgenommen.[131] Anfang 1992 wurden die Bemühungen intensiviert, mit Absatzförderungsprogrammen verlorene Märkte wieder und andere neu zu gewinnen. Parallel ging von der Treuhand-Spitze eine Initiative aus, stärker als bisher gruppenorientierte Maßnahmenpakete zu schnüren und umzusetzen. Erst Ende 1992 wurde ein Programm zur Beschleunigung von privatisierungsunabhängigeren Investitionen aufgelegt. Frustiert von den eigenen Limitationen und den Ergebnissen der nur mühsam und partiell anlaufenden Umstrukturierung der bei ihr verbliebenen Unternehmen, wollte die Treuhand sich schließlich für eine ausgewählte Gruppe, deren Privatisierung "eine längere und aufwendigere betriebswirtschaftliche Vorbereitung als im Normalfall" erforderte, auf andere Weise der Erfahrung externer Manager bedienen. Mit der Gründung von zunächst zwei Management-KGen sollte ein individueller und wirksamerer Ansatz für einzelne Unternehmen gefunden werden.[132] Für den weitaus größten Teil ihrer Betriebe galt das Ziel einer Begleitung bis zur vollständigen Übertragung der Vermögensanteile auf private Investoren - einer "Sanierung durch Private".

---

130 B. Breuel (1991), S. 13.

131 Siebert (1992b), S. 92.

132 Dieser Fall wird als Sonderlösung (Privatisierung der Sanierung oder Als-ob-Privatisierung) im Rahmen der Privatisierungsverfahren einer genaueren Untersuchung unterzogen.

Die Treuhand hat den Paradigmenwechsel von einer mit Liquiditätshilfen abgestützten Überbrückung und Marktanpassung durch Schrumpfung hin zu einer vorwärtsgerichteten, an Produktinnovation und Wettbewerb orientierten und strategischen Ausrichtung ihrer Unternehmen nur in wenigen Fällen schaffen können. Während sie (schon deshalb) bei der Privatisierung mit der Zeit eine kreative und differenziertere Verfahrensweise erreicht hatte, blieb die Sanierungsbegleitung weitestgehend Stückwerk. Die Gründe hierfür lagen weniger im mangelnden Bemühen, als vielmehr in ihrer Überforderung mit dieser Aufgabe.[133]

3.3. Eingrenzen der Privatisierungsalternativen und Auffächern der Verfahren

Eines darf an dieser Stelle noch einmal als unverrückbares Faktum für die weitere Untersuchung betont werden: Der Zug fuhr für die Treuhand-Unternehmen in Richtung Privatisierung. Mit welcher Geschwindigkeit und auf welchen Gleisen er dorthin gelangen würde, war bei den treuhandnahen und -fernen Experten keineswegs unumstritten. Auch wenn diese Frage stets drohte, durch die Vehemenz der leidenschaftlichen Debatte um die Aufgabenprioritäten verschüttet zu werden. Die Privatisierung bedeutete formal den Eigentumsübergang an Private und konnte sich dennoch nicht darin erschöpfen. *Schnelligkeit* galt der Treuhand als Grundvoraussetzung. Spalten sollten sich die Ansichten der Treuhänder, Experten und selbsternannter

---

133 Die Leitungsebenen der Treuhand haben sich in zahlreichen Strategiegesprächen und Arbeitsgruppen mit der Verbesserung und Verfeinerung der Sanierungsaktivitäten beschäftigt. Leitungsausschuß, Beteiligungscontrolling und externe Berater haben zu diesem Thema ausführliche Vorschläge erarbeitet. Die Umsetzung ist den operativen Einheiten hat nur bedingt funktioniert. Lediglich Unterschiede in der "Philosophie" der zuständigen Treuhanddirektoren und branchenspezifische Erfordernisse haben zu einer stärkeren Betonung der gestalterischen Begleitung in einigen Feldern geführt. Die Ergebnisse sind zweideutig. In einigen Fällen hat erst die Umgestaltung und kreative Entflechtung die Privatisierung ermöglicht. In anderen Fällen hat sie den Zugang für potentielle Investoren erschwert und die Überlebensfähigkeit der Teile gefährdet.

Experten aber in der Frage, ob Schnelligkeit gleichzeitig Verlust oder Gewinn an Qualität bedeutete.

"Ein hohes Privatisierungstempo ist (...) nicht Ausdruck ordnungspolitischer *Verzückung*, sondern Instrument zur Herausbildung des privatwirtschaftlichen Unternehmenssektors, der dem ostdeutschen Wirtschaftsraum Dynamik verleihen kann."[134]

Wäre Schnelligkeit in diesem Prozeß ein betriebs- oder volkswirtschaftlich definierbarer Wert an sich, könnte sie als Erfolgskriterium gelten. Qualität andererseits konnte viele Facetten auf unterschiedlichen Ebenen haben. Normalerweise (z.B. in westlichen Industriestaaten) wurde das Auflegen von Privatisierungsprogrammen an ihrem Beitrag zur wohlfahrtsökonomischen Effizienz gemessen. Diese Frage stellte sich in Ostdeutschland nicht. Die Transformation hatte die Antwort vorweggenommen. Wenn es also nicht um eine Ja/Nein-Entscheidung ging, sondern vielmehr um die Frage nach dem "wie", verliert der ohnehin schwer faßbare Maßstab an Bedeutung. Es sei denn, er kann auf die Unternehmensebene (Einzelfallbetrachtung) transformiert werden.

"Privatisierung ist für uns nicht das ordnungspolitische Glaubensbekenntnis, das uns leicht über die Lippen geht. Für uns ist sie der Kampf um Investoren, die die Fähigkeit und das Kapital einbringen, ein Unternehmen im Markt erfolgreich zu etablieren."[135]

Siebert unterscheidet bei der Privatisierung - die er als Herzstück der Transformation bezeichnet[136] - neben der organisatorischen Abgrenzung von Einheiten und der Bewältigung der realwirtschaftlichen Anpassung, die Etablierung eines neuen Eigentümers als Kernaufgabe. Erstere waren im Treuhand-Selbstverständnis nun mit letzterer untrennbar verbunden. Etwaige wohlfahrtsökonomische Zielsetzungen reduzierten sich dann, in der betriebswirtschaftlichen Rationalität, auf das technische *Matching* von Asset und

134 B. Breuel (1993), *Treuhandanstalt - Aufgaben und Ergebnisse*, Vortrag an der Humbold-Universität am 27.01..

135 B. Breuel (1992a), *Die Rolle der Treuhandanstalt beim Umstrukturierungsprozeß in den neuen Ländern*, Rede vor der Friedrich-Ebert-Stiftung am 19.02..

136 Vgl.: H. Siebert (1992b), S. 85.

Verfüger. Die Treuhand mußte das institutionelle Arrangement suchen, das ein unter Allokationsgesichtpunkten optimales Matching gewährleistete; d.h. den potentiellen, neuen Eigentümer identifizieren half, der mit dem Vermögensgegenstand das meiste anfangen konnte und den richtigen Anreiz hatte, das Beste damit zu tun.[137] Beide (Asset und Verfüger) waren aber in der Ausgangssituation unsicher. Einerseits bot die Treuhand keine Firmen im ökonomischen Sinne an.[138] Sie wollte Kombinationen von Assets, Humankapital und Geld eintauschen gegen Management, Technologien und Märkte oder Marktzugänge. Die Festlegung von Gegenstand, Umfang und Wert dieser Kombinationen erfolgte andererseits erst in einem interaktiven Prozeß zwischen Treuhand und Investoren. In diesem Prozeß nahmen Unternehmung und Markt zusammen Form an.

"The most promising way to bring these assets to their most efficient use would be a bidding process in which the competing participants are stimulated to outperform each other with their entrepeneurial programs. (...) In this way, the three requirements for the creation of a viable firm can be met."[139]

Die Chance, ein Unternehmen oder ein Bündel von Assets zu privatisieren, wurde festgelegt durch die Erwartungen zunächst unbekannter Investoren, damit etwas anfangen zu können. Die Treuhand mußte also auf dem Weg der Einheitenabgrenzung und -bewertung bestrebt sein, auch Möglichkeiten und Eignung der Investoren einzuschätzen, die (wie Siebert sie nennt) realwirtschaftliche Anpassung in ihrem Sinne zu bewältigen. Ihre eigenen Zielvorstellungen und Erwartungen waren aber selbst oft erst Ergebnis der Interaktion. Es bestand die Gefahr, daß sie diese - des Einklangs wegen - anpassen würde, oder besser gesagt anpassen mußte. Das wiederum wurde insbesondere dann problematisch, wenn sie im *bargaining* in der schwächeren

---

137 Vgl.: Schmid-Schönbein/Hansel (1991a), *Die Transformationspolitik der Treuhandanstalt*, S. 466 und Schreiben T. Schmid-Schönbein an den Verfasser vom 8.12.92.

138 "It is somewhat misleading when we speak about the privatization of firms. (...) When we speak about firms we usually mean autonomous units which stand on their own in a market environment", H. Hax (1992), *Privatization Agencies: The Treuhand Approach*, S. 145.

139 Ebd., S. 146.

Position war. Sie verschlechterte ihre Position mit dem *commitment* (Festlegung), das sie hinsichtlich des auserwählten Partners und des Erhalts ihres Unternehmens einging.[140] Bei geringem Bieterwettbewerb mußte sie sich in einer i.d.R. schlechten Verhandlungsposition früh festlegen. Zudem bewegte sie sich trotz ihres Verkaufsmonopols in der größten Zahl der Fälle in Käufermärkten, in denen asymmetrische Informationsverteilungen zugunsten der potentiellen Investoren vorlagen. Die Bieter konnten i.d.R. auf detailliertere und aktuellere Informationen zurückgreifen, die sie zusätzlich aufgrund ihres Branchenwissens entsprechend besser zu beurteilen wußten.[141] Ihre Einschätzung der Erfolgsaussichten war vielfach realistischer, als die der Treuhand. Ein fehlender privater Investor begründete deshalb nach Meinung vieler *Preismechanismus-Anhänger* allein die Vermutung der Nicht-Sanierbarkeit (zumindest einer subjektiven und nach den strengen Maßstäben eines privatwirtschaftlichen Kalküls; Anm. d. Verf.).[142]

---

140 Zum *commitment* und den daraus erwachsenden strategischen Implikationen siehe J. Tirole (1988), *The Theory of Industrial Organization*, S. 315f.; bezugnehmend auf die Treuhand verarbeitet bei Härtel/Krüger/Seeler/Weinhold (1992a), *Institutionelle Ursachen von Wettbewerbsverzerrungen in den neuen Bundesländern*, S. 21f. Die Autoren verweisen auf die als bedenklich einzustufende Strategie des Verkaufs von Unternehmen an Bieterkonsortien auf oligopolistischen Märkten.

141 Die Stärke der Informationsassymetrie variierte zwischen Unternehmen und Märkten. Ein Grund lag bei den Treuhand-Akteuren selbst, die abhängig von ihrem beruflichen Werdegang unterschiedliche Erfahrungen und vor allem Netzwerke in ihre Arbeit bei der Treuhand einbrachten (Kern/Sabel (1992a) weisen auf die Bedeutung dieses Punktes hin). Eine andere Erklärung liegt in stark abweichenden Betreuungsrelationen auf Treuhand und Käuferseite, die zu einem drastischen Ungleichgewicht bei der Informationsbeschaffung führten. Andere Gründe waren verschiedenartigste Managementinteressen in den zu privatisierenden Unternehmen. Viele Manager hatten in der Wendezeit versucht über joint-ventures mit westdeutschen Unternehmen einen Teil der wegbrechenden Märkte abzusichern. Auf diese Weise waren Allianzen entstanden, die zu einer stärkeren Bindung zwischen potentiellen Käufer bzw. Konkurrenten und THA-Unternehmen als zwischen THA-Unternehmen und Eigentümer geführt haben. Westdeutsche Unternehmen hatten in zahlreichen Fällen stärker als die Treuhand Einfluß auf die Unternehmenspolitik (nicht immer zum Vorteil der Unternehmen) nehmen können. Ein Ergebnis dieser Allianzen sind jedenfalls bessere Informationen auf Seiten der westdeutschen Partner und potentiellen Investoren.

142 Der Sachverständigenrat zur Begutachtung der gesamtwirtschaftlichen Entwicklung (1991), *Marktwirtschaftlichen Kurs halten*, Sondergutachten vom 13.4.1991 hat hier und in zahlreichen anderen Gutachten wiederholt diese Ansicht vertreten.

Was die Aufgabe schwierig machte, war die anerkannte Tatsache, daß privatwirtschaftliches Interesse in extrem informationsunvollkommenen Märkten nicht der einzige Maßstab volkswirtschaftlichen Erfolgs sein konnte. So wurde das Verhalten der westdeutschen Industrie mit der Zeit immer zwiespältiger. Als Absatzmarkt, der sich aus westlichen Kapazitäten bedienen ließ, waren die neuen Bundesländer immer interessant. Westdeutsche Strukturprobleme wurden so - zumindest für eine Zeit - verdeckt. Auch für den Markt der Unternehmen, die Chancen auf schnelle Umstrukturierungserfolge versprachen, gab es reges Interesse. Aber in Industriezweigen, in denen ein Kapazitätsabbau bereits im Westen lange Zeit Thema von Interessenkonflikten war, hielten sich die Unternehmen verständlicher Weise sehr zurück. In vielen Branchen bestand der Verdacht kollusiven Verhaltens zum Nachteil der ostdeutschen Betriebe. Das bedeutet, daß diejenigen, die das Beste wissen, in einer sozialen Marktwirtschaft mit überschüssigen Produktions- und work force-Kapazitäten nicht zwangsläufig das Beste wollen. Diese Erkenntnis galt um so mehr in einer *Welt negativer Kaufpreise*.

Überließe die Treuhand allein dem Markt die Abgrenzung der Unternehmenseinheiten und die Auswahl, welche Teile es überhaupt wert sind, eine zukunftsorientierte Anpassung vorzunehmen, könnte man ihr vorwerfen, sie verfolge eine Politik des Rosinenpickens mit der Gefahr eine industrielle Wüstenlandschaft zu hinterlassen. Während sie es lernte, den Verkaufsgegenstand durch Entfachung von Wettbewerb (gerade auch im Ausland) unter den Bietern und Interaktion besser einzugrenzen und zu bewerten, waren Seriosität und Ziele der Bieter dadurch allein nicht abzusichern. Das Matching von sicheren Assets mit weiterhin unsicheren Verfügern verlangte nach Regelungsmodalitäten über den Tag des Eigentumsübergangs hinaus. Allein über den Auswahlmechanismus konnte die Treuhand ihrem diffusen (weil ungeordneten und teils zufälligen) Fürsorge- und Fortführungsinteresse nicht gerecht werden. Eine für die Treuhand vertretbare Privatisierungslösung lag also erst dann vor, wenn sie ihre Zielvorstellungen - selbst wenn diese erst das Ergebnis eines interaktiven Prozesses waren - hinsichtlich des "Tauschgegenwerts" realisieren und über ihre Verträge absichern konnte.

Den Einschätzungen der Chancen und der Erfolgswahrscheinlichkeit mußte sich die Treuhand also über Prüfungen der Plausibilität von Unternehmenskonzepten und der Investoren-Bonität zu nähern versuchen. Diese verlangten dann, in meßbare Größen transformiert zu werden. Das Ergebnis waren Vermutungen (die getrost als vage bezeichnet werden können) in Bezug auf den möglichen Erhalt von Arbeitsplätzen und die dafür erforderliche Investition von finanziellen Fremd- und Eigenmitteln. Diese Vermutungen ließen sich dann in Verträge schreiben, die wenn sie nicht eingehalten würden, sehr flexibel kontrolliert und gemanagt werden müßten. Dies ganze klingt paradox: Die Entfernung von einem, wenn auch diffusen Effizienzkriterium, wird mit jeder Aggregation von Einschätzungen und Vermutungen größer. Genau hierin sehen Ökonomen regelmäßig den Schwachpunkt der Treuhandstrategie.[143] Und in der Tat versuchte sie ein volkswirtschaftliches Problem, zumindest ansatzweise über die Festlegung einzelner Eckpunkte in ihren Verträgen, auf der betriebswirtschaftlichen Ebene im Einzelfall zu lösen. Die Schlußfolgerung lag nahe, all das zu vergessen und statt dessen wieder die Schnelligkeit als oberstes Ziel zu definieren. Matching allein über den Kaufpreis wäre die Forderung, denn: "Ein Investor, der einen höheren Preis bietet als die Mitbewerber, hat in der Regel das überlegene Konzept. Er wird sein gutes Geld nur dann riskieren, wenn er angemessene Erträge erwarten kann."[144] Das hieße: Man reduziere eine komplexe, schwer erkennbare und verständliche Realität auf den Preismechanismus; Marktwirtschaft pur.

Wie regelmäßig bei der Gegenüberstellung von *schwarz* und *weiß*, lag die Treuhand-Wahrheit irgendwo in der Mitte. Tatsächlich bewegte sie sich auch hier aus der jeweiligen Konstellation des Einzelfalls heraus entweder näher an dem einen oder anderen Modell. Das Machbare wurde qua Überzeugung zum Richtigen - allerdings nicht zwangsläufig zum Optimalen. Der Versuch einer Mischung aus Tempo und Qualität hat ihrer Privatisierungsstrategie zu

---

143 Nachzulesen u.a. bei Sinn/Sinn (1991), Siebert (1992b) oder Schmidt/Siegmund (1993), *Strategien der Privatisierung*. Sie dokumentieren damit nicht nur die herrschende Meinung der westdeutschen Wirtschaftswissenschaft und deren Vorliebe für den Preis als Regulativ und Steuermechanismus, sondern auch ihre Suche nach klaren und transparenten Entscheidungskriterien in einer unübersichtlichen Welt.

144 Schmidt/Siegmund (1993), S. 231.

Recht die Bezeichnungen *kompliziert*, *unübersichtlich* und *halbherzig* eingebracht. Eines allerdings ist sicher: Eine *second-best-world* kann keine klar als optimal identifizierbaren Lösungen hervorbringen. Vielleicht lassen sich aber Cluster optimaler Lösungen und Verfahren in unterschiedlichen Konstellationen identifizieren. Gelänge dies, dann könnte man die Strategie der Treuhand *gezielt* nennen. Der Antwort auf diese offene Frage ist die empirische Untersuchung in Teil 2 gewidmet. An dieser Stelle diente die Suche nach einem dem Einzelfall übergeordneten Effizientkriterium dazu, die Widersprüchlichkeiten des Versuchs der Treuhand zu verdeutlichen und die Situation zu verstehen, in die die Treuhand-Akteure bei ihren Lern- und Strukturierungsversuchen gestellt waren.

Eingrenzen der Alternativen

Einer reinen *Auktionsmarktprivatisierung* bediente sich die Treuhand nur bei dem Verkauf ihrer Ladengeschäfte, Hotes und anderer kleingewerblicher Betiebe. Die unter der Bezeichnung *kleine Privatisierung* in eine Tochtergesellschaft (GPH) ausgegliederte Aufgabe konnte daher bereits 1991 abgeschlossen werden. Stark vereinfachte Verfahren und ein Entgegenkommen bei den Zahlungsmodalitäten charakterisierten dieses Vorgehen. Innerhalb weniger Monate wurden 20.000 Einheiten durch hauptsächlich lokalen Bieterwettbewerb, mit Blick auf die Etablierung eines ortsansässigen Mittelstands, zu etwa 80% an ostdeutsche Interessenten verkauft. Die wesentliche Vereinfachung lag in dem bewußten Verzicht auf Genauigkeit.[145] Die Treuhänder schätzten Kaufpreise, meist nach Ausgliederung der Immobilien, die dann wiederum über langfristige Pachtverträge angeboten wurden. Dadurch verringerte man *start up* Finanzierungskosten und beugte Spekulanten vor. Geprüft wurden die Erhaltungskonzepte und - soweit überhaupt möglich - die Seriosität der Käufer. Die Kehrseite der Medaille lag in einem vergleichsweise hohen Aufwand für die Treuhand nach dem Eigentumsübergang. Einerseits mußten zur Immobilienverwaltung und Resteverwertung eigene Abwicklungs- und Durchführungsgesellschaften eingerichtet werden,

---

145 Vgl.: G. Dierk (1992), *Das schematische Verfahren bei der Privatisierung des Handels*, S. 93.

andererseits gab es einen hohen Anteil Fehlschläge. Interpretiert man die Massenprivatisierung als dringenden Beitrag zur Herausbildung regional geprägter, mittelständischer Strukturen, kam sie in der Ausrichtung (insbesondere bei den kleineren Objekten) einem Existenzgründungsprogramm nahe. Die Fehlschlagshäufigkeit erklärt sich aus dieser Nähe. Die starke Formalisierung der Privatisierungsarbeit hatte dafür gesorgt, daß mehr Markt an die Stelle von Einzelentscheidungen treten konnte. Mehr Markt und weniger Sorgfalt erhöhten die Fehlerwahrscheinlichkeit für die Treuhand und insbesondere das unternehmerische Risiko für die neuen Leiter und die Mitarbeiter der Betriebe. Die Vermutung hatte sich empirisch schnell bestätigt und wurde in Kauf genommen.

Eine ähnlich weitgehende Standardisierung des erheblich komplexeren und unübersichtlicheren Verkaufs von Industrieunternehmen wurde hingegen auch für einzelne Gruppen zunächst als nicht durchführbar angesehen. Ebenso waren die *Kouponprivatisierung* nach osteuropäischem Muster, die *Verschenkungs-* bzw. *Verteilungsprivatisierung* und die reine *Kapitalmarktprivatisierung* wegen des *junk bond* Charakters[146] möglicher Anteilsscheine abzulehnen, auch wenn Popularität und Schnelligkeit vielleicht dafür sprachen. Wer wollte sich bereit erklären (und dabei weiter als seriös angesehen werden), Anteile an Unternehmen ohne Absicherung deren industrieller Führung zu übernehmen, deren Substanzwertberechnung zusätzlich unkalkulierbare Risiken aus Altlasten beinhaltete und deren *present value* der abgezinsten zukünftigen Ertragsaussichten bestenfalls als Annäherung nach zwei

---

146 Vgl.: Sinn/Sinn (1991), S. 100. Die Autoren ziehen aus ihrer "Schrotthypothese" eine andere Schlußfolgerung. Der Grund für die Favorisierung ihres Beteiligungsmodells liegt m.E. in einer Fehleinschätzung der Aufnahmefähigkeit des Marktes industrieller Interessenten und der Dauer des Gesamtprozesses (nach ihrer Schätzung über das Jahr 2000 hinaus). Außerdem unterschätzen sie in erheblichem Maße das Management- und Monitoring-Problem. Sie reduzieren die Betrachtung auf die "begrenzte Absorptionskapazität des Marktes für Vermögensanlagen", die sie durch ein ausgeklügeltes Modell überwinden helfen wollen. Dem begrenzten Kapitalmarkt steht ihrer Ansicht nach ein funktionierender "Arbeitsmarkt für kompetente Manager" (S. 111) zur Seite. Aus westdeutscher Sicht ist das grundsätzlich richtig. Allerdings werden auf diesem Markt westdeutsche Erfahrungen zu Kosten (Buschprämien) angeboten, die ostdeutsche Unternehmen in Schieflage nicht tragen können.

Jahren Geschäftstätigkeit in radikal veränderten Rahmenbedingungen vorliegen konnte.

In der Anfangszeit veranlaßte die Gleichzeitigkeit von Organisationsaufbau, Informationsbeschaffung und Handlungszwang die Treuhand in ihrem Kerngeschäft zu nachfrageorientierten Von-Hand-Verkäufen und Vergabeentscheidungen nach dem *Windhundprinzip*. Nur die Regel, möglichst zusammenhängende Einheiten zu privatisieren, bewahrte die Agentur vor schwerwiegenderen Fehlern in dieser Zeit. Erst die Vereinfachung der Entflechtung mit dem Spaltungsgesetz ("lex Treuhand" vom 5.4.1991) und die Verbesserung der eigenen Schlagkraft drehte die Vorgehensweise in eine mehr gestaltende und aktive Richtung, hin zu einem gezielten, informellen (aber immer noch nachfrageorientierten) Barverkauf mit Auflagen. Dazu wurden die diffusen Zielvorstellungen, in leichter faßbaren Verfahrenszielen und mehr oder weniger quantifizierbaren Kriterien aus den Unternehmenskonzepten konkretisiert. Neben der *Schnelligkeit* wurde die *Vollständigkeit* einer Privatisierung, d.h. die Abgabe aller Anteile des Zwischeneigentümers Treuhand an einen oder eine Gruppe von Interessenten (Akteuren), zum Verfahrensziel erhoben. Nur in Ausnahmefällen war sie bereit, *Teilprivatisierungen* oder einer stufenweisen Privatisierung zuzustimmen. Die Privatisierung in Stufen (Betriebsführungsvertrag mit zeitlich fixierter Abgabeoption) bedeutete nichts anderes als ein schwer kontrollierbares, zeitlich begrenztes Verlustbeteiligungsmodell. Verluste konnten aber auch mit Substanzwerten zu Kaufpreisen verrechnet werden.

Weniger offensichtlich, aber in ihren möglichen Auswirkungen ähnlich gelagert, war die Einbehaltung von *Minderheitsbeteiligungen*. Die lang- oder nur mittelfristige Fortführung ihrer Eigentümerschaft, befürchtete die Treuhand, würde die erhofften positiven Effekte einer Privatisierung nur zögerlich hervorbringen. Zwar konnte sie sich auf diesem Weg westliches Know how einkaufen und gleichzeitig gewährleisten, daß ein vielversprechendes Unternehmen nicht vor der Zielerrreichung aus Liquiditätsproblemen aufgeben mußte. Diese in der Breite unübersichtliche, mit erheblichem Aufwand verbundene Absicherung war aber für sich schon Grund genug derartige Lösungen in der Rangliste hinter vollständigen Privatisierungen zu plazieren.[147] Den Vorwurf, mit dieser Zurückhaltung punktuell erfolgversprechende Ansätze ausgeschlagen zu haben, wird sie sich ebenfalls gefallen lassen müssen, wie die Vorwürfe der Halbherzigkeit in den heute problematischen *Sündenfällen*, bei denen sie ihre Minderheitsbeteiligungen nicht privatisieren kann. Befristete Teileigentümerschaften ist die Agentur unbekümmerter eingegangen, wenn es galt, in Erfolgsbranchen Eigentumsansprüche auf Teile, die bis zur Privatisierung nicht geklärt werden konnten, zu neutralisieren. Lag es im Interesse der Treuhand schnell zu privatisieren, um einer Neuausrichtung des Unternehmens nicht im Wege zu stehen, ließen sich derartige Lösungen vertraglich regeln (beispielsweise bei Brauereien, für die schon früh ein großes Interesse in Westdeutschland bestand).

Ganz im Sinne ihrer Einkaufstrategie wurde neben Schnelleigkeit und Vollständigkeit die *Fortführung eines Unternehmens/-teiles* am Standort unter Beibehaltung des bisherigen Geschäftsschwerpunktes als Verfahrensziel angestrebt und sehr eng ausgelegt.[148] Damit sollten Spekulationsgeschäfte durch Immobilienverwertung und Umwidmung in lukrativere Dienstleistungsgeschäfte oder Gewerbeparks dort verhindert werden, wo industriel-

---

147 Beispiele für Minderheitsbeteiligungen finden sich vor allem in der Anfangszeit der Privatisierung, in der die ein oder andere Abweichung von den Grundsätzen mangels Instrumenten o.ä. in der Natur der Sache lag. Am Verkauf der Planeta Druckmaschinen an den westdeutschen Branchenführer König&Bauer AG (1991) offenbaren sich die möglichen Risiken und negativen Anreizeffekte einer Teileigentümerschaft der Treuhand. Wegen der wirtschaftlichen Schieflage des westdeutschen Partners ist es der Treuhand bis heute nicht gelungen, ihre Anteile zu veräußern - weder an die König&Bauer AG noch an einen anderen Investor (auch Finanzinvestor). Im Gegenteil ist sie des öfteren mit der Frage konfrontiert worden, ob eine Rücknahme nicht ratsam sei. Das wiederum widerspricht ihrem Selbstverständnis völlig, zumal sich keine sinnvolle Alternativlösung abzeichnet. Das Treuhand-Problem Minderheitsbeteiligungen kombiniert in diesem Fall die problematische Entwicklung des ostdeutschen Unternehmens, die eine vielversprechende Umstrukturierung kaum noch erwarten läßt, mit der der eigenen Handlungsunfähigkeit. Wenn sich andere ähnlich gelagerte Beispiele finden, dann aus Gründen, die im Einzelfall zu suchen sind und nicht einem Vertrauen in die positiven Effekte dieses Arrangements entspringen.

148 Vgl.: Schmidt/Siegmund (1993), S. 216. Im Gegensatz dazu wurde aus der Abwicklung heraus losgelöst von dieser Vorstellung sehr viel kreativer "privatisiert".

ler Erhalt privates Interesse fand. Verständlicherweise mußte auch dies regelmäßig über Kaufpreisnachlässe oder anderes Entgegenkommen *gefördert* werden, das wiederum bei den übrigen (i.d.R. westdeutschen) Marktteilnehmern nicht auf Gegenliebe stieß. Eine Kürzung der Verkaufserlöse zur Erhaltung industrieller Arbeitsplätze war de facto eine versteckte Lohnsubventionierung. Im Ermessensspielraum der Treuhänder lag es nun, diese auf den temporären Ausgleich von Standortnachteilen zu bescheiden oder darüber hinausgehend Investitionssubventionen o.ä. zu verrechnen. Gleiches galt für sogenannte Paketverkäufe, bei denen Filetstücke mit anderen verwertbaren, aber allein schwer veräußerbaren Teilen zusammengeschnürt wurden.[149] Zur Vermeidung von Spekulationskäufen wurden neben der strukturverbessernden Entflechtung bereits in den Unternehmenskonzepten nichtbetriebsnotwendige Grundstücke festgelegt und über eine Tochtergesellschaft (TLG) angeboten.

"Im Unterschied zum herkömmlichen Unternehmensverkauf wird nicht nach dem Höchstpreisgebot, sondern gewissermaßen im "magischen Viereck" von Unternehmenskonzept, Investitions- und Arbeitsplatzzusagen sowie Kaufpreis privatisiert."[150]

Trotz aller schon vorhandenen Schwierigkeiten, die die Treuhand haben würde, die Optimalität einer Lösung anhand dieser Kriterien festzustellen, nahm sie dennoch mit ihrem Bekenntnis zu der Notwendigkeit eines Tauschhandels Assets und Humankapital gegen Know how, Märkte etc. eine Begrenzung des Bieterkreises in Kauf. Denn das Einkaufen von Vertriebswegen und Technologien war nahezu ausschließlich im westlichen Ausland und in der alten Bundesrepublik, und dort nahezu ausschließlich von Unter-

---

149 Die Berliner Elektroindustrie litt beispielsweise neben den betrieblichen Problemen auch unter dem Umstand, daß ihre Standorte für andere Branchen weitaus attraktiver waren. Die raren potentiellen geschäftsgebundenen Übernehmer konnten im Rahmen ihrer Konzepte weder hinsichtlich des Arbeitsplatzerhaltes noch des Kaufpreises mit den *Developern* Schritt halten. Die Treuhand mußte, wollte sie die Betrieb erhalten, schlechtere Konditionen hinnehmen. Einer der am aufmerksamsten begleiteten Paketverkäufe war die Veräußerung der Raffinerie in Leuna in Verbindung mit dem Minol Tankstellennetz.

150 B. Breuel, Vortrag an der Humboldt-Universität am 27.01.1993.

nehmen der gleichen Branche und teils sogar der gleichen Wertschöpfungsstufe zu erwarten.

In einem stagnierenden, später rezessiven Markt mit unausgelasteten Kapazitäten konnte der Erfolg dieser Strategie nicht lange vorhalten. Eine Untersuchung der Kaufmotive zum Jahreswechsel 1991/92 zeigte eine primär strategisch motivierte Vorgehensweise auf Seiten der Investoren. Während die Hoffnung auf Umsatz- und Gewinnzuwachs noch in etwa 40% der Akquisitionsfälle als ein Motiv angegeben wurde, rangierte die Marktanteilssicherung in den neuen Bundesländern mit etwa zwei Drittel am Kopf der Liste. Die Hoffnung auf das Sprungbrett in die osteuropäischen Märkte wurde in ebenfalls noch 40% der Fälle angegeben. Immerhin 17% wollten eine mögliche Übernahme durch Wettbewerber abwehren. Rund ein Achtel aller Käufer empfanden neben anderem eine deutsch-deutsche Verpflichtung.[151] Insofern ist anzunehmen, daß die Treuhand-Aktivitäten insbesondere im Jahr 1991 von der Ost-Phantasie der Investoren und der allgemein schlechten Informationslage begünstigt wurde.[152] Die Befragung der Käufer nach der Erfüllung ihrer Erwartungen zeichnete zum Jahreswechsel 1991/92 eine Stimmungslage, die auch neuer potentieller Interessenten abgeschreckt haben dürfte. In über zwei Drittel aller Fälle mußten in den bereits privatisierten Unternehmen Gewinn- und Umsatzerwartungen deutlich nach unten korrigiert werden.[153]

---

151 Vgl.: Müller-Stevens/Zappei/Vanselow, *M&A in Ostdeutschland*, Teil 2, in: Handelsblatt vom 24.02.1992, S. 24.

152 In vereinigungsinduzierten Wachstumsbranchen (z.B. Nahrungs- und Genußmittel, Bau, Dienstleistungen) sind die Anteilssicherungs- und Gewinnziele weitestgehend realisiert worden. Diese Unternehmen waren als erste "ausverkauft". Insbesondere in den industriellen Kernbereichen erwiesen sich Marktzuwachschancen bald als verlorengegangene Hoffnungen. Der unvorhergesehene Zusammenbruch der ehemaligen Sowjetunion und die Entscheidung der Bundesregierung zur Begrenzung des Hermes-Programms auf ein Minimum im September 1991 (5 Mrd. DM für 1992) mußte neben der Treuhand auch Investoren und Interessenten desillusionieren.

153 Ebd., Teil 1 (HB vom 17.2.92), Teil 2 (HB vom 24.2.92), Teil 3 (HB vom 2.3.92). 65% (Umsatz) und 68% (Ergebnis) der Investoren waren mit ihrem Erfolg unzufrieden. Der Integrationserfolg wurde hingegen mit nur 17% (Organisation) und 31% (Personal) negativ beurteilt. Insgesamt gaben allerdings 86% der Befragten an, den Integrationsaufwand erheblich unterschätzt zu haben. Im Rahmen der Beurteilung des Privatisierungserfolges wird dieses Thema nocheinmal aufgegriffen. Andere Untersuchungen legen die Vermutung nahe, daß ein wesentlicher Grund hierfür

Verlor gleichzeitig die Vereinigungseuphorie als Begründung für ein Engagement an Bedeutung, blieb der Agentur neben kreativer Begleitung (im Treuhand-Jargon "die Braut schmücken") lediglich der Versuch, über ein breitgefächertes Marketing und Kaufpreisnachlässe einen Bieterwettbewerb zu entfachen und zu nähren. Es sollte der Eindruck bestehen bleiben, vor der Tür warteten genügend Interessenten, die nur darauf warteten, zum Zuge zu kommen. Realistisch gesehen hatte die Treuhand ihre Verhandlungsposition mit dem Bekenntnis zur Privatisierungspriorität *per se* schon so weit geschwächt, daß vielen Investoren Abwarten als erfolgsversprechende Strategie erscheinen mußte. Gezielte Verkäufe waren zeitaufwendig und schlossen ein unerwartetes Zuvorkommen eines Konkurrenten nahezu aus. Mit der Zeit konnten die Treuhand-Unternehmen also nur *billiger* werden bzw. vom Markt verschwinden.

Als weitere Einschränkungen der Verwertungsfreiheit hatte die Treuhand neben ihren selbstauferlegten Regeln *rechtliche und wirtschaftliche Bedingungen des Einzelfalls* zu berücksichtigen. Die Maßschneiderung im Vorfeld einer Privatisierung machte es notwendig, auch mögliche rechtliche Hindernisse aus dem Weg zu räumen. In jedem Fall waren die Ordnungsmäßigkeit der Gründung, die grundsätzliche Verfügungsbefugnis (Vermögenszuordnung) und mögliche bindende Vertragsbeziehungen zu Dritten (Knebelverträge der Anfangszeit) zu klären oder aufzudecken. Kommunalisierungs- und Restitutionsmöglichkeiten und -notwendigkeiten mußten berücksichtigt werden. Darüber hinaus wollte man zwar Umweltrisiken und Bewertungsunsicherheiten weithin abgeben, ohne allerdings ein Erlahmen des Interesses zu riskieren. Die Treuhand mußte dann in einem Käufermarkt zwangsläufig für einen Teil der Absicherung geradestehen (Allein im Bereich der Umweltaltlasten übernahm sie in vielen Fällen für einen befristeten Zeitraum 90% der über einen Sockelbetrag hinausgehenden unentdeckten Risiken). Maßschneiderung konnte i.S. des oben als Tauschhandel interpretierten Verkaufs bedeuten, daß tatsächlich nicht *shares*, sondern nur *assets* den Besitzer wechselten. Die Treuhand bereinigte ihr Angebot dann nicht nur um

---

darin zu sehen ist, daß Westdeutsche ihre Aquisitionen in Ostdeutschland nicht als "cross boarder Investment" betrachtet haben.

nichtbetriebsnotwendige Grundstücke oder nicht verwertbare Teile, sondern auch um jedwede nicht unternehmerischen Risiken, Haftungsprobleme und andere beeinflußbare Hemmnisse.

Stufen und Auffächern der Verfahren

Es fällt schwer, sich vorzustellen, daß alle Branchen und sonstigen Aktivitäten, von Feinmechanik bis Fischfang, von Werften bis Porzellan und von Gießereien bis Cirkusakrobaten auf ein und demselben Weg in die Privatsierung geführt werden kann [Abb. 12].

"Je nach Branche und Firmengröße sind unterschiedliche Mittel und Methoden nötig, um zum Erfolg zu kommen. Oft ist die Kombination verschiedener Instrumente nötig - das alleinige Wundermodell bei der Privatisierung einer Volkswirtschaft gibt es nicht."[154]

Ein internes Treuhandpapier beschreibt die Weiterentwicklungen der Privatisierungsmethodik auf der Lernkurve in vier Schritten: I. von einer reaktiven Vorgehensweise zu einer aktiven; II. von einfachen Modellen zu einem Bau kasten; III. gezielter Einsatz des verfeinerten Instrumentariums; IV. qualitative und problemorientierte Auswahl der optimalen Vorgehensweise. Worin äußerte sich diese Entwicklung, und wie konnte dafür Sorge getragen werden, daß insbesondere IV. gelänge? Grundsätzlich sprach der zunächst sprunghaft wachsende und später bei immer komplexeren Problemen und in schwierigerem Umfeld anhaltende, zahlenmäßige Privatisierungserfolg für Lerneffekte der beschriebenen Art [Abb. 13]. Die Begrenzung des Verfahrensfeldes auf gezielte Verkäufe ließ Auktionen als Vergabemechanismus ausscheiden. Konnte man Börsen zur Bewertung nicht einschalten, mußte man versuchen, über die Aktivierung eines großen Bieterkreises sowohl einen Bewertungswettbewerb zu generieren als auch mögliche Finanzierungsbeschränkungen zu überwinden. Mußten Gegenstand, Konditionen und Regelungsinteressen auf dem Wege der Interaktion entwickelt werden, waren Verhandlungen unterschiedlicher Komplexität zu führen. Während reine

---

[154] K.-P. Wild (1992), Vorwort zu dem *Kapitel Privatisierungsmarketing / Kapital- und Investorensuche*, S. 60.

Nach Beschäftigungsgruppen

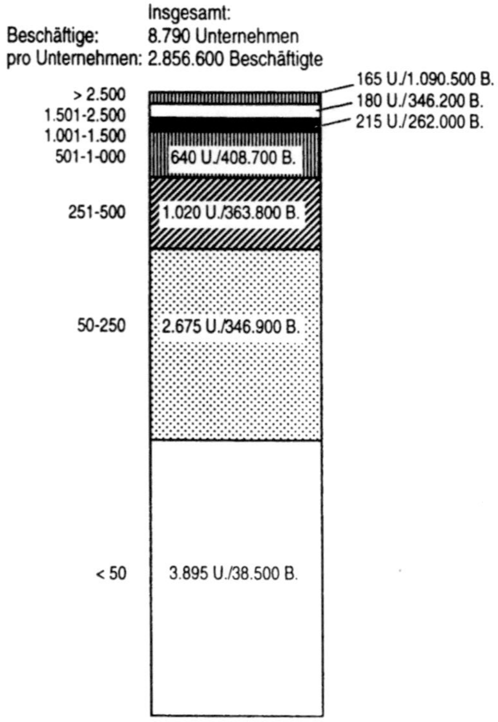

Quelle: Treuhandanstalt Informationen, Ausgabe 1, Mai 1991

Nach Zuständigkeiten

Niederlassungen	
NL Berlin	337
NL Chemnitz	978
NL Cottbus	203
NL Dresden	798
NL Erfurt	579
NL Frankfurt/Oder	236
NL Gera	336
NL Halle	525
NL Leipzig	528
NL Magdeburg	413
NL Neubrandenburg	165
NL Potsdam	369
NL Rostock	279
NL Schwerin	223
NL Suhl	302

Zusätzlich in der Zentrale	
Außenhandelsbetriebe	90
Gesellschaft zur Privatisierung des Handels	22
Kommunalvermögen	16

Zentrale	
Energie	174
Dienstleistungen	271
Flughäfen/Luftfahrt	2
Schwermaschinen	96
Anlagenbau	125
Spezialmaschinen	125
Werkzeugmaschinen	74
Fahrzeugbau	145
Küstenindustrie	53
Optik/Feinmechanik	91
Verkehr	163
Bergbau/Steine	63
Land- u. Forstwirtschaft	479
Nahrungs- u. Genußmittel	78
Chemie	152
Elektrotechnik/ Elektronik	102
Holz/Papier	113
Textil/Bekleidung/Leder	277
Bauindustrie	274
Eisen-/Stahlerzeugung/ NE-Metallindustire	113
Hotels u. Ferienhäuser	51
Noch nicht zugeordnet	257

Abb. 12: Struktur des THA-Unternehmensbestandes (Stand Mai 1991)

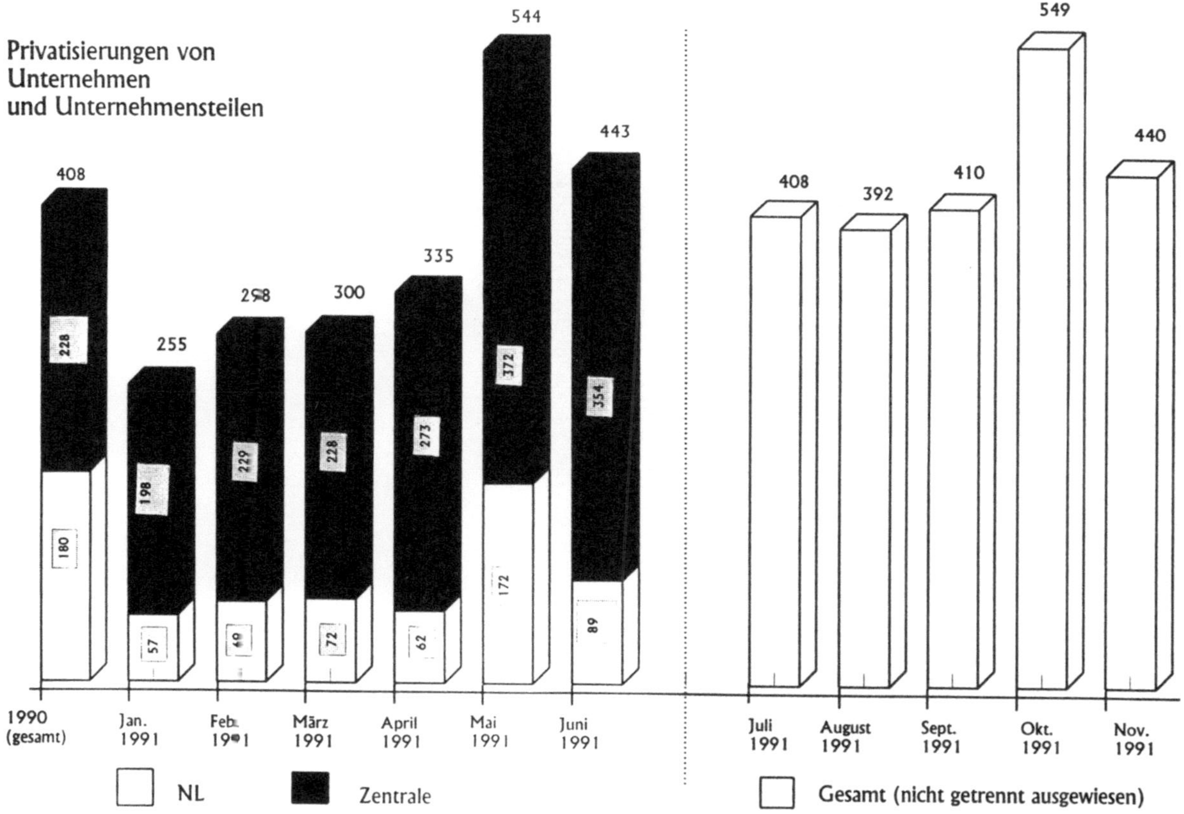

Quelle: Treuhandanstalt

Abb. 13: **Entwicklung des Privatisierungstempos bis November 1991**

Marktmechanismen voraussetzten, daß die Privatisierungsagentur in der Lage war, das magische Viereck in verrechenbare und vor allem einheitlich kommunizierbare Relationen zu tranformieren, bot letzteres die Chance, dies auf dem Verhandlungswege situationsbedingt zu variieren.

Innerhalb des *Klumpens* eines gezielten Verkaufs mit Auflagen sollen Privatisierungsarrangements für die weitere Untersuchung als mehrstufige Prozesse interpretiert werden, bestehend aus:

1. der Erzeugung eines Bieterwettbewerbs
2. dem Auswahlmechanismus (Prä-/Qualifizierung)
3. der Vertragsverhandlung und Vertragsschließung und
4. einem nachsorgenden und kontrollierenden Vertragsmanagement.

Diese Betrachtungsweise ermöglicht trotz fließender, teils verwischter Übergänge eine strukturiertere Beschreibung der Verbesserungen und Verfeinerungen der Methodik und gleichzeitig die Unterscheidung eines anwendungsbezogenen Spektrums möglicher Arrangements (innerhalb des Klumpens), der auch die theoretische Erörterung gewidmet sein wird.

Im folgenden werden zunächst die Versuche der Treuhand, methodisch zu variieren, beleuchtet.

Im Laufe des Jahres 1991 hat die Treuhand ihre Marketing-Aktivitäten und Privatisierungshilfen mit dem Ziel der *Erzeugung eines Bieterwettbwerbs* und *Qualifizierung des Interesses* (Stufen 1 und 2) erheblich aufgefächert [Abb. 14]:

Die Ansprache potentieller Investoren erfolgte grob gesehen zweigeteilt. *Ausschreibungen* sollten sich für kleinere Einheiten, mittelständischer Industrien mit sowohl lokalem wie überregionalen Wettbewerb eignen. Dieses Instrument versprach eine schnelle und kostengünstige Alternative zu einer Direktansprache potentieller Investoren. Die Hoffnung auf Chancengleichheit vieler Interessenten und eine Bewertung in der Nähe des Marktpreises bewahrheitete sich tatsächlich nur in wenigen Fällen. Positive Erfahrungen machten vornehmlich die Niederlassungen, was darauf schließen ließ, daß Ausschreibungen in regionalen Märkten, ihren Erfolg (im treuhandspezifischen Kontext) begünstigte.[155] Dennoch konnten sie keine Verhandlungen ersetzen und - wie sich zeigte - nicht einmal erheblich abkürzen. Eine Zielerreichung machte die Vor-Ab-Präzisierung des auszuschreibenden Objekts erforderlich, die durch Kurzprofile und Unternehmensbesuche nicht gewährleistet werden konnte. Wollte die Treuhand ihre Ziele konsequent verfolgen, konnte sie auf den interaktiven Prozeß nicht verzichten. Wenn Ausschreibungen nichts anderes sind als "die adäquate Anwendung eines Marketinginstruments (...) in einem Massengeschäft"[156], bestätigte sich hier auf empirischem Wege die Einschätzung, daß das Geschäft der Treuhand eben in weiten Teilen genau dies nicht war - oder als solches von den Akteuren nicht aufgefaßt wurde.

---

155 Die Intensivierung der Ausschreibungsbemühungen basierte auf ermutigenden Ergebnissen der Niederlassungen Cottbus und Dresden. Die erste internationale Ausschreibung der Möbel- und Holzindustrie in der Zentrale brachte beispielsweise keine vielversprechenden Ergebnisse (siehe K. Müller (1992), *Branchenorientiertes Privatisierungsmarketing*, S. 66). Für 54 ausgeschriebene Objekte wurden 2.000 Unternehmens-Kurzprofile versandt, aber nur 190 Besuchsberechtigungen erteilt. Innerhalb der Ausschreibungsfrist gingen 43 Gebote ein (Faktor 0,7 bezogen auf die Gesamtzahl der angebotenen Unternehmen). Für dieses Ergebnis spricht die Aussage van Scherpenbergs (zitiert im vorigen Kapitel), daß die NL's mehr als die Zentrale bewußt auf Perfektion verzichtet haben, d.h. Privatisierung eher als Massengeschäft behandelt haben. Entsprechend hoch war der Anteil der MBO's in den NL's. Er lag dort bei durchschnittlich 25%.

156 H. B. Schmidt (1992), *Das Instrument der Ausschreibung*, S. 72.

Maßnahmen zum Wecken des Investoreninteresses

- THA-Börse; gezielte rechnergestützte Beratung bei der Suche nach Investoren
- Kataloge/Firmenprofile
- Direct-Mailing-Aktionen
- Messen/Investorentage/Brancheninfos
- Ausschreibungsaktionen Kleinunternehmen
- Branchenausschreibungen
- Projekt Marketing
- Einschaltung der Auslandsbeauftragten
- Aktivitäten bei Verbänden und Instituten
- Vorteile dezentraler Organisationen nutzen
- MBO/MBI-Fördermaßnahmen
    - Unternehmer entdecken/entwickeln
    - Strukturierungs-
    - Beratungs-
    - Finanzierungshilfen
- Mittelstandsinitiativen
- Fachinfo über Förderinstrumente
- Interessendateien pflegen und nutzen

Quelle: Treuhandanstalt

Privatisierungshilfen durch maßgeschneiderte Strukturierung im Einzelfall bzw. bei im wesentlichen gleichgelagerten Fallgruppen

Rückkopplung des Angebots auf spezielle Erwerberbedürfnisse

- Objektbezogene Maßnahmen/Restrukturierung
- Management (insbesondere wichtig für ausländische Investoren)
- Erschließung von Förderinstrumenten/Infrastrukturhilfen
- Finanzierungshilfen

Verfahrensmäßige Notwendigkeiten und Nutzen der Lernkurve

- Kompetente, zügige Privatisierungsverhandlungen
- Berechenbarkeit und Transparenz des Privatisierungsprozesses
- Durchführbarkeit der Transaktionen
- Entschlackung der Genehmigungsverfahren
- Beschleunigung durch weitergespreizte Kompetenzstufen

Abb. 14: Maßnahmen zum Wecken des Investoreninteresses/Privatisierungshilfen

Die *Direktansprache von Investoren* war unabläßlich in Prozeßindustrien mit größeren Einheiten. Die in der Regel dünn besähte Investorenlandschaft mußte gezielt angesprochen und danach aus einer Hand betreut werden.

"Man erreicht damit eine Bündelung des erworbenen Wissens und steht nicht einem übermächtigen Investor gegenüber, der sehr viel mehr über das Unternehmen weiß als man selbst."[157]

Auch ein ausgeklügeltes Marketing konnte ein breites Interesse institutioneller Finanzinvestoren nicht wecken. Wollte die Treuhand den Bieterkreis nicht auf vornehmlich große industrielle, cross boarder-Investoren (westdeutsche einbezogen) konzentrieren, mußte sie ihr Angebot auf die speziellen Bedürfnisse und Wünsche anderer Erwerbergruppen ausrichten.

Nur kurz erwähnt in der Auflistung ihrer Vergleichskriterien wurde bislang die aus ihrem Auftrag abgeleitete *Mittelstandsorientierung*. Durch eine gezielte Maßschneiderung ihrer Objekte im Einzelfall und das Einräumen von spezifischen Konditionen[158] konnte sie das Nützliche mit dem Erwünschten verbinden. Unterschiedlichste Kombinationen aus MBO, Belegschaft, Alteigentümern, MBI und externen Kapitalgebern sollten durch Informationsaufbereitung, Kontaktvermittlung unterstützt werden. Am erfolgreichsten erwies sich wie erwartet das MBO-Modell. Von den fast 1.000 MBO's zum Jahresende 1991 gehörten über 60% zu der Gruppe unter 50 Mitarbeiter und den Branchen Dienstleistung, Bau und Handel (ohne die sog. kleine Privatisierung) an. Wiederum in primär lokalen Märkten und zukunftsträchtigen Bereichen mit geringen Ertragsschwankungen hatte die Treuhand einen bodenständigen Erwerberkreis generiert, der wegen seiner möglichen politischen Belastungen und hinsichtlich seiner wirtschaftlichen Qualifikation nicht unumstritten, aber auf dem Papier sehr erfolgreich war.

---

157 K. Müller (1992), S. 65

158 Orientierungsrahmen der Treuhandanstalt zur Veräußerung von Beteiligungsunternehmen an deren leitende Mitarbeiter (MBO), Schreiben an die Beteiligungsunternehmen vom 21.3.1991: Vorrangige Berücksichtigung bei Gleichwertigkeit, Kaufpreisstundung, begrenzte Verlängerung von Finanzierungshilfen.

Von besonderem Stellenwert in oligopolistischen Märkten erwies sich die Ansprache ausländicher Interessenten. Die Treuhand mußte früh versuchen, über international erfahrene Investmentbanken und ein selbstgeknüpftes Kontaktnetz (Auslandsbüros, -beauftragte) westdeutsche Stillhalteabkommen aufzubrechen. Nebenbei konnte sie all diejenigen beruhigen, die befürchteten, die Deutschen würden den neu hinzugewonnenen Teil ihres Landes unter sich aufteilen; mit allen unerwünschten Folgen wirtschaftlicher und politischer Konzentration.

Wenig erfolgreich (in absoluten Zahlen) blieb hier das Bemühen, externes Kapital in großem Umfang über Fonds oder Kapitalbeteiligungsgesellschaften mit externem Management (MBI) zu kombinieren.[159] Auch diese Erfahrung bestätigte empirisch, daß die Verbindung von Assets, Know how und Geld allein bei fehlenden Märkten und Technologien nicht ausreicht, die Probleme einer Mehrzahl von ostdeutschen Betrieben zu lösen. Anders gesagt verfestigt sich hierin die Vermutung, daß die Übertragung westlich geprägter Modelle der Beteiligungsführung und -finanzierung in einer Situation des Umbruchs primär in solchen Branchen gelingen wird, in denen dieser Umbruch in seinem negativen Sinne am wenigsten spürbar ist.[160]

Der differenzierten Anpassung der *Vertragsverhandlung und -schließung* (in Stufe 3) an die Erfordernisse der zugrundeliegenden Konstellation diente in erster Linie die Dezentralisierung der Ermessens- und Interpretationsspielräume. Die außergewöhnliche Aufgabe forderte außergewöhnliche aber berechenbare Verträge. Deshalb fand die Flexibilität der Verhandlung in der Vertragsgestaltung keine konsequente Fortsetzung. Die Treuhand verhielt sich hier zunehmend risikobewußt. Vertragsklauseln wurden auf die Sonderprobleme der allgemeinen Situation und nicht des Einzelfalls zugeschnitten.

---

159 Trotz Einrichtung eines Direktorats in der Treuhand zur Investorenpflege (PI - Investors Services) und einer Abteilung eigens zu diesem Zweck wurden bis Ende 1991 nur knapp 120 Mio. DM durch Fonds und Kapitalbeteiligungsgesellschaften investiert (K. Klöttschen (1992), *Kapitalbeteiligungsgesellschaften und Fonds*, S. 122).

160 Ein Gegenbeispiel eines komplexen MBI (Privatisierung der ELPRO AG) in einer als schwierig eingestuften Branche untersucht der empirische Teil dieser Arbeit.

Dort setzte die Agentur auf Einheitlichkeit. Zur Formalisierung des Entscheidungsweges wurden in mehreren Anläufen verfeinerte Orientierungslinien entwickelt. Ende 1991 wurden die Minimalanforderungen in einer Entscheidungsvorlage abgebildet und um eine Checkliste ergänzt, die den Genehmigungsinstanzen mehr Klarheit und Vergleichbarkeit gewährleisten sollte [Abb. 15].[161] Nicht die diskretionäre Entscheidungfindung selbst wurde reglementiert, sondern die Fragen, die an deren Ende zur Prüfung und Rechtfertigung ihrer Plausibilität zu beantworten waren. Erste gravierende Fehler, Probleme in der Vertragsabwicklung und die anhaltenden Forderungen nach Transparenz wurden intern verarbeitet. Extern galt nach wie vor die Parole "Schweigepflicht" und die Haltung "im Zweifel für Treuhand und Investor". Noch wenig spürbar und individuell unterschiedlich nahmen zur Absicherung der Entscheidungen die Mitzeichnungserfordernisse meist unterstützender Funktionen (Controlling, Finanzen, Recht) zu.

Wenn die Treuhand in der Gestaltung ihrer Verträge versuchte, Risiken möglichst weitgehend an die neuen Eigentümer zu verkaufen, mußte sie über Konzessionen bei der Preisgestaltung Anreize zum Kauf schaffen. Verstand sie sich nicht als eine "deep pocket" Institution mußte sie sich schon allein aufgrund des haushaltsrechtlichen Wirtschaftlichkeitsgebots versichern, daß den Gründen für ihr Entgegenkommen (ihren weichen Zielen) nach dem

---

161 Insbesondere die finanziellen Auswirkungen einer Privatisierung für die THA sollten nachvollziehbar und vergleichbar ausgewiesen werden. Neben der Berechnung des Netto-Cash-Ergebnisses sollten sich Ertragswert, Substanzwert und Liquidationswert gegenübergestellt werden. Ein Mehr an Transparenz mußte auch den Wunsch nach einem Mehr an Rationalität wieder aufleben lassen. Die Treuhand wehrte sich mit einer gutachterlichen Stellungnahme zur *Wertfindung bei der Privatisierung von Unternehmen in den neuen Bundesländern durch die Treuhandanstalt* (von Prof. G. Sieben (1992), S. 2041f.) gegen Versuche, aus der Wertermittlung eine Entscheidungslogik abzuleiten. Die Treuhand sah in keinem der Werte (Ertrag, Substanz, Liquidation) zwangsläufig die Grenze der Konzessionsbereitschaft, unterhalb derer wirtschaftlich rationales Verhalten nicht mehr möglich sei. Die einzelfallbezogene Transformation ihrer weichen Ziele in harte, bewertungsrelevante Parameter konnte selbst einer Unterschreitung des Liquidationswertes (dieser Einzelveräußerungswert gilt bei einzelwirtschaftlich handelnden Entscheidungsträger i.d.R. als Untergrenze) prozeduale Rationalität verleihen. Lediglich unterlagen die Entscheidungsträger in- wie extern einem über das übliche Maß hinausgehenden Begründungszwang im Einzelfall.

A. **BESCHLUSSVORSCHLAG**

B. **ZUSAMMENFASSUNG**
1. Finanzielle Auswirkung für die THA
2. Unternehmensbezogene Auswirkungen
3. Sonstige Informationen

C. **EINZELANGABEN**
1. Verkaufsgegenstand
2. Angaben zum Käufer
3. Kaufpreis und Vertragsbedingung
4. Anmerkungen, Bewertung, Empfehlung

D. **ANLAGEN**
1. Netto-Cash-Ergebnis
2. Unternehmenswertberechnung (Ertragswert)
3. Liquiditionsergebnis
4. Substanzwertermittlung
5. Buchgewinn / verlust der THA
6. Grundstückswert
7. Privatisierungscheckliste

Quelle: Treuhandanstalt

Abb. 15: Standardvorlage Privatisierung

Eigentumsübergang Rechung getragen wurde. Es war nicht zu rechtfertigen, wenn bei einem Verkauf unter dem Zerschlagungswert der neue Eigentümer das Unternehmen selbst nicht fortführen wollte. Hatte sie in ihren Verträgen des Jahres 1990 primär rechtlich nicht bindende Absichtserklärungen zur Schaffung von Arbeitsplätzen und für Investitionen festgeschrieben, wurden später über Mindeststandards bindende Vertragsbestandteile definiert [Abb. 16].[162] Im zweiten Halbjahr 1991 wurden über 60% der Investorenzusagen pönalisiert (nach 7% 1990)[163] und auf diese Weise die *weichen* Ziele bei Nichteinhaltung in nachträgliche Kaufpreiserhöhungen transformiert. Andererseits galt für die Vertragsgestaltung, daß wirtschaftliche Risiken nicht durch Knebelverträge vollständig auf den neuen Eigentümer abgegeben werden konnten, weil daraus die Gefahr entstand, daß bei einem Mißlingen Unternehmen an die Treuhand zurückfielen.Wenn die brancheneinheitlich gestalteten Pönalien bei Nichteinhaltung von Investitions- oder Arbeitsplatzzusagen in ihrer Höhe nicht dem finanziellen Entgegenkommen der Treuhand bei Aufstockung dieser Ziele entsprachen, konnten sie nichts darüber aussagen, welche Relationen der eigentlichen Vergabeentscheidung zugrunde gelegt wurden. Investorenauswahl und an den realen Verhältnissen orientierte Konzeptoptimierung auf dem Verfahrenswege blieben damit ausschlaggebend für den Erfolg einer Lösung. Dies galt um so mehr in Fällen, in denen die Treuhand in einem Käufermarkt keine *harten* vertraglichen Verpflichtungen durchsetzen konnte. Aus ihrer Privatisierungspriorität folgerte sie, daß ein Verkauf daran nicht scheitern durfte. *Traumtänzer* und *Asset-Stripper* mußten schon im Auswahlprozeß identifiziert werden. Neben einer Reihe Offensichtlichkeiten lag darin ein Problem, daß beide Spezies angezogen von der Ausnahmesituation Ostdeutschlands ihre Chancen leichter realisierbar sahen. Erst über die Interaktion mit dem Investor lernte die Treuhand Investoren und Motive kennen. Reichte ihr das nicht aus, hätte sie nur dort privatisieren können, wo ein anerkanntermaßen zuverlässiger Käufer

---

162 Zu einzelnen Punkten siehe die detaillierte Erörterung der "treuhandtypischen Regelungsmaterien" bei Wächter/Kaiser/Krause (1992), Teil 1 und 2, S. 293 f oder bei B. Scheifele (1991), *Praktische Erfahrungen beim Unternehmenskauf in den neuen Bundesländern,* Teil 1 und 2.

163 Vgl.: Küpper/Mayr (1993), *Vertragsgestaltung und Vertragsmanagement der Treuhandanstalt,* S. 320.

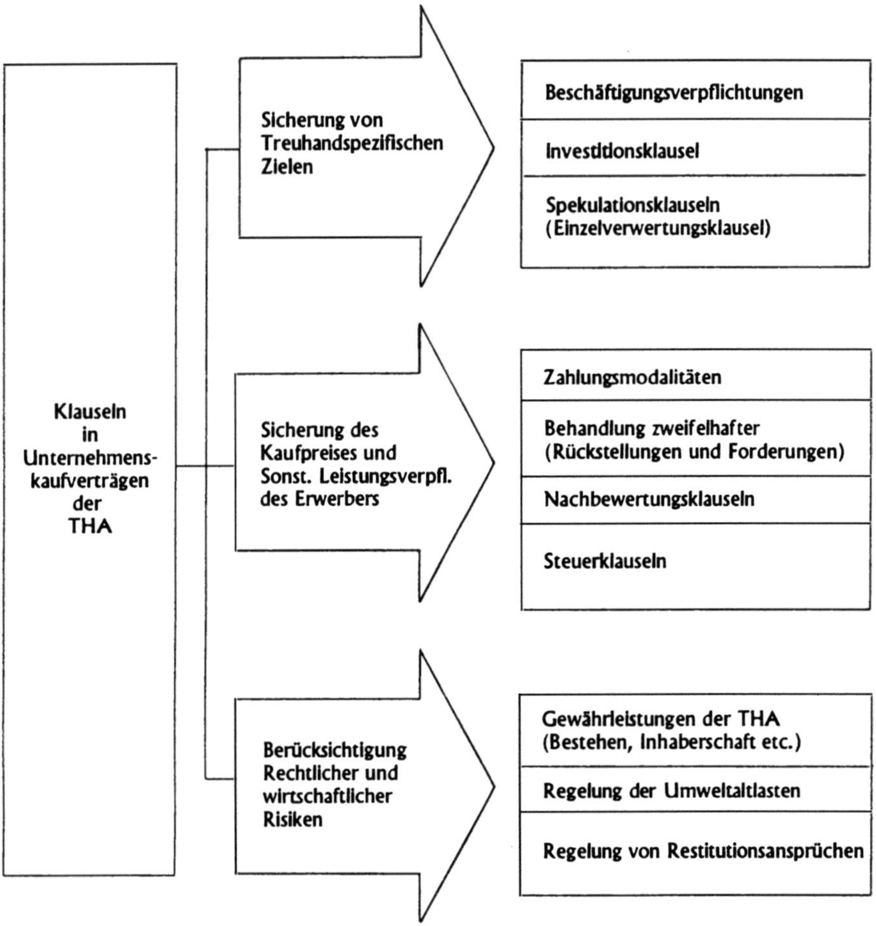

Quelle: in Anlehnung an Wächter / Kaiser / Krone (1992)

Abb. 16: Klauseln in Unternehmenskaufverträgen der THA

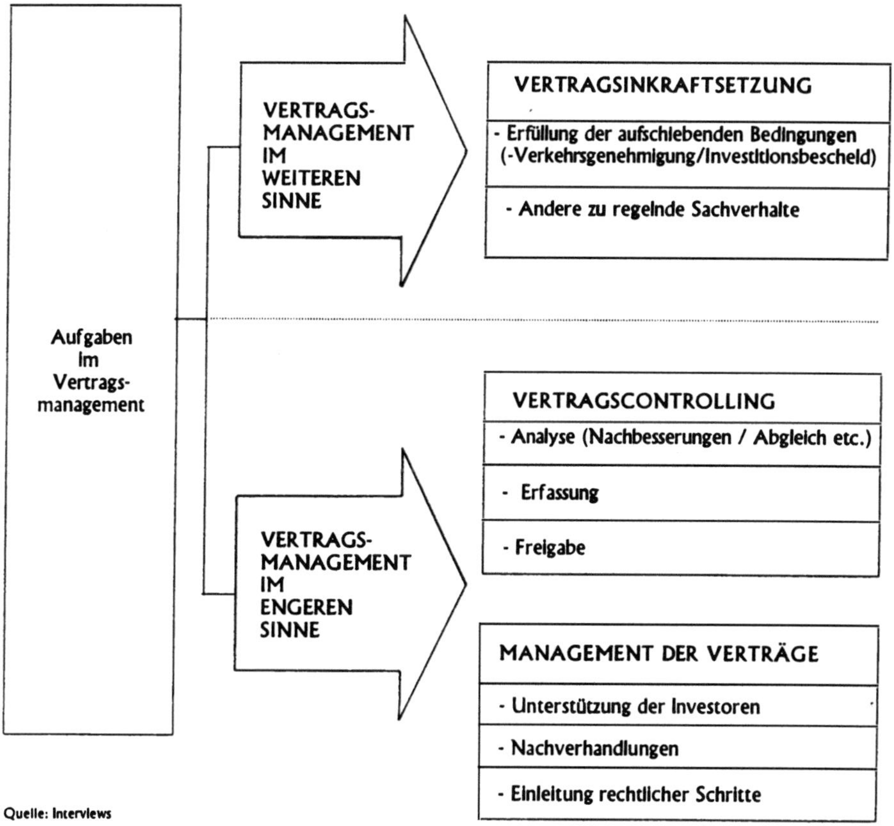

Abb. 17: Aufgabenspektrum der Vertragsmanager

(Seriosität und Bonität) bereit stand, dessen öffentliche Präsenz als notwendige und hinreichende Betonung seiner eingangenen "moralischen" Verpflichtung diente. In allen Fällen wären allerdings bestenfalls temporär wirtschaftlich motivierte Entscheidungszwänge in ihrer Entfaltung gebremst worden.

Das von der Treuhand eingerichtete *Management der Verträge* (Stufe 4) war in seinem Wirkungskreis schon in dieser Hinsicht stark eingeengt. Wollte es sich nicht ausschließlich auf eine Rolle des Kontrollierens kontrollierbarer und sanktionierbarer Sachverhalte zurückziehen, mußte es einerseits seine Ressourcen sinnvoll und flexibel ausrichten und andererseits ein spezielleres Selbstverständnis entwickeln [Abb. 17]. Die Veränderung der Terminologie von Vertragscontrolling über Vertragsabwicklung hin zu Vertragsmanagement mag dafür als Indiz gelten.

In vielen Fällen erfordern unerwartet rezessive Tendenzen heute Korrekturen der ursprünglich festgelegten Erwartungen. Das Vertragsmanagement muß flexibel reagieren, um die Überlebensfähigkeit der Unternehmen nicht einer dogmatischen Einhaltung einmal festgelegter Zahlen zu opfern. Auf der anderen Seite darf die Treuhand Investitionen und Arbeitsplätze in Unternehmenskonzepten nicht zu Scheinrealitäten verkommen lassen, die bei jeder Planungsänderung - sei sie unternehmensintern oder -extern begründet - beliebig anpaßbar sind. Die Pönalisierung wenigstens eines Teils dieser Investorenzusagen blieb der Versuch einer Teilauflösung ihres Dilemmas. Eine Sanktionierung kann die Investoren nicht schrecken, wenn die Kaufpreisnachlässe der Treuhand deren Höhe überstiegen. Das Drohpotential gegenüber Großinvestoren liegt dann eher in der Erreichung negativer Öffentlichkeitswirkung. Bei den kleinen Investoren (z.B. MBO's) kann von einer Beharrlichkeit der Treuhand in Finanzfragen eine Existenzbedrohung ausgehen. Sie stellt sich vor die Alternativen, das Überleben eines Unternehmens ggf. noch durch Strafzahlungen zu gefährden oder aber flexibel, und an den Möglichkeiten des Unternehmens orientiert, vorzugehen.

Im großen und ganzen muß das Vertragsmanagement insofern ein harmloser Beschützer der Treuhand-Interessen sein. Die Unsicherheit der Zukunft konnte nicht erfaßt und erschöpfend in Verträge gegossen werden. Gemeinsames Lernen über den Tag der Vertragsschließung hinaus setzt die Etablierung eines Systems *kontrollierter Autonomie* voraus.[164] Verträge mußten dann aber revisionsfähig, sukzessive aushandelbar - am aller wichtigsten - eingebettet sein in ein Geflecht vertrauensbildender Maßnahmen.[165] Die Treuhand tut sich schon allein *qua status* leichter als die Investoren, vertrauensbildend zu interagieren, auch wenn sie wiederum Gefahr laufen könnte, einen wünschenswerten Fokus zugunsten einer gleichmäßigen Schlechtbehandlung aufzugeben. Nicht jeder Fall rechtfertigt die immens hohen Kosten. Versteht sie ihr Vertragsmanagement wie sich selbst als "temporary safeguard" und nicht als permanente Kontrolleinrichtung, reicht die zeitliche Begrenzung allein nicht aus, den Gesamtaufwand der Behandlung von fast 50.000 Verträgen auf ein erträgliches Maß zu reduzieren. Auch das Volumen muß begrenzt werden.

Grundsätzlich ließ sich also bei der Notwendigkeit einer weitgehenden Standardisierung der Verträge eine Auffächerung der Verfahren in den Stufen 3 und 4 einerseits durch die flexible Interpretation der Gewichtungen im Zielsystem und andererseits durch flexible Anpassung des Vertragsmanagements an die Konstellation im Einzelfall erreichen.

Für die Beurteilung der Treuhand-Privatisierungstätigkeit empfehlen sich auf der Basis der Erkenntnisse dieses Kapitels folgende Thesen einer detaillierten Untersuchung:

1.) Die auf Flexiblität und Dezentralisierung ausgelegte Vorgehensweise bei der Privatisierung hat es den Akteuren erlaubt, eine institutionelle Vielfalt von Lösungen zu testen und daraus zu lernen. Die Festlegung des an den strategischen Optionen und Zielen orientierten Handlungsrahmens hat dies allerdings nur innerhalb gewisser Grenzen zugelassen. Oder anders ausgedrückt: Die Treuhand hat die eigenen unternehmerischen Freiräume weitestgehend an ihre Akteure weitergegeben. Die Akteure haben diese als Experimentierfeld verstanden und genutzt. Der Handlungsrahmen hat dieses Feld

164 Vgl.: Kern/Sabel (1993b), S. 501f..

165 Beispielweise hatten Regeln oder Regulierungen, versteht man sie als Zugeständnisse der Treuhand an die Investoren, auch die Funktion einer begrenzten Überlebenssicherung gegenüber einem verdrängenden Wettbewerb aus den alten Bundesländern und dem westlichen Ausland.

verkleinert und begrenzt und auf diese Weise gezieltes Lernen herausgefordert.

2.) Die Auswahl des jeweiligen institutionellen Arrangements muß sich an der Möglichkeit orientieren, die einzelfallbezogenen Zielvorstellungen durchzusetzen. Sie erfolgt situativ als Reaktion auf bzw. Interaktion mit dem jeweiligen Investorenmarkt.

3.) Es ist dann zu erwarten, daß je nach Fallkonstellation die Aktivitäten der Treuhand-Akteure in den einzelnen Verfahrenstufen unterschiedlich ausgeprägt und gewichtet sind. Grundsätzlich wird bei zunehmendem Regelungsbedarf die Bedeutung auf die späteren Stufen verlagert.[166]

4.) Im Lernprozeß könnten sich einige der Arrangements in bestimmten Konstellationen oder Verfassungen des Marktes - in den hinein privatisiert werden soll - als überlegen erweisen. Diese müßten sich in dem Voranschreiten der Treuhand-Privatisierungstätigkeit herausgeschält haben und identifizierbar sein, wenn ein fallübergeordnetes Lernen der Organisation stattgefunden hat und umgesetzt wurde.

Nach den Worten ihrer Präsidentin privatisierte die Treuhand zum Jahresende 1991 zwischen 15 und 20 Unternehmungen pro Tag. Damit war sie für ihre kundigen Beurteiler auf dem Papier unzweifelhaft und unerwartet erfolgreich. Entstanden hier neue Strukturen aus dem viel beschworenen *Chaos* zufällig oder ließ sich der unmögliche Masterplan zumindest näherungsweise durch gezielten Ressourceneinsatz und erlernte Vorgehensweise ersetzen?

---

[166] Würden Auktionen den Bieterwettbewerb und Auswahlmechanismus betonen und wenig Raum für die Festschreibung eines spezifischen Fürsorgeinteresses und Kontrollbedürfnisses lassen, liegt der Schwerpunkt bei gezielten Verkäufen mit Auflagen in der Verhandlung, der Vertragsschließung und dem flexiblen Management der Verträge.

Zweiter Teil:
Die Privatisierungstätigkeit der Treuhand

Anhand exemplarisch ausgewählter Fälle werden in diesem Abschnitt unterschiedliche Kombinationen aus Privatisierungsarrangement und zugrundeliegender Konstellation untersucht. Zu deren Abgrenzung soll auf Argumente und Empfehlungen geeigneter theoretischer Ansätze zurückgegriffen werden.

Das Ergebnis einer Überblicksrecherche der Privatisierungspraxis empfiehlt die Unterscheidung von fünf Arrangements innerhalb des von der Treuhand festgelegten Spektrums, wobei es sich bei zweien um Lösungen handelt, die im Übergang nur einige Elemente einer privatwirtschaftlichen Lösung mit anderen vereinen. Die diskutierten Fälle erlangen innerhalb ihrer Gruppe Relevanz durch zahlreiche verwandte und verallgemeinerbare Problemstellungen und deren Auflösung. Wie die bisherigen Ausführungen vermuten lassen - und was sich bei näherer Betrachtung erweisen wird - folgt jeder Fall eigenen Gesetzen aus sich selbst heraus und aus dem Kontext, in dem er sich bewegt. Die Typisierung einer Gruppenverfassung in ihrer Allgemeinheit (und Oberflächlichkeit) soll im theoretischen Zugriff gelingen und sich genau dann aber erst am Einzelfall erweisen.

Das empirische Lernen in dieser Arbeit folgt dem der Treuhand-Akteure. Der Aufbau der Fallstudien trägt diesem Umstand Rechnung. Die Akteure haben ihre Verfahren innerhalb ihrer Handlungsfreiräume undogmatisch durch Probieren aufgefächert und verfeinert. Interpretiert man jeden Einzelfall i.S. eines *muddling through*, könnten sie die Erkenntnisse der Theorie in ihrer täglichen Arbeit eher auf die Probe stellen, als daß sie sich ihrer bedienen. Ließe sich bei der Untersuchung ihrer Arbeit exemplarisch an unterschiedlichen Fällen nachzeichnen, daß trial-and-error im Einzelfall und theoriegeleitete Herangehensweise ein gleiches Vorgehen empfehlen (das eine rückwirkend, das andere vorausschauend), leisteten die Akteure einigen der theoretischen Argumente und Kriterien praktische Bestätigung. Umgekehrt würde eine Auseinanderfallen von Theorie und Praxis (das - und sei es punktuell - als wahrscheinlich gilt) den Graben zwischen Modell und Realität fundamentieren und das Scheitern wissenschaftlicher Erkenntnisse zur Organisation ökonomischer Prozesse bei ihrer Anwendung auf eine bislang unbekannte Umwelt bestätigen.

Vielleicht lassen sich auf dem Wege der Untersuchung neue Faktoren mit unterscheidendem Charakter entwickeln, die eine andere Zuordnung und Organisation fordern. Vielleicht wird die Empfehlung auch sein müssen, daß die Annäherung an die komplexe Realität nicht durch Unterscheidung von Arrangementgruppen, sondern nur experimentell erfolgen kann.

Eines abschließenden Urteils über den Erfolg einzelner Lösungen muß sich die Untersuchung enthalten. Die formale Privatisierung der betrachteten Fälle ist (außer bei den Management KGen) abgeschlossen. Optimales - oder *gelungenes* - Matching verlangt aber eine Beurteilung der Zielerreichung in ihrer Multidimensionalität weit über diesen Zeitpunkt hinaus. Dafür finden sich in der Fallbetrachtung erste Hinweise.

Aus den gewonnenen Erkenntnissen sollen Hypothesen über die zur erfolgsversprechenden Bewältigung der Privatisierung in Ostdeutschland erforderliche institutionelle Einbettung generiert werden. Auf diesem Weg kann die Arbeit, zu einer genaueren Erfassung der Empirie eines Strangs der Realanpassung in der ostdeutschen Systemtransformation, einen Ausgangspunkt für die Erklärung von Anforderungen, Bedingungen und Verfahrensspezifika der voranschreitenden Entstaatlichung in den mittel- und osteuropäischen Transformationsgesellschaften liefern.

Die Treuhand hat ihr Privatisierungsgeschäft heute weitgehend abgeschlossen, so daß aus den Erkenntnissen dieser Untersuchung kaum mehr ein praktischer Nutzen für ihre Tätigkeit abgeleitet werden kann. Für die Bewältigung des Restbestandes an schwer privatisierbaren Unternehmen - gleich welcher Zuständigkeit ab 1995 - lassen sich aber ebenso Anregungen erwarten, wie für den Markt der "Sekundärprivatisierungen", der Unternehmensweiterverkäufe in Ostdeutschland.

In Kapitel 1. wird die Treuhand-Praxis im Lichte der Theorie interpretiert. Dies dient der Entwicklung eines analytischen Rahmens zur Einordnung der Fälle und Strukturierung der Falluntersuchung in Kapitel 2.. Das Zusammen- oder Auseinanderfallen von analytischer Erwartung und praktischer Umsetzung läßt Aussagen erwarten zur Identifikation zentraler Unterscheidungsfaktoren und zur Relevanz unterschiedlicher Kombinationstypen aus Konstellation und Arrangement. Die Untersuchung wird die Frage zu beantworten haben, ob die ausgewählten Fälle typisch und die Erkenntnisse verallgemeinerbar sind und ob es gelungen ist, die Breite des Spektrums abzubilden. Kapitel 3. dient dieser Wertung und einer Zusammenfassung der Ergebnisse.

1. Entwicklung eines analytischen Rahmens

Die Typisierung der Gruppenverfassungen und Arrangements bedient sich im ersten Schritt unterschiedlicher Ansätze der *Theorie der Firma*. Dort finden sich in Beiträgen zur Organisation von Wirtschaftsprozessen punktuell wertvolle Hinweise bezüglich der Diskussion möglicher Arrangements bei der Privatisierung und deren Unterscheidung.

Im Grundsatz geht es dort, wie bei der Realanpassung der Wirtschaft in der Systemtransformation - wenn auch auf einer anderen Ebene -, um Organisationen und Institutionen an der Schnittstelle zwischen Hierarchie und Markt bzw. Staat und Privat.

Das strukturelle Ziel der Entstaatlichungspolitik in der Transformation ist Enthierarchisierung; grundsätzlich soll Privatisierung dem Markt den Weg bahnen. Schnelligkeit und Konsequenz auf dem Weg zur Zielerreichung bleiben Parameter in der Hand des Staates oder seiner beauftragten Agentur. In den ehemaligen Staatswirtschaften nimmt dann die Neuordnung der Wirtschaftsprozesse auf der Unternehmensebene ihren Ausgang einerseits bereits in der Verfahrenswahl für den Eigentumsübertragung auf Private.[167] Ziel, Verfahrenswahl und Ergebnis (Matching) verbinden sich miteinander zu einem *Arrangement*.

Andererseits kann sich - in dem Sonderfall der Wirtschaftstransformation wie bei der Organisation wirtschaftlicher Interaktionsprozesse - die institutionelle Einbettung nicht für alle Unternehmen bzw. Aufgaben gleich vollziehen.

---

[167] Werden beispielsweise Kapitalmarkt- und Auktionsprivatisierung ausgeschlossen, wäre das gleichzeitig ein Votum gegen Eigentumszersplitterung und *darwinistische* Marktprinzipien in einer Übergangsphase. Gleichzeitig könnte sich der Staat über eine aktive Gestaltung des Übergangs (Verfahren, das Interaktion voraussetzt) Rechte sichern, um Einfluß in Richtung einer *erhaltenden* und sozialverträglichen Vorbereitung der Unternehmen auf die neuen Strukturen zu nehmen.

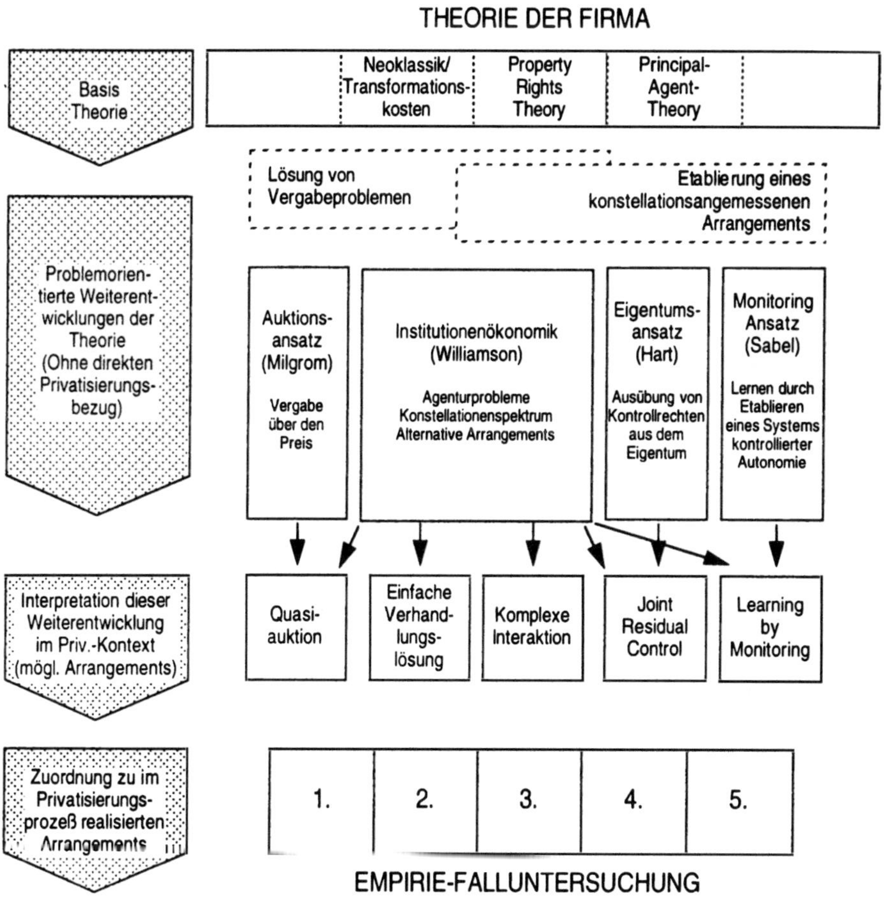

Abb. 18: Entwicklung eines analytischen Rahmens

Arrangements gewinnen mit der Notwendigkeit einer Ausübung von Kontrollrechten (Staat oder Unternehmen) an Komplexität. Werden *Konstellationen* oder Beziehungen also komplexer und damit schwieriger zu organisieren, wird sich ihre Einbettung daran orientieren müssen. Auch nach der Privatisierung könnte der Staat (seine Agentur) spezifische Interaktionsinteressen verfolgen, die einen gewissen Grad an Hierarchisierung erfordern.

Privatisierungs-Arrangements (Ziel, Verfahren, Ergebnis) werden sich dann vordergründig in ihrer *Komplexität* unterscheiden; d.h insbesondere in ihrer Interaktionsintensität zwischen Staat (Agentur) und den übrigen Akteuren.

Im folgenden werden alternative Erklärungsansätze der *Theorie der Firma* erörtert [1.1.], deren problemorientierte Weiterentwicklungen und Interpretation den Treuhand-Privatisierungsaktivitäten eine analytischen Rahmen verleihen können. Ihrer punktuellen Detaillierung, Transformation und Einordnung in die Ziele der Arbeit widmet sich Abschnitt 1.2.. Hier verschränkt sich das Theoriespektrum (zwischen Markt und Hierarchie) mit wesens- und sachorientierten Limitationen der Praxis. Das Ergebnis, eine Konzentration des analytischen Rahmens auf einen Ausschnitt des theoretisch möglichen Feldes, wird im letzten Abschnitt [1.3.] durch Clustern und eine geeignete Fallauswahl hinübergeleitet in den Versuch einer Typisierung zentraler Privatisierungsverfahren [Abb. 18]

1.1. Die Theorie der Firma

Welche Form der Eigentümerschaft ist am besten geeignet, gesellschaftlichen Wohlstand zu garantieren? Diese Frage hat Generationen von Ökonomen beschäftigt und eine Vielzahl allgemeingültiger und natürlich widersprüchlicher Schlußfolgerungen hervorgebracht. In der Lehre dieses Jahrhunderts ist ihre Beantwortung eng verbunden mit der *Theorie der Firma*. Unternehmen gelten in modernen Marktwirtschaften als die Triebfeder des Wachstums. Die Hoffnung, der Lösung des hier gestellten Problems damit einen wesentlichen Schritt näher gekommen zu sein, entpuppt sich bei näherer Betrachtung als übereilt. Viele der formalen Erklärungsmodelle sind rudimentärer Natur und gelten bestenfalls in ihrer laborähnlichen Umwelt als brauchbar. Andere Ansätze haben, bei ihrem Versuch, größere Teile der "wirklichen Welt" in die Betrachtung aufzunehmen und abzubilden, wegen der zwangsläufig fehlenden Präzision und Stringenz nur wenig Anerkennung bei den *mainstream* Ökonomen erreicht.[168] Dem Untersuchenden bleibt nur das langsame Herantasten an Argumente, deren Interpretation oft zweideutig ist und ihm obliegt. Die Haupt-Argumentationsstränge, die auch in den achtziger Jahren die im Westen geführte makroökonomische Privatisierungsdebatte anreicherten und heute den zahlreichen Privatisierungsvorschlägen für Osteuropa Dienste jenseits des praktisch erlebbaren leisten, werden zunächst kurz nebeneinandergestellt.

Die Erweiterung der Neoklassik um Transaktionskosten

Der *neoklassische Ansatz* betrachtet die Firma als einen Satz technisch möglicher Produktionspläne. Das Management wählt unter Berücksichtigung der im Markt erzielten Faktorpreise und erzielbaren Produktpreise den Plan, der den Wohlstand, i.d.R. den Gewinn des Eigentümers, der Firma maximiert. Die Theorie liefert ein vereinfachtes Modell, wie Unternehmen funktionieren und wie sich die Auswahl des geeigneten Produktionsplans mit den äußeren Bedingungen ändert. Sie behandelt Firmen wie eine *Black Box* und nimmt ihre Existenz als solche als selbstverständlich hin. Ihr Portrait der Firma wird zu einer Karikatur moderner Organisationen, deren komplexe Realität sie nicht abbilden kann. Die Hauptrichtung der neoklassischen Theorie hat in den dreißiger Jahren dieses Jahrhunderts den Wettbewerb und nicht die Eigentumsform in den Mittelpunkt zur Erreichung effizienter Ressourcenallokation gestellt. Das hat einer ganzen Reihe von Beiträgen den Weg geebnet, die in zentralistischer Planung und einer Verstaatlichung von Unternehmen einen positiven Beitrag zum gesellschaftlichen Wohlstand sahen, solange der Markt in dem die Unternehmen operierten wettbewerblichen Grundsätzen folgte.[169] Ein anderer Strang hat mit eben solcher Vehemenz auf die Ineffizienzen und die negativen indirekten Effekte einer

---

168 Vgl.: Oliver Hart (1989), *An Economist's Perspective on the Theory of the Firm* S. 1756f..

169 Vgl.: Oskar Lange (1936), *On the Economic Theory of Socialism*, S. 70f..

Regulierungspolitik hingewiesen. Beiden gemeinsam ist das Scheitern, die Vielzahl der relevanten Faktoren bei strukturellen Entscheidungen zur Organisation von Wirtschaftsprozessen aufzudecken.

R. H. Coase (1937) war der erste, der den Einfluß von *Transaktionskosten* auf die institutionelle Einbindung der Produktion und des Verkaufs von Gütern ausdrücklich erkannte:

"At the margin, the costs of organizing within the firm will be equal either to the costs of organizing in another firm or to the costs involved in leaving the transaction to be organized by the price mechanism."[170]

Ein wesentlicher Grund für die Existenz von Firmen besteht darin, daß in bestimmten Situationen die Kosten der Informationsbeschaffung (Lernen) und die Kosten der Verhandlung (Feilschen) niedriger sind, wenn die Transaktion anstatt über Preise und Märkte (Kontrakt-Methode[171] oder non-integration) der firmeninternen Koordination überlassen wird. Innerhalb von Institutionen (Integration) werden Transaktionen im Rahmen genereller Instruktionen oder auf Weisung einer übergeordneten Autorität ausgeführt. Dadurch wird der Preismechanismus des Marktes durch einen Mengenmechanismus ersetzt. Ein solches Arrangement bringt aber wiederum eigene Kosten, beispielsweise bei Verzögerungen durch wachsende Bürokratisierung oder bei Fehlentscheidungen der *Autorität* (bei zunehmender Größe, durch zunehmende Entfernung vom tatsächlichen Geschehen) mit sich. Daraus folgerte Coase, daß die Grenzen der firmeninternen Organisation dort liegen, wo die marginalen Einsparungen hinsichtlich der Transaktionskosten den zusätzlichen Kosten der Hierarchisierung entsprechen.

Die Argumente des Transaktionskostenansatzes haben erst sehr viel später ihren Niederschlag in der Diskussion über die komparativen Vorteile bestimmter Organisationsformen gefunden. Alchian und Demsetz (1972) haben darauf hingewiesen, daß neben den kontraktbedingten Kosten auch andere, in technisch-organisatorischen Eigenschaften der Produktions-

---

170 Ronald H. Coase (1937), *The Nature of the Firm*, S. 386.

171 Vgl.: Richard A. Posner (1977), *Economic Analysis of Law*, S. 65.

prozesse begründete Faktoren eine Rolle spielen[172]. Darüber hinaus seien firmeninterne und marktmäßige Transaktionen kein Gegensatz, weil die Firma selber bei Teamproduktion ein Markt für Allokationen der Inputfaktoren repräsentiert

"The firm does not own all its inputs. It has no power to fiat, no authority (...) any different (...) from ordinary market contracting between any two people. I can punish you only by withholding future buisiness or by seeking redress in the courts for any failure to honor our exchange agreement. That exactly is all that any employer can do. He can fire or sue him (...)."[173]

Nach Ansicht der Autoren liegt der Zusatznutzen, d.h. die Transaktionskostenreduktion der Integration, nicht in einer Verbesserung der Kontrollorgane. Firmen sind, zumindest hinsichtlich ihrer *Governance-Mechanismen*, nichts anderes als ein Komplex oder eine Verflechtung vertraglicher Beziehungen.[174] Diese Kritik an Coase hat bei vielen Ökonomen die Meinung verstärkt, administrative Lösungen seien grundsätzlich nicht in der Lage, vertragliche Unzulänglichkeiten zu ersetzen. Die grundsätzliche Debatte über den Sinn oder Unsinn der *kommunalen* oder *staatlichen Organisation* von Transaktionen hat durch einen anderen Coase-Aufsatz einen weiteren Impuls erhalten. In "The Problem of Social Cost" diskutiert er die Alternative staatlichen Eingreifens in Situationen, in denen durch Handlungen zum Vorteil einzelner Marktteilnehmer Kosten für die Allgemeinheit entstehen. Coase interpretiert den Staat als eine Super-Firma, die durch Regulierung in der Lage sein sollte, die Kosten langfristiger Verträge zu umgehen: "Instead of instituting a legal system of rights which can be modified by transactions on

---

172 Armen A. Alchian / H. Demsetz (1972), *Production, Information Costs, and Economic Organization*, zeigen Auswirkungen der Teamproduktion auf den Zentralisierungsgrad von Organisationen.

173 Ebd., S.777.

174 Vgl.: Michael C. Jensen / W.H. Meckling (1976), *Theory of the Firm: Managerial Behavior, Agency Costs and Ownership Structure*, S. 305-360. Diese Sichtweise wird später bei der Betrachtung der Property-Rights-Einflüsse und noch später und weitgehender bei der Diskussion unterschiedlicher Governance-Strukturen von Bedeutung sein.

the market, the government may impose regulations which state what people must or must not do and which have to be obeyed."[175]

Dabei schränkt er ein, daß die dafür erforderliche Administration ihrerseits Kosten verursacht, deren Höhe die Vorteilhaftigkeit wie im Fall der firmeninternen Organisation beeinflußt und die zudem - wie dort auch - schwer einschätzbar sind. Coase gelingt es nicht, diese Lücke zu schließen[176]. Sein Ansatz erklärt die relative Vorteilhaftigkeit verschiedener institutioneller Lösungen mehr empirisch als theoretisch. Er selbst sieht den Nutzen seiner Ausführungen in der Entdeckung, daß die Lösung des Problems sozialer Kosten Bestandteil der Transaktionskostendebatte sein kann. Eine Verbesserung organisatorischer und damit ökonomischer Effizienz gelingt erst durch die Auswahl des Arrangements, das in einer gegebenen Transaktionssituation die dabei anfallenden Kosten minimiert. Die Bedeutung dieser Erkenntnis für die Weiterentwicklung an der Theorie kann heute kein ernstzunehmender Theoretiker aus dem Feld ignorieren.

Die Property-Rights-Theorie[177]

Einen Angriff auf die alte Lehre der Neoklassik und ihre beherrschende Kon-

---

175 Ronald H. Coase (1960), *The Problem of Social Cost*, S. 16. Zu ähnlichen Schlußfolgerungen kommt Demsetz (1969), *Why Regulate Utilities*, S. 55-65 in seiner Auseinandersetzung mit den produktionslastigen Argumenten der "theory of natural monopoly".

176 Auf dieses Problem weist Hart (1988), *Incomplete Contracts and the Theory of the Firm*, allerdings auch bei der Beurteilung von Williamson (1975) und Klein et.al. (1978) hin. Die Weiterentwicklungen in diesem Feld formulieren die Kosten und Vorteile einer Integration von Transaktionen primär aus dem Blickwinkel einer speziellen Fragestellung (z.B. Kosten unvollständiger Verträge oder Kosten und Vorteile von Eigentums- und Kontrollrechten). Einer Formalisierung aller relevanten Faktoren muß in den kommenden Jahren eine intensive Forschung auf diesen Gebiet vorausgehen. Hart selbst liefert einen wegweisenden Beitrag (s.u.). Für die Einordnung und Erklärung der Privatisierungsdebatte reicht der Reifegrad der Theorie allemal aus. Ein wesentlicher Teil der dort verarbeiteten Erkenntnisse und vorgebrachten Argumente ist empirischer Natur.

177 Eine Übersicht findet sich bei: Furobotn/Pejovich (1972), *Property Rights and Economic Theory* und Leipold (1978), *Theorie der Property Rights: Forschungsgebiete und Anwendungsbereiche*.

zentration auf Wettbewerbsfragen hat die sogenannte Schule der Property Rights unternommen. Der Ausgangspunkt ihrer Argumente, ist die Vermutung, daß die Nichtfunktionsfähigkeit von Märkten in der mangelnden Zurechnung von *Eigentumsrechten* begründet ist. Solange exklusive Eigentumsrechte entweder nicht existieren oder unklar definiert und ausgestaltet sind, können externe Effekte in das Entscheidungskalkül selbstverantwortlicher Individuen nicht internalisiert werden. Solange besteht auch nur ein geringer Anreiz für wirtschaftliche Initiative, wirtschaftliche Entwicklung und eine effiziente Allokation und Verwendung knapper Ressourcen. Prinzipiell reicht eine klare Definition dieser Rechte aus, um Effizienz sicherzustellen.

Bei der Begründung dieser These macht sich der Property-Rights-Ansatz einige Erkenntnisse der zuvor erwähnten Literatur zunutze. Er unterstellt selbstinteressiert handelnde Akteure in Anlehnung an die neoklassische Standardtheorie, diskutiert eine Welt mit von den rechtlich-institutionellen Rahmenbedingungen abhängigen Transaktionskosten und betrachtet Firmen als Bündel von Verträgen. Alchian und Demsetz (1973) argumentieren, daß Eigentümer Handlungsrechte, Vermögensrechte und Verfügungsrechte besitzen und: "All private owners have strong incentives to use their property rights in the most valuable way."[178] Die Eigentumsrechte verstehen sie als Handlungsspielräume beim Umgang mit materiellen und immateriellen Gütern. Was besessen wird, ist nicht die Ressource selbst, sondern vielmehr ein *Bündel von Rechten,* mit dieser Ressource zu tun und zu lassen, was man will. Der Besitzer dieser Rechte - der Eigentümer - ist gleichzeitig der zentrale Agent (Arbeitgeber, Manager, Monitor).[179] Dazu gehört der Verkauf einzelner Rechte aus diesem Bündel oder des gesamten Bündels selbst. *Privateigentum* wohnt das Recht inne, andere von seiner Benutzung auszuschließen. Das Verständnis von *Gesellschaftseigentum* schließt dies

---

178 Armen A. Alchian / H. Demsetz (1973), *The Property Rights Paradigm*, S. 22.

179 In ihrem früheren Aufsatz haben Alchian/Demsetz (1972), S. 777-795, dieses Bündel an Rechten daher wie folgt spezifiziert: a) der Eigentümer ist zentrale Vertragspartei, mit der alle Input-Parteien Verträge aushandeln und schließen; b) er hat das Recht auf der Basis seiner Leistungseinschätzungen, die Verträge ggf. neu zu verhandeln, bzw. mit anderen zu schließen, d.h. die Teamzusammensetzung zu ändern; und am wichtigsten c) er hat das Recht auf den Output-Anspruch oder den übriggebliebenen Gewinn aus der Unternehmensleistung (residual claim).

und die Möglichkeit, eine Verteilung der damit verbundenen Rechte Marktmechanismen zu überlassen, aus. Die Umverteilung der Rechte gesellschaftlichen Eigentums zur Erreichung des Wohlstandszieles muß unter Inkaufnahme höherer Transaktionskosten erfolgen (beispielweise in Form von Einigungskosten bei der Zurechnung von Handlungsfolgen).

Im Sinne des Transaktionskostenansatzes ließe sich daraus schlußfolgern, daß in einer Welt ohne Transaktionskosten Rechte, die sich aus Eigentum ableiten, durch Verträge abgebildet werden könnten. Gesellschaftseigentum und dessen Verteilung wäre dann nichts weiter als die "Kurzform" einer bestimmten Konstellation von „kostenlosen vertraglichen Vereinbarungen. In einer Welt, in der Kosten unterschiedlicher Art im Rahmen solcher Arrangements anfallen, kommen dann aber die Zurechnungsdefizite von kommunalem oder staatlichem Eigentum zum tragen.

Ordnungstheoretiker marktwirtschaftlicher Prägung argumentieren entlang der gleichen Linie.[180] Das sozialistische Ordnungsmodell stützt sich auf die Idee des Gemeindeeigentums und macht damit, in der Terminologie der Ökonomen, knappe zu öffentlichen Gütern mit unbegrenzten Verfügungs- und Nutzungsrechten für alle Mitglieder der Gesellschaft. In dieser Situation bestehen Anreize für Individuen, Güter exzessiv zu nutzen und für deren Erstellung oder Erhaltung nur geringe eigene Beiträge beizusteuern.[181] Je größer die Gruppe, desto schwerer überprüfbar sind die sich aus der Sozialmoral ergebenden wechselseitigen Verpflichtungen. In Großgruppen ergibt sich deshalb die Notwendigkeit, über die Spezifizierung von Eigentums-

---

180 Vgl.: J.M. Buchanan (1965), *Ethical Rules, Expected Values, and Large Numbers*, S. 1-13 und Helmut Leipold (1992b), *Das Eigentumsproblem in der Transformationspolitik*, S. 1-26.

181 Hardin (1968) bezeichnet das beobachtete Verhalten als *Tragedy of the Commons*. Andernorts und vielleicht etwas weniger pathetisch wird diese Situation auch Problem der Allmende oder Gefangenendilemma genannt. Gemeint ist eine *primitive* Gesellschaft, in der es keine Exklusivrechte am Eigentum gibt. In einer solchen Gesellschaft trägt jeder die Kosten seines Einsatzes für die Allgemeinheit allein, kann den entstandenen Mehrwert aber nur zu einem kleinen Teil nutzen. Andererseits kommt jedem einzelnen die Ausbeutung des Gemeindeeigentums alleine und die Kosten zur Wiederherstellung nur zu einem kleinen Teil zu. In einer solchen Gesellschaft sind systematische Anreize zur Unterproduktion und zum Überverbrauch immanent.

rechten die Verfügung über Güter und deren Nutzung zu regeln. In den sozialistischen Gesellschaften Osteuropas kamen dafür entweder der Staat oder abgrenzbare Gruppen wie Betriebsbelegschaften in Frage. Beiden Modellen sind aber, verglichen mit privaten Eigentumsrechten, Anreiz- und Kontrolldefizite immanent, die im Ergebnis zum Auszehren des Kapitalstocks führen.

Modern Agency Theory

Das Argument fehlender Kontrolle gewinnt bei der Betrachtung moderner extrem arbeitsteiliger Wirtschaftssysteme an Gewicht. Wann immer Eigentümerschaft und Management, wie in modernen Industriegesellschaften üblich, auseinanderfallen, müssen die Eigentümer Wege finden, um sicherzustellen, daß das Management in ihrem Interesse handelt. Das Modell des *entrepreneur*, der Verfügungs-, Nutzungsrechte und unternehmerische Verantwortung auf sich vereint, ist zunehmend anderen Organisationsformen gewichen.[182] Diese verbindet, in unterschiedlichem Ausmaß, die Ausdünnung der originären Eigentümerrechte, d.h die Trennung von unternehmerischem Handeln und der Übernahme der Risiken aus dem Eigentum. Die Principal-Agent-Literatur hat diesen, von den bislang erwähnten Erklärungsansätzen unberücksichtigt gelassenen, Aspekt aufgegriffen. Sie identifiziert in dem Auseinanderfallen von unternehmerischen Tagesgeschäft (*Agenten*) und passiven Gewinnmaximierungsstreben (*Prinzipal*) ein Konfliktpotential, das über bestimmte institutionelle Arrangements reduziert werden kann. Die Theorie argumentiert, daß risikoscheue Agenten (Management), die von den Prinzipalen (Eigentümern) nicht kontrolliert werden können, Anreize haben, weniger zu produzieren als das, was Prinzipale als optimal ansehen. Eigentümer sind nicht in der Lage, die Produktionsbedingungen richtig einzuschätzen. Sie können das Management also nur anhand eines Produktions- oder Geschäftsergebnisses beurteilen, für das sie selbst keinen ausreichenden Maßstab besitzen. Die Differenz zwischen tatsächlicher und

182 Jensen/Meckling (1976) zitieren Adam Smith. In der modernen Literatur geht die Betrachtung der Konsequenzen der Trennung von Eigentum und faktischer Kontrolle zurück auf Berle, A.A. / Means G.C. (1932), *The Modern Corporation and Private Property*.

möglicher Leistung bei optimalem Verhalten bezeichnet die Literatur als *agency costs* der vorliegenden Unternehmensform.[183] Das Wissen um die bestehende Asymetrie hinsichtlich relevanter Informationen und das immanente Kontrollproblem veranlassen Eigentümer, die Handlungen der Akteure durch Etablierung eines Anreizsystems an ihren eigenen Vorstellungen zu orientieren.[184]

1.2. Interpretation der Theorie im Privatisierungs-Kontext

Die Diskussion der Treuhandstrategie [im ersten Teil des Buches] hat gezeigt, daß Privatisierungen Situationen wechselseitiger Verflechtung (unterschiedlicher Komplexität) beschreiben, bei der die Agentur Kombinationen von Vermögensgegenständen, Humankapital und Geld an Dritte vergibt, gegen das Einbringen investorenspezifischer Talente und Kapazitäten. Das Matching von unsicheren Assets und unsicheren Verfügern soll durch die Auswahl und den Einsatz des geeigneten institutionellen Arrangements gelingen, das über die Vergabeentscheidung hinaus die Regelungsmechanismen für die Exekution des *Austausches* festlegen kann.

Jedes institutionelle Arrangement kann in dieser Hinsicht als differenzierter Anpassungsmechanismus verstanden werden, der allerdings oftmals von einer Reihe in der Theorie schwer erfaßbarer Spezifika abhängig ist, an denen sich das Handeln der in diesem Prozeß Beteiligten orientiert.[185]

Eine entscheidende und gleichzeitig verbindende Schwäche der Beiträge zur Transaktionskostenökonomik ist, daß ihnen eine Operationalisierung der Kostenfaktoren nicht gelingt. O. E. Williamsons Arbeiten aus dem Bereich der *Neuen Institutionenökonomik* - angefangen mit *Markets and Hierarchies* (1975) - liefern die wohl umfangreichste Analyse zu einzelnen Elementen dieser Kosten und ihren Auswirkungen auf die institutionelle Einbindung der

---

183 Eine detaillierte Analyse und Formalisierung dieser Kosten findet sich bei Jensen/Meckling (1976).

184 Das impliziert in *moderneren* Betrachtungen neben dem Management die Arbeitnehmerschaft eines Unternehmens.

185 Vgl.: Frydman/Rapaczynski (1992), *Privatization and Corporate Governance in Eastern Europe: Can a Market Economy be Designed?*, S. 3.

Transaktionen. Sie bilden deshalb, verknüpft mit einigen grundlegenden Empfehlungen aus dem Bereich der *Auktionstheorie*, den ersten Strang, der hier einer näheren Betrachtung hinsichtlich seiner Unterscheidungssmöglichkeiten von institutionellen Arrangements im Rahmen der Treuhand-Privatisierungsaktivitäten unterzogen werden soll.

Die Verknüpfung einiger der oben vorgetragenen Argumente in einer neuen Weise finden sich in den *Beiträgen von Hart und Sabel*[186], die zu einer Weiterentwicklung des *Eigentums-* und *Monitoringverständnisses* beigetragen haben. Während Williamson Kriterien zur Organisation relationaler Verträge anbietet (und so der Verfahrensunterscheidung dienen kann), öffnen ihre Argumente den Blick für andere Arrangements als vollständige Privatisierungen.

An den Anfang der folgenden Abschnitte ist jeweils eine kurze Zusammenfassung der problemorientierten Weiterentwicklungen des erörterten Ansatzes gestellt. An diese schließt sich die Interpretation der Erkenntnisse in dem spezifischen Kontext der Privatisierung an. Die fallbezogene Verbindung zwischen beidem (Theorie und Privatisierungskontext) wird später in Kapitel 1.3. hergestellt.

1.2.1. Auktionen

Theoretische Argumentation

Die *Auktionstheorie* basiert auf dem Konzept, Reorganisations- und Vergabeprobleme bei Einführung eines ausreichenden Bieterwettbewerbs allein über den Preismechanismus allokationseffizient lösen zu können. Die Vorteile liegen auf der Hand. Durch Auktionierung entgeht der Organisator (die Agentur) dem Bewertungsproblem, wie es sich ihm gerade bei unsicheren Assets stellt. Er entgeht auch dem Verhandlungsproblem, bei dem sich die Einigung in einem Bereich bewegt der nur durch die Nullgewinne der

---

186 Vgl. zu diesem Thema: Grossman/Hart (1986); Hart (1988); Hart (1989); Hart/Moore (1990), Sabel (1993) und Kern/Sabel (1993b).

Akteure begrenzt wird.[187] Es gilt außerdem als sicher, daß Auktionen schneller als Verhandlungen zu einem Ergebnis führen. Darüber hinaus ist der Organisator in der Lage, durch die Wahl des richtigen Auktionsmechanismus sich selbst in die Rolle des *first-movers* zu bringen und daraus Effizienzgewinne zu generieren.

"Auction theory sidesteps such bargaining problems by presuming that, the monopolist (or monopsonist) has all of the bargainig power. More precisely, it is assumed that the organizer of the auction has the ability to commit himself in advance to a set of policies."[188]

Die empirische Literatur befaßt sich in zahlreichen Beiträgen mit der Frage, wie aus der Sicht eines Monopolisten Auktionen so organisiert werden können, daß sie in jeder gegebenen Situation bestmögliche Ergebnisse, d.h. höchstmögliche Gebote liefern. Probleme abseits einer Konstellation, in der ein starker Monopolist zahlreichen Bietern mit gleichen Nutzenfunktionen, vollständiger Information und risikoneutralem Verhalten gegenübersteht (benchmark model), erweisen sich singulär als auktionstheoretisch lösbar. Sie werden i.d.R. sequentiell abgearbeitet und auf diesem Wege in elegante Modelle gegossen, die Verkaufspreise maximieren können. Die gleichzeitige Einführung von Mindestpreisen, asymetrischen Bieterinteressen, kollusivem Verhalten und Gegenstandskomplexität (z.B. durch Rechte und Lizenzen) wirft aber Fragen auf, die aus der Theorie nicht beantwortet werden können:

"In government contracting, bids are often multidimensional, involving quality as well as price. (...) If government has its own preferences over the various quality attributes and price, and different firms have different technological trade-offs, what is the best procurement mechanism?"[189]

---

187 Vgl.: Paul Milgrom (1989), *Auctions and Bidding: A Primer*, S. 4f..

188 McAffee/McMillan (1987), *Auctions and Bidding*, S. 702.

189 Ebd., S. 731 empfehlen in ihrer *agenda for research* auch diese Frage einer eingehenden Untersuchung. Gleichsam gilt die Vorteilhaftigkeit einer Auktionierung von Shares gegenüber Unternehmenseinheiten im Rahmen westlicher Privatisierungsprogramme als interessante, bislang nicht beantwortete Fragestellung. Zu dem Problem informationseffizienter Märkte vgl. auch Grossman/Steglitz (1980), *On the Impossibility of Informationally Efficient Markets*, S. 393.

Das im Privatisierungs-Kontext zentrale Problem der Auktionstheorie liegt in ihrer Fokussierung auf Ergebnis- oder Renditemaximierung und in der Vermutung, diese sei in jedem Fall gleichbedeutend mit größtmöglicher Effizienz. Der Zusatz scheint allerdings nur für einen kleinen Ausschnitt möglicher Konstellationen zu greifen; und zwar vornehmlich für *small scale* Privatisierungen.[190]

Seine Verallgemeinerung ist - wenn sich dies bestätigt - die offene Flanke jüngerer Beiträge (z.B. Maskin (1992), *Auctions and Privatization*), die die Lösung aller Privatisierungsprobleme der mittel- und osteuropäischen Transformationsgesellschaften allein in der richtigen Auswahl und Anwendung der jeweils optimalen Auktion identifizieren. In komplex strukturierten Märkten, in denen die Akteure hohen Unsicherheiten und zahlreichen Restriktionen unterworfen sind und die Agentur i.S. ihres diffusen Gesellschaftsauftrags Schwierigkeiten bei der Evaluierung der Gebote und der Überwachung der Vertragseinhaltung hat, wird aber der Preismechanismus allein nicht in der Lage sein, effiziente Ergebnisse zu erreichen - zumindest kann der empirische Beweis dafür aus der vorhandenen Literatur nicht abgeleitet werden.

Ein zur Verbindung von Theorie und Empirie intensiv untersuchtes Feld (an Privatisierungen hinreichender Vergabeprobleme) findet sich beispielsweise in der amerikanischen Literatur zum *franchise bidding for natural monopolies* (Vergabe im Rahmen der Liberalisierung staatlicher Versorgungsmonopole). Auktionierung gilt auch dort mehr als andere Mechanismen als Garant für Effizienz; allerdings schnell abnehmend mit zunehmender Unsicherheit und Komplexität der Aufgabe.[191]

Trennt sich der Betrachter von der Vorstellung eines gemeinhin bekannten Auktionators - das Hämmerchen in der einen, das nummerierte Kunstobjekt in der anderen Hand - definierter Objekte (einschließlich einer staatlichen Vergabe von Öl-Bohrrechten), zugunsten einer Entstaatlichung städtischer

190 Vgl.: Estrin (1991), *Privatization in Central and Eastern Europe - What Lessons can be learnt from Western Experience*, S. 159 ff..

191 Eine Problemzusammenfassung bietet M. Waterson (1988), *Regulation of the Firm and Natural Monopoly*, S. 106f..

Müllentsorgungsbetriebe oder der Telekom-Versorgung, verliert die isolierte Anwendung dieses Mechanismus an effizienzversprechender Kraft:

" Essentially there are at least five potential problems with franchise bidding schemes of the type under discussion (*Chadwick auction*, Anm. d. Verf.), these being of varying significance. They are: how many bids to solicit, the efficiency of the winning bid, how to evaluate the submission recieved, how to enforce the contract, and how long to offer the contract."[192]

Die zwingende und eindeutige Beantwortung letzterer Frage bei der Entstaatlichung einer Volkswirtschaft verlagert die Komplexitätsprobleme auf die Evaluierung einerseits und Vertragsüberwachung andererseits. Strategisches Verhalten von Bietern bei der Auktionierung von Verträgen reflektiert deren Absicht zu gewinnen, und dahinter stehen Anreize, die sie zur Leistung motivieren. Wenn diese Anreize verschwinden, weil Unsicherheiten zu groß werden, müssen Auktionen bei Evaluierungsproblemen scheitern, den bestqualifizierten Bieter zu identifizieren.

Bei Überschaubarkeit von Gegenstand, Anforderungen und zukünftiger Entwicklung lassen sich Schlußfolgerungen ähnlich denen Akerlofs bei der Betrachtung des *market of lemons* vermuten. Märkte für Verträge dürfen ohne Übertreibung als komplizierter angesehen werden:[193]

1.) Nur wenn die Privatisierungs-Agentur also bindende Zusagen oder Versprechungen machen kann, werden Auktionen wirklichkeitsnahe Informationen über den vermuteten Vertragsgegenstand generieren. Bieter brauchen Erwartungs-Sicherheiten.

2.) Die Agentur könnte (alternativ) Verträge brechen und neu ausschreiben, wenn neue Informationen als Ergebnis einer Versuchsphase mit einem Bieter vorliegen.

3.) Weder darf die Agentur aber - in dem speziellen Privatisierungsfall - für jedes Zukunftsszenario Sicherheiten abgeben (sie bräuchte dann gar nicht auszuschreiben), noch kann sie in ausreichendem Maße nach der Vergabe

---

192 Waterson (1988), S. 108.

193 Vgl.: G. Akerlof (1970), *The Market for Lemmons: Qualitative Uncertainty and the Market Mechanism*, S. 488f. Eine Beweisführung für das Scheitern einer Auktionierung von Verträgen versucht D. Spulber (1990), *Auctions and Contract Enforcement*, S. 325-344.

Informationen zur Neubewertung sammeln. Verfahren, die sich ausschließlich der Auktion als Auswahl-, Vergabe- und Regelungsmechanismus bedienen, müssen daher in diesem Kontext scheitern.

Vielleicht können in einer solchen Situation unvollständige Verträge verbunden mit beiderseitigen vertrauensbildenden Maßnahmen weiterhelfen. Sie haben die Weiterentwicklung eingegangener Beziehungen zum Gegenstand und können flexibel genug sein, um den sich ändernden Verhältnissen laufend anzupassen und in einem Zug latente Opportunismen einzudämmen.

1.2.2. Neue Institutionenökonomik

Theoretische Argumentation

Hinweise zur Organisation komplexer Prozesse finden sich in Beiträgen der *new institutionalists.* Sie thematisieren die optimale institutionelle Einbindung von Transaktionen unter der Prämisse unvollständiger Verträge und erklären unterschiedliche Steuerungsformen aus der Möglichkeit opportunistischen Handelns und den Bedingungen seiner Kontrolle.[194] Vertragliche Unvollständigkeit ist notwendige Konsequenz von Unvorhersehbarkeit, Unplanbarkeit und Nichtformulierbarkeit. Jeder Austausch ist mit Kosten für dessen Evaluierung (*measuring*), Verhandlung und Durchsetzung (*enforcement*) verbunden, die aber durch jeweils optimale Einbindung in Märkte, Hierarchien oder Mischformen aus beiden (*hybrid*) minimiert werden können.

Besondere Relevanz erhalten diese Kosten in Situationen, in denen die Vertragsparteien beziehungsspezifische, d.h. auf die Beziehung zugeschnittene Investitionen (später auch assetspezifische Investitionen oder Assetspezifität genannt) durchführen müssen. Sind diese Investitionen getätigt, liefert der Markt keine ausreichenden Informationen mehr über die Vorteilhaftigkeit möglicher Alternativbeziehungen. In einer *first-best-world* könnten

---

194 Für einen generellen Überblick vgl.: Williamson, O. E. (1975), *Markets and Hierarchies: Analysis and Antitrust Implications* und (1985), *The Economic Institutions of Capitalism.*

durch das Schreiben eines vollständigen Vertrages auch langfristige Beziehungen eingebettet werden, indem für alle Eventualitäten die Verpflichtungen und Rechte der Parteien festgelegt würden.

Die Wirklichkeit besteht aber hauptsächlich aus Situationen, in denen beziehungspezifische Investitionserfordernisse begleitet werden von *begrenzter Rationalität* und *Opportunismen* auf einer oder auf beiden Seiten. Planung ist dann zwangsläufig unvollständig, Versprechen werden voraussichtlich nicht eingehalten und Wettbewerbern der Zugang mit Eintrittsbarrieren erschwert: "This is the world of governance."[195]

"(1) Markets and firms are alternative instruments for completing a related set of transactions; (...); (3) the costs of writing and executing complex contracts across a market vary with the characteristics of the human decision makers who are involved with the transactions on the one hand, and the objective properties of the market on the other; and (4) although the human and environmental factors that impede exchanges between firms (across the market) manifest themselves somewhat differently within the firm, the same set of factors apply to both."[196]

Transaktionen müssen also so organisiert werden, daß sie die Verarbeitung zusätzlicher Informationen absichern und auf diese Weise begrenzte Rationalitäten minimieren, während sie gleichzeitig - eingebunden in vertrauensbildende Maßnahmen - gegen das Risiko opportunistischer Ausbeutung geschützt werden. Die Theorie rät den Vertragsparteien, sich mit einer Vereinbarung zu begnügen, die ihrer Beziehung einen Rahmen verleiht - einen Rahmen, der grundsätzliche Erwartungen an die gegenseitige Leistung festlegt, Prozeduren enthält, wie Entscheidungen in nicht geregelten Situationen getroffen und wie Streitigkeiten beigelegt werden.

Zwischen Märkten und Hierarchien (beide Seiten einer Transaktion sind in eine einzelne, administrative Einheit eingebunden) kann die institutionelle Einbindung in *hybriden Organisationsformen* erfolgen, bei denen die Parteien ihre Autonomität bewahren, die Beziehung aber über einen vertraglichen Mechanismus unterschiedlicher Elastizität determiniert ist. Die Unterschiede zwischen den Lösungen (über den Markt, komplexen Vertrags-

---

195 Williamson (1985), S. 32

196 Williamson (1975), S. 8. (Hervorhebungen im Text durch den Verf. weggelassen)

beziehungen, vertikaler Integration und anderen Möglichkeiten, Transaktionen zu organisieren) dokumentieren sich primär in den von ihnen spezifizierten *Institutionen* zur *Governance* ihrer Beziehung in unvorhergesehenen Ereignissen. Wie könnten diese Netze beschaffen sein, und welche faßbaren Faktoren (Charakteristika) zur Beschreibung der Privatisierungswelt liegen den kritischen Dimensionen zugrunde?

Implikationen im Privatisierungs-Kontext

Die Auseinandersetzung mit Williamsons Argumenten hat eine Reihe von Beiträgen inspiriert, in denen praxisrelevanter Detailfragen zur Umsetzung lang anhaltender Beziehungen untersucht werden.[197] Die verstreuten Erkenntnisse, die zur Lösung von *large scale* Privatisierungen beschreibenden wie empfehlenden Charakter besitzen können, sollen hier kurz unter drei Begriffen (Themengebieten) zusammengefaßt werden:

1.) Agentur: Die Delegation der Informations-, Entscheidungs- und Verhandlungskompetenz an eine Agentur setzt diese zunächst in ein Präferenzdilemma. Sie muß die unterschiedlichen Zielvorstellungen ihres *Klientels* gewichten und zu einer Art partieller Wohlfahrtsfunktion verarbeiten. In der Phase der Vertragsgestaltung stößt sie deshalb auf das Problem, daß Preis und quantitative Variablen mit wachsender Komplexität und Unsicherheit zunehmend längerer Vertragsbeziehungen an Bedeutung verlieren. Das Hauptaugenmerk wird bei flexibler Preisgestaltung statt dessen auf der Etablierung von Regeln zur Exekution der eingegangenen Beziehung liegen. Das Recht, zu bedienen, und das Recht, bedient zu werden, oder anders ausgedrückt: die Freiheitsgrade der beiderseitigen Nichteinhaltung müssen sowohl festgelegt als auch *bezahlt* werden. Die Agentur wird sich, nachdem eine Einigung zustandegekommen und vertraglich fixiert ist, mit Fragen der

[197] Im Zusammenhang mit dieser Arbeit hilfreich sind: Goldberg (1976), *Regulation and Administered Contracts*, S. 426-452; Graver/Zimmerman (1977), *An Analysis of Competitive Bidding on BART Contracts*, S. 279-295; Williamson (1976), *Franchise bidding for natural monopolies*, S. 73-101; Klein et.al. (1978), *Vertigal Integration, Appropriable Rents, and the Competitive Contracting Process*, S. 297-326 und etwas abseits davon Sappington/Stiglitz (1987), *Privatization, Information and Incentives*, S.567-582.

Einhaltungsüberwachung, Sanktionierung und der Anpassung an sich ändernde Rahmenbedingungen befassen müssen.

Jeder Privatisierungsfall wird dann zu einer Gratwanderung zwischen der Verwirklichung der verdichteten *welfare* Zielvorstellung einerseits und der Erhaltung der Anpassungsflexibilität an veränderte Rahmenbedingungen andererseits. Sie müßte dabei allein aus Nutzenerwägungen heraus einen Weg finden, sich auf die substantiellen Probleme zu beschränken.

2.) Konstellationenspektrum: Zur Unterscheidung der Breite eines Spektrums möglicher Konstellationen greift Williamson (1975) auf transaktionsrelevante Charakteristika zurück, die er einteilt in: *environmental* und *human factors*. Beide Gruppen und die darunter liegenden Faktoren können in unterschiedlicher Richtung, mit unterschiedlicher Stärke und häufig auf unterschiedlichen Ebenen zusammenwirken. Transformiert in die privatisierungsspezifische Realität könnten sie als Markt- und Investorenspezifika interpretiert werden. Die kritischen Dimensionen, die das Spektrum erklären, wären entsprechend (in Anlehnung an Williamson) *marktseitig* Assetspezifität, Unsicherheit und Transaktionshäufigkeit und *investorenseitig* Opportunismen und begrenzte Rationalität:

a.) Assetspezifität läßt sich - losgelöst von ihrer ursprünglichen Bedeutung bei Williamson - in Privatisierungsvereinbarungen auf beiden Seiten ausmachen. Die neuen Eigentümer müssen im Zuge ihrer Umstrukturierungsmaßnahmen in größerem Umfang Investitionen in Anlagen, Technologien und Menschen tätigen. Die Agentur auf der anderen Seite *investiert* ihre Betriebe und Belegschaften und versieht diese in der Regel mit einer branchenüblichen Kapitaldecke und einem antizipierten Verlustausgleich. Diese Investitionen sind ausschließlich beziehungsspezifisch. Beide Parteien werden dann Vorleistungen und Leistungen in dem erforderlichen Umfang nur erbringen, wenn sie sicherstellen können, daß das Ergebnis der Beziehung den beiderseitigen Zielen entspricht. Steigt die Gefahr der Aneignung des erzielten Ergebnisses durch nur eine der Parteien, entstehen Anreizdefizite. Eine Umgehung dieses Problems läge darin, das Ergebnis und andere Eigenschaften genauer zu spezifizieren, festzuschreiben und Vertragsstrafen zu erheben. Diese Lösung wäre aber wiederum selbst mit hohen

Kosten verbunden.[198] Starrheit und zusätzliche Klauseln verhindern es, sich ändernden Bedingungen anzupassen, und stellen die Vorteilhaftigkeit von Verträgen grundsätzlich in Frage. Die Agentur ist in dieser Situation, nimmt man die Vorteilhaftigkeit der Beziehung im Grundsatz als gegeben an, immer im Nachteil. Der Investor hat nicht nur den zeitlichen Vorteil, erst dann investieren zu müssen, wenn die Agentur bereits alles investiert hat, er ist nach Eigentumsübergang auch der einzige, der den Nutzen aus Zusatzrenditen bei geänderten Rahmenbedingungen ziehen kann. Ändern sich die Rahmenbedingungen zu seinem Nachteil, wird er versuchen, den Vertrag nachträglich anzupassen. Seine Verhandlungsposition verbessert sich aus dreierlei Gründen: Er hat einen Informationsvorsprung. Er besitzt mit dem Eigentum ein höheres Drohpotential. Die Agentur hat bereits alles investiert und wird grundsätzlich eher bereit sein, *schlechtem Geld gutes nachzuwerfen*.

b.) Unsicherheit, interpretiert als Unvorhersehbarkeit zukünftiger Ereignisse, erweitert sich bei Unklarheit über das Verkaufsobjekt auf das Jetzt und Heute. Hinter dem Begriff Unsicherheit verbergen sich eine Fülle möglicher Konstellationen-Charakteristika. In Transformationssituationen ist nahezu alles unsicher: wirtschaftliche-, gesetzliche Rahmenbedingungen, Ziele, Assets, Verfüger. Die Verbindung von Unsicherheit mit *begrenzter Rationalität* der handelnden Akteure kann in solchen Fällen die Kosten eines starren Arrangements bis ins Unvertretbare steigern. Nur organisatorische Integration kann diese Kosten senken, weil der Versuch, Unplanbares zu planen, aufgegeben wird und die *Zukunft in Alternativen* akzeptiert und angegangen werden kann. Auf der einen Seite führen starre Verträge, die einige wenige Szenarien berücksichtigen, bei großer Unsicherheit zu schlechten Entscheidungen. Auf der anderen Seite können sie aber dann kostenvermeidend wirken, wenn ihr Fix-Anteil auf gleichgeartete Transaktionen umgelegt werden kann. Flexibilität schließlich bedeutet Lernoffenheit und kann für die Agentur selbst sehr teuer sein (Kontrolle, Nachverhandlungen).

c.) Transaktionshäufigkeit zur Reduzierung der Kosten starrer Verträge (Nutzung von Lernen/Routinisierbarkeit auch bei detaillierten und spezialisierten Anforderungen) spielt im Privatisierungsgeschäft wegen der Trans-

---

198 Vgl.: Milgrom/Roberts (1990), *Bargaining, influence costs, and organizing*, S. 63.

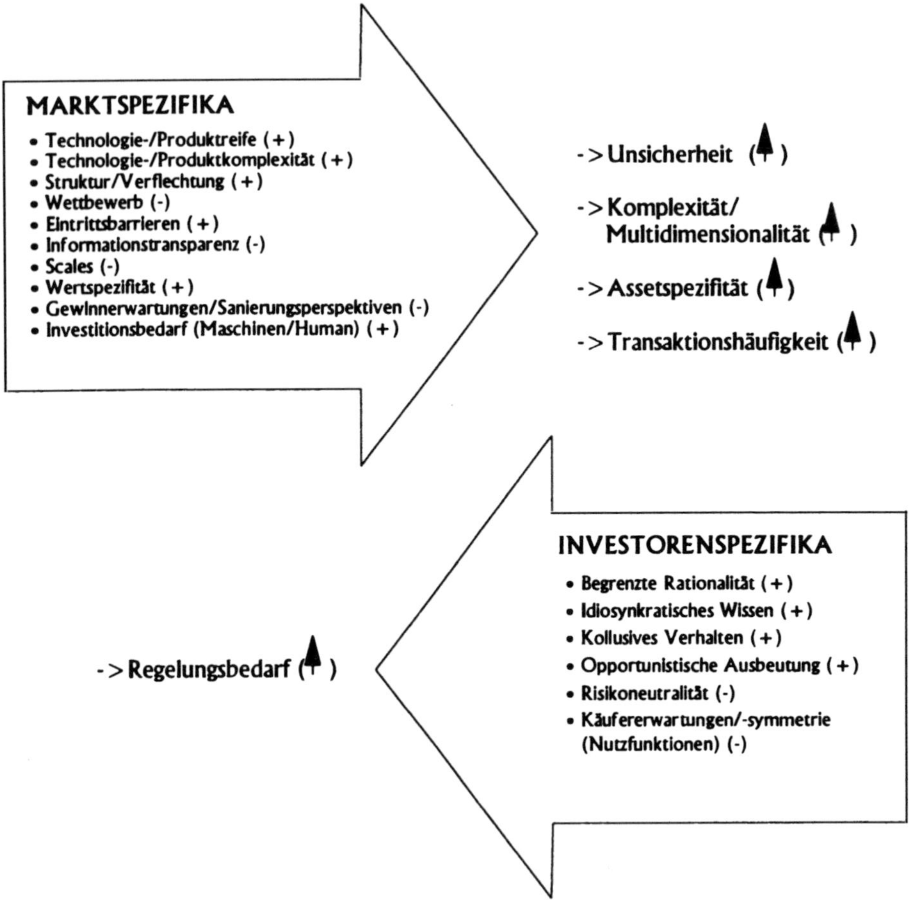

Abb. 19: Transaktionsrelevante Charakteristika und deren mögliche Auswirkungen

aktionseinmaligkeit des Eigentums dann kaum eine Rolle, wenn Unsicherheiten groß sind - jeder Fall also eigenen Gesetzen folgt. Insofern kann die Privatisierung - beläßt man es nicht bei der Vergabe nach ausreichendem Bieterwettbewerb - Tür und Tor für *Opportunismen* öffnen. Vertragsstandardisierung reduziert die reale Komplexität und damit den möglichen Regelungsumfang; verlagert also Kosten auf die institutionelle Einbettung im Umfeld des Vertrages.

Die herangezogene Literatur betrachtet häufig bei spezifischen Vergabeproblemen nur singuläre Konstellationen oder wenige Charakteristika, um nicht an einer Überfrachtung der Analyse zu scheitern. Dennoch finden sich verstreute Ansätze zur Detaillierung der *environmental factors* (Marktspezifika), für die sich (für die in dieser Arbeit vorgesehene qualitative Untersuchung) eine Differenzierung auf der Ebene unterhalb von Williamsons Betrachtung empfiehlt. Die *human factors* sollen auf der gleichen Aggregationsebene in Investorenspezifika transformiert werden [Abb. 19].

Vollständigkeit kann an dieser Stelle nicht Ziel der Aufzählung sein. Ergänzungen sind möglich und aus einer anderen Perspektive heraus wünschenswert. Auch lassen sich Einzelkriterien detaillieren und aufgliedern. Der durchweg hohe Aggregationsgrad der wissenschaftlichen Literatur läßt allerdings eine Verbesserung der Analyse daraus nicht zwingend erwarten. Vielmehr wird mit zunehmender Genauigkeit ein Anspruch erweckt, dem eine Arrangementunterscheidung später nicht standhalten könnte.

3. Alternative Arrangements: Die Literatur in diesem Feld hat sich in den letzten Jahren in zunehmendem Maße mit den *hybriden Formen* (zwischen Markt und Hierarchie) und ihrem Beitrag zur Ergebniseffizienz beschäftigt. Das Ergebnis ist wie so oft aber nicht eindeutig und kann es auch nicht sein: Je nach Anforderung und Komplexität der Aufgabe erweisen sich diese Lösungen als unterschiedlich kompetent [Abb. 20]. Sie sind hinsichtlich des Preisanpassungsmechanismus und ihrer Anreizfunktion den hierarchischen Lösungen und hinsichtlich ihrer Koordinationsmechanismen den Marktlösungen überlegen, lautet die allgemeine Erkenntnis. Begrenzte Rationalität und die Möglichkeit opportunistischer Ausbeutung auf Seiten der Akteure verstärkt das Kontrollproblem und die Regulierungszwänge. Mit der Un-

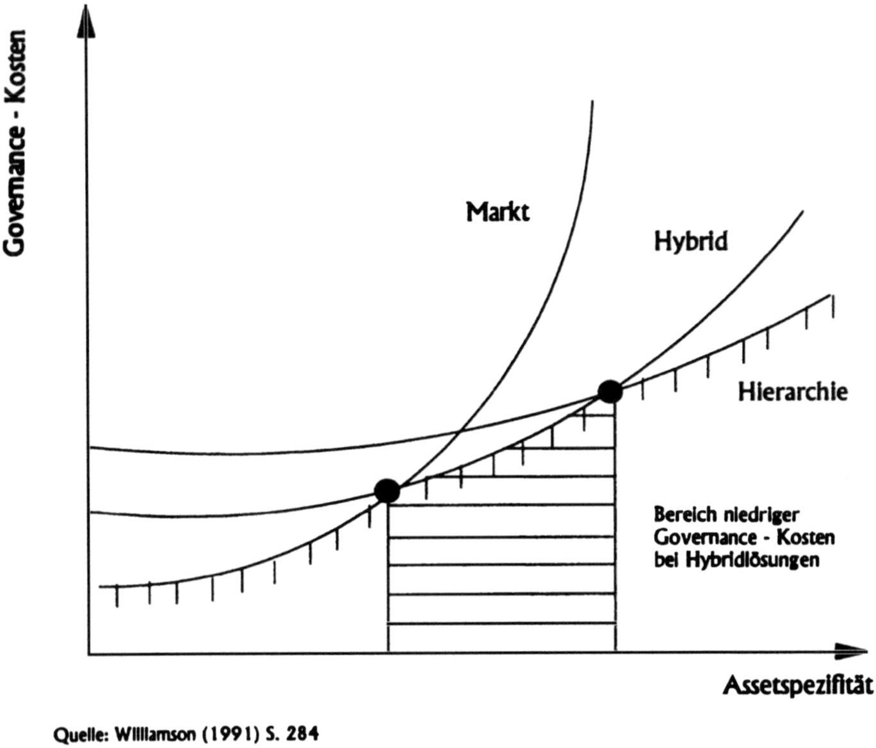

Abb. 20: Governance-Kosten in Abhängeigkeit von der Assetspezifität

sicherheit und Wertspezifität der Transaktionen nimmt die Anpassungskomplexität und die Tendenz zu hierarchischen Lösungen zu.

Im Grundsatz sind alle Privatisierungsarrangements ihrem Wesen nach den hybriden Organisationsformen zuzuordnen, deren Differenzierung aber in der hier betrachteten Literatur nur als Grenzfall behandelt wird. Dennoch ist zu erwarten, daß folgendes Szenario für die empirische Betrachtung eine Orientierungshilfe gibt: bei abnehmender Zahl zunehmend großer Gegenspieler, zunehmend komplexen Produkten und Technologien, hohen Markteintrittsbarrieren und negativen Gewinnerwartungen wächst die bilaterale Abhängigkeit der Akteure und steigen Transaktionskosten und Vertragsrisiken. Die gewählten hybriden Arrangements werden an Komplexität, Aufwand und hierarchischem Charakter gewinnen.[199]

Für die institutionelle Einbindung lassen sich aber vorerst nur allgemeine Schlüsse hinsichtlich Anpassungsfähigkeit, Anreiz- und Kontrollmechanismen herleiten:[200]

a.) Vollständige Verträge (*once-for-all contracts*) erweisen sich bei Asset-Valuation-Problemen und den inhärenten Unsicherheiten der Privatisierungskonstellationen im Grunde als nicht effizient. Die Agentur müßte, wollte sie vollständige Verträge schließen, diese z.B. durch Einrichtung eines Managements der nachträglichen Unsicherheitsbewältigung wieder öffnen.

b.) Der Anpassungsvorteil kurzfristiger Verträge, die nach einer gewissen Zeit neu verhandelt werden (*recurrent short-term contracts*), läßt sich nur dann nutzen, wenn Investitionen in Maschinen und Humankapital gering sind (*lock in -Effekt*) und in den folgenden Runden ein gerechter Bieterwettbewerb erzeugt werden kann. Diese Lösung scheidet für Unternehmensverkäufe aus.

c.) Da bei Privatisierungen von einer Vertragserneuerung in einer späteren Phase nicht ausgegangen werden sollte, geht es in der Mehrzahl der Fälle um

---

199 Franchising und vertikale Integration sind Beispiele vieldiskutierter Hybridformen (zwischen Hierarchie und Markt) und gleichzeitig dem Privatisierungsbemühen entgegengerichtet. Mit Regulierungsfragen (zwischen Staat und Privat) beschäftigt sich ein weiterer umfangreicher Literaturzweig (vgl.: Goldberg (1976), S. 426f. und Sappington/Stiglitz (1987), S. 567f).

200 Zusammengefaßt bei Williamson (1991b), *Comparative Economic Organization: The Analysis of Discrete Structural Alternatives*, S. 271f.

die Festlegung von Regelungsmechanismen, die auf Dauerhaftigkeit ausgelegt sind. Die Vertragsüberwachung und -anpassung ist dann mit hohen Kosten verbunden, und die Agentur müßte die oben beschriebene Gratwanderung zwischen Zielverwirklichung und gebotener Flexibilität unternehmen.[201] Die Lücken unvollständiger Verträge wären dann durch *binding commitments* auf beiden Seiten in langfristig angelegten Beziehungen zu schließen (*neoclassical contracts*).

d.) Reicht auch das nicht aus, weil Entscheidungsprozeduren im Vorfeld nicht festlegbar sind, müssen Formen *weichen* Kontrahierens gefunden werden, die eingebettet in institutionelle, stabile netzähnliche Strukturen (auf der Basis von Vertrauen und Reputation und unterhalb der Ebene des Rechtsstreits) in einer Übergangszeit oder andauernd flexibles Handeln und Lernen ermöglichen (*relational contracts*).

Diese Erkenntnisse können dann von praktischem Nutzen sein, wenn es gelingt, aus ihnen heraus bei unterschiedlich komplexen Privatisierungsvorgängen auch unterschiedlich wirksame Lösungen zu entwickeln [Der Versuch wird in 1.3. unternommen und in 2.1. bis 2.3. auf seine empirische Relevanz überprüft]. An dieser Stelle soll auf zwei bei Williamson als sekundär behandelte Aspekte eingegangen werden, die die Wirksamkeit eines Arrangements (weichen Kontrahierens) einerseits unter den Einfluß der zugrundeliegenden Eigentumskonstellation und andererseits unter den Einfluß des Monitoring-Arrangements stellen.

1.2.3. Joint Residual Control und Learning by Monitoring

Theoretische Argumentation

Hart et. al. greifen das Williamson-Argument auf, daß in langfristigen Vertragsbeziehungen mit beziehungsspezifischen Investitionsbedarf auf einer oder beiden Seiten hohe Transaktionskosten identifiziert, die vollständige Verträge unmöglich machen. Eigentum gewinnt durch die Unmöglichkeit, vollständige Verträge zu schließen, an Bedeutung. Sie (1988) definieren

---

201 Vgl.: Waterson (1988), S. 116.

Eigentum an einem Vermögensgegenstand oder an einer Firma als den Besitz von verbleibenden Verfügungs- und Kontrollrechten[202]; verbleibend gemeint als *Restbestand* der nicht in vertraglichen Vereinbarungen an andere abgegebenen Rechte. Das Recht auf den Output der Firma oder den Unternehmensgewinn (das Alchian/Demsetz (1972) in den Mittelpunkt der Eigentumsdefinition stellen) ist ein spezifisches Recht und läßt sich vertraglich festlegen. Präziser gesagt gewinnt Eigentum bei der Unvollständigkeit von Verträgen also erst durch den unspezifizierbaren Rest an Rechten an Bedeutung. Die Grenzen der Firma beschreiben dann, wer welche Assets besitzt und darüber verfügen kann.

Die Autoren suchen nach der effizienten Verteilung der Rechte aus dem Eigentum über die Beantwortung der Frage, wer mit ihnen das meiste anzufangen weiß. Die *residual rights of control* beeinflussen die ex post Verhandlungsstärke der vertragsschließenden Parteien und die Aufteilung des gemeinsam erwirtschafteten Kuchens, d.h. des ex post Ergebnisses. Diese Aufteilung wird wiederum das Engagement der Vertragspartner beeinflussen, in die Beziehung zu investieren. Konsequenterweise werden in einigen Fällen die Anreizverluste bzw. die Kosten des Eigentums so groß, daß die Beibehaltung des alten Zustandes die vorteilhafteste Strategie darstellt (Nicht-Integration ist Integration dann vorzuziehen).

"In particular, a merger of two firms does not yield unambiguous benefits: to the extent that the (owner-) manager of the aquired firm loses control rights, his incentive to invest in the relationship will decrease. In addition, the shift in control may lower the investment incentives of workers in the aquired firm."[203]

Die Art der Beziehung wird im Einzelfall über die effiziente Verteilung der Rechte Aufschluß geben müssen. Grundsätzlich nehmen aber wie bei

---

202 In der zitierten Literatur werden diese Rechte *residual rights of control* genannt (vgl.: Hart (1988)). Wie oft ist der englischsprachige Begriff stärker als ein vergleichbarer deutscher. Eine Übersetzung ist umständlich und unpräzise. Ebenso wie sein Gegenstück (*specific rights of control*, d.h. spezifische Verfügungs-, Kontroll- und Nutzungsrechte, die in Verträgen festgelegt werden können) wird er im folgenden verwandt.

203 Hart (1989), S. 1757.

Williamson die Charakteristiken der Firmen und des Marktes, in dem sie sich bewegen, eine die Verfahren unterscheidende Rolle ein.

Implikationen im Privatisierungs-Kontext - Eigentumsansatz[204]

Hart et. al. spielen mit unterschiedlichen Szenarien und verdeutlichen, wie bei wechselnder Eigentümerschaft und der daraus abgeleiteten Möglichkeit, dem anderen die Assets zu entziehen, ebenfalls Anreize und Verhandlungspositionen wechseln.[205] Auch wenn die Autoren andere Beziehungen meinen, wenn sie Kosten und Nutzen von Integrationsbestrebungen erklären, lassen sich Parallelen zu Privatisierungsverträgen herleiten. Der Versuch, hier eine Verbindungslinie zu ziehen, soll der Diskussion der Optionen einen Rahmen verleihen:

1.) Bei der Privatisierung geht es um den Übergang der Eigentumsrechte auf neue, private Eigentümer. Die Verteilung der Rechte und die daraus abgeleitete Verteilung der Anreize und Verhandlungspositionen *ex post* ist damit zunächst eindeutig. Der Auftrag der Agentur könnte mit dem Akt des Privatisierens als erledigt angesehen werden. Die Privatisierungsphilosophie erwartet, daß die neuen Eigentümer mit den Assets mehr und Besseres anzufangen wissen.

2.) Dieses Konzept birgt allerdings - wie gezeigt - einige Unsicherheiten in sich. Eine tiefe Unsicherheit besteht hinsichtlich der Einschätzung, ob die Agentur denjenigen oder diejenigen identifizieren kann. Darüber hinaus muß bezweifelt werden, daß die neuen Eigentümer, die das Beste wissen, auch immer das Beste wollen. Die Erfolgswahrscheinlichkeit des Konzeptes wird

---

204 Die Anwendung der Erkenntnisse in diesem Kontext hat wesentlich von den Diskussionen mit Zhiyuan Cui und Oliver Hart profitiert.

205 In dem einfachen Zuliefererfall werden bei Nicht-Integration mehr Anreize für das Management des Zulieferers in Richtung einer Effizienzverbesserung entstehen als bei Integration. Dagegen werden bei Integration die Kosten der Produktionsplanänderung für den Endproduzenten geringer sein. Hart (1989) bedient sich des "klassischen" Beispiels der Transaktionskostenliteratur, daß auch Klein et. al. (1978) verwenden. Er zeigt in unterschiedlichen Situationen die Konsequenzen einer Integration bzw, Nicht-Integration in der Zusammenarbeit zwischen General Motors und dem Karroseriezulieferer Fisher Body.

beinahe zufällig, wenn nicht beantwortet werden kann, was denn überhaupt das Beste ist.

3.) Ist die Agentur grundsätzlich zu erheblichen Zugeständnissen gegenüber geeigneten Investoren bereit, wird sie auch nach dem Eigentumsübergang die Wahrung ihrer Interessen überwachen wollen. Die Standhaftigkeit vertraglich festgelegter Rechte ist aber fraglich und davon abhängig, ob sie die geeigneten Mechanismen zu ihrer Durchsetzung entwickeln und installieren kann. Bei wachsender asymetrischer Verteilung der Transaktionskosten auf die Parteien wird es für sie zusätzlich schwerer, das Ergebnis *ex post* zu ihrem Vorteil zu beeinflussen.

4.) Infolge dessen müssen die Anreize mit der Zeit geringer werden, die Geschäftspolitik aller ihrer ehemaligen Unternehmen zu überwachen und ggf. in das Geschehen einzugreifen. So wäre es nicht verwunderlich, wenn sie sich mit zunehmender Entfernung vom Zeitpunkt des Eigentumsübergangs primär mit der mechanischen Überwachung von Vertragsklauseln beschäftigt, ohne in den Verlauf der Umstrukturierung oder - viel entscheidender - der Auszehrung oder Liquidierung der Firmen (Assets) entscheidend einzugreifen.

Die komplexe Unsicherheit verlangt nach unvollständigen Verträgen. Anders als Williamson (relationale Verträge) führt Hart aber Eigentum als Entscheidungsregel für die Vertragslücken ein. Interpretiert man Staat und/oder Agentur als eine der beiden Parteien der in der Literatur verwandten Beispiele, wäre sie diejenige, die über Eigentumsrückbehalt nachdenken müßte. Im Extrem käme dies dem genauen Gegenteil des Privatisierungsziels gleich.

Aber auch bei Teilprivatisierungen könnte die Agentur sich außer den vertraglich festgeschriebenen ebenfalls residual rights of control bewahren. Die Vorteile einer solchen Lösung könnten dann bei entsprechend geschickter Aufteilung der Rechte in beiderseitigem Interesse liegen. Die Agentur würde durch ihre Beteiligung die Bereitschaft signalisieren, einen Teil des unternehmerischen Risikos zu tragen. Das könnte in schwierigen Fällen eine "Privatisierung des Managements" der Firma erst möglich machen. Außerdem würde sie sich über die residual rights Eingriffsmöglichkeiten bewahren, um ihrem Fürsorgeinteresse Wirksamkeit zu verleihen. Sie könnte sich auf eine Monitoring-Rolle zurückziehen und das Tagesgeschäft selbstinteressierten (Halb-)Prinzipal-Agenten überlassen.

Dieser Ansatz setzt in seiner Analyse allerdings voraus, daß die Partner über spizifische Kompetenzen verfügen, d.h. bei der Übernahme oder Einbehalt von *residual rights* damit auch etwas anfangen können. Wird die Privatisierung als Tauschgeschäft verstanden, gesteht die Agentur ihre Limitationen genau in diesem Punkt ein. Ihr fehlt nach eigener Ansicht die kreative Kompetenz mit den Unternehmen das Beste zu tun. Welchen Beitrag könnte sie also als Miteigentümer leisten? Ihr diffuses Fürsorgeinteresse ließe sich, bliebe diese Frage unbeantwortet, auch über *residual rights* nicht sichern.

Erweiterung zu einem Monitoring-Ansatz

Ein alternative Vorgehensweise bestünde in der Übertragung eines Teils *der rights of control* auf längerfristig selbstinteressierte Institutionen (beispielsweise das betroffene Bundesland) oder Gruppen von solchen, die ihrerseits das Monitoring der Agentur in deren Sinne später wahrnehmen können und sollen. Nicht nur könnte es dann gelingen, die destruktiven (opportunistischen) Anreize an die Stelle geringsten Schadens zu verlagern. Die geschickte Verteilung sollte gleichzeitig konstruktive Elemente zum Nutzen aller hervorbringen. Vor diesem Hintergrund kann sich in solchen Lösungen der Kreis zu den Vorschlägen relationaler Verträge bei Williamson schließen; wenn man das Eigentum interessierter Institutionen (als Vertreter des Staates oder auch einzelner seiner wohlfahrtsökonomischen Interessen) bei dem Übergang in die Privatwirtschaft als wirksames Netzwerk von Reputation und Vertrauen und damit als wirksame Einbindung unvollständiger Verträge i.S. der Institutionenökonomik interpretiert.

Einerseits könnte durch eine derartige Institutionalisierung des Informationsaustausches "experimentelles Handeln und Lernen stimuliert" werden und andererseits ein "gewisses Maß an Steuerung aufrechterhalten"[206]

---

206 Kern/Sabel (1993b), S. 484. Der Ausgangspunkt ihrer Argumentation findet sich bei Sabel (1993), *Learning by Monitoring*. "Learning by monitoring helps explain how pragmatic *publics* of this sort can function in the economy; pragmatism helps explain how the economic actors can learn to learn by monitoring" (S. 52) und "Learning by monitoring is in this sense an institutional device for turning, amidst

werden. Die Agentur schließt einen vollständigen Vertrag (und kann sich exkulpieren), allerdings mit einer Gruppe von Akteuren (joint residual control), die ihrerseits durch recurrent short term contracts miteinander verbunden sind. Inhalte bleiben revisionsfähig, und die Verzahnung der gegenseitigen Interessen verleiht dem System Stabilität. Daraus könnte sich ein System kontrollierter Autonomie (in der von Kern/Sabel beabsichtigten Bedeutung) ohne ein über die Vergabeentscheidung hinausgehendes Zutun der Agentur entwickeln.

"(...) zielt die Schaffung eines Systems kontrollierter Autonomie auf eine Revisionsmethode, die konkrete Akteure dazu veranlaßt, eine praktikable Balance zwischen Intimität und Distanz, Homogenität und Vielfalt in ihren gegenseitigen Beziehungen herzustellen und iher Bemühungen neu zu formieren, wenn sie dabei nicht erfolgreich waren."[207]

Ob das Aneinanderketten von Akteuren über das Eigentum, bei der Realanpassung komplexer Strukturen, den schmalen Pfad zwischen zu viel Homogenität und Intimität einerseits und zu viel Vielfalt und Distanz andererseits treffen kann, soll später anhand eines Falls [in 2.4.] untersucht werden.

Learning by monitoring läßt sich jenseits des Konzepts *gemeinsamen* Eigentums auch in Lösungen grundsätzlicher Prinzipal-Agenten Probleme der Agentur transformieren. Scheitert sie in der Beziehung zu ihren Unternehmen an deren Distanz und Vielfalt, könnte sie versuchen, beispielsweise über die Einführung einer "Zwischenebene" beides zu verringern. Ob auf diesem Wege Intimität und Homogenität sicherzustellen sind, hängt wiederum von deren Konstruktion, Besetzung und Einbettung ab.[208] Eine von der Treuhand gewählte Kooperationsvariante soll ebenfalls empirisch [in 2.5.] geprüft werden.

Beide Fälle können in der Privatisierungslogik den Charakter von aus dem Einzelfall heraus erforderlichen und akzeptierbaren Sonderlösungen entwik-

---

the flux of economic life, the pragmatic trick of simultaniously defining a collective-action problem and a collective actor with a natural interest in adressing it" (S. 53). Die Verknüpfung von Hart und Sabel zur theoretischen Herleitung einer vorteilhaften Ausübung von *joint residual control* findet sich bei Cui (1993), S. 25f..

207 Kern/Sabel (1993b), S. 502.

208 Ebd.. Die Autoren diskutieren mögliche Beispiele einer Etablierung von Lernen und Kontrolle im THA-Kontext.

keln, weil auch ihnen ein Matching von Assets und Verfügern/Monitor gelingt. In der prozessualen Betrachtung erweitert sich damit lediglich das Lösungsfeld. Aus der Sicht einer Ergebnisorientierung könnten sie hingegen Bausteine eines grundsätzlich neuen Konzepts repräsentieren. Im Lichte der hier vorgestellten Theorie können sich in Verträgen festgeschriebene Rechte (specific rights of control) von Fall zu Fall weder in ihrem Inhalt noch in ihrer Durchsetzbarkeit wesentlich voneinander unterscheiden. Die schematische Vorgehensweise bei der Vertragsschließung in der Mehrzahl der Treuhand-Fälle macht es grundsätzlich möglich, diese Gruppe als Einheit gegen die Sonderlösungen abzugrenzen - und wohl i.S. der Theorie als schlechteste aller Alternativen zu betrachten.

Damit wäre aber der Vielfalt der tatsächlich gefundenen institutionellen Arrangements nicht ausreichend Rechnung getragen. Der Weg bis zur Vertragsschließung und die praktische Durchsetzung der vereinbarten Beziehung sind in jedem Einzelfall von trennender Qualität. Wenn die Treuhand-Akteure wissentlich oder instinktiv über die Verfahren auf unterschiedliche Weise einen Ausweg aus ihrem Dilemma gesucht haben, müßte diese Ungleichbehandlung ungleicher Assets grundsätzlich, wenn sie richtigen Kriterien folgt, zu akzeptablen Ergebnissen führen. Von dem Erfolg ihrer Suche wird also auch die Beurteilung darüber abhängen müssen, ob die Treuhand bei der Privatisierung eine *second-best-choice* getroffen hat oder aber nur versucht hat, in einer *second-best-world* eine *gelungene* Vorgehensweise in Einzelfall zu erreichen.

1.3. Hybride Lösungen[209] - Versuch einer Typisierung von Privatisierungsarrangements im Treuhand-Kontext

Die Kunst, eine zu präferierende Lösung (ex ante) auszuwählen, liegt anfangs in der problemorientierten Gewichtung der zugrundeliegenden Anforderungen.

In diesem Abschnitt verschränkt sich die empirische Identifizierung der (von den Treuhand-Akteuren) gewählten Arrangements (ex post) mit den Erkenntnissen der Theorie. Der theoretische Zugang ermöglicht später eine qualitativ komparative Interpretation der Ergebnisse.

Es soll nicht der Eindruck erweckt werden, die Akteure hätten sich der Theorie bei ihrer Suche bedient. Diese wird hier lediglich benutzt, die Breite des Spektrums zu erklären und der Falluntersuchung eine Struktur zu.

Den anschließend kurz charakterisierten Kombinationen aus Konstellation und Arrangement werden exemplarisch bereits abgeschlossene Fälle zur Untersuchung zugeordnet. Ihre Auswahl wurde auf der Basis einer groben Überblicksrecherche vorgenommen. Dabei sollte sowohl der Charakter der Konstellation als auch des Arrangements präzise abgrenzbar sein. Da anzunehmen war, daß sich Markt- und Investorenausprägungen über Branchen hinweg gleichen können, spielte dieses Kriterium für die Auswahl eine sekundäre Rolle. Dennoch wurde versucht, die Fälle aus für abgrenzbare Konstellationen typischen Branchen auszuwählen. Von Bedeutung war außerdem, daß die Auswahl einen Querschnitt der Lösungen zu einem Zeitpunkt reflektiert, an dem die Vielfalt der Verfahren am größten war.[210]

---

209 Hybride Lösungen werden hier als Ausprägungen zwischen zwei inhaltlichen Extrempunkten interpretiert, die Elemente beider Seiten auf sich vereinen können, aber auch Mischformen zulassen. Die Möglichkeit eines inhaltlichen Wechsels nach einer Übergangsphase (hybrid in zeitlicher Hinsicht) ist aus unterschiedlichen Gründen reizvoll. Hier reicht allerdings eine Zuordnung von Lösung zu Ausgangssituation. Treuhandentscheidungen sind in diesem Prozeß immer nur Initialentscheidungen und verlieren durch den Wunsch des neuen Eigentümers Anteile oder Assets auf den dafür vorhandenen Märkten zu verkaufen (und damit neue Eigentumsstrukturen zu schaffen) zwangsläufig an Bestand.

210 Dieser Aspekt gewinnt an Bedeutung, wenn man sich vergegenwärtigt, daß die Arbeit der Treuhand mit *ablaufender* Zeit schwieriger geworden ist. Es ist wahrscheinlich, daß die Arrangements entsprechend an Komplexität gewonnen haben. Gründe und Folgen dieser Entwicklung werden in Kapitel 3. genauer behandelt.

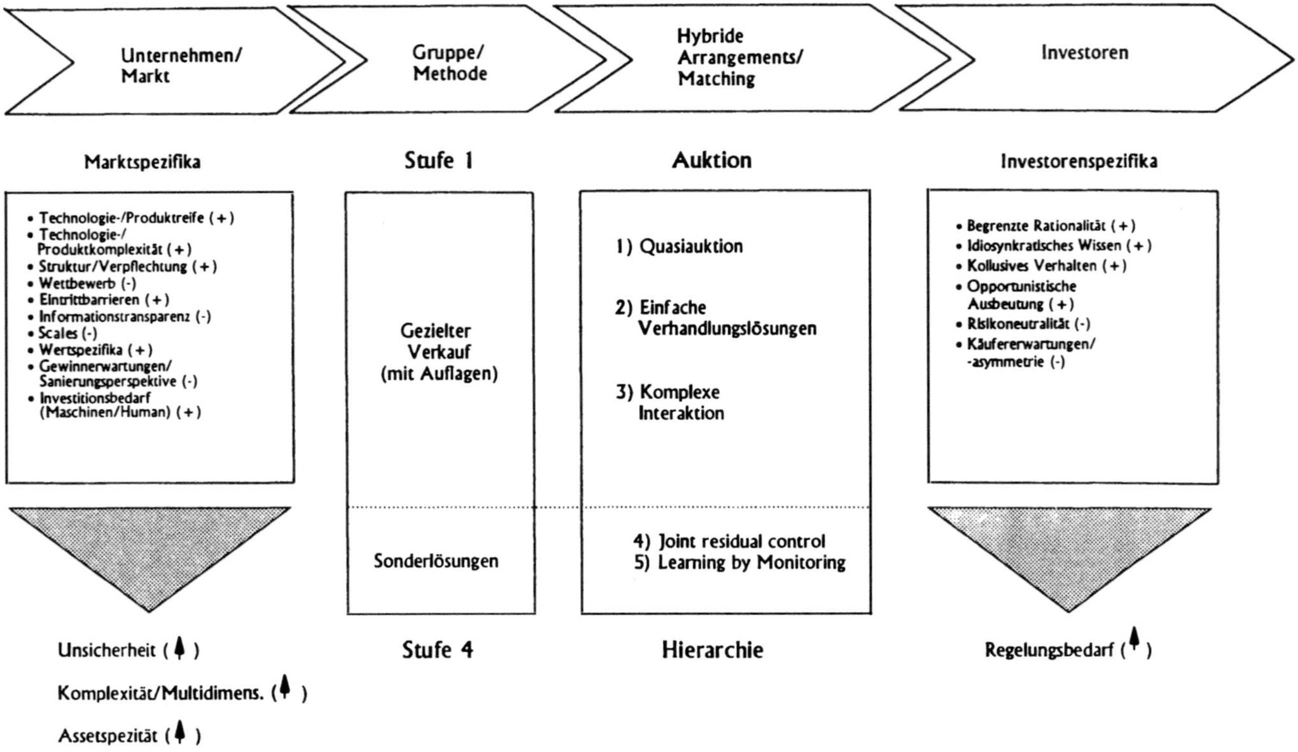

Abb. 21: Gruppendefinition der Arrangements

Inwieweit es gelungen ist, auf diesem Weg typische Fälle zu identifizieren, ist spekulativ. Der Versuch muß sich zunächst mit der Frage beschäftigen, ob es bei so idiosynkratischen Gütern (wie es die Unternehmen der Treuhand sind) überhaupt typische oder repräsentative Fälle geben kann. Die Logik des bis hierhin Gelernten läßt das Gegenteil vermuten. Eine Fallauswahl muß sich dann darauf konzentrieren, Beispiele zu finden, die für das Spektrum an Problemen erklärenden Charakter besitzen. Die Entsprechungsvarianten von Konstellation/Unternehmen und Arrangement werden in den Fallbetrachtungen detailliert dargestellt. Dieser Abschnitt begnügt sich mit ihrer Zuordnung zu den im folgenden definierten Gruppen.

Aus der theoretischen Erörterung lassen sich die Arrangements zunächst auf der obersten Ebene in zwei Gruppen (Privatisierung durch gezielten Verkauf mit Auflagen und Sonderfälle mit Elementen privatwirtschaftlicher Lösungen) teilen. Innerhalb der ersten Gruppe ist ein Clustern wiederum durch unterschiedliche Gewichtung der Verfahrensstufen [wie im ersten Teil in 3.3. vorgeschlagen] möglich. Die zweite Gruppe trennt sich hier in: 1. die Eigentumsübertragung auf eine Kombination aus privatem Investor und politischem Akteur einerseits und 2. die Privatisierung der Monitoring-Aufgabe ohne Eigentumsübertragung andererseits [Abb. 21].

Quasiauktionen

Aus der Auktionstheorie ist festzuhalten, daß Auktionen dann optimal sind, wenn nur der Preis geboten wird, die Bieter sich risikoneutral verhalten und über vollständige Information und gleiche Nutzenfunktionen verfügen (*benchmark model*). In der realen Privatisierungswelt gibt es diesen Fall nicht. Die Treuhand hat dennoch eine Annäherung versucht, in einfach strukturierten, hauptsächlich lokalen und sicheren Märkten (insbesondere im gewerblichen Bereich), beschränkter Größenordnung (weniger als 50 Mitarbeiter) und hinreichendem Bieterwettbewerb im Einzelfall. Im Sommer 1992 zeichnete sich ab, daß ein Großteil der Kleinstunternehmen insbesondere in der Zentrale drohte, durch den *Betreuungsrost* zu fallen. Einerseits wurde wegen fehlender Unternehmenskonzepte und Finanzierungsbedürfnisse diesen Fällen in der täglichen Arbeit der Direktorate keine Behandlungspriorität beigemessen. Andererseits entstanden durch Abspaltung aus privatisierten Unternehmen und durch Entflechtung betriebsferner Bereiche täglich neue Einheiten. Dort, wo Management und Arbeitnehmer nicht aktiv Interesse an der Übernahme äußerten, blieb zunächst auch das Interesse der Treuhand-Direktorate gering. Während die Niederlassungen zwar ihren direkten Kontakt und Zugang auf der regionalen Ebene nutzten, auch die Fälle dieser Größenordnung schnell zu veräußern, blieb auch ihnen ein Restbestand an Kleinstunternehmen erhalten. Dieser sollte ab Mitte 1992 (zusammen mit dem der Zentrale) im Rahmen einer großangelegten und zentral betreuten Aktion (Treuhand Initiative Mittelstand) *unkompliziert* privatisiert werden.[211] Durch exakte Beschreibung des Angebots und seiner wesentlichen Bedingungen (u.a. Fortführung des Unternehmens bis 1996 ohne Veräußerung wesentlicher Vermögensgegenstände und Lasten- und Risikoverteilung) sollte der Informationsstand der Bieter auf einem hohen Niveau angeglichen und das Bietverfahren auf den Preismechanismus reduziert werden. Probleme, wie Multidimensionalität, asymmetrische Käufererwartungen und kollusives Verhalten waren bei diesen Betrieben gering und sollten per Dekret - wo vorhanden - vernachlässigt werden. Von unabhängigen Wirtschaftsprüfern wurden je Objekt Richtkaufpreise in zwei Konkretisierungsstufen geschätzt und zusammen mit dem Entwurf eines Standardvertrages (mit einfacher rechtlicher Struktur) veröffentlicht.[212] Komplizierte due diligence Notwendigkeiten und Pönalien sollten entfallen. Konditionen und Vertrag sollten als abschlußfähige Dokumente ohne Verhandlungen vorliegen (Zusammenlegen der Phasen 1, 2 und Vernachlässigung der Phasen 3 und 4). Die Treuhandspitze ging davon aus, daß eine Nacharbeit in den wenigsten Fällen erforderlich und gerechtfertigt war.

Diese Lösung kommt in der theoretischen Betrachtung einem vollständigem Vertrag (*complete contingent claims contract*) von allen Privatisie-

---

211 Vgl.: Treuhand-Grundsatzbroschüre Initiative Mittelstand, September 1992 und Richtlinien für das vereinfachte Verfahren zum Verkauf der Kleinunternehmen, 21.10.1992.

212 Die Veröffentlichung erfolgte in zwei Katalogen (August und November 1992). Der hohe Termindruck erwies sich für die Fertigstellung der Kataloge *Startschuß der Aktion* als hilfreich, nicht allerdings für deren Inhalte. Zum Teil mußten angebotene Objekte ohne Richtpreise oder durch Einstufung in eine Preiskategorie (A bis F) veröffentlicht werden. Damit fehlte der als zentral angesehene Orientierungspunkt für Treuhand und Investoren.

rungsverfahren am nächsten. Die Suche nach dem optimalen Mechanismus ist auf die Gruppe der *direct* (Bieter wird nach seiner Bewertung gefragt), *incentive compatible* (Bieter gibt aus Eigeninteresse seine wahre Bewertung ab) Auktionen beschränkt. Die Regelungsmechanismen sind minimal und dienen primär der Feststellung der Käuferqualifikation. Bereits die Suche nach einem in diesem Sinne erfolgreich privatisierten Unternehmen dokumentiert, daß die Erwartungen der die Umgebung zentral betreuenden Einheit nicht erfüllt wurden.[213] Der Teufel steckte -wie eigentlich zu erwarten war - im einzelfallbezogenen Detail.

Als Fall ausgewählt wurde hier die *Holzwerk und Parkettfabrik GmbH, Wittenhagen*. Dieser Betrieb bewegte sich mit einem ausgereiften und bekannten Nischenprodukt, einfacher Technik und beherrschbaren Prozessen in einem Markt mitgrundsätzlich positiven Gewinnerwartungschancen. Die privatisierende Einheit (NL Rostock) konnte zwar einen großen Interessentenkreis, aber keinen ansprechenden Bieterwettbewerb generieren. Die Vergabe erfolgte an eine Kombination aus MBO und MBI.

Einfacher Verhandlungsprozeß

Durch Lockern einiger Nebenbedingungen typischer Auktionen läßt sich eine zweite Methode konstruieren, die früh für eine größere Anzahl Unternehmen Anwendung gefunden hat; die öffentliche oder beschränkte Ausschreibung. Bei Ausschreibungen ist die zu leistende Vorarbeit ähnlich umfangreich wie bei einer Auktionierung. Sie erfordert eine genaue Festlegung und Beschreibung des Angebotes durch die Treuhand, um annähernd gleiche Informationen bei allen Bietern zu erreichen. Die Übernahmebedingungen sind allerdings nicht vorab in einem abschlußfähigen Vertrag festzuschreiben, sondern Teil des Bietverfahrens. Für die Treuhand war der Preis nur ein Kriterium neben Arbeitsplatz-, Investitionsgarantien und von *Konzept-* und *Investor-Qualität*. Sie mußte in der Lage sein, diese gegeneinander abzuwägen. Nach Abschluß des Bietverfahrens, das mehrere Runden umfassen konnte, mußten aber - als Konzession an den zugrundeliegenden idiosyn-

---

213 A-Interview mit A. Gjessing.

kratischen Verkaufsgegenstand - Verhandlungen mit dem oder den besten Bieter(n) geführt werden.

Das Bietverfahren allein wird (schaut der Betrachter durch die Theoriebrille) kein optimales Matching liefern, weil die potentiellen Käufer einerseits durch die Nachbesserungsmöglichkeit einen Anreiz zu strategischem Verhalten haben und zunächst ihre wahre Bewertung nicht preisgeben werden. Andererseits bleibt die Gewichtung der einzelnen Kriterien für Externe unklar und verursacht zusätzliche Unsicherheit. Die Vorteile des Verfahrens liegen also primär in der Erweiterung seiner Anwendungsmöglichkeiten auf nicht *idealtypische* Märkte. Grundsätzlich gilt es aber auch hier, die Größenordnung im Einzelfall zu beschränken. Marktlokalität oder Gewinnerwartungen spielen aber eine im Vergleich untergeordnete Rolle, weshalb auch der klassische industrielle Bereich stärker einbezogen werden kann.

Das Bietverfahren diente der Treuhand zur Generierung eines Investoreninteresses, deren Präqualifizierung und half ihr, die eigenen Bewertungsvorstellungen zu verifizieren. Im Idealfall ließ sich die Verhandlung auf die Vertragsschließung mit dem besten Bieter auf Basis dessen Gebotes reduzieren (Zusammenlegen der Phasen 1 und 2 unter Betonung der Phase 3 und Vernachlässigung der Phase 4). In der Regel lagen Erwartungen und Möglichkeiten der potentiellen Käufer - ausgedrückt in ihren Geboten - aber zahlenmäßig und inhaltlich unter den Erwartungen der Treuhand. Die Treuhand mußte dann mit mehr als einem Bieter in die Verhandlungsrunde gehen, um sich strategische Spielräume zu erhalten. In überschaubaren Investorenmärkten mit abgrenzbaren Einheiten, die unabhängig vom allgemeinen ostdeutschen Wohlstandsniveau regionale Märkte bedienten (Nahrungs- und Genußmittel, Bauhaupt- und -nebengewerbe, Handel, erste Verarbeitungsstufe, Energie), versprach die Direktansprache ebenso gute Ergebnisse. Und bei sofortigem regem Interesse konnte sich die Treuhand sogar zurücklegen und passiv Anfragen sammeln. In jedem Fall wurde dem Verhandlungsprozeß primäre Bedeutung zur Erreichung der eigenen Ziele beigemessen. Es empfiehlt sich daher, diese Gruppe analytisch als Einheit zu betrachten. In der bilateralen Interaktion wurde ausgehandelt, wer den Zuschlag erhält. Die Verhandlungspartner besaßen gestalterische Freiheitsgrade. Die Flexibilität wurde allerdings erkauft mit einem höheren Zeitaufwand und angreifbarer Intransparenz der Entscheidung (-sfindung).

Stellvertretend soll die Privatisierung *der Sächsischen Quarz Porphyrwerke GmbH* (mittlere Größe, zahlreiche Standorte mit jeweils lokalem, wachsendem Markt, ausgereifte Produkte mit unterschiedlicher Gewinnerwartung, positiver Kaufpreis) durch das zuständige Direktorat in der Zentrale (U6 BS) untersucht werden. Wegen des starken Wettbewerbs konkurrierender westdeutscher Oligopolisten wurde das Unternehmen durch Unterstützung externer Berater im Rahmen eines parallel angelegten Verfahrens zusammen mit anderen dieses Marktes veräußert (zugeteilt).

Komplexe Interaktion

Nimmt die Komplexität der Märkte zu und spielen Probleme wie Multidimensionalität, asymmetrische Käufererwartungen und opportunistische Ausbeutung eine berücksichtigungswürdige Rolle, gewinnen die Phasen 3 und 4 an Gewicht. Können aus der Notwendigkeit der Privatisierungssicherheit heraus nur vollständige Verträge geschrieben werden, versprechen die Festlegung von spezifischen Kontrollrechten und die Einrichtung einer auch über den Tag des Eigentumsübergangs hinaus interagierenden *Institution* zu deren Handhabung wiederum Öffnungsmöglichkeiten. Werden getroffene Vereinbarungen nicht eingehalten, können diese punktuell an die geänderten Erwartungen angepaßt werden. Die Chancen einer Vertrauensetablierung sind dem Wesen des Vorgangs nach gering. Können solche Maßnahmen nur einseitig Wirksamkeit erlangen, sind sie nicht geeignet, grundsätzlich Opportunismen zu beseitigen.

Die Treuhand mußte in diesen Fällen stärker auf individuelle Investorenmotive und -erwartungen eingehen. Es ging dann zunächst um eine angebotsorientierte Privatisierung, die durch das Bemühen gekennzeichnet sein mußte, die Menge der Ressourcen aus ihrer ererbten Struktur zu lösen und Angebote zu formulieren, von denen erwartet werden konnte, daß sie in dieser Form oder nur in dieser Form einen Käufer finden.[214] Die Generierung eines ausreichenden Bieterwettbewerbes scheiterte i.d.R. daran, daß Angebotsorientierung ohne Angebote nur schwer gelingen konnte. Häufig stand bestenfalls am Ende von Verhandlungen fest, was Gegenstand des Verkaufs war. Die Treuhand mußte dennoch versuchen, einen möglichst großen Interessentenkreis anzusprechen. Je nach Überschaubarkeit des Marktes hat sie auch Ausschreibungen zur Nachfragebelebung herangezogen. Wohlwissend, daß ein Matching zunächst die Definition des zu verkaufenden Objektes voraussetzte. Der Kaufpreis selbst spielte eine untergeordnete Rolle. In einer Welt negativer Verkaufspreise (i.s. des Nettoerlöses) auf der einen Seite, mußten folglich auf der anderen Seite Verpflichtungserklärungen als Signal der Ernsthaftigkeit abgegeben werden.

"Es war klar, daß diese Verpflichtungserklärungen (Arbeitsplätze, Investitionen, Unternehmenskonzept; Anm. d. Verf.) allein bei seriösen Erwerbern, die eine Ruf zu verlieren hatten, Sinn machte. Nur bei ihnen löste der Druck von Verpflichtungen ausreichende Kosten aus."[215]

Diese Situation stand zusätzlich unter dem Einfluß öffentlichen Mißtrauens (oftmals geschürt durch unterlegene Bieter). Der aufkommende Rechtfertigungsdruck verlieh der Entscheidung und der Kontrolle der Vereinbarung eine zusätzliche Dimension. Verhandlungen und Vertragsschließung (Phase 2 und 3) mußten sorgfältiger und zeitintensiver behandelt werden. Dabei bewegten sich die Treuhand-Akteure auf dem dünnen Entscheidungs- und Beurteilungspfad zwischen *Verscherbeln* einerseits und *zu Tode verhandeln* andererseits. Auch die Betonung des Vertragsmanagements (Phase 4) konnte Einzelaspekte der Gegenstandsdefinition selbst nicht hinauszögern. Rückfallklauseln waren als Mittel der Sanktionierung ungeeignet, weil nach dem Eigentumsübergang Anpassungen durch die Investoren vorgenommen wurden (das war ja das eigentliche Ziel der Privatisierung), die einer Herstellung des Ausgangszustands und einer Neuveräußerung im Wege standen. Hatte die Treuhand ihre *Investitionen* einmal getätigt, waren

---

214 Vgl.: Schmid-Schönbein/Hansel (1991), *Die Anpassung von Unternehmen im Prozeß der Privatisierung - Das Beispiel der Bundesrepublik Deutschland*, S. 8f.

215 Ebd., S. 7.

lediglich in Einzelfragen Vereinbarungsanpassungen möglich (lock in Effekte). Zudem würden diese, wegen ihrer eigenen Entfernung zum Unternehmen, hauptsächlich von dem Interesse der Investoren ausgehen. Das Vertragsmanagement mußte sich neben der Inkraftsetzungs- und Erfüllungskontrolle als Ansprechpartner und Dienstleister verstehen, der über vertrauensbildende Maßnahmen im eigenen Interesse weiter interagieren konnte und in, für die Unternehmen nachweislich kritischen Situationen (ohne Netz und doppelten Boden) das selbstgeknüpfte Beziehungsgeflecht der Treuhand zum Auffangen zur Verfügung stellen konnte.

Aus den Fällen *nachfrageorientierter* komplexer Privatisierungen soll die *Elpro AG, Berlin* untersucht werden. Trotz annähernd ausgereifter Technik und vorhandener Mitarbeiterqualifikation konnte kein Investoreninteresse westdeutscher oder ausländischer Interessenten aus dem gleichen Feld generiert werden. Das Asset des Großunternehmens (unsichere Gewinnerwartungen aus dem Produktprogramm bei internationalem Verdrängungswettbewerb) lag hauptsächlich in seinem Immobilienbesitz, der vor der Privatisierung im Wege eines MBI abgespalten wurde. Insofern steht es hinsichtlich seiner Ausgangssituation stellvertretend für eine Reihe von Unternehmen dieser und anderer Branchen, bei denen die Treuhand unter gespannter politischer und öffentlicher Aufmerksamkeit Chancen und Notwendigkeiten sorgfältig interaktiv eruieren mußte.

Joint residual Control (Privatsierung an Akteurs-Gruppen)

Während Minderheitsbeteiligungen der Treuhand eher als Sünde denn als Segen galten, gewann der Versuch, beispielsweise die Länder in die Verantwortung zu nehmen, wachsende Bedeutung auf der Privatisierungstagesordnung. Dennoch kann nichts darüber hinwegtäuschen, daß das Verhältnis von Unerwünschtem zu Erwünschtem eher gegen Unendlich als gegen Null tendiert. Klammert man all die Fälle aus, bei denen die Treuhand Beteiligungen zurückbehalten hat, um unklare Restitutionsansprüche später ggf. befriedigen zu können, kehrt sich diese Relation nicht um. Nimmt man andererseits den Einwand ernst, die Treuhand könne (wie bereits ausführlich dargelegt) aus ihrer überforderten Organisation heraus in der täglichen Arbeit keinen entscheidenden Beitrag zur Wahrnehmung ihrer Rechte aus dem Eigentum leisten, konzentriert sich die Betrachtung hier auf andere Akteursgruppen, die in ihrem Interesse aktiv werden. Diese Fälle sind rar. Denn hier geht es nicht um die Einbringung von Netzwerken allein oder die Kommunikation von Forderungen, an denen sich das Handeln anderer ausrichten soll, sondern um die Übernahme von Eigentumsrechten i.S. wirksamer, residualer Verfügungs- und Kontrollrechte.

Aus der theoretischen Sicht konnte sich die Treuhand bei Aufgabe aller residual rights of control aus der damit verbundenen Verantwortung (hauptsächlich subventionierender Natur) exkulpieren, ohne ihre Regelungsinteressen gänzlich untergehen zu sehen, wenn es ihr gelang, Nachfolger ihrer Ideen zu identifizieren. Fehlten ihr als zentraler Institution dazu Ressourcen und Wissen, mußte sie auf externe Impulse reagieren. Daran fehlte es ihr insbesondere in den Fällen nicht, in denen sich privatwirtschaftliche Lösungen nicht abzeichneten, aber die wirtschaftlichen Strukturen ganzer Regionen auf dem Spiel standen. Auch nach einer Entflechtung kleinerer Bereiche sah sie sich Strukturen gegenüber, deren Kernunternehmungen weder in ihrer Größe, noch in ihrem Produkt-/-ionsprogramm attraktive Übernahmekandidaten darstellten (Werften, Stahl, Kohle, Chemie, Mikroelektronik, große Teile des Maschinenbaus etc.), zu einem Teil also Industrien, deren Strukturwandel auch im Westen durch Subventionen gebremst wurde; zum anderen solche, die auch ohne staatliche Unterstützung Anpassungen an Überkapazitäten vornehmen mußten. Ein Interesse westdeutscher Anbieter war i.d.R. nur dort auszumachen, wo die Kapazitätserhaltung durch Treuhand, Staat oder einen Konkurrenten aus dem Ausland drohte. Die Banken verhielten sich aus genannten Gründen zurückhaltend. Institutionen, als Anwalt struktur- oder arbeitsmarktpolitischer Interessen, waren dagegen an Erhaltung und Modernisierung - nicht aber an einer Eigentümerverantwortung - schon deshalb lautstark interessiert.

Es ist fraglich, ob letztere eine gute Ausgangssituation für die Verzahnung von Privatinteressen mit denen staatlicher und öffentlicher Institutionen darstellt. Der zahlenmäßig geringe Erfolg des Modells läßt eine erste Schlußfolgerung zu. Diese grundsätzlichen Interessensbarrieren konnte die Treuhand versuchen, über erhebliche Subventionierung eines Verbundes und die Erzeugung von Handlungsdruck bei den potentiellen Partnern zu überwinden. Kaufpreissubventionierungen galten auch in anderen Fällen nicht als tabu. Handlungsdruck erzeugte sie schon durch ihr erklärtes Scheitern bei der Sanierung und ihrem darauf ausgerichteten Selbstverständnis und Verhalten. Gemildert wurde dieser dann aber wieder durch die Erkenntnis, daß der Grat zwischen Zerstörung und Zementierung schmal war und zumindest temporär gefahrloser in Richtung Zementierung verlassen werden konnte.

Die Beispiele einer Eigentumsverzahnung sind auch deshalb spärlich, weil die Bewältigung der Transformation an ihren Schaltstellen mit westdeutschen Akteuren und Verhaltensweisen besetzt war (und ist), die gleichermaßen für Ost und West Position beziehen mußten.

"Die Situation ist paradox. Einerseits gibt es durchaus Raum für Erfahrungen, aus denen sich neue Konzepte schöpfen ließen. Andererseits werden diese Erfahrungen politisch so verkümmert, daß sie Verwirrung und Unsicherheit schaffen und kaum programmatische Orientierung stiften können."[216]

Abgesehen von der Prägung der Erfahrungen einzelner zentraler Entscheidungsträger im westdeutschen Kontext, blieben eigentlich nur die Landesregierungen und Kommunen als gewählte Vertreter rein ostdeutscher Interessen. Die Versuche der Länder, über die Anwendung ihres Förderinstrumentariums, einschließlich der Gründung von Investitionsbanken und weitgehend gescheiterten Fondslösungen, Unterstützung zu leisten, mußten für die hier angesprochenen Probleme und i.S. der theoretischen Erörterung Stückwerk bleiben. Eine bereits bei der Privatisierung der Werftstandorte angedachte und später umgangene Beteiligung der öffentlichen Hand wurde in Form einer Landesbeteiligung bei der Privatisierung der *Jenoptik Carl Zeiss Jena GmbH* realisiert.

An diesem Fall soll einerseits die Verflechtung unterschiedlicher Interessen bei der Entwicklung des Arrangements betrachtet werden. Andererseits wird untersucht, welchen Beitrag unterschiedliche Akteursgruppen (THA, Land, Westinvestor, Management vor Ort und externes Management) in der täglichen Arbeit bei der Umstrukturierung und Modernisierung des Konglo-

---

216 Kern/Sabel (1992c), *Branddüngung*, S. 2.

merats (komplexe Produkte und Prozesse, internationales Oligopol) leisten und ob sich hierin ein System autonomer Kontrolle identifizieren läßt. Der Pfad des Eigentumübergangs war, wie in den meisten Fällen dieser Gruppe, weitgehend eingeengt. In der Betrachtung des Stufenmodells erlangt die Stufe 3 entscheidende Bedeutung, während das Vertragsmanagement der Treuhand (Stufe 4) in vergleichsweise loser Beziehung zu den neuen Eigentümern stehen sollte.

Learning by monitoring (Privatisierung der Umstrukturierung)

Bei Lockerung der Nebenbedingung einer Eigentumsverzahnung öffnet sich der Raum möglicher Lösungen durch ein learning by monitoring auf vielfältige Kooperationsmodelle. Abgesehen von der Notwendigkeit der Eigentumsabgabe durch die Treuhand bleiben allerdings zahlreiche der oben genannten Restriktionen bestehen. Die Grundkonstellation von regional bestimmenden Unternehmen/ Strukturen, deren Erhalt erwünscht, aber deren zukünftige Ausrichtung fraglich ist, bleibt die gleiche. Ebenso gleichgerichtet verläuft das Interesse der unterschiedlich beteiligten Akteure.

Interessant im Hinblick auf die Bewältigung des Restbestandes an Treuhand-Unternehmen sind jene, denen weiterhin in THA-Besitz über neue Monitoring-Lösungen Raum zur Entfaltung und zum Lernen, jenseits des allgegenwärtigen Privatisierungsdrucks, gegeben wurde. Aus den wenigen Beispielen dieser Gruppe, die später im Rahmen der Gesamtbeurteilung der Treuhand-Strategie noch einmal aufgegriffen werden, sollen im folgenden Kapitel [2.] die *Management-Gesellschaften (MKGen)* untersucht werden. Die Treuhand hat nach zwei Jahren Privatisierungserfahrung aus der Erkenntnis heraus, daß einige Unternehmen kurzfristig nicht privatisierbar oder nur unter schmerzhaften Zugeständnissen oder zu ihrem Nachteil privatisierbar sind, diese Institutionen ins Leben gerufen. Die Vorteile dieser Lösung liegen in der Privatisierung der von der Treuhand vernachlässigten Sanierungsaufgabe bei Rückbehalt des Eigentums. Die Treuhand verlagert das Monitoring auf Privatunternehmer, die über ein Anreizsystem gesteuert den Treuhandinteressen, über einen längeren Zeitraum als sie es selbst kann, Rechnung tragen sollen. Die Gegner dieser Lösung sehen in ihr ein Ausweichmanöver und damit lediglich eine Weiterführung der Treuhandpolitik mit anderen Mitteln. Erreicht würde zwar eine Erhöhung der Betreuungsrelation und damit die Nähe zum Objekt, an den Budgetrestriktionen selbst, die ja die Anreizdefizite mildern sollen, ändere sich aber auf diese Weise nichts.

Andererseits können ihre Befürworter ins Feld führen, daß ihre intermediäre Stellung den MKGen eben die Wirkung verleiht, die zur Bewältigung der Realanpassung komplexer und schwieriger Fälle erforderlich ist.

Die Einordnung dieses Arrangements in das Stufenmodell wirkt in gewisser Weise künstlich. Dennoch ließe sich sagen, daß die Aufgaben der Treuhand auf eine, dem Vertragsmanagement ähnliche, Betreuung (Stufe 4) konzentriert werden. Bei ihr verbleibt eine kontrollierende, wie serviceorientierte Funktion, während sie die Stufen 1 bis 3 in eine neue Organisation auslagert. Anders als in den vorgenannten Fällen orientiert sich die Untersuchung hier entsprechend an der Beschaffenheit dieser Organisation, an ihrer Einbettung in das institutionelle Umfeld und an der Bewältigung ihrer Aufgabe im Kontrast zu deren Wahrnehmung durch die Treuhand. Es läßt sich vermuten, daß insbesondere Einbettung und Aufgabenbewältigung von den von der Treuhand engagierten Managerteams geprägt wird. Daher empfiehlt es sich, die Untersuchung nicht auf eine KG zu beschränken, sondern diesem (wie allen anderen Aspekten) breit angelegt zu begegnen.

2. Empirische Analyse der Privatisierungspraxis

Das Strukturieren der Arrangementgruppen auf der Grundlage des theoretisch Erarbeiteten und praktisch Beobachtbaren erweist sich als lösbare Aufgabe. Auch läßt sich deren Abgrenzung durch Hinzuziehung der genannten diskriminierenden Charakteristika vornehmen. An dieser Stelle versandet aber bereits ein Teil der Logik. Das Mit- und Gegeneinanderwirken dieser Faktoren auf unterschiedlichen Ebenen verklärt in der Praxis die fallimmanente Rationalität. Deutliche Abgrenzungen gelingen nur dort, wo alle Charakteristika gemeinsam gleichgerichtete Extremausprägungen annehmen. Zudem ist noch unklar, ob die entscheidenden diskriminierenden Faktoren überhaupt identifiziert wurden. Die Überblicksrecherche und der Versuch einer Zuordnung von Fällen zu grob definierbaren Gruppen nähren bereits die Vermutung, daß analytische Erwartung und praktisches Vorgehen nicht überall gleiche Ergebnisse erwarten lassen.

Die Fallauswahl hat sich nicht auf die Fälle konzentriert, die sich analytisch zweifelsfrei einer Gruppe zuordnen lassen und dann auch entsprechend von den Treuhand-Akteuren behandelt wurden. Statt dessen handelt es sich um solche, die hinsichtlich bekannter und möglicher neuer Faktoren erklärende Kraft in der Breite des Spektrums besitzen können. Die Entdeckung zentraler Faktoren und im wissenschaftlichen Sinn typischer Konstellationen setzt ein anderes Vorgehen voraus.

Dieser Text versucht sich der Treuhand-Privatisierungspraxis auf beschreibende Weise zu nähern. Auf diesem Weg lassen sich retrospektiv und grundsätzlich Anwendungsmöglichkeiten der Firmentheorie auf Privatisierungsaufgaben untersuchen. Der Komplexitätsgrad der Arrangements ist in jedem

Fall so hoch, daß eine Untersuchung ihres Zustandekommens und ihrer Merkmale an wenigen Einzelfällen präzisere Ergebnisse liefern wird als breit angelegte Studien mit zwangsläufig hohem Aggregationsgrad. Die Frage der Verallgemeinerungsfähigkeit und -würdigkeit dieser Ergebnisse ist hingegen schwerer zu beantworten. Folgt man allerdings der These, daß nicht "structure follows strategie" (oder umgekehrt), sondern Strategie und Strukturen erst durch die Aneinanderreihung von Einzelfällen zusammen Gestalt annehmen, empfiehlt sich dieses Vorgehen auch für den Untersuchenden.
Aufbau und Bearbeitung der Fallstudien in diesem Abschnitt orientieren sich an diesen Zielen. Ihre Grundstruktur entspricht derbereits erwähnten Stufeneinteilung der Arrangements: 1. Erzeugung eines Bieterwettbewerbs, 2. Auswahlmechanismus/ Qualifizierung, 3. Vertragsverhandlung/-schließung, 4. Vertragsmanagement.

Vorausgeschickt wird eine Betrachtung der Ausgangssituation (Faktorenausprägung), die Ansatzpunkt einer analytischen Zuordnung zu einer Gruppe und Stufengewichtung wäre. Die Beschreibung der Aktivitäten innerhalb des Stufenmodells läßt neben der Lernerfahrung an einem konkreten Fall eine Wertung von vermutlichem Auseinanderfallen von Theorie und Praxis zu. So lassen sich aus dem Profil eines jeden Falles Aussagen über Limitationen, Spielräume und mögliche Spuren erfolgsversprechender Arrangements entwickeln.

Den Sonderlösungen wächst auch hinsichtlich ihrer Ergebnisbeurteilung eine Ausnahmestellung zu. Sowohl für den Restbestand schwer privatisierbarer Unternehmen der Treuhand als auch für komplexe Monitoring-Probleme anderer Transformationsvolkswirtschaften können Hinweise grundsätzlicher Art erwartet werden. Die Grundstruktur dieser Studien wird wegen ihrer Sonderstellung variert und nicht dem allgemeinen Muster folgen.

2.1. Quasiauktionen - Die Privatisierung der Holzwerk und Parkettfabrik Wittenhagen GmbH

Die Einführung von *Quasiauktionen* im Rahmen der Initiative Mittelstand ab Mitte 1992 kennzeichnet den Versuch der Treuhand-Zentrale, aus der (vermeintlichen) Lückenhaftigkeit ihrer Vorgehensweise zu lernen. Ähnlich den Management-Gesellschaften entwickelt als ein Instrument der dritten Privatisierungswelle[217] - allerdings für die *andere Seite* des Restbestandes - sollten sie primär der schnellen Veräußerung der immer noch großen Gruppe übriggebliebener Kleinstunternehmen und Betriebsstätten dienen. Die Richtung des Lernens verband sich mit der Erkenntnis, daß ein gezielter Verkauf mit Auflagen zwar grundsätzlich der Komplexität und Unsicherheit auch kleiner Betriebe angemessen sei, eine Abkehr von diesem Prinzip aber aus praktischen Abbau-Erwägungen heraus dort weniger schmerzlich sei. Weder war das Lernen Bestätigung der Auktionstheoretiker, mit den von ihnen favorisierten Verfahren bessere Ergebnisse erzielen zu können, noch war es geleitet von den praktischen Erfahrungen der selbstbewußten operativen Einheiten. Daher mußte die zentrale Willensbekundung insbesondere die Akteure in den Niederlassungen verwirren. Einerseits versorgt mit einem Instrument, das versprach Schnelligkeit aufrechtzuerhalten, forderten ihre Erfahrungen auf der anderen Seite bei Kleinstunternehmen, wie sonst auch, die Interaktion zwischen Treuhand und Investor. Anders als bei den später in diesem Buch diskutierten größeren Fällen der Zentrale, bei denen die Treuhand schon wegen der eigenen Unsicherheit Interesse an der Interaktion hatte, nahmen ihre regionalen Dependencen ihre Aufgabe bei kleinen Betrieben im Sinne eines Investorenschutzes wahr. Ging es ihnen in diesen Fällen um mittelständische Existenzgründungen und nicht um Immobilienverkäufe, konnten sie bei einer Auktionierung ihrer *Beratungsfunktion* nicht nachkommen.

---

217 Dieser Begriff knüpft an die vorangestellte Erörterung an. War die Privatisierung in ihrer ersten Phase eher nachfrageorientiert und ungeordnet (*Windhund-Prinzip*), in ihrer zweiten Phase stärker angebotsorientiert (gezielter Verkauf mit Auflagen), sollten ab dem Frühjahr 1992 für definierte Gruppen außerhalb des "normalen" Angebotsbestandes (z.B. besonders kleine oder besonders schwierige) neue standardisierbare / übertragbare Arrangements gefunden werden. Insofern liegt der hier betrachtete Fall (wie die Management-Gesellschaften auch) auf der Zeitachse hinter den im folgenden diskutierten. Seine Untersuchung wird dennoch an den Anfang gestellt, weil nicht die Chronologie, sondern die Inhalte die Ergebnisse (in diesem Teil des Buches) ordnen sollen.

Woran der großangelegte Versuch (sich einer Auktionierung zu bedienen) letztlich gescheitert ist, an dem Sträuben der Privatisierer, der Hast der Zentrale oder an seiner praktischen Undurchführbarkeit, wird die Betrachtung eines Falls allein nicht erhellen können. Dennoch finden sich in seiner Kontur und seinem Scheitern allgemeinere als einzelfallbezogene Hinweise zur Privatisierungspraxis und ihrer Entfernung zur theoretischen Modellhaftigkeit.

Ausgangssituation - Vernachlässigt bei der Sanierungsbegleitung

Mit der Veröffentlichung des ersten Katalogs der Initiative Mittelstand Ende August 1992 wurde ein letzter Versuch unternommen, den als grundsätzlich sanierungsfähig und -würdig eingestuften Betrieb zu privatisieren. Die Holzwerk und Parkettfabrik Wittenhagen GmbH (HWP) war einer von 30 in der Niederlassung Rostock verbliebenen privatisierbaren Betriebe (von ehemals 320), für die innerhalb von drei Monaten eine Lösung gefunden werden sollte. Gelang dies nicht, konnte die NL ihre eigene Planung nicht einhalten, als vierte der insgesamt fünfzehn geschlossen und in eine Geschäftsstelle umgewandelt zu werden. Trotz des Zeitdrucks fand die Initiative der Berliner Zentrale keine Zustimmung bei den Vor-Ort-Privatisierern in Rostock, und es wurden nur acht Betriebe in den Katalog aufgenommen.[218]

War die HWP anfänglich mangels Interesse der Investoren, aber als grundsätzlich unkritisch eingestuft, auch von den operativen Treuhand-Akteuren vernachlässigt worden, scheiterte im Januar 1992 (nach fast zwei Jahren Begleitung) ein erster ernsthafter Privatisierungsversuch über eine internationale NL-Ausschreibung.[219] Zwar hatten sich daraufhin fünf Interessenten gemeldet, von denen aber nur einer (der einzig branchennahe) ein verhandlungsfähiges Angebot machte, das sich später allerdings als von ihm nicht finanzierbar herausstellte. Der lange Zügel der Treuhand erwies sich auch in Wittenhagen einer zukunftsorientierten Umstrukturierung abträglich Erst Mitte 1992 hatte die Betreuungsvernachlässigung ein Ende, als die

---

218 A-Interview mit H. Roscher, ehem. Privatisierungsdirektor der NL Rostock.

219 Für 43 von 110 Unternehmen (Restbestand) gab es zum Jahreswechsel 1992 in Rostock keine oder nur mäßige Resonanz auf dem Investorenmarkt. Sie wurden in einer als insgesamt sehr erfolgreich (Aufmerksamkeit) gewerteten internationalen Ausschreibung (Deutschland, England, Frankreich, Skandinavien) angeboten.

Niederlassung einen ihrer Berater als Geschäftsführer dort einsetzte. Er sollte innerhalb des nun eng gewordenen Zeitrahmens das Sägewerk und den angegliederten Parkettbetrieb auf marktwirtschaftlichen Kurs ausrichten und für potentielle Käufer interessanter machen.

"Wir haben seit Generationen ein Produkt und wir haben einen Markt und damit die wichtigsten Voraussetzungen für ein gut funktionierendes Unternehmen."[220]

Seit 1928 fertigte der Betrieb (später als VEB im Kombinat Schnittholz und Holzwaren Rostock) Schnittholz, Schwellenholz und Parkettholz für einen weitverzweigten internationalen Kundenstamm. In zahlreichen renommierten Kulturhäusern stammen die "Bretter, die die Welt bedeuten" aus der ostdeutschen Provinz.[221] So beeindruckend die Liste der Referenzen ist, so wenig war sie geeignet, den Absatzeinbruch des ehemals größten Parkettherstellers der DDR 1990 bis 1992 zu verhindern. In diesem seltenen Fall hatten die Ostdeutschen zwar kein Qualitätsproblem. Technik und Prozesse (Sägen, Vorbehandeln, Veredeln) waren beherrschbar. Mit dem Öffnen der Währungsgrenze hatte sich ihr Kostenvorteil aber in einen Nachteil umgekehrt. So ging der traditionell hohe Exportanteil weitgehend verloren und damit auch der bedeutende Inlandsmarkt mit einem schnell wachsenden Bausektor. Dem Haupt-Kostentreiber *Lohnanstieg* (bei material- und lohnintensiver Fertigung) hatten die zaghaften Personalanpassungen nichts entgegenzusetzen. Dadurch gewannen additive Strukturprobleme, aus veralteten Anlagen, hohen Durchlaufzeiten und einem rationalisierungsbedürftigen Materialfluß, im Hinblick auf den Produktivitätsrückstand multiplizierende Wirkung.

Die zahlreichen nach der Wende eingesetzten Geschäftsführer hatten sich die Klinke gegenseitig in die Hand gegeben, ohne sich - jenseits des Treuhand-Einflusses - konsequent der zwei wichtigsten Aufgaben der Umstrukturierung anzunehmen: der schnellen Kapazitätsanpassung bei gleichzeitiger, intensiver Marktbearbeitung. Trotz halbierter Absatzmenge

---

220 D. Günther, Geschäftsführer der HWP, in: Wirtschaftswoche 49/92, S.3..

221 Das Parkett aus Wittenhagen liegt u.a. aus in der Berliner Philharmonie, der Beethovenhalle (Bonn), der Finnlandhalle (Helsinki), der Mailänder Scala und dem Kreml.

nahm der Personalbestand (141 am 1.7.1990) einerseits bis Ende 1991 um lediglich 35 Mitarbeiter ab. Andererseits hatten die wenigen Vertriebsmitarbeiter die Verteidigung der Marktsegmente 1991 nicht gewährleisten können. Wie sollten sie in der Folge für eine Wiedergewinnung verlorener Marktsegmente oder gar eine Ausweitung / Hinzugewinnung neuer sorgen? Weder fanden die Unternehmensleiter darauf eine qualitative Antwort, noch intensivierten sie die quantitative Bearbeitung der Märkte. Folglich stand der Betrieb nach zwei Jahren *Treuhand-Begleitung* trotz vielversprechender Produkte und erstklassiger Mannschaft weitaus schlechter da als beim Übergang in die Marktwirtschaft.

Privatisierung - Bieterwettbewerb als Auswahlmechanismus?

Der von der Niederlassung im Juli 1992 als Geschäftsführer eingesetzte West-Berater hatte die Aufgabe, den Betrieb durch *Verschlankung* schnell auf eine wettbewerbsfähige Größe zu bringen, die außerdem, allein aus Gründen der Überschau- und Finanzierbarkeit, einen größeren Interessentenkreis ansprechen würde. In der Verkaufsplanung der Niederlassung, eigentlich für einen Privatisierungstermin im November des Jahres vorgesehen, beschleunigte der Wunsch der Zentrale das Procedere auf unerwünschte Weise. Beides mutet - jedenfalls für den externen Betrachter - ungewöhnlich an. Einerseits war der Betrieb durch Vernachlässigung in der Betreuung für Investoren offensichtlich unattraktiv und sollte dennoch, ohne bis dato bekannten Interessenten, zu einem im voraus festgelegten Termin privatisiert werden (NL-Planung). Andererseits sollte ausgerechnet eine *Quasiauktionierung*, deren Funktionsfähigkeit Interesse voraussetzt, als Beschleunigungs- und Auswahlmechanismus fungieren (Zentrale). Vertraute also die eine Seite auf ihren Erfolg, wenn sie sich nur entsprechend Mühe gäbe, verlor die andere Seite für die Gesamtheit ihrer Kleinunternehmen das Zutrauen zu ihren Instrumenten. Schnelligkeit sollte dort absolute Priorität haben, wo Investorenauflagen, den Keim mittelständischer Lösungen zu ersticken drohten. Wurden entgegen üblicher Handhabung nun Gebote auf den Preis reduziert, bestand aber die Gefahr, daß in Fällen, bei denen Interesse nicht für das Geschäft, sondern nur für Immobilien bestand, das Verfahren *ad absurdum* geführt wurde. Also sollten die Käufer mit dem Zuschlag verpflichtet werden, den übernommenen Betrieb bis mindestens Ende 1996 fortzuführen. Der Verzicht auf Pönalien sollte außerdem das Konzept (und seine Beurteilung) nicht ersetzen. Nun aber stellte sich die Frage, worin die Vereinfachung noch läge. Die Quasiauktionierung sollte die Interaktion ersetzen, forderte aber Privatisierern wie Investoren Einschätzungen ab, die nur durch Aushandlung gewonnen werden konnten. Die Hast der Einführung des neuen Instruments sorgte zusätzlich dafür, daß die hinzugezogenen, externen Wirtschaftsprüfer für einen Teil der Unternehmen keine (verläßlichen) Richtpreise schätzen konnten. Übrig blieb, mit dem Katalog ein Marketinginstrument, das Signal an die Investoren, alles müsse nun schnell gehen, und eine Reihe Unsicherheiten, die auf anderem Wege ausgeräumt werden mußten.

Die Probleme, die bei der Holzwerk und Parkettfabrik GmbH durch Verfahrensänderung umgangen wurden, sollen an dieser Stelle beispielhaft diskutiert werden, um sowohl den Umweg in dem hier betrachteten Fall als auch das weitgehende Scheitern des Instruments verständlich zu machen. Dort, wo Richtpreisfestlegungen durch Wirtschaftsprüfer vorgenommen wurden, waren sie aus Zeitgründen (und aus der Branche eigenen Vorsichtsprinzipien) *vorläufig*. Konnten die Berater den Unternehmensstatus (Bilanz) nicht garantieren, konnte auch die Treuhand in den Verträgen - wie sonst üblich - keine Bilanzgarantie abgeben. Die vereinfachten Standardverträge delegierten folglich unternehmerisches wie bilanzielles Risiko auf die Investoren. Auch Kleinstunternehmen sind aber idiosynkratische Güter, die (in einer schwer überschaubaren Situation) Abgrenzungsprobleme und Risiken aus dem Verwendungszweck in sich bergen, denen ein Bietverfahren nicht ausreichend Rechnung trägt. Seriöse Erwerber mußten daran interessiert sein, ihre eigenen Informationen mit denen der Treuhand abzugleichen und zu einem gemeinsamen Status zu verschmelzen, der Sicherheit versprach. Nach zwei in der Niederlassung Rostock gescheiterten Versuchen, Betriebe nach dem vereinfachten Verfahren zu privatisieren, wurde dort die Aufweichung dieser Methode beschlossen. Sie verkam zu einer Ausschreibungsvariante mit höherem Informations-Detailgrad in der Publikation und kürzerem Zeithorizont. Der Objektgröße war dies vielleicht nicht unangemessen. Außer in ihrer Beschleunigung und größeren Flexibilität ist sie aber

Holzwerk und Parkettfabrik GmbH

Produkte:
Schwellenholz, Parkettholz, Schnittholz

Umsatz:
1991: 4.990 TDM
1992: Planumsatz 5.605 TDM

Mitarbeiterzahl:
Stand 1. Juli 1992: 81
Gewerbe: 64 davon 6 Azubi
Verwaltung: 11

Maschinenbestand:
zufriedenstellend bis gut; teilweise neue Maschinen; Sägewerk; Trockenkammern; Maschinen teilweise westlicher Standard (Blockbandsäge, Parkettanlagen)

Absatzstruktur:
regional; neue Bundesländer überwiegen bei weitem; erster Versuch in alte Bundesländer startet in Bremen

Vertriebssystem:
über Fachbetriebe, Parkettverleger; über Großhandel; derzeit wird neues Vertriebsnetz (auch über Händler) aufgebaut; teilweise Umschulung der eigenen Mitarbeiter

Betriebsnotwendige Immobilie:
Gebäude: Nutzung der bestehenden Gebäude problemlos und absolut ausreichend
Grundstück: Grundstück oben mit Gleisanschluß; sehr große Fläche (75.000 m²) gestattet großzügigen Neubau bei gleichzeitiger Beibehaltung der bestehenden Gebäude

Besonderheiten · Anmerkungen:
umfangreicher Lagerbestand an Rohfriesen (90.000 m²), Referenzobjekte Parkett: Kreml und Mailänder Scala; Neuer Geschäftsführer seit Mitte Juli bewirkt starke Mitarbeitermotivation; günstige Lage des Unternehmens zwischen Stralsund, Grimmen, Greifswald, Demmin, Berlin; Ist-Umsatz per 30.6.92: 2.229 TDM

Richtpreis Unternehmen:
162 TDM
darin enthalten betriebsnotwendige Immobilie
und nicht betriebsnotwendige Immobilie

Holz

THA-Nr.
10210

Adresse:
Am Bahnhof
O-2321 Wittenhagen
bei Stralsund

Mecklenburg-Vorpommern

Zuständige Einheit in der Treuhandanstalt:

NL Rostock
Wilhelm-Külz-Platz 2
O-2500 Rostock

Privatisierer:
Herr Dr. Kris

Telefon:
03 81 - 4 56 92 62/151

Abb. 22: Veröffentlichung im Katalog "Initiative Mittelstand"

von den im nächsten Abschnitt behandelten Verfahren kaum noch zu differenzieren.

Nach der Veröffentlichung des Katalogs gingen für die Holzwerk und Parkettfabirik GmbH bei der Niederlassung 28 - mehr oder weniger seriöse - Interessensbekundungen ein[222]. In keinem Fall waren die Investoren bereit, auf der Basis der zur Verfügung gestellten Informationen ein Gebot abzugeben [Abb. 22]. Die meisten zeigten außerdem vorrangiges Interesse für die Immobilien. Bereits im Katalog war, anders als in der Initiative eigentlich vorgesehen, die nicht betriebsnotwendige Immobilie Teil des Angebots der Treuhand. Der ausgewiesene Richtpreis (162 TDM) erhöhte sich um zusätzliche 1,9 Mio. DM Altkreditentschuldung, die durch den späteren Käufer vorzunehmen war. Beides, Kaufpreiserhöhung und Beharrungsvermögen der Treuhand bezüglich des Betriebszwecks, schreckten einen Großteil der Investoren ab.

Verhandlungen und Vertragsschließung gewinnen an Stellenwert

Die Phase der Vertragsverhandlungen, eigentlich unbedeutend für auktionsnahe Verfahren, mußte nach der regional beschlossenen Aufweichung der Methodik wieder an Bedeutung gewinnen. Aus dem heterogenen Kreis der Interessenten für die HWP fand nur einer schließlich die Zustimmung der Treuhandakteure. Beeindruckt von der Paarung aus Überschaubarkeit und zukunftsträchtigem Markt, aber eigentlich branchenunerfahren, einigte sich dieser mit dem Interimsmanager des Betriebes auf eine Kombination aus MBI und MBO.[223] Damit gewannen unternehmerisches, Finanzierungs- und

---

222 Der Privatisierungsverantwortliche bezeichnet die Interessentengruppe als einen "bunten Haufen" (A-Interview mit H. Roscher). Nur in drei Fällen konnte das Interesse branchennaher Investoren geweckt werden. Neben einem ausländischen Interessenten, fünf Händlern, sechs Bauträgern/Vermögensverwaltungen bewarben sich allein sieben Berater um den Betrieb.

223 Der Eigentümer eines kleinen Pharmabetriebes (Braun GmbH) mit 20 Mitarbeitern war in den neuen Bundesländern auf der Suche nach Diversifizierungsmöglichkeiten außerhalb der nach seiner Einschätzung abnehmend attraktiven Pharmabranche. Erst die Zusammenarbeit mit dem Sanierer und Kenner des Betriebes, Günther, hat seinem Engagement in der Treuhand-Beurteilung die nötige Seriosität verliehen (vgl.: Wirtschaftswoche 49/92, S. 3f.). Die Einigung sah vor, die Gesellschafteranteile bei einem gezeichneten Kapital von 700 TDM zu je 50% auf beide zu vertei-

Eigentumskonzept für die Treuhand an erwartetem Profil. Bereits sechs Wochen nach der Katalogveröffentlichung führten beide Parteien in Rostock die letzte Verhandlung (nach zwei vorangegangenen). Der Schnelligkeit und schlechten Erfahrungen wegen wurde die Einigung zur Absicherung beider Seiten in einem *regulären* Standardvertrag mit Privatisierungscheckliste transformiert.[224] Die von den Käufern zugesagten Investitionen (1 Mio. DM) wurden ebenso wie die garantierten Arbeitsplätze (40 von übernommenen 79) - entgegen der ursprünglichen Absicht - pönalisiert.[225] Auf der anderen Seite nutzte die Niederlassung aber zur Darstellung der Finanzierung ein vereinfachendes Element der Initiative: die Möglichkeit eines sale-and-lease-back der betriebsnotwendigen Liegenschaften. Die Liquidität der Investoren sollte nicht überzustrapaziert werden. Deshalb wollte die Treuhand die Immobilien aus der Gesellschaft herauskaufen, um sie ihr anschließend wieder rückzuvermieten. Die Übergabe des Betriebes in die neue, private Verantwortung erfolgte (so nahm man an) zum 15.10.92.

Vertragsmanagement - Noch einmal angefangen

Mit der Verfahrensänderung und den Verhandlungen mußte zwar auch diese Phase bei einem Verkauf mit dezidierten Auflagen wieder an Stellenwert gewinnen. Risikoüberschaubarkeit und greifbar positive Zukunftsaussichten ließen die Treuhänder allerdings in der vorliegenden Konstellation grundsätzlich einen geringen Aufwand erwarten. Dennoch hatte die Treuhand die Tür zu Nachverhandlungen geöffnet. Und wie zu befürchten war, hatten die Investoren diese Möglichkeit bei der Festlegung ihres Gebots berücksich-

---

len. Günther übernimmt mit seinem MBO-Teil die unternehmerische Verantwortung. Braun ist stiller Gesellschafter. Eine Mitarbeiterbeteiligung wurde nicht ausgeschlossen, bislang aber nicht realisiert.

224 In keinem der über die Initiative Mittelstand in Gang gebrachten Privatisierungen wurde in der NL Rostock auf den vorgesehenen vereinfachten Standardvertrag zurückgegriffen (A-Interview mit H. Otto, Beteiligungsbetreuer der Geschäftsstelle Rostock).

225 80% des Betrages der nicht getätigten Investitionen wäre an die Treuhand zu zahlen. Die Arbeitsplatz-Nichteinhaltung würde mit 2.000 DM pro Kopf, pro Monat, d.h. mit 24.000 DM pro Jahr über dem normal üblichen Betrag von 10-20.000 DM sanktioniert.

tigt.[226] Darüber hinaus hatte die Treuhand bei der Vertragschließung die Präzision der Schnelligkeit geopfert. Die unglückliche Vertragskopplung des Share-Deals mit einem Grundstücks- und einem Mietvertrag, diese wiederum versehen mit einer aufschiebenden Bedingung macht die Übergabe der Geschäftsanteile bis heute schwebend unwirksam. Das bedeutet einerseits, daß die Treuhand weiterhin Eigentümer des Unternehmens ist und wissentlich den vermeintlichen Investoren für nun 18 Monate das unternehmerische Feld (weitgehend unkontrolliert) überlassen hat. Andererseits bedeutet dies auch, daß die Investoren - anders als üblich - gute Chancen haben, die negative Entwicklung des Unternehmens der Treuhand voll zu belasten.

Ob Managementfehler, geringe Marktdurchdringung oder ein höher als erwarteter Investitionsbedarf Ursache der akuten Liquiditätsprobleme der HWP sind, ist für den externen Betrachter schwer einschätzbar und für die Untersuchung im Grunde unerheblich.[227] Fest steht: Käufer und Treuhand verhandeln zur Zeit intensiv und keineswegs freundschaftlich um eine Anpassung der Lösung, und der Ausgang des juristischen Streits ist nicht vorhersehbar. Beide verbindet, wenn auch aus unterschiedlichen Gründen, die Sorge und ebenso das daraus erwachsende Drohpotential eines Scheiterns. Die jeweilige *Verhandlungsschwäche* ergibt sich aus dem Wunsch der einen Seite, ihr Engagement weiterzuführen und der anderen Seite, ihr Eigentum nun endlich abzugeben und dem Betrieb damit eine Perspektive zu ermöglichen. Verhandlungsschwäche wird mit Zugeständnissen bezahlt werden müssen, und es ist anzunehmen, daß die Treuhand bei einem

226 Auch aus der theoretischen Betrachtung läßt sich dieses Vorgehen herleiten. Auktionen verlieren ihren Charme, wenn den Bietern Anreize zu strategischem Verhalten gegeben werden. Wird der once-for-all-Charakter durch die Möglichkeit nachträglicher Anpassungen aufgeweicht, entstehen daraus solche Anreize. Theoretisch wird der Bieter das höchste Gebot abgeben (bei Annahme gleicher Information und Nutzenfunktion), der seine Position in den Nachverhandlungen am stärksten einschätzt und sich (besser als die anderen) in der Lage wähnt, Gewinne internalisieren und Verluste externalisieren zu können. Gerade weil das hier diskutierte Verfahren mit optimalen Auktionen nicht viel gemein hat, werden sich Bieter in diesem Punkt mit hoher Wahrscheinlichkeit gleichgerichtet verhalten.

227 Die Verschwiegenheitsverpflichtung der Treuhand in schwebenden Verfahren verhindert hier die genaue Analyse.

Vergleich den weiteren Weg zurücklegen muß.[228] Die für das Vertragsmanagement zentral ausgegebene Devise "Heilen statt Rückabwickeln" hat sie zunächst veranlaßt, ihrer Noch-Eigentümerrolle durch das Einsetzen eines ihr "ergebenen" Geschäftsführers Prägnanz zu verleihen.[229]

Auf diesem Wege kann sie versuchen, den verlorengegangenen Informationsausgleich näherungsweise erneut herzustellen. Nach vier Jahren THA-Eigentümerschaft befindet sie sich aber wieder am Anfang ihrer Bemühungen, zwischen Baum und Borke, nur unter erheblich schlechteren Bedingungen. Nur wenige der in Rostock privatisierten Fälle verursachen heute einen vergleichbaren Aufwand in den Nachverhandlungen. Dabei hatte die Holzwerk und Parkettfabrik doch ursprünglich mit der Vergabe über eine Quasiauktion in jeglicher Hinsicht *freigelassen* werden sollen.

Wertung der Ergebnisse

Der Versuch, *Treuhand-Objekte* (abgesehen von Immobilien, Einzelhandelsgeschäften und abgrenzbaren, frei verwertbaren Assets) mit hierarchisch festgelegtem Geschäftszweck über Auktionen oder auktionsähnliche Mechanismen zu verkaufen, ist gescheitert. Die Hast, mit der die Hoffnung der Zentrale auf eine Erleichterung und Beschleunigung der eigenen Arbeit den operativen Einheiten *aufgepropft* wurde und deren Unverständnis (begründet in ihren Vor-Ort-Lernerfahrungen) und innere Weigerungshaltung gegen diese Vorgehensweise haben dazu beigetragen; aber eben auch nur das. Die Niederlassungs-Akteure hätten - nimmt man ihre Lern-Offenheit auch 1992 weiter als gegeben an - bei der Umsetzung Vorteile entdecken können, die bekannte Nachteile hätten überwiegen können. Tatsächlich aber fanden sie Probleme bestätigt, deren Überwindung die Aufweichung der Methode bis zu einem Grad erforderlich machte, an dem ihr völliges Fallenlassen die beste aller Alternativen zu sein schien. Nutzte man sie dann aber als Bekanntmachungs- und Beschleunigungsinstrument, mußte sie in dieser

---

228 Die wahrscheinlichste Variante aus heutiger Sicht ist ein Verkauf aus der Liquidation heraus. Die Treuhand kann auf diese Weise am flexibelsten auf die Nachforderungen der Investoren reagieren. So ist außerdem anzunehmen, daß sie sich zu erheblichen Zugeständnissen bei Kaufpreis und Arbeitsplätzen *genötigt* sieht.

229 A-Interview mit Fr. Kubiak, Rechtsabteilung der Geschäftsstelle Rostock.

Vorbereitungsphase schlechtere Ergebnisse liefern, als eine Direktansprache oder Ausschreibung mit anschließender Interaktion.

Die praktischen Erfahrungen lassen hier zweierlei Folgerungen zu: Erstens sind Auktionen oder auktionsnahe Verfahren nur dann möglich, wenn die Treuhand bereit ist, davon Abstand zu nehmen, in den zukünftigen Verwendungszweck und den damit verbundenen Kaufpreis (Wertvorstellungen) hineinzureden. Das Abschaffen von pönalisierten Investitions- und Arbeitsplatzzusagen allein reicht nicht aus, die Risiken der zukünftigen Entwicklungen so weit zu reduzieren, daß auf die Interaktion von Agentur und Interessent und das gemeinsame Lernen am konkreten Fall verzichtet werden kann. Nur wenn die Treuhand sich aus Bewertung (Richtpreis) und Verwendungskontrolle (Vertragsmangement) heraushält, kann sie Auktionen - anders als hier halbherzig und hastig geschehen - heranziehen. Lassen sich Objekte identifizieren, die Einschätzungsrisiken der Investoren minimieren und ist es der Treuhand gleichgültig, ob eine Parkettfabrik zu einer Freizeitanlage umfunktioniert wird, versprechen Auktionen bei Konzeptwettbewerb sogar gute Ergebnisse. In jedem anderen Fall wird ihnen die gezielte Vergabe, i.S. eines Matching, überlegen sein. Nicht zuletzt scheitert die großangelegte Auktionierung also daran, daß die Treuhand nicht in der Lage ist, geeignete Fälle im voraus zu identifizieren. Tut sie sich bereits schwer (genau wie ihre kritischen Beobachter auch) Gleichgültigkeit hinsichtlich des Verwendungszwecks zu entwickeln, wird ihre Risikoeinschätzung über die Konstellationen unsicherer Assets in einer unsicheren Umwelt erst recht beinahe zufällig richtig oder falsch sein.

Als zweite Erkenntnis aus den hier untersuchten praktischen Erfahrungen folgt demnach, daß eine Verfahrenserweiterung (aus dem Kreis der gezielten Vergabe heraus) nur *künstlich* erfolgen kann. Die Treuhand müßte sich Hilfsgrößen zur Konstellationenunterscheidung und -zuordnung bedienen. Sie könnte beispielsweise anhand der im theoretischen Teil der Arbeit entwickelten Kriterien (Markt-/Investorenspezifika) eine Gruppe Betriebe definieren, die am ehesten den o.g. Voraussetzungen entspräche. Die von ihr vorgenommene Unterscheidung nach Größenklassen (<50 und <100 Mitarbeiter) berücksichtigt lediglich ihren Wunsch, Bewertungsaufwand und Verwendungskontrolle zu minimieren, nicht aber die inhaltlichen Risiken der

Investoren und Betriebe. Ob sie eine feinere Unterscheidung (feiner i.S. vielfältiger Kriterien) außerhalb der Einzelfallbetrachtung hätte erreichen können, kann hier nicht beantwortet werden. Festzuhalten ist allerdings, daß sie es nicht versucht hat.[230] Wenn aber Organisation und Aufgabenstellung der Treuhand Lernen herausgefordert haben, kann das bereits als Indiz für die Unpraktikabilität des Vorschlags gelten.

Festzuhalten ist außerdem, daß die Hoffnung enttäuscht wurde, die Ausprägungen des vorliegenden Falls (vergleichsweise niedrige Unsicherheit, Komplexität und Assetspezifität) könnten in die Nähe einer definierbaren Gruppenkonstellation führen. Anders als aus der gering dimensionierten theoretischen Betrachtung vermutet, forderte hier mangelndes Interesse, mangelnd qualifizierter Bewerber (begrenzte Rationalität) eine gezielte Vergabe und die Öffnung des Arrangements für eine Interaktion nach dem Eigentumsübergang. Wenn hier Fehler oder mangelnde Präzision auch dieses Vorgehen zum Scheitern bringen, läßt sich schließen, daß auch die Vergabe kleiner Unternehmen gezielterer und intensiverer Vorbereitung bedarf.

Das Aufspüren der Lückenhaftigkeit in der Begleitung hat die Treuhand-Spitze veranlaßt, von ihrem Grundsatz der Delegation - nicht der Entscheidung aber des Lernens - abzuweichen. Der Widerstand ihrer selbstbewußten operativen Einheiten kann als Versuchsergebnis interpretiert werden, aber eben auch als Ergebnis eines unreflektierten Selbstbewußtseins. Die Distanz der tatsächlich verwandten Arrangements zu den im folgenden untersuchten (einfache und komplexe Verhandlungslösung) ist *de facto* gering. Dort wird sich zeigen müssen, ob eine Zuordnung von Unternehmen zu Verfahrensgruppen nach vorher festgelegten Kriterien und deren erkennbaren Ausprägungen in der realen Privatisierungswelt eher Umsetzungschancen besitzt.

---

230 Die Einführung der Initiative Mittelstand war eben nicht das Ergebnis eines Lernens der operativen Einheiten, sondern der Versuch der Zentrale, Lösungen für Räume vermuteter Nicht-Funktionsfähigkeit der regulären Strategie zu finden. Zumindest für die NL Rostock läßt sich sagen, daß das Liegenbleiben bestimmter Unternehmen vielfach nicht Ergebnis einer Nicht-Funktionsfähigkeit der Privatisierungs-, sondern der Sanierungsvorgehensweise (Begleitung) war.

2.2. Einfache Verhandlungslösung - Die Privatisierung der Sächsischen Quarzporphyr Werke GmbH

Das von der Treuhand bei weitem meist verwandte Privatisierungsarrangement entwuchs den *freihändigen* Verkäufen ihrer Kindertage. Nicht nur sollten in den Verträgen Eckpunkte der Investorenkonzepte niedergelegt werden. Vorrangig und im Vorfeld mußten Konzept- und Investorenqualität geprüft und gegen die eigenen Vorstellungen einer zukünftigen Verwendung des Privatisierungsobjektes beurteilt werden. Nahmen erst durch Interaktion Unternehmung und Markt zusammen Form an, mußten die Arrangements zweierlei beachten. Einerseits waren ausreichend Bieter zu mobilisieren, ggf. zu präqualifizieren. Andererseits waren Verhandlungen mit - wenn möglich - noch einigen Bietern so zu führen, daß Konzeptwettbewerb und Abgleich der gegenseitigen Interessen zur Einigung in einem für beide Seiten tragbaren Ergebnis führten. Konnte die Unsicherheit von Gegenwart (Zustand) und Zukunft (Entwicklungen, Rahmenbedingungen) über die Interaktion auf ein Maß reduziert werden, vergleichbar den Verkäufen in der westdeutschen Unternehmenslandschaft, gewann das Arrangement endgültigen (bezogen auf die Beziehung Treuhand-Investor) Charakter. Entgegen den Vorstellungen von einer Idealwelt, waren aber in einem Käufermarkt negativer Kaufpreise, Einigungen vornehmlich außerhalb des *Erträglichkeitbereichs* des Verkäufers zu erwarten.

Die Unterscheidung einfacher und komplexer Arrangements könnte entlang der Bedeutung erfolgen, die die Treuhand der Interaktion nach der Vertragsschließung noch beimißt. Die Treuhand ist aber bestrebt, ihren Aufwand nach dem Eigentumsübergang in jedem Fall zu Lasten einer besseren Vorbereitung zu minimieren, so daß Komplexität im Vorfeld und im Nachgang beurteilt und zur Verfahrensdiffenzierung herangezogen werden muß.

Sowohl Ausprägung als auch Konstellation des hier untersuchten Falls lassen ihn, im Hinblick auf das gemeinsame Lernen von Treuhand und Investor vor wie nach der Vertragsschließung, auf der einen (einfachen) Seite des Spektrums erwarten.

Die Ausgangssituation stimmt hoffnungsvoll

Noch bis 1970 gab es in der DDR einige mittelständische Betriebe der Baustoffindustrie. Mit der Gründung des VEB Splitterwerk Röcknitz-Hohnstädt fand dann aber eine Phase ihren Abschluß, in der die meisten "kleineren Wirtschaftseinheiten zu einem leistungsfähigen Großbetrieb zusammengefaßt wurden"[231] - in der Hoffnung, größere Einheiten seien bei strikter Verfolgung der Vollbeschäftigungsidee besser geeignet, Produktivität und wirtschaftliche Prosperität zu erreichen und langfristig zu garantieren. Und, anders als in vielen Betrieben, schien die Rechnung hier zumindest teilweise aufzugehen, wenn auch nur aus dem Grund, daß die in den Lagerstätten abgebauten Pyroxenquarzporphyre beste Bedingungen für die Herstellung von Schotter und Splitt boten und zu den hochwertigsten Straßenbauzuschlagsstoffen auf dem Gebiet der neuen Länder zählten. Als am 28. Juni 1990 die Sächsische Quarzporphyr Werke GmbH (SQW) Rechtsnachfolgerin des VEB wurde, waren die Spuren der Planwirtschaft in ihren Werken und Standorten dennoch unübersehbar. Einer expansiven Phase begleitet durch Neu- und Modernisierungsinvestitionen in den siebziger Jahren war im letzten Jahrzehnt eine stagnierende Produktionsentwicklung gefolgt. Fehlende Ersatzinvestitionen hatten hier, wie in der gesamten Branche, zu einer Überalterung der Technologien, Maschinen und Ausrüstungen geführt. Der Verschleißgrad der meisten Werke lag 1989 zwischen 50 und 70%. Die Reparaturkosten betrugen das Dreifache der ausgewiesenen Lohn- und damit durchschnittlich 30 bis 35% der Gesamtkosten. Jenseits aller Produktivitätsprobleme war aber zu erwarten, daß die SQW ihren Teil in einem schnell wachsenden Markt verdiente und sich sichern würde.[232]

---

231 Vgl.: Broschüre zum Firmenjubiläum der SQW 1980, *Unser Betrieb Gestern, Heute und Morgen*, S.2..

232 Die Produktion der Natursteinindustrie der ehemaligen DDR erreichte im Jahr 1989 21,5 Mio. t., davon 16,8 Mio. t. an Splitt und Schotter. Diese Tonnage wurde in ca. 50 Werken erzeugt. Zu den sechs Standorten mit einer Produktion über 1 Mio.t./a. zählten im gleichen Jahr vier Betriebsteile des ehemaligen VEB Splitwerk Röchnitz-Hohnstädt. Insgesamt wurden dort 5,4 Mio.t. Steine und Sand verarbeitet - außer zu Schotter und Split auch zu Wasserbausteinen, Pflastersteinen und Natursteinplatten. Im Durschschnitt des Jahres beschäftigte das Unternehmen 1.200 Mitarbeiter.

Die Wirtschaftsexperten bezeichneten die Sanierung und den Ausbau der ostdeutschen Bausubstanz als "eine der wichtigsten ökonomischen und technischen Aufgaben nach der Währungsunion"[233]. Angesichts des immensen Bedarfs gehörten das Baugewerbe und die ihm unmittelbar verbundenen Bereiche zu den Hoffnungsträgern und erwarteten Schnellstartern der ostdeutschen Wirtschaft. Dennoch erreichte die Branche 1990 zunächst nur eine Produktion auf einem Niveau von 60% des Vorjahres. Die finanziellen Mittel für Bauvorhaben wurden von der DDR-Übergangsregierung nicht wie gewohnt zur Verfügung gestellt und für entscheidende Impulse aus der Privatwirtschaft war es noch ein bis zwei Jahre zu früh. Entsprechend hatten auch die Sächsischen Quarzporphyr Werke 1990 einen Absatzrückgang von 15% hinzunehmen. Ende 1990 lag die betriebliche Auslastung bei gerade noch 50%. Die Gesellschaft mußte sich in ihrer Planung auf die Geschäftsbereiche konzentrieren, die auf der Prioritätenliste des *Gemeinschaftswerks Aufschwung Ost* ganz oben standen: Infrastrukturmaßnahmen, vor allem Straßen- und Gleisbau.[234] Frühere Absatzmärkte in Westdeutschland waren zudem durch hohe Transportkosten außer Reichweite gerückt. Erreichbare Absatzmärkte lagen als Ergebnis der veränderten und weiterhin dynamischen Kostenstruktur in einem Umkreis bis max. 120 km Entfernung von den jeweiligen Standorten.

Gerade deshalb begannen aber die Sächsischen Quarzporphyrwerke ihren Weg in die Marktwirtschaft von einer vergleichsweise vorragenden Ausgangsposition. Das Grundprodukt war, im Gegensatz zu der Lage in vielen westdeutschen Steinbrüchen, auch mittelfristig in ausreichendem Maße vorhanden und qualitativ gleichwertig. Ausgereifte und wenig komplexe Technologien und Verfahrensweisen bei Gewinnung und Weitervearbeitung

---

233 Härtel/Krüger/Seeler (1992a), S. 45.

234 Die Gesamtlänge aller Fern- und Landstraßen hatte in der ehemaligen DDR von 1960 bis 1985 um lediglich 4% zugenommen. Außerdem entsprachen Oberflächenzustand und Breite der Straßen nicht den veränderten Anforderungen. Das Schienennetz galt 1990 als zur Hälfte sanierungsbedürftig. Nach Berechnungen des Instituts der deutschen Wirtschaft mußten etwa 425 Mrd. DM in Straßen und Schienen investiert werden, um eine Annäherung an westliche Standards zu erreichen. Das Volumen des westdeutschen Marktes (die Ausgaben für die Erneuerung und den Um- und Ausbau von Bundesautobahnen und Bundesstraßen Westdeutschlands) war dagegen mit jährlich knapp 2 Mrd. DM verschwindend gering.

ließen den Rückstand aus eigener Kraft aufholbar erscheinen. Während viele Treuhandunternehmen alle Etappen des Sanierungswettlaufs noch vor sich sahen, hatte die SQW die erste und größte Hürde bereits genommen. Einen kleinen, aber lokal geschützten Markt hatte sie sich allein durch ihr *Dasein* gesichert. Während also andere von der sich rasch ändernden Wirtschaftsrealität überrannt wurden, lag der Kern ihrer betrieblichen Sanierungsaufgabe in der Kostensenkung und Produktivitätssteigerung, durch Aufdeckung von personellen Ineffizienzen und in der technischen Modernisierung des Produktionsbetriebes.

Sanierungsaktivitäten auf eigene Faust

Zu einer Zeit ungeklärter Ansprüche auf die Bergwerksrechte und zurückhaltender Ausübung der Eigentümerrolle durch die Treuhand wurden die neugewonnenen Freiräume von den Unternehmen auf unterschiedliche Weise genutzt.[235] Noch bevor die Treuhand über die interne Zuordnung ihrer Unternehmen endgültig entschieden hatte und während wechselnde Zuständigkeiten und neue Akteure in neuen Funktionen an der Tagesordnung waren, versuchte der ehemalige Betriebsdirektor in der übernommenen Geschäftsführerrolle, unternehmerische Kreativität zu entwickeln und das Krisenmanagement selbst in die Hand zu nehmen. Unter der Annahme, daß sich die Gesellschaft zunächst ohne Partner würde durchschlagen können und müssen, wurde ein Stand-alone-Investitionsplan erarbeitet, der das Produktions- und Produktivitätsniveau an westliche Standards heranführen sollte. Der ehrgeizige Plan zur mittelfristigen Sicherung der Wettbewerbsfähigkeit sah für die Jahre 1992 und 1993 über 25 Mio. DM an Modernisierungs- bzw. Rationalisierungsinvestitionen (33%) und Erweiterungsinvestitionen (67%) vor. Die Durchdringung des Marktes der neuen Länder mit westdeutschen Bauunternehmen würde die Qualitäts- und Endproduktanforderungen

---

235 Allein im ehemaligen Bezirk Frankfurt/Oder machten sich nach Recherchen des Tagesspiegels u.a. alte SED-Seilschaften bis zum 2.Oktober 1990 gültiges DDR-Recht zunutze und eigneten sich so an der Treuhand vorbei Lagerstätten mit immensen Vorräten an (vgl. Der Tagespiegel, *Bodenschätze an Treuhand vorbeigeschleust*, S. 16, 20.12.1990]. Die SQW blieben von dem *Run* auf die Bodenschätze weitestgehend verschont.

verändern. Entgegen dem bisherigen Produktionsprofil würde eine Umstellung von Zwei- auf Einkornklassensplitte, ggf. deren Mischung zu Mehrklassengemischen erforderlich. Dazu käme die Neuaufnahme bzw. Erweiterung des Programms von Asphalterzeugnissen und die Herstellung unterschiedlichster Mineralgemische für Mineralbeton. Die Siebflächenkapazitäten mußten erhöht, technologische Linien entflochten, Brech- und Klassierungstechnik modernisiert und Bohr- und Verladetechnik erneuert werden. Die Durchführung dieser Maßnahmen war technisch beherrschbar und letztendlich eine Frage der Bereitstellung der nötigen finanziellen Mittel. Im Rahmen dieses zunächst provisorischen Sanierungskonzeptes wurde ein stufenweiser Mitarbeiterabbau, insbesondere in den technisch, unterstützenden Bereichen, eingeleitet. Die im Westen produzierte Pro-Kopf-Tonnage betrug 1990 im Branchendurchschnitt das Dreifache der der Mitarbeitertonnage der SQW. Entsprechend sah das Konzept eine Reduzierung von knapp 1.200 auf nur noch 500 im Jahr 1993 vor - alles unter Annahme einer Produktionsauslastung auf dem Vor-Wende-Niveau und vorbehaltlich der Vorstellungen eines potentiellen Investors, da sich bereits zu diesem Zeitpunkt ein reges Interesse für die Standorte abzeichnete.[236]

Mit der Umwandlung des VEB in zwei GmbH's hatte die SQW neben unbekannten ökologischen Altlasten, auch die von der Staatsbank der DDR an die Deutsche Kreditbank weiter *vererbten* Altkreditverbindlichkeiten übernommen, deren Zinsdienst die Treuhand für ihre Unternehmen zunächst übernahm, um ihnen den Blick nach vorne zu ermöglichen. Dem Antrag auf Entschuldung der SQW in Höhe der gesamten Verbindlichkeiten von 41,4 Mio. DM wurde dann aber nur zum Teil entsprochen. Treuhand und Gläubiger einigten sich später darauf, vorerst 30% der Forderungen zu erfüllen. Der Rest sollte erst im Rahmen der Privatisierung durch den zukünftigen Investor vorgenommen werden.

Die Zurückhaltung der Treuhand in dieser Phase ist vor dem Hintergrund ihrer hausinternen Organisationsschwierigkeiten erklärbar und in diesem

---

236 Im Geschäftsjahr 1990 wurde ein Abbau von 155 Mitarbeitern, 65% über eine Vorruhestandsregelung und 35% über Freisetzungen, erreicht. Im Einvernehmen mit dem Betriebsrat wurde ein Sozialplan (Kosten ca. 1,8 Mio. DM) für die ausscheidenden Arbeitnehmer erstellt. Der Anteil der Kurzarbeiter lag Ende 1990 bei ca. 40%.

seltenen Fall unkritisch. Nachdem die Zuständigkeiten festgelegt waren, mußten rechtliche Unsicherheiten beseitigt, ein Verständnis für das Geschäft entwickelt und mehr als 80% der bis dahin entdeckten oder aufgefallenen Unternehmen mit der Gießkanne kurzfristig mit Liquidität versorgt werden. Das Fünftel an Betrieben, daß nicht der Gruppe der Sorgenkinder zuzurechnen war, blieb also weitestgehend unberührt vom anfänglich ohnehin zaghaften Eigentümereinfluß. Erst ein Antrag auf finanzielle Unterstützung veranlaßte die Treuhand dazu, etwas genauer hinzusehen, was sich vor Ort tat. Folglich versuchten viele Unternehmen, durch Substanzverzehr den Gang nach Berlin zu vermeiden oder hinauszuzögern - eine häufig viel zu spät aufgedeckte, fatale Strategie. Dennoch, ob die größtenteils zumindest zweifelhafte Qualifikation des Managements vor Ort zu Verhaltensunsicherheiten und planloser Geschäftstätigkeit oder Substanzverzehr führte, war bestenfalls zu vermuten, im Einzelfall eine für die Treuhand-Akteure jedoch unmöglich zu beantwortende Frage. Im Fall der SQW scheint der Schaden einer, auch später vergleichsweise, losen Prinzipal-Agenten-Beziehung gering geblieben zu sein. Vielleicht hat er sich dort sogar in sein Gegenteil umgekehrt. Das primäre Treuhandinteresse galt jedenfalls, mehr als anderswo, der kurzfristigen Privatisierung, nicht der Sanierung.[237] Auch die später eingetretenen Verzögerungen veranlaßten die Treuhand nicht, ihre ohnehin knappen Betreuungskapazitäten dort einzusetzen.

Privatisierung - Früher und intensiver Bieterwettbewerb

Per Verleihungs-Verordnung vom 15. August 1990 erhielt die Treuhandanstalt den gesetzlichen Auftrag das Bergwerkseigentum in den neuen Bundesländern gegen Entgelt zu veräußern und damit die Chance einer schnellen und vor allem gewinnbringenden Privatisierung der ehemals volkseigenen rohstoffgewinnenden und -verarbeitenden Betriebe.[238]

---

237 A-Interview mit E. Gschwindt.

238 Vgl.: Pressemitteilung der Treuhandanstalt vom 9.10.1991. Zum Bergwerkseigentum der Treuhandanstalt zählte vor allem das Recht zum Abbau von bergfreien Bodenschätzen. Diese Bodenschätze waren - wie auch im Einigungsvertrag festgehalten - nach einstigem DDR-Recht Volkseigentum und dem Grundeigentum entzogen. In Inhalt und Umfang von den in den alten Bundesländern geltenden Regelun-

Die SQW gehörte zu den Unternehmen der sogenannten ersten Privatisierungswelle. Hier gab es ohne die später umfangreichen und vielfach unerläßlichen Bekanntmachungs- und Vermarktungsanstrengungen von Anfang an einen starken *Privatisierungssog*. Bereits Mitte 1990 traten einige der großen Player der westdeutschen (und -europäischen) Baustoffindustrie mit dem Ziel, sich ihren *claim* rechtzeitig zu sichern, als potentielle Übernahmeinteressenten von Standorten der Gewinnungs- und Verarbeitungsindustrie auf.

"Sie sind uns hier die Bude eingerannt. Wir konnten gar nicht so schnell privatisieren, wie sie nachgefragt haben."[239]

Genährt durch die Erwartung einer baldigen und nachhaltigen Baukonjunktur, stießen insbesondere die Zulieferunternehmen für die Bereiche Tiefbau und Wohnungssanierung auf sofortige Nachfrage. Die Treuhänder gingen von einer baldigen, und gemessen an ihren Zielen erfolgreichen, Privatisierung der SQW aus. Das Unternehmen sollte in der vorliegenden *Form*, ausgestattet mit den Bergwerksrechten, bis Juni 1991 in private Hände übergehen. Noch vor der Gründung des später zuständigen Direktorats in der Treuhand, beauftragte deren damaliger Präsident Rohwedder einen M&A-erfahrenen Berater[240] damit, den Verkaufsprozeß zu begleiten und die Auswahl des geeigneten Investors vorzubereiten. Aus Gründen einer

---

gen abweichend, umfaßten die bergfreien Bodenschätze auch solche mineralischen Rohstoffe wie Kiese, hochwertige Sande, Gestein für die Bau- und Baustoffindustrie, Tone und Kaoline. Der Grundstückseigentümer war also nicht zugleich Eigentümer der bergfreien Bodenschätze. Die Abspaltung war nach geltendem Recht zulässig, wurde aber von vielen als erneute Enteignung empfunden (vgl.: Der Spiegel, Nr. 41/1991, S. 77-78).

239 A-Interview mit E. Gschwindt.

240 Die Price Waterhouse Corporate Finance gehörte zu den *Beratern der ersten Stunde*, die bereits einige Mandate erfolgreich für die Treuhand abgeschlossen hatten. Der Einsatz eines Externen erlaubte es der Treuhand, eine stärkere Objektivierung der Entscheidung zu erreichen und sich dem Einfluß jeglicher Art von Lobbyismus weitestgehend zu entziehen. Dies hatte sich insbesondere in der später oft an Einzelfällen geführten politischen Diskussion als hilfreich herausgestellt. Abgesehen davon war die Treuhand stets auf die Bereitstellung erfahrener, externer Privatisierungskapazitäten angewiesen.

Artverwandtschaft der Privatisierungsaufgabe und möglichen Synergien sollten die Lausitzer Grauwacke GmbH, Oßling und die Westsächsiche Steinwerke GmbH, Hartmannsdorf zu einem Auswahlverfahren zusammengelegt werden. Die bis dahin vor Ort und in der Treuhand bekannten Interessenten wurden dem Berater mitgeteilt und der *Vermarktungsprozeß* damit abgeschlossen. Für alle drei Unternehmen hatten sich teils überschneidend (je zwischen 15 und 20) mittelständische Bieter wie Baukonzerne gemeldet. Ein ausreichender Wettbewerb schien gesichert, zumal die Hoffnung, durch zusätzliche Anstrengungen zu einem besseren Ergebnis zu kommen, keine überzeugenden Argumente fand. Vielmehr wurde die Herausforderung darin gesehen, in einem gekonnt inszenierten Verhandlungsprozeß die Gunst des Wettbewerbs zu nutzen, das durch hohe Gewinnerwartungen genährte Interesse in einem absolut transparenten (weil leicht lokalisierbaren) Markt, in einen maximalen Marktpreis umzumünzen.[241] Auf diesem Wege würde dann auch den Arbeitsplatz- und Investitionsvorstellungen am ehesten gedient. Denn die Bindung der Produktion an den Ort der Gewinnung ließ nicht, wie anderswo, ein vorsätzliches Ausbluten der Standorte befürchten. Die Art und Struktur des Geschäftes engte die Investoren-Freiräume bei der Entwicklung ihrer Unternehmenskonzepte ein. Dringend notwendige Investitionen in die Produktivität waren bei antizipierter Geschäftsentwicklung leicht bezifferbar, nennenswerte Skaleneffekte nicht erreichbar. Auch die Anzahl erhaltbarer Arbeitsplätze stand in direkter Beziehung zur geplanten Produktionsmenge. Ein Standort vertrug bei vorgegebener Kostenstruktur und begrenzten natürlichen Kapazitäten (Vorkommen) eine bestimmte, festlegbare Menge an Humankapital. Die Aufgabe bestand also primär darin, den Bieter zu identifizieren, der eine möglichst große Kapazitätsauslastung versprach, oder, i.S. der Auktionstheorie, denjenigen auszuwählen, der seine eigene *performance* am höchsten einschätzt und deshalb bereit ist, den höchsten Preis zu zahlen.

241 A-Interview mit K. Krieger, Price Waterhouse Corporate Finance.

Umfangreiche Präqualifizierung erforderlich

Die Treuhand nutzte die Gunst der Umworbenen, um auf der Basis ihrer Privatisierungsrichtlinien und branchenspezifischen Vorstellungen, die Maximalforderungen zu formulieren.[242] Waren die unbekannten Konzept-Variablen auf der Basis weniger, zugänglicher und interpretierbarer Informationen bestimmbar, konnten ihre branchenerfahrenen operativen Akteure, auf eine Interaktion dazu zunächst verzichten. Angeboten wurde je ein 100%-Anteil an den drei Standort-Konglomeraten (share deal). Das Interesse für den Erwerb einzelner Betriebsteile wurden nur im Rahmen einer Gesamtübernahme durch Bieterkonsortien in Betracht gezogen. Fremder Grund und Boden innerhalb des Bergwerkfeldes sollte von den(m) zukünftigen Erwerber(n) gekauft oder gepachtet werden. Die Treuhand wollte keine Gewährleistungen für Rechtsansprüche und Altlasten übernehmen. Sie entwickelte eigene, zwar unsichere, aber vergleichsweise genaue Wertvorstellungen auf der Basis der vorliegenden Substanzbewertungen und vermuteter Ertragspotentiale; unsicher blieben ihre Einschätzungen deshalb, weil die Aktivseite der Bilanz das einzig wirklich Greif- und einigermaßen Bewertbare darstellte. Die Diskontierung zukünftiger Einnahmeüberschüsse mußte schon daran scheitern, daß die dafür erforderliche Vergangenheitsbetrachtung aufgrund der früher dirigistisch festgelegten Preise und Mengen nicht möglich war. Vergleichsweise genau würde die Einschätzung aber sein, weil die Nutzung der Ertragspotentiale wie Marktaussichten, Qualität, Know How oder Mitarbeiterpotentiale zwar von Qualität und Intention eines zukünftigen Investors abhingen, aber bei engen Spielräumen für den besten Verwendungszweck zumindest in Bandbreiten festlegbar war.

"Am liebsten hätten wir uns auf den Alex gestellt und das Hämmerchen geschwungen."[243]

Während Markt- und Investorencharakteristika also die geeignete Ausgangskonstellation für eine Auktionierung beschrieben, wählte die Treuhand eine Verhandlungslösung. Gegen alle Vorteile der Auktion sprachen vor allem

---

242 Vgl.: Verkaufsmemorandum der Treuhandanstalt für die SQW.

243 A-Interview mit K. Krieger.

zwei Unsicherheiten, die von dem gewählten Verfahren eine größere Flexibilität verlangten. Zum einen war der Umfang des privatisierbaren Objektes eigentumsrechtlich nicht genau eingrenzbar. Konnte die Bewertung der Risiken ökologischen Raubbaus auch im Rahmen einer Auktion den Bietern überlassen werden, drohte der Wert des Ganzen, durch rechtlich nicht einschätzbare Ansprüche auf Restitution an Alteigentümer, die auch erhebliche Teile der Rohstoffvorkommen betrafen, gegen Null zu tendieren. Einen Ausweg hätten die Treuhand-Akteure durch Auktionierung eines Betriebsführungsvertrages, kombiniert mit einer Put-Call-Kaufoption, suchen können, allerdings mit dem fragwürdigen Ergebnis eines Nachfragepreises mit endlosen Vorbehalten. Dieser Gedanke wurde verworfen. Zum anderen mußte eine Auktion an einem Punkt scheitern, der in der Laborbetrachtung gerade ihren Charme ausmacht: die Eindeutigkeit und Irreversibilität der Entscheidung. Kartellrechtliche Gesichtspunkte, die aufgrund der beschriebenen strukturellen Besonderheiten der Branche von zusätzlicher Relevanz für die Privatisierungsentscheidung waren, ließen eine isolierte Betrachtung dieses Falls nicht zu. Nur Schnelligkeit und Zusammenfassung mehrerer Unternehmen in einem Verfahren ließ ein Verhindern der - aus den Erfahrungen Westdeutschlands bekannten - Preis- und Mengenabsprachen zwischen den Investoren möglich erscheinen.[244] Treuhand und Berater hätten einen komplexen Auktionsmechanismus entwickeln müssen, um relevante Unternehmen einer bestimmten Größenordnung aus diesem Markt parallel privatisieren zu können. Dieser Weg war den Akteuren schon aufgrund der stark differierenden Auf- und Vorbereitungsgeschwindigkeiten zu unsicher.

Statt dessen suchten sie die Lösung in der Inszenierung eines mehrstufigen, offenen Verhandlungsprozesses. Offene eigentums- und wettbewerbsrechtliche Fragen konnten durch Vorab-Festlegung der jeweils wahr-

---

244 Beispielsweise mußte allein die westdeutsche Zementindustrie 1991 wegen wettbewerbsrechtlicher Verstöße 210 Mio. DM an das Bundeskartellamt abführen. Die Treuhand hielt Absprachen in diesem Marktsegment für sehr wahrscheinlich. Erst ausländisches Interesse an einem Marktzugang sorgte für den nötigen, und den Perspektiven angemessenen, Wettbewerbsschwung. Auch für die Gewinnungsbetriebe war dies grundsätzlich anzunehmen. Für die SQW und andere früh angebotene Standorte war ein kollusives Verhalten der Bieter allerdings, vor dem Hintergrund der Verfahrensweise, nahezu auszuschließen (A-Interview mit E. Geschwindt).

scheinlichsten Antwort als anzunehmende Tatsache zunächst ignoriert und auf diesem Wege beantwortet werden. Die gewonnene Flexibilität ließ sich nutzen, um auch bei einer unerwarteten Antwort - die sich später als häufigste Variante herausstellte- nicht noch einmal von vorne anfangen zu müssen.

In Zusammenarbeit mit Externen wurde eine vorläufige DM-Bilanz erarbeitet, Anlage- und Umlaufvermögen erfaßt und bewertet, Forderungen überprüft, das Eigenkapital festgestellt und Verbindlichkeiten zugeordnet und umgestellt.[245]

Ende Januar 1991 fand sie Eingang in ein Verkaufsmemorandum, das außerdem die Spielregeln des Bietverfahrens festlegte, Informationen zur Geschäftssituation liefern sollte, die unternehmensspezifischen Anforderungen und bereits die wesentlichen Vertragseckpunkte definierte, ohne gleichzeitig den später nicht erfolgreichen Bietern mit seinen Inhalten eine Stärkung ihrer Konkurrenzposition zu ermöglichen. Die Angebote der Investoren sollten Einzelheiten zu folgenden Punkten beinhalten: 1.) Preis; 2.) Investitionssumme getrennt nach Modernisierung und Rationalisierung; 3.) Erweiterungsprojekte, administrative und organisatorische Maßnahmen; 4.) Investitionen in Umweltschutz (westdeutscher Standard); 5.) Integrationskonzept in die bestehende Unternehmensstruktur und 6.) Mitarbeiterkonzept und Übernahme von Sozialplanleistungen.

Nach Erhalt des Memorandums wurde den potentiellen Investoren eine kurze Frist zur Evaluierung ihrer vorhandenen und Gewinnung neuer Erkenntnisse vor Ort im Gespräch mit Treuhand, Geschäftsleitung und Berater eingeräumt. Die Vorbereitungsphasen (1 und 2) endeten mit der Aufforderung zur Angebotsabgabe für die SQW. Sie erging am 26. Januar an 20 Interessenten versehen mit einer Frist von etwas über drei Wochen. Man wählte sie deshalb sehr kurz, weil alle Anbieter durch ihre Branchennähe über einen hohen Informationsstand und gleichermaßen die Fähigkeit einer

---

245 An Grund und Boden wurde nur das Eigentum der Gesellschaft, sofern bekannt, hinsichtlich seiner Betriebsnotwendigkeit eingeschätzt und bewertet. Für die Lagerstätten wurde eine gesonderte Bewertung durchgeführt. Sie waren nicht Bestandteil der Bilanz, aber wegen der Mitveräußerung des Bergwerkseigentums mit ihrem Barwert aktivierbar und das eigentliche *Kapital* des Unternehmens.

schnellen Einordnung und Bewertung von Zusatzinformationen verfügten. Ursprünglich sollten in der dritten Phase, nach der Auswertung aller Angebote, die drei besten verhandelt werden. Eine Nachbesserungsmöglichkeit für ausgeschiedene Anbieter wurde nicht vorgesehen. Die Treuhand nutzte in dieser Phase die günstigen Rahmenbedingungen zur Präqualifizierung in Rahmen einer *Quasi-Auschreibung*, um die Bieter früh zu veranlassen, realistische Einschätzungen abzugeben und als Angebot zu formulieren.

Aus dem Interessentenkreis wurden schließlich acht verwertbare Angebote abgegeben, von denen zwei sich nur auf jeweils einen Standort bezogen. Ein erstes Anzeichen für (beabsichtigte und notwendige) Flexibilität zeigte sich daran, daß fünf Bieter in die engere Wahl (Verhandlungen) einbezogen wurden. Für eine Konsortienbildung zur Übernahme des Gesamtunternehmens gab es keine mögliche Konstellation. Seine Aufspaltung nach regionalen- oder geschäftsfeldspezifischen Gesichtspunkten wurde von der Treuhand nur als zweitbeste Lösung in Betracht gezogen. Auf eine Verhandlung mit den an Teilbereichen Interessierten konnte daher verzichtet werden. Ihnen sowie einem der *Komplettanbieter*, der hinsichtlich Arbeitsplatzgarantie und Verbindlichkeitenübernahme zu weit unter den Erwartungen blieb, wurde ihr Ausscheiden Mitte März mitgeteilt [Abb. 23].

Vertragsverhandlungen in einer Idealkonstellation

Die Begründung für die Entscheidung, mit einem fünfköpfigen Bieterkreis in die erste Verhandlungsrunde zu gehen, verbarg sich in einigen offenen Punkten, deren Klärung eine schnelle Einengung der Optionen erwarten ließ. Einerseits lagen die Angebote in ihrer konzeptionellen Genauigkeit weit auseinander und bedurften punktueller Präzisierungen. Andererseits sollten unter Einbindung des Bundeskartellamts die Bewerber identifiziert werden, von deren Engagement grundsätzlich eine Wettbewerbsgefährdung ausging. Außerdem wollten die Treuhänder prüfen, wer bereits in anderen Projekten des Bereiches "Steine/Erden" in Betracht gezogen wurde; eine eher seltene Verfahrensweise. Für die meisten Branchendirektorate war die Einführung eines derartigen Entscheidungskriteriums Luxus und fern der realen Notwendigkeiten des Privatisierungsalltags; und das nicht etwa, weil in

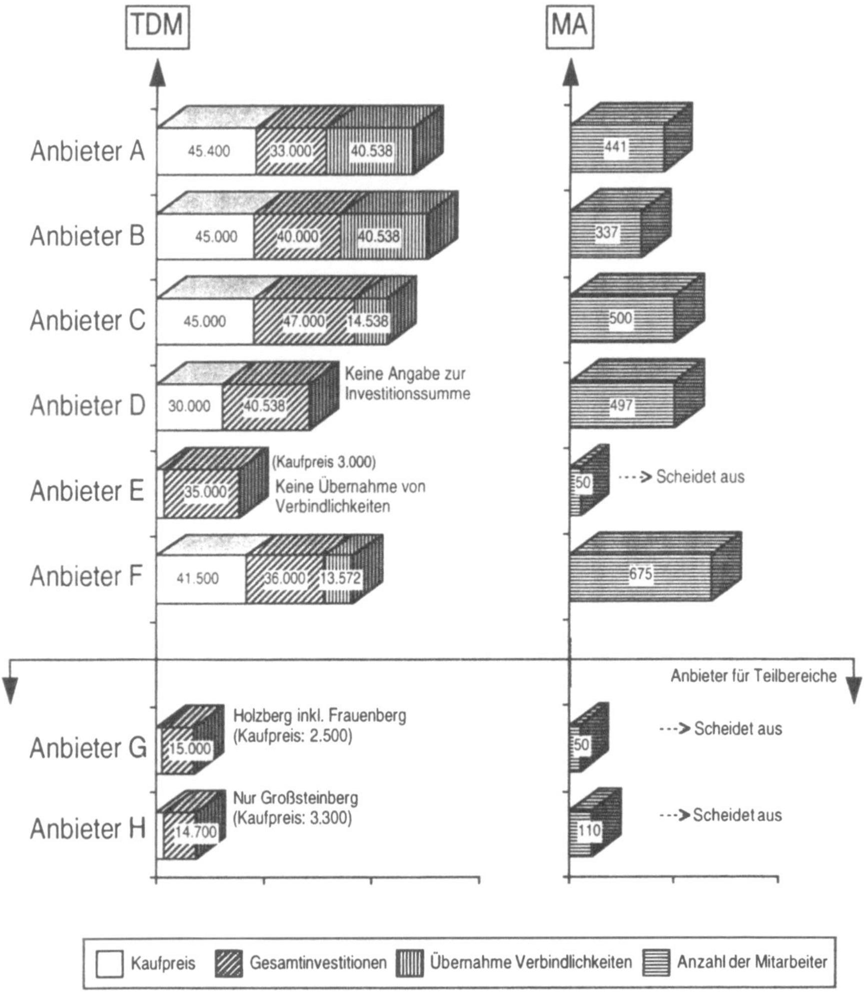

Quelle: Price Waterhouse/THA

Abb. 23: **Angebotsauswertung SQW (erste Verhandlungsrunde)**

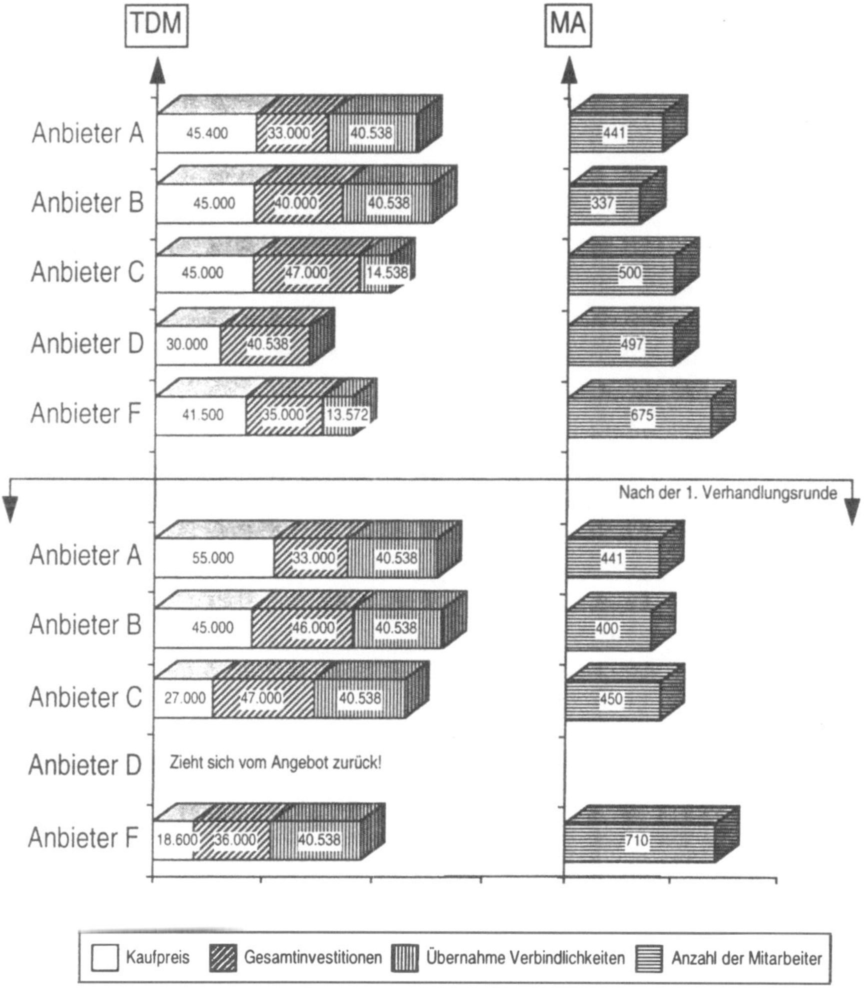

Quelle: Price Waterhouse/THA

Abb. 24: Bieterauswahl über den Kaufpreis (zweiteVerhandlungsrunde)

anderen Branchen das Wettbewerbsrecht keine Rolle spielt, sondern weil nach dem Anlegen eines solchen Maßstabs schlechtestenfalls kein potentieller Interessent übrig bleiben könnte. Hier forderte die Situation einen erweiterten Bieterkreis schon deshalb, weil gerade die zwei Interessenten mit den vielversprechendsten Angeboten an der wettbewerbsrechtlichen Hürde zu scheitern drohten.

In vier von fünf Fällen ließen sich auf dem Verhandlungswege punktuelle Verbesserungen erreichen [Abb. 24]. Ein Investor (D) zog in der Folge dieser ersten Runde sein Angebot zurück. Das vorgelegte Konzept berücksichtigte zunächst einige wesentliche Punkte nicht. Die eher allgemein gehaltenen unternehmerischen Vorstellungen ließen außerdem darauf schließen, daß er über zusätzliche unternehmens- oder branchenspezifische Informationen nicht verfügte und auch nicht in der Lage oder gewillt war, sich diese zu verschaffen. Diese Vermutung fanden die Treuhand-Akteure darin bestätigt, daß er seine Ressourcen weitestgehend auf die parallel verhandelte Übernahme eines Zementwerkes konzentrierte. Diese Akquisition versprach eine ebenso lukrative wie seinen eigenen Aktivitäten besser entsprechende Alternative zu sein. Die erforderliche Konktretisierung des Angebotes für die SQW konnte jedenfalls in den Verhandlungen nicht erreicht werden.

Das Ausscheiden zweier weiterer Bieter (C und F) erfolgte über einen Kaufpreisvergleich unter Verrechnung ihrer Bereitschaft zur Übernahme der Altverbindlichkeiten des Unternehmens. Die Treuhand-Akteure sind in diesem Fall - wie auch in anderen Fällen dieser Branche - mit (betonter) Absicht von ihrem Verrechnungsdreieck (Preis, Investitionen und Arbeitsplätze) abgewichen. Sie haben dabei auch die ausschließlich einzelfallbezogene Betrachtungsweise in einem Punkt verlassen. Aus den positiven Konjunkturerwartungen der Branche und ihrer einfachen Geschäftsstruktur konnten sie auf eine fast zwangsläufige Belebung der Investitionstätigkeit und des Arbeitsmarktes schließen. Beide Kriterien verlieren gegenüber dem Kaufpreis dann an Gewicht. Die Verfahrensweise ließ sich aus Sicht der Treuhand auch damit rechtfertigen, daß die zusätzlichen Einnahmen zur Deckung von Teilen der erheblichen Mehraufwendung in anderen Branchen genutzt werden könnten.[246] Hinter dieser Strategie allerdings gleich einen Ansatz für Industriepolitik zu vermuten, wäre verfehlt. Dazu gehört im allgemeinen Verständnis mehr als das Nutzen der Chance, in einem insgesamt defizitären *Geschäft*, das ein oder andere *Produkt* erlösmaximierend zu verkaufen. Festzuhalten ist, daß zugunsten eines finanziellen Vorteils auf - letztlich immer unsichere - Arbeitsplatz- und Investitionsversprechungen verzichtet wurde.[247]

Das Unverständnis eines der Bieter über das offensichtliche Auseinanderfallen von propagiertem und fallbezogenem Vorgehen führte zu dem einzig nennenswerten Versuch politischer Einflußnahme auf die Treuhandentscheidungen in diesem Fall.[248] Daß es sich bei ihm zusätzlich um den letzten in der *Konkurrenz* verbliebenen kleineren Mittelständler handelte, bestätigte seine öffentlichkeitswirksam vorgetragene Vermutung einer Zuwiderhandlung gegen die Grundsätze der proklamierten Treuhand-Privatisierungspolitik. Die Bewertung eines zusätzlich garantierten Arbeitsplatzes mit 250 TDM fiel aber für den Geschmack der Entscheider innerhalb dieser Branche um einiges zu hoch aus - eine ansonsten vorzugsweise gemiedene Begründung, um ihrer Tätigkeit keine Ansatzpunkte zu einer Diskussion über Strukturpolitik zu verleihen. In Kenntnis der hohen Start-up-Kosten in der Branche war den Entscheidern außerdem, allein schon aus Sicherheitsgründen, ein finanzstarker Investor lieber. Zumal jede andere Lösung die Gefahr in sich barg, daß etwaige MBO's oder an Erweiterungsinvestitionen interessierte Kleinanbieter die zu besseren Konditionen erworbenen Betriebe später an einen der Großen verkauften oder verkaufen mußten.[249] Hier bestätigt sich auch die häufig beobachtete, defensive Vor-

246 A-Interview mit E. Gschwindt.

247 Der Wert solcher Zusagen soll vor dem Hintergrund der heutigen Treuhand-Erfahrungen im Rahmen der Gesamtbetrachtung in Kapitel 4. erfolgen.

248 Dieser Investor hatte bei etwa 30% mehr Arbeitsplätzen, etwa 30% weniger Kaufpreis/Investitionen geboten.

249 Im nachhinein finden die Treuhänder ihre Befürchtungen in den strukturellen Besonderheiten der Branche bestätigt. Bereits 1991 und 1992 traten einige Großanbieter, die im Rahmen der Privatisierung zu kurz gekommen waren, als *Lumpensammler* zahlreicher MBO's, kleinerer westdeutscher Mittelständler und restituierter Betriebe auf, die in der Regel, bei anfänglichen Verlusten, an der Darstellung des notwendigen Eigenkapitals scheiterten (A-Interview mit B. Silkenstedt, Vertragsmanager in der THA).

gehensweise der Treuhand-Akteure, die Schlußfolgerungen auf das ihnen eigene Selbstbewußtsein bei der Einschätzung von Unternehmenserfordernissen und Interessenten und dem Matchen der beiden, zuläßt. Dies bedeutet eine Vorgehensweise, die sich mit Hilfe eines anderen Arguments in diesem Fall aber ebenfalls sachlich rechtfertigen läßt: Die Großinvestoren verfolgten eher strategische Akquisitionen und sahen sich durch ihre Bauaktivitäten in die Lage versetzt, sowohl sichere Absatzmärkte zu garantieren als auch in den neuen Ländern als Systemanbieter aufzutreten und die daraus entstehenden Kostenvorteile zu nutzen. Die Sorge opportunistischer Ausbeutung oder gar eines späteren unternehmensinternen Verteilungskampfes war gering. Jenseits aller wettbewerbsrechtlicher und ordnungspolitischer Ziele, deren Verfolgung die Treuhand nicht zu ihren Aufgaben zählte (und hier durch Interaktion mit dem Bundeskartellamt dennoch gesichert sah) hat sie in diesem Fall aus einer *Wunschkonstellation* heraus unbeirrt den Kaufpreis maximieren können.

Für die letzte Runde der Verhandlungen wurden zwei Bieterkonzepte als besser handhabbar und zudem ausreichend erachtet, um zum unternehmerischen Vorteil der SQW und zum finanziellen Vorteil der Treuhandanstalt die Konstellation aufrecht zu erhalten. Beides, Vertragsverhandlungen und Kaufpreismaximierung, wollte man nun kurzfristig zum Abschluß bringen. Dies erschien möglich, nachdem über die Übernahmebedingungen mit beiden Bietern Einvernehmen erzielt worden war und sich die vorgelegten Konzepte im Rahmen der engen technischen und betriebswirtschaftlichen Freiräume nur in Nuancen unterschieden. Schließlich konnte ein Wettbewerbspreis von knapp 30% über dem Erstgebot verhandelt werden. Allerdings geschah dies unter Beibehaltung der getroffenen Annahmen, daß insbesondere die vorliegenden Restitutionsansprüche durch Gesetzesentscheid oder gütliche Einigung abgewendet werden könnten. In den Vertragstext wurden entsprechend aufschiebende Bedingungen aufgenommen. Die Entscheidung für die Deutsche Asphalt, ein Tochter der Philipp Holzmann AG, fiel unter Berücksichtigung einer der parallel verhandelten Privatisierungen. Der zweite Interessent hatte dort das bei weitem beste Angebot abgegeben, und das Bundeskartellamt äußerte erhebliche Bedenken gegen die Übernahme beider

Unternehmen durch einen Käufer.[250] So ergab sich das beste finanzielle Ergebnis für die Treuhand aus einer Kombination der Fälle.

Daß die Vertragsschließung erst ein halbes Jahr später erfolgte, lag an zeitaufwendigen Klärungsprozeduren mit den Landesämtern, dem Kartellamt und anderen Gutachtern, die für die Fallbetrachtung hier von untergeordneter Relevanz sind, aber verdeutlichen, welche Unwägbarkeiten im Einzelfall zu überwinden sind. Während dieser Zeit setzte das Management seine Sanierungsaktivitäten ohne finanzielle oder sonstige nennenswerte Unterstützung der Treuhand fort.

Vertragsmanagement wunschgemäß zurückhaltend

Das Ergebnis der sechs-monatigen Verhandlungen, bei denen keine der Parteien jemals Zweifel an der Endgültigkeit ihrer Entscheidung aufkommen ließ, wurde in einen vergleichsweise pflegeleichten Once-for-all-Vertrag gegossen. 400 Arbeitsplätze sollten langfristig gesichert und 46 Mio. DM investiert werden.[251] Beide Zusagen wurden - wie 1991 üblich - pönalisiert. Außerdem übernahm der Erwerber die Alt-Verbindlichkeiten des Unternehmens und stellte die Treuhand von allen ökologischen Altlasten frei. Weder Nachbewertungs- noch Besserungsvereinbarungen wurden getroffen. Entsprechend unterblieb - wie 1991 keineswegs üblich - eine Verpflichtung der Treuhand zur Übernahme von Gewährleistungen für einzelne Bilanzpositionen.

Im Zuge der allgemeinen Unklarheiten über die gesetzlichen Regelungen der Eigentumsrestitution im Bergbau hatte außerdem einer der ausgeschiedenen Bieter den (1956 enteigneten) Anspruchsstellern den einzig werthaltigen Anspruch[252] abgekauft und sich selbst dadurch wieder ins Spiel gebracht. Die Deutsche Asphalt nutzte ihre Chance, sich die Unbedenklichkeits-

250 A-Interview mit K. Krieger.

251 Vgl.: Pressemitteilung der Treuhandanstalt, vom 19.11.1991.

252 Zwei weitere anspruchstellende Parteien waren vor 1948 enteignet worden. In einem Fall wurde ein Verfahren nach §3a Vermögensgesetz eingeleitet. In dem anderen hatte das LAROV bereits mitgeteilt, daß es sich vermutlich nicht um einen Anspruch auf einen Teil der SQW handelte. Eine Klärung wird vermutlich jedoch mehrere Jahre dauern.

erklärung des Kartellamts zu sichern, und vereinbarte mit dem Mittelständler eine Beteiligung an der SQW. Als Vertragspartei trat schließlich eine neugegründete Gesellschaft und 83% Holzmann-Enkelin auf. Diese Zusammenarbeit erweist sich heute als äußerst fruchtbar, weil es gelungen ist, die Vorteile der Einzellösungen (Markt- und Finanzkraft einerseits und Management und Produkt-Know-How andererseits) zu bündeln.

Das Treuhand-Vertragsmanagement reduziert sich auf eine Überwachung der vereinbarten Konditionen. Nachverhandlungen sind außer in zwei strittigen Einzelfragen, die derzeit die beauftragten Vertragsanwälte beschäftigen, nicht zu erwarten. Zum einen läßt der geschlossene Vertrag dazu keinen Spielraum, und zum anderen gibt das Geschäft dazu keinen Anlaß. Seine Entwicklung verläuft deutlich positiver als von den Vertragspateien antizipiert, weil die Umsetzung der Sanierungsmaßnahmen schnell gelungen ist und das Volumen des Absatzmarktes die zugrundeliegenden Expertenschätzungen übertrifft. Beide Seiten gehen heute in der Gesamtwertung des Arrangements von einem höher erzielbaren Marktpreis des Unternehmens aus.[253] Anders als in dem (häufiger anzutreffenden) Fall einer schlechter als erwarteten Entwicklung der Umstrukturierung und Marktpositionierung sehen sie keine Veranlassung zur nachträglichen Korrektur. Das wäre hier wohl auch nicht angemessen. Hat die Treuhand das Verfahren gekonnt inszeniert, sollte schließlich der Bieterwettbewerb auf der Basis vorliegender (zwangsläufig unvollständiger) Informationen in ihrem Sinne vernünftige, optimumnahe Ergebnisse liefern.

Wertung der Ergebnisse

An diesem Fall lassen sich einige früher geäußerte Vermutungen bestätigen. Er bietet aber auch neue Hinweise zu den Möglichkeiten einer gruppenspezifischen Vorgehensweise, die die Untersuchung ihrem Ziel näher bringen können.

---

253 A-Interview mit B. Silkenstedt.

Die Bedeutung der Elemente einer einzelfallbezogenen Konzeptbeurteilung verschieben sich offensichtlich in Abhängigkeit von der zugrundeliegenden Konstellation. Je nach Ausprägung bestimmter Spezifika werden sich entsprechend die Verrechnungsrelationen innerhalb des Dreiecks (Preis, Investitionen, Arbeitsplätze) verändern. Entgegen der möglichen Vermutung, die branchen-durchschnittlichen Kosten der Neueinrichtung eines Arbeitsplatzes (Verrechnung von Kaufpreis und Investitionen bezogen auf die Arbeitsplätze) böten einen Anhaltspunkt, spielen bei den Treuhand-Entscheidungen andere Faktoren eine bedeutendere Rolle. Auf der einen Seite ist die Orientierung an einem solchen Branchendurchschnitt in diesem Fall nicht nachweisbar und bei positiven Kaufpreisen (netto cash) ohnehin nur schwer möglich. Auf der anderen Seite finden sich zahlreiche Beispiele, bei denen negative Kaufpreise jenseits der Höchstgrenze für *green field* Investitionen pro Arbeitsplatz verhandelt werden. Liegt - wie hier der Fall - der Fokus auf der Erzielung eines maximalen Preises bei gleichzeitiger Annahme eines Einheitskonzepts empfiehlt sich grundsätzlich die Lösung über eine Auktionierung. Dennoch wird auch dort, wo Markt- und Investorenkonstellation für die zentrale Agentur auflösbar sind, eine Auktion durch unternehmensspezifische Eigenarten und Risiken (Restitutionsansprüche) verhindert.

Alles in allem läßt sich aber bei der Gestaltung des vorliegenden Arrangements Flexibilität der Treuhand-Akteure im Hinblick auf die zugrundeliegenden Anforderungen ausmachen. Außerdem befinden sich einige der Faktorenausprägungen in der theoretischen Erörterung und der damit verbundenen Einschätzung der gewünschten institutionellen Einbettung mit den praktischen Erfahrungen in diesem Fall im Einklang. Anders als in der Treuhand-Praxis üblich - für Auktionen hingegen gefordert - wurden mehr Risiken auf den Investor übertragen und der Einigung so einen endgültiger Charakter verliehen. Vertragsmanagement in seinem engeren Sinne[254] findet nicht statt. Im Gegensatz zu dem im letzten Abschnitt unter dem Titel "Quasiauktionierung" untersuchten Fall (Holzwerk und Parkettfabrik) finden sich hier also eher Elemente auktionsnaher Verfahren.

Festzuhalten ist, daß die Treuhänder flexibel reagieren. Festzuhalten ist auch, daß erst die Interaktion gebotene Flexibilität ermöglicht. Der Einklang

---

[254] Vgl.: Def. Vertragsmanagement in Kapitel 2.3.3.

theoretischer Erwartungen und praktischer Erfahrungen läßt sich nicht herleiten. Dennoch gibt es Gemeinsamkeiten, die allerdings Folge gezielter Fallauswahl sein könnten. Die Ausprägungen der Markt- (Unsicherheit, Komplexität, Zahl der Austauschbeziehungen) und Investorenspezifika (Rationalität, Opportunismen) verhalten sich ausnahmslos gleichgerichtet - hin zu Lösungen durch den Markt. Liegen nur wenige Ausprägungen wenig eindeutig in der Mitte oder auf der anderen Seite des Spektrums, kann die Zuordnung einer Konstellation zu einem Arrangement aber bereits scheitern. Verschränkt sich diese Erkenntnis mit der einer Notwendigkeit von Lernen durch Flexibilität, stellt sich an dieser Stelle die Frage, welchen Beitrag eine Gruppenzuordnung im Vorfeld überhaupt leisten kann.

Das im folgenden untersuchte Arrangement wurde von den Treuhand-Akteuren in einem komplexen Lern- und Interaktionsprozeß mit wenigen potentiellen Investoren strukturiert und festgeschrieben. Politische Einflußnahme und Anpassungsflexibilität der Treuhand sind Ausdruck zunehmend komplexer Lösungsmechanismen einer konfliktären Zukunft, die exemplarisch hier die andere Seite des Konstellationenspektrums erklären hilft.

2.3. Komplexe Interaktion - Die Privatisierung der Elpro AG

Interaktion als Mechanismus zur Beseitigung von Unsicherheit im Heute und Morgen setzte für die Treuhand-Akteure voraus, daß Ihnen *Gegner* oder *Partner*, die bereit waren einen Beitrag zu leisten, zur Seite oder gegenüber standen. Bot die Überwindung der Unsicherheit für Investoren zunehmend mehr Risiken und weniger Chancen, wurden potentielle Gegner rar.[255] Wuchs gleichzeitig die Bedeutung des zu privatisierenden Unternehmens für den Standort, wurde das *Orchester* potentieller Partner zunehmend

[255] Die Interpretation von Verkäufer (Staat) und Käufer (Privat) als Gegner ist zunächst deshalb zulässig, weil privatwirtschaftliches Verhalten in Verhandlungen (auf Seiten der Investoren) das Streben nach persönlicher Nutzenmaximierung nach sich ziehen sollte.

größer.[256] Beides galt für die in den drei folgenden Abschnitten (Studien) dieser Arbeit behandelten Konstellationen. War das Vorgehen der Treuhand bei der Problemlösung flexibel auf die Gegebenheiten des Einzelfalls ausgerichtet, läßt sich annehmen, daß bei deren Unterscheidung die Betrachtung der Treuhand-Interaktionsmöglichkeiten eine bedeutendere Rolle spielt als die der zugrundeliegenden Marktkonstellation, die in allen drei Fällen als ähnlich problematisch angesehen werden kann.

Die Elpro AG Berlin - Industrieelektronik und Anlagenbau (Elpro) befand sich Ende 1991 bereits in der zweiten Phase ihrer Privatisierung. Nachdem seit ihrer Entflechtung aus dem Großkombinat Automatisierungsanlagenbau Berlin und ihrer Umwandlung in eine Aktiengesellschaft im Juni 1990 ein überhasteter Privatisierungsversuch gescheitert war, wurde unter massiver *Beteiligung* der Landes- und Bundespolitik, der IG Metall und der lokalen wie überregionalen Presse ein erneuter Anlauf unternommen, den Betrieb in die Marktwirtschaft zu entlassen. Die Treuhand-Akteure werten die aus seiner Öffentlichkeitswirksamkeit entstandene Beeinflussung ihrer Entscheidungen heute als unbedeutend.[257] Es hat den Anschein, als erfolgte die Privatisierung im Juni 1992 schließlich jenseits jeglicher Suggestion durch und Interaktion mit der beteiligten Öffentlichkeit - quasi im Alleingang. Dennoch hat deren lautstarke Kommentierung wahrnehmbare Spuren hinterlassen. Zum einen verhilft sie der nachträglichen Untersuchung des Falls zu mehr Klarheit, denn die Treuhand war gezwungen, den Versuchen, Einfluß zu nehmen, mit Entscheidungstransparenz zu begegnen.[258] Andererseits wird sich zeigen lassen, daß der Weg bis zur Privatisierung wenn nicht mühsamer, so doch zumindest länger wurde. Die Beurteilung, ob das Ergebnis allein dadurch ein besseres sein kann, wird sich darauf beschränken müssen, Pro- und Contraargumente zu sammeln und zu diskutieren.

---

256 Orchester deshalb, weil sich erst noch erweisen muß, ob die Partner sich als solche in der Interaktion oder nur in der lautstarken Begleitung verstanden. Die Bezeichnung nimmt für diesen Fall ein Urteil vorweg.

257 A-Interviews mit M. Kirchner und A. v. Joest.

258 Die Dokumentation der Privatsierung ist in 25 Ordnern in der THA archiviert. Bei den Recherchen ist dem Verfasser keine andere derart umfangreiche Dokumentation einer Privatisierung bekannt geworden.

Die Konstellation des Falles grenzt sich gegen die oben untersuchte deutlich ab und steht gleichsam für eine ganze Reihe ähnlich gelagerter und gelöster Fälle auf der anderen (komplexen) Seite des definierten Spektrums. Nicht nur war hier ein im Sinne einer Unternehmensfortführung zufriedenstellender Bieterwettbewerb nicht generierbar, auch war die Komplexität der Aufgabe nur mit einem als unsicher eingeschätzten Investorenkonsortium zu überwinden. Das Ziel der Treuhänder - eine Minimierung ihres Aufwandes nach dem Eigentumsübergang - schien in dieser Konstellation nur schwerlich erreichbar. Der Abgleich ihrer Erwartungen hinsichtlich ihrer unsicheren Assets mit denen der Bieter bewegte sich dann zwangsläufig auf dem Grat zwischen *Verscherbeln* und *zu Tode verhandeln* einerseits und *Flexibilität* und *Commitment* andererseits in einer für die Institutionalisierung vertrauensbildender Maßnahmen denkbar schlechten Situation. Ob und wie es ihr dennoch gelungen ist, ein in ihrem Sinne akzeptables Arrangement zu etablieren, soll die Untersuchung aufzudecken versuchen.

Ausgangslage - Schmerzvolles Erwachsenwerden der einstigen Lieblingskinder

Spätestens Anfang 1991 war auch den Zweckoptimisten klar, daß die ursprünglichen Erwartungen in die Leistungsfähigkeit der Branche nicht erfüllt würden.[259] Die Elektrotechnik und Elektronik gehörte zwar zu den gehätschelten *Lieblingskindern* der Planwirtschaft und war noch in den achtziger Jahren mit Milliardenaufwand modernisiert worden. In der gesamten Elektroindustrie hatte aber die Strukturierung der Wirtschaft nach Versorgungsgesichtspunkten und die Abschottung vom Weltmarkt offensichtlich mehr Schaden angerichtet als zunächst angenommen wurde. Während der strukturelle Wandel und die technologische Erneuerung alle Bereiche der einstigen DDR-Wirtschaft erfassen mußte, kam der Elektrotechnik/Elektronik aufgrund ihrer historischen und prozessualen Spezifika eine zentrale Stellung zu. Die Branche ist im Wirtschaftsraum marktwirtschaftlicher Arbeitsteilung durch tiefgreifende und sehr differenzierte

---

259 Vgl.: Interview mit dem Hauptgeschäftsführer des ZVEI Prof. Scheid, in: Die Wirtschaft vom 28.03.91, S. 4.

Kooperationen geprägt und bestimmt nicht nur durch ihre Wachstumsraten in besonderem Maße das technologische Profil einer Volkswirtschaft. Schneller als anderswo mußte daher ein Abbau der Fertigungstiefe und das Abschneiden der branchenfremden Randbereiche erreicht werden. Stärker als anderswo mußte das Abschmelzen der Strukturen auf betriebswirtschaftlich effiziente Unternehmensgrößen die Entstehung kleiner technologischer Kerne fördern, aus denen dann Neues erwachsen konnte.

Die Auswirkungen des freieren Marktes sorgten dann auch für einen freieren Fall als in anderen Bereichen. Allein im zweiten Quartal 1991 sank die Produktion in den Treuhandunternehmen der Elektrotechnik und Elektronik gegenüber dem ersten um über 26%. Die Zahl der Beschäftigten sollte sich nach ersten Planungen im Laufe des Jahres auf 150.000 beinahe halbieren und damit schließlich nicht einmal den Rückgang der Produktion ausgleichen. Auch wenn der Treuhand die Bedeutung einer weiteren Verschlechterung der Konkurrenzfähigkeit ihrer Betriebe bewußt war, gelang es ihr nicht, den Willen zu durchgreifenden Sanierungsmaßnahmen bei den meisten Vor-Ort-Akteuren zu mobilisieren. Nicht weniger als andernorts stand dem die Hoffnung auf eine Aufrechterhaltung des Osthandels entgegen, die den Betroffenen als Strohhalm diente, sich ihr Überleben in der Marktwirtschaft zu sichern. Entsprechend war das Kaufinteresse im Westen zunächst eher verhalten.[260] Dort (in den alten Bundesländern) feierte die Elektroindustrie 1990 und 1991 eine Sonderkonjunktur mit Produktions- und Umsatzzuwächsen zwischen 5 und 10%.[261] Typisch für das Engagement der großen westdeutschen Unternehmen war ihr vorrangiges Interesse daran, ihren Markteinfluß sicherzustellen. In der Anfangszeit brach eine Kooperations-Flutwelle über die verunsicherten Elektrounternehmen der

---

260 Vgl.: Pressemitteilung der THA vom 12.3.1992; "Die Treuhandanstalt schreibt Unternehmen der Elektrotechnik/Elektronik international aus". Von ehemals 220 Unternehmen der Branche in der THA-Zentrale konnten bis Ende Februar 1992 für 59 Unternehmen und Unternehmensteile neue Eigentümer (darunter 14 ausl. Investoren) gefunden werden. Von den 260.000 Arbeitsplätzen Anfang 1991 (400.000 vor der Vereinigung) konnten 46.000 gesichert, d.h. vertraglich festgelegt (und nicht zwingend mit Pönalien belegt) werden.

261 Diese war ausschließlich inlandsgestützt, und zwar hauptsächlich durch den Aufbau der Nachrichten- und Datentechnik in den neuen Ländern (vgl.: Pressemitteilung des ZVEI vom 4.7.1991).

neuen Länder herein. Zum Gebot der Stunde und geeignesten Mittel zur Schließung der durch den technologischen Rückstand entstandenen Lücken wurden die *joint-ventures*. Meist lagen für die ostdeutschen Unternehmen Ziel und Realität aber weit auseinander. Weniger entstanden strategische Allianzen als Vertriebsgesellschaften und Lohnfertigungsvereinbarungen, die häufig den Charakter von Knebelverträgen hatten und bestehende Eintrittsbarrieren zu den Westmärkten noch schwerer überwindbar machten. Erst Anfang 1992 wurde eine Umorientierung ostdeutscher Elektrobetriebe auf die westlichen Märkte wirklich spürbar. Sie wuchs vor allem, weil westdeutsche Unternehmer den ostdeutschen Zulieferungsanteil systematisch steigerten, um insbesondere bei technologisch einfacheren Komponenten temporäre, durch die Treuhand *subventionierte* Kostenvorteile zu nutzen. Die Branche schien die durch die drastischen Auftragsverluste nach der Währungsunion ausgelöste Talfahrt beendet, das Tal durchschritten zu haben.[262]

Das Interesse zur Übernahme einzelner Betriebe griff 1991 erst allmählich Raum. Die Treuhand signalisierte zunehmend deutlich, daß ihr an der schnellen Entflechtung und Neuorientierung der Saurier der einstigen DDR-Elektroindustrie gelegen war und daß nicht nur in solch krassen Fällen wie in Thüringen und Brandenburg, wo in den Betrieben der Mikroelektronik mehr als 6.000 Arbeitnehmer vorrangig auf die Herstellung integrierter Schaltkreise spezialisiert waren. Außerdem sorgte nach dem Abflachen der Kooperationswelle (90% der Betriebe hatten einen westlichen Partner im Boot und oftmals eben eher im *Nacken*) die spürbare Konjunkturabschwächung im Westen für eine Umorientierung der Investitionspolitik und etwas Bewegung im Privatisierungsgeschäft. Parallel verloren die Elektro-Betriebe

262 Die Zulieferfunktion sicherte einen Teil der Arbeit ab und sorgte für den dringend erforderlichen Know-How-Transfer. Die Produktion hatte sich auf 40% des Vor-Wende-Niveaus eingependelt. Allerdings stützte sich das sich andeutende Wachstum allein auf sektorale Modernisierungen, vornehmlich in den Bereichen Telekommunikation und Verkehrstechnik. Der Hoffnungsträger Energieerzeugung blieb lange Zeit blockiert durch den Streit zwischen den ostdeutschen Kommunen und den westdeutschen EVU's. Andere Bereiche konnten sich, wenn überhaupt, nur durch massive finanzielle Unterstützung seitens der Treuhand oder als verlängerte Werkbänke im Markt halten (vgl.: Börsen-Zeitung vom 19.2.1993, S.6, *Elektroindustrie kauft mehr im Osten*).

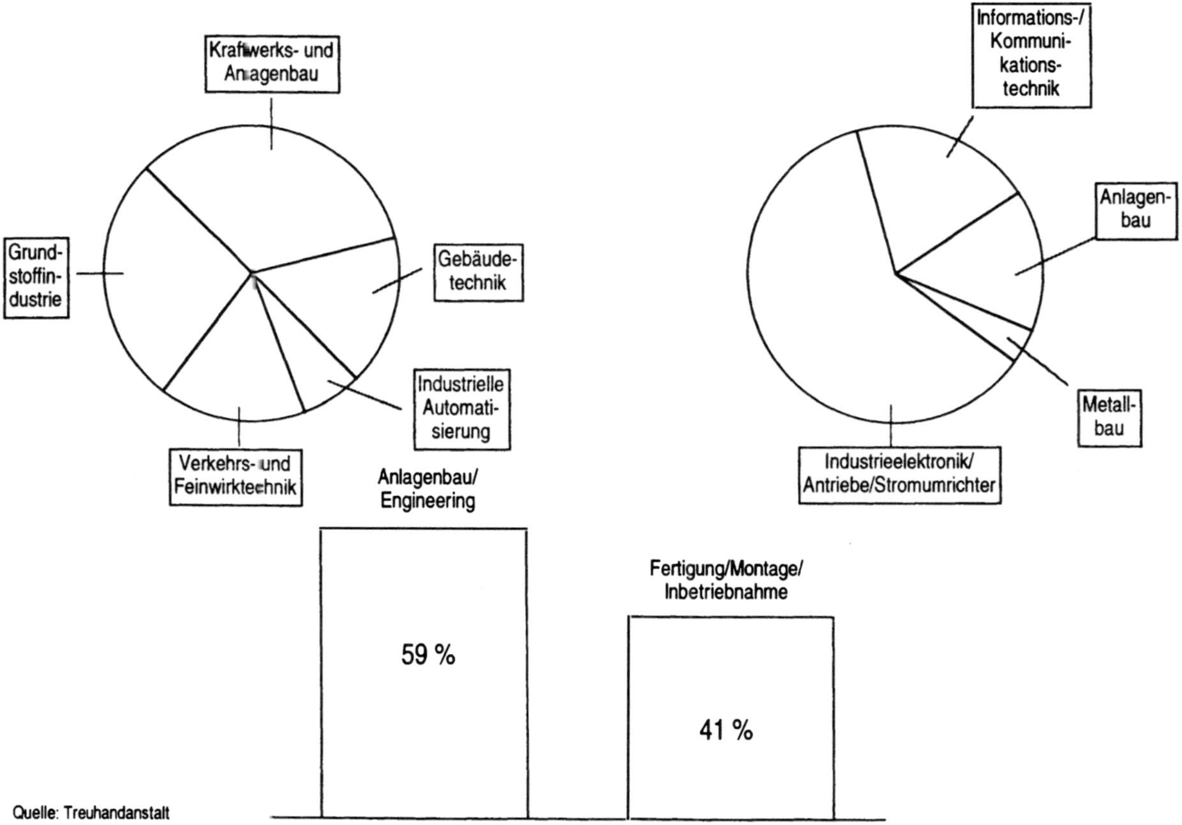

Quelle: Treuhandanstalt

Abb. 25: Produktbereiche der Elpro AG (in % vom Umsatzvolumen)

Ostdeutschlands allerdings sukzessive ihre Faktorkostenvorteile, so daß die *Lohnauftragskaravane* zunehmend weiter gen Osten zog. Ein völliges Erlahmen des Interesses war nur durch die Sorge vieler, insbesondere großer Investoren, über zweierlei sich abzeichnende Szenarien zu verhindern: Zum einen fürchtete man das wachsende Engagement ausländischer Investoren, bei denen die Treuhand lautstark die Trommel rührte und die nach einer ausführlichen Phase des Sammelns von Informationen nun tatsächlich punktuell Kaufinteresse signalisierten. Zum anderen wurde es bei der eigenen Zurückhaltung als immer wahrscheinlicher erachtet, die Treuhand könne "auf einem unverkäuflichen Rest DDR-Elektrobetriebe sitzenbleiben" und auf die Idee kommen, einem Siemens oder einer AEG einen subventionierten "Staatskonzern" entgegenzustellen.[263]

Sanierungaussichten der Elpro AG gegen den Trend optimistisch beurteilt

Die Elpro AG war mit ihren Säulen industrielle Elektronik und Anlagenbau einer der bedeutendsten Zulieferbetriebe für schlüsselfertige Industrieanlagen, vornehmlich der großen Maschinenbau-Kombinate, in der ehemaligen DDR und den anderen Comecon-Staaten. Mit der Neuordnung der Märkte nach der Währungsunion wurden auch ihre traditionellen Lieferbeziehungen in Frage gestellt [Abb. 25]. Die ehemaligen DDR-Partnerbetriebe - gleichzeitig Technologieträger - orientierten sich gen Westen oder nach Fernost. Moderne Technik war dort schneller und oftmals zu besseren Preisen zu haben. Mit dem Übergang vom Transferrubelgeschäft auf freikonvertierbare Währungen ließ die finanzielle Situation vieler osteuropäischer Länder zusätzlich kaum noch Aufträge an das ehemals umworbene Unternehmen zu. In

---

263 Vgl.: Pressemitteilung des ZVEI- und Siemens-Vorstandsvorsitzenden Kaske am 5.5.1992. Der ZVEI nahm diese Überlegung als politische Konzession zumindest vordergründig ernst und forderte vorbeugend und unmißverständlich, daß unwirtschaftliche Strukturen nicht mit Steuergeldern konserviert werden dürften. Deutlich wurde ein überall spürbares Problem übergeordneter, ehemalig (rein) westdeutscher Institutionen. Nach einer Phase des *NBL-gestützten Wachstums* und der Integration der ostdeutschen Interessenvertreter folgte die Phase der *Neuverteilung* eines insgesamt kaum größer gewordenen Marktes. Verbände wie Gewerkschaften und Politik sahen sich plötzlich mit einer Situation konfrontiert, die intern zur Zerreißprobe zu werden drohte.

dieser Situation verschafften sich die großen westdeutschen Player früh Einblick in die wirtschaftlichen und technischen Möglichkeiten der Elpro. Sie stand bereits im Oktober 1990 mit zahlreichen Marktführern in Verhandlungen, um über Kooperationen und Gemeinschaftsunternehmen den Rückstand in der Hardware-Entwicklung aufzuholen. Die Möglichkeit, mit nur einem Partner eine Sanierung des Unternehmens zu erreichen, wurde von den Unternehmens- und Treuhand-Verantwortlichen schnell verworfen., weil aus ihrem breiten Produktspektrum wiederum nur Teile für die westliche Konkurrenz interessant waren.

Deshalb legten im November 1990 Vorstand und Aufsichtsrat ein ehrgeiziges Schrumpfungs- und Sanierungskonzept vor, getragen von dem Grundsatz, die Elpro als dauerhaft eigenständiges Unternehmen zu erhalten. Durch "schöpferische Zerstörung", drastische Kosteneinsparungen in allen Bereichen des Unternehmens und die Erschließung neuer Märkte über Kooperationen sollte bereits 1991 ein positives Ergebnis erreicht werden. Dauerhaft unrentable Produktlinien sollten eingestellt, der Fertigungsanteil reduziert, Hilfs- und Nebenprozesse ausgegliedert, alte Strukturen aufgelöst und in überschaubare Geschäftseinheiten (Profitcenter) überführt werden.[264] Eine Entflechtung der Elpro, beispielsweise entlang möglicher Anwendungsfelder, wurde dort nicht in Erwägung gezogen. Statt dessen sollte ein Zusammenhalt der Chance dienen, zukünftig vor allem Systemlösungen anzubieten und greifbare Synergien zu nutzen. Dieses erste Konzept erwies sich schnell nicht nur als ehrgeizig, sondern auch als zu optimistisch, auch wenn es sich nicht, wie "viele dieser sogenannten Konzepte", wie "ein Wunschzettel"[265] las. In der zweiten Jahreshälfte 1990 entwickelten, projektierten, fertigten, montierten und verwalteten 6.000 Mitarbeiter (allein 1.400 im *Overhead*) einen Umsatz von nur noch knapp 200 Mio. DM.

Dennoch verfolgte der neue Vorstandsvorsitzer, Dieter Luft, unbeirrt den von ihm für richtig befundenen, eigenständigen Weg. Als Nachrücker innerhalb des Unternehmens (vom ehemaligen Produktionsdirektor) zum Vorstand aufgestiegen, nachdem die Führung des ehemaligen Kombinats von der Eigentümerin Treuhand abgelöst worden war, fehlte es ihm nicht an

---

264 Vgl.: Sanierungskonzept der Elpro AG, Berlin vom 1. Nov. 1990.

265 D. Rohwedder, zitiert in: manager magazin Spezial 1/1991, S. 24.

demonstriertem Mut, den Weg auch ohne westliche industrielle Unterstützung zu gehen. Gepaart mit Verkaufstalent avancierte er in der Öffentlichkeit schnell zu einem der wenigen "Vorzeige-Ossis" und mit ihm die Elpro zu einem der raren, überall vergeblich gesuchten Betriebe des *Aufschwungs Ost.*

"Wir Ossis ziehen den Karren schon aus dem Dreck. (...) Wir wollen auf jeden Fall selbständig bleiben. (...) Wir brauchen keine Manager aus dem Westen in unserem Vorstand."[266]

Beeindruckt von ihrem (vermeintlichen) Glücksfall vor Ort lehnten sich auch Treuhänder motiviert durch ihre Wahrnehmung zurück: Dort wurde in enger Zusammenarbeit mit dem Aufsichtsrat das frei, was sie regelmäßig zu selten zur Verfügung hatten: kreative Energie. Und tatsächlich wurden einige Schritte schneller als anderswo unternommen. Dennoch blieben erste Verselbständigungstendenzen, jenseits einiger Grundsatzpositionen der Treuhand, im Sommer 1991 nicht unbemerkt. Eine Betriebsvereinbarung sollte den Mitarbeiterabbau verlangsamen und Sozialpläne sichern, die weit außerhalb der Treuhand-Toleranzen lagen. In einer Beschäftigungsgesellschaft sollten die aufgefangen und ohne Rückbindung zu einem tatsächlichen Bedarf ausgebildet werden, die schließlich das Unternehmen verlassen mußten. Während die Treuhänder sich auf die Suche nach einem der großen Marktteilnehmer zur Übernahme des Unternehmens umtaten, blockierte Luft diese Bemühungen, um mit der Rückendeckung seines Aufsichtsratsvorsitzenden und eines noch zu findenden internationalen Bankenkonsortiums durch einen MBO in dieser Größenordnung sein

---

266 Dieter Luft (Vorsitzender des Vorstandes der Elpro AG), zitiert in: manager magazin Spezial 1/91, S. 20. Nur wenige ostdeutsche Manager erreichten eine derart breite Öffentlichkeitswirksamkeit (gemessen an ihrer Präsenz in den Printmedien). So entstand in der Öffentlichkeit ein vollkommen falsches Bild des tatsächlichen Zustands der Elpro AG (vgl. u.a.: Die Marktwirtschaft 4/91, S. 24f. / Management Praxis 5/91, S. 36f. / WirtschaftsWoche Nr. 29, 12.7.1991, S. 22f. / Der Spiegel, 12.08.1991, S. 82f.). Gleichzeitig wurde sie beliebtes Ausflugsobjekt für die politischen *Vertreter des Aufschwungs.*

ostdeutsches Exempel zu statuieren. Beides zerplatzte in einer Mischung aus persönlicher Verstrickung und sachlicher Unmöglichkeit.[267]

Was der Treuhand im Herbst 1991 blieb, war ein unklarer Status der tatsächlichen Unternehmenssituation und die Erkenntnis, daß seine Mitarbeiterzahl dringend auf eine Größenordnung zwischen 2.000 und 3.000 zurückgefahren werden und eine Privatisierung nun schnell erreicht werden mußte.

Privatisierung - Bieterwettbewerb durch Interaktion ersetzen?

Auch hinsichtlich der Privatisierungschancen mußte ein Bild revidiert werden, das eigentlich schon durch den Wegfall des einen Glieds in dem Kausalzusammenhang (exzellente Umstrukturierungs-, also auch Privatisierungschancen) hätte verwischt werden sollen. Die eher lockere Zusammenarbeit der Elpro mit einigen Branchenführern im Anlagenbau (AEG, ABB, Siemens) hatte allzu leicht darüber hinweggetäuscht, daß diese ihr Interesse an ostdeutschen Standorten - so vorhanden - bereits andernorts befriedigt hatten. Die Realisierung einer Eigenständigkeit durch MBO, Bankenfinanzierung und Partnerschaft mit einem Großkonzern war nicht allein an den Personalia gescheitert. General Electric hatte als möglicher industrieller *Pate* nach kurzer Evaluierungsphase zuvor abgewunken. Eine Finanzierung war nicht abzusehen.[268] Weitere Interessenten, von denen

---

267 Luft wurde Ende Oktober 1991 wegen festgestellter Unregelmäßigkeiten mit sofortiger Wirkung beurlaubt. Nur wenige Wochen vorher war der in der Treuhand zuständige Direktor, Lang, wegen eines fehlgeschlagenen persönlichen Alleingangs bei einem anderen Berliner Elektrounternehmen (einer der "größten Treuhand-Skandale" - Der Spiegel) seiner Funktion enthoben worden. Daraufhin veranlaßte die Treuhand-Spitze in allen von Lang persönlich betreuten Unternehmen eine Status-Prüfung, die letztlich auch Anlaß zur Aufdeckung der Ungereimtheiten bei der Elpro AG war und später auch den Aufsichtsratsvorsitzenden seine dortige Betätigung kostete (vgl.: Pressemitteilung der Treuhand vom 14.11.1991). Gleichzeitig wurde die Zuständigkeit innerhalb der Treuhand auf ein anderes Vorstandsressort (Brahms) übertragen. "Nun werden die Karten der Elpro-Privatisierung erneut gemischt" (WirtschaftsWoche, Nr.44, 25.10.1991, S. 86).

268 Nach Lufts Weggang schienen die Akteure im Unternehmen zunächst wie gelähmt. Obwohl alle Voraussetzungen der auch von ihr favorisierten MBO-Lösung keinen Bestand mehr hatten, klammerten sich Betriebsrat, Vorstand und Mitarbeiter an die erreichbar geglaubte Eigenständigkeit. Das unterdessen um sie herum ausgebrochene

einige nur - und andere zumindest teils - eine Vorliebe für den Immobilienwert der Elpro hegten (der, wie bei Berliner Elektrounternehmen üblich, weit über ihrem Firmenwert lag) fühlten sich unterdessen verprellt und nahmen Abstand von einem Engagement. Gleichzeitig wuchs die Sorge der institutionellen Akteure (vornehmlich des Berliner Senats und der IG Metall), die Treuhand gefährde unter offensichtlicher Vernachlässigung ihrer Kontrollaufgabe eine Lösung für ein Unternehmen, das von seiner Bedeutung für den Standort und seiner (vermeintlich) hervorragenden Ausgangsposition für eine *gelungene* Privatisierung prädestiniert sein mußte.

Die Treuhand war aufgerufen, in einer von Vertrauensschwund geprägten Situation zu versuchen, einzelne Fäden aufzunehmen und Unsicherheit durch gezielte Interaktion abzubauen. Bei der Auswahl ihrer Partner und Gegner schien ihr Verläßlichkeit und an Pragmatik orientiertem Tun (statt Fordern) das vordringliche Anliegen. Mit der Privatisierung wurde im November 1991 eine ausländische Investmentbank (J.P. Morgan) beauftragt. Produktionsstraffung und erforderliche Kosteneinsparungen sollte der neue Aufsichtsratsvorsitzende beaufsichtigen und vorantreiben. Von diesem Zeitpunkt an bewegten sich die Bemühungen um ein Arrangement zur Überführung der Elpro in privates Eigentum in zwei Akteurskreisen in gegensetzliche Richtungen. Grundsätzlich übliche Verfahrensweisen des *internen Kreises* bei der Inszenierung einer ordentlichen Bieterkonkurrenz durch wechselseitige Interaktion wie die Geheimhaltung der Gebote und der Ausschluß des Betriebsrats aus den Verhandlungen schürten bei den unfreiwillig *Externen* Mißtrauen.

"Wenn die gegenwärtige Tendenz des Plattmachens nicht gestoppt wird, ist Berlin als Industriestandort insgesamt gefährdet."[269]

Chaos wurde von ihnen als "hochgespielt" und "Bestandteil der Strategie der Gegner in der Übernahmephase" interpretiert (Brief des Vorstandssprechers Schmolke an die Belegschaft der Elpro AG, in: Kontakt 14/91).

269 Erklärung der Betriebsräte von sechs Ostberliner Elektrounternehmen und der IG Metall Berlin, zitiert in: Berliner Zeitung vom 8.2.1992, S. 14. Die mangelnde Kooperation mit den Betriebsräten der Elpro mahnten neben IG Metall u.a. Mitglieder des Berliner Senats und der SPD Landeschef (Momper) vehement an.

In der kritischen Berliner Öffentlichkeit zunehmend in die Ecke des verantwortungslosen Eigentümers gedrängt und jenseits aller Erwartungen, eine schnelle, pragmatische und gemeinsame Lösung zu erreichen, versteiften sich die Treuhänder in ihrer Haltung und reduzierten ihre kooperativen Bemühungen auf die Interaktion mit den von der Investmentbank motivierten, potentiellen Bietern. Während die einen sich also in ihrer Abwehr bestätigt sahen, kommentierten die anderen das, was ihnen nur bruchstückhaft bekannt wurde, mit Unverständnis und wachsender Kritik.

Insgesamt waren 26 potentielle Investoren angeschrieben worden, von denen 15 durch eine Vertraulichkeitserklärung näheres Interesse bekundeten. Letztlich blieben ihr nur drei grundsätzlich vertretbare Konzepte (am Ende der zweiten Angebotsrunde, im Januar 1992), zu denen Übernahmeverhandlungen geführt werden sollten [Abb. 26]. Nur in diesen Fällen war eine Fortführung der Elpro AG in ihren wesentlichen Teilen und angestammten Geschäftsfeldern sowie die Erhaltung ihrer bereits auf ein Viertel reduzierten Arbeitsplätze überhaupt möglich. Viele der ausgeschiedenen Interessenten wollten sich lediglich Kooperationen, Lieferbeziehungen oder Teilbereiche (Anlagenbau, Telekommunikation) der Elpro sichern. Bestätigt fand sich ebenso die Einschätzung der Treuhänder, die großen Konkurrenten aus den alten Bundesländern hätten in einem Markt, der bereits von westdeutschen Kapazitäten weitgehend bestimmt wurde, kein Interesse, zusätzliche in ihr Portfolio zu übernehmen.

Unterdessen hielt sich in der kritischen Öffentlichkeit der Mythos positiver Gewinnerwartungen der Elpro für das laufende Jahr 1992 hartnäckig; entgegen allen anders lautenden Informationen. Tatsächlich mußten aber die Umsatzerwartungen mit 250 Mio. DM etwa auf die Hälfte, der noch von der alten Geschäftsleitung antizipierten, korrigiert werden. Davon sollte immer noch ein Drittel aus GUS-Aufträgen (von denen wiederum 10% finanziell nicht gesichert waren) realisiert werden. Entsprechend erwarteten die neu eingesetzten Unternehmensverantwortlichen erst für 1994 bei gestiegenem Umsatz ein ausgeglichenes Ergebnis.[270]

270 Vgl.: Unternehmenskonzept der Elpro AG vom März 1992.

Vorbereitung: 7.10.91 - 14.11.91

- Einschaltung von JP Morgan als Berater der Treuhandanstalt
- Informationsgespräche mit Vertretern der Elpro AG
- Erstellung eines Informationsmemorandums
- Kontaktaufnahme mit potentiellen Investoren

Phase 1: 14.11.91 - 15.1.92

- Versendung der Vertraulichkeitserklärungen
- Versendung der Informationsmemoranden
- Informationsgespräche mit Interessenten

Phase 2: 15.1.92 - 14.2.92

- Analyse der eingegangenen Angebote
- Erläuternde Gespräche mit Bietern
- Präsentation der eingegangenen Angebote

- Erarbeitung einer Transaktionsstruktur
- Behandlung bedeutender Fragestellungen
  - Sozialplan
  - Grundvermögen
  - Unternehmensplanung

Phase 3: 14.2.92 - 14.4.92

- Detailverhandlungen mit Bietern
- Aufarbeitung von Unternehmenszahlen
- Klärung von Rechtsfragen
- Verhandlung des Sozialplans
- Einbindung von Interessengruppen (Betriebsrat, Gewerkschaften, Kommunalpolitiker)
- Erstellung und Abstimmung von Verträgen

Quelle: J. P. Morgan

Abb. 26: Zeitlicher Ablauf der Interaktion im Angebotsverfahren

Wie gesagt waren der Treuhand drei Investorengruppen (eine Erwerbergemeinschaft, ein Finanzinvestor/Fonds und eine Investorengemeinschaft) geblieben, die auch nach intensivem *briefing* in ihren Geboten keine hinreichende finanzielle Gegenleistung für die Substanz der Elpro vorsahen. Ihre eigenen Schätzungen auf der Grundlage einer Untersuchung des Beteiligungscontrolling und eines Verkehrswertgutachtens ließen in der Bilanz erhebliche stille Reserven in Sachanlage-, Umlaufvermögen und Rückstellungen vermuten. Sowohl hinsichtlich des Kaufpreises als auch des Umfangs der Grundstücks-Mitveräußerung gab es bei allen Angeboten Klärungs- wie Verhandlungsbedarf [Abb. 27]. Relativ schnell kristallisierte sich dabei heraus, daß nur das Konzept der Investorengemeinschaft den Erhalt eines Unternehmens sichern konnte, das sich nun schnell in die Lage versetzen mußte, in verschiedenen Nischen mit den großen Anlagebauern zu konkurrieren. Das allein hätte bereits den Ausschlag für eine zügige Entscheidung geben können, wenn nicht diese Bietergruppe frühzeitig in der Öffentlichkeit in den Verdacht von Insidergeschäften gekommen wäre.[271]

Während Treuhand und Investmentbank demgemäß versuchten, mit allen Dreien Verbesserungen zu erreichen, kam es zu vehementen Interventionsversuchen ebenso zahlreicher wie unterschiedlicher Akteure des *externen Kreises*, die zumindest eine Verzögerung des Verfahrens (und vielleicht eine

[271] Bei der Gruppe "Eckardt, Emans, Schossleitner & Partner" handelte es sich um ehemalige Direktoren der Unternehmensberatung McKinsey, die 1991 als Berater für die Treuhand (allerdings im Chemiebereich) tätig waren und gleichzeitig (im Juli 1991) Interesse an einer Übernahme der Elpro geäußert hatten. Als Insiderskandal "aufgedeckt" wurde von der Presse (vgl.: Forbes!, Nr. 12/91, S. 38f.) die vermutete Informations- und Interessenvernetzung mit anderen ehemaligen McKinsey-Beratern, die sich an den Schaltstellen des *internen Kreises* (THA-Vorstand, Elpro-ARV) wiederfanden. Tatsächlich lag eine Konstellation vor, die zwar inhaltlich vorteilhaft sein konnte, aber zumindest undurchsichtig war und in der Öffentlichkeit mißtrauisch und ablehnend aufgenommen wurde. Der Weg zu der Vermutung eines von der Treuhand beabsichtigten "Verscherbelns" und "Plattmachens" war von dort aus nicht weit. Eine Prüfung des Vorgangs im Unterauschuß Treuhandanstalt konnte einen Verdacht weder erhärten noch gänzlich ausräumen.

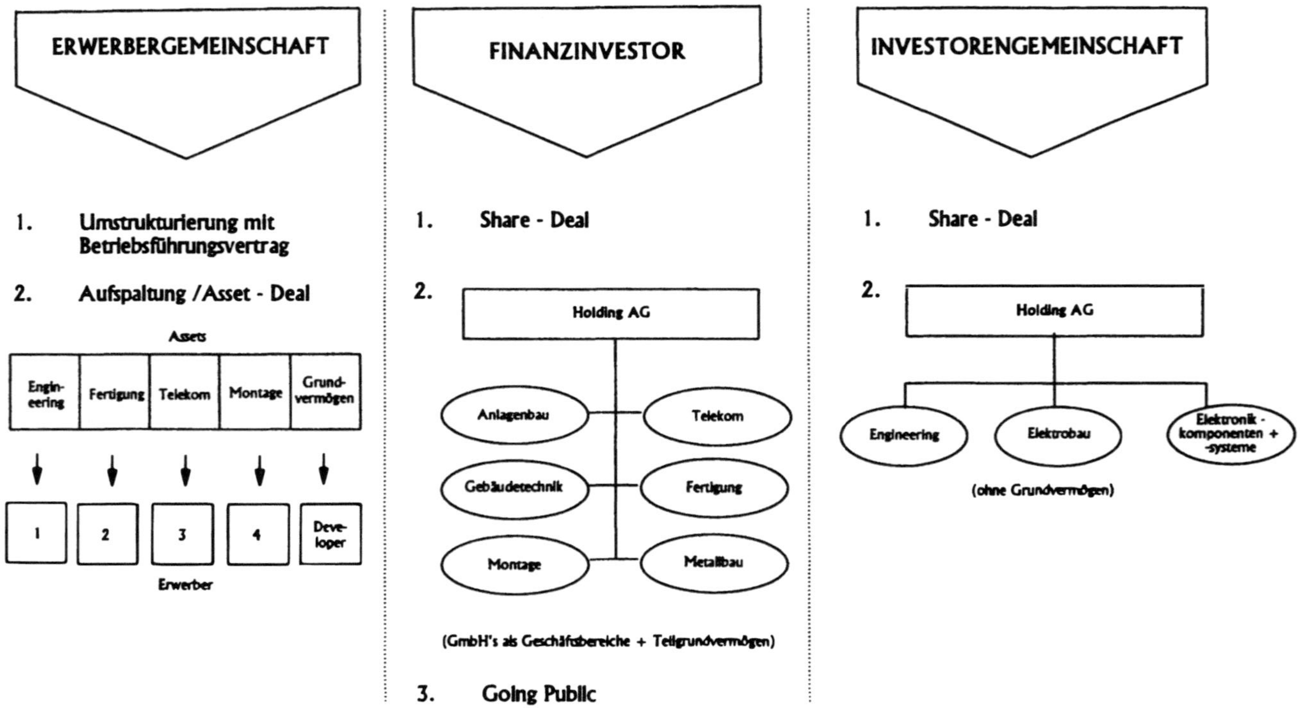

Quelle: J. P. Morgan

Abb. 27: Privatisierungkonzepte für die Elpro AG

Kriterien der THA	Erhalt der Elpro	Arbeitsplätze	Investitionen	Konzept	Rohertrag für THA	Zeitrahmen	Übernahmestruktur	Vertragsstruktur	Wertung
Erwerbergemeinschaft	nein	1.240 (+200)	35 Mio.	differenziert (mit Immobilien)	niedrig	langsam	komplex	eng	unakzeptabel
Finanzinvestor	möglich	1.300	30 Mio.	mittel (mit Immobilien)	akzeptabel	mittel	mittel	offen	unsicher
Investorengemeinschaft	ja	1.600	30/60 Mio.	gut (ohne Immobilien)	akzeptabel	schnell	einfach	flexibel	akzeptabel

Quelle: J. P. Morgan

Abb. 28: **Bewertung der Konzepte anhand entscheidungsrelevanter Kriterien**

Präzisierung des Abschlusses) nach sich ziehen mußten (konnten).[272] Die Treuhand bewegte sich mit ihrer Informationspolitik auf dem Grat zwischen unerlaubter Offenlegung ihrer Interaktionsbemühungen und der Bedrohung eines politischen Scheiterns, wenn es ihr nicht gelang, die Front gegen die von ihr favorisierte Lösung wenigstens punktuell aufzuweichen. Intern zunächst abgesichert durch den unabhängigen Rat der Investmentbanker, mußte sie jedem weiteren Schritt ihrer Festlegung (ihres *commitments*) auf das Konzept der Investorengemeinschaft, durch gezielte Rückversicherungen und Information nach außen, akzeptable Rationalität verleihen. Inhaltlich schien die Rechnung aufzugehen [Abb. 28]. Erachtete sie einerseits den Kreis potentieller Interessenten als ausgeschöpft und eine Nachbesserung der vorliegenden Angebote nach mehreren Verhandlungsrunden als unwahrscheinlich, versprach andererseits die ganzheitliche Privatisierung, noch dazu ohne die lukrativen Grundstücke, die einzig seriöse und durchsetzbare Lösung zu sein.

Wegen ihrer Größenordnung ohnehin zustimmungspflichtig durch Verwaltungsrat (Genehmigungserfordernisse der Treuhand) und BMF (haushaltsrechtliche Einwilligung) trat die Treuhand im Frühjahr 1992 in einen intensiven Dialog mit diesen Institutionen ein. Parallel hatte der Treuhand-Insiderpanel[273] der Bietergemeinschaft Unbedenklichkeit bestätigt, und nun sollten Betriebsrat und IG Metall über Eckpunkte der Angebote informiert und auf das ausgewählte Konzept eingeschworen werden. Der

---

272 In der THA-Dokumentation ist für den ungewöhnlich umfangreichen Schriftwechsel mit BMF, BMWi, SPD-Spitze in Bonn, Senatsverwaltung für Wirtschaft und Technologie, Senatsverwaltung für Finanzen, Regierender Bürgermeister, IG Metall Berlin und Mittelstandsvereinigung der CDU/CSU ein eigener Ordner angelegt. Die Einzelpositionen sollen hier nicht im Detail erörtert werden. In der Regel handelte es sich um die Aufklärung inhaltlicher Mißverständnisse als Folge der restriktiven Informationspolitik der Treuhand in diesem Fall. Wiederholt versuchten Gruppierungen aus dem Unternehmen allerdings auch Politiker als *Sprachrohr* ihrer Interessen zu nutzen. Ein noch im März 1992 in Gang gebrachter Versuch eines Vorstandsmitglieds der Elpro zielte darauf ab, mit Unterstützung des Bundeswirtschaftsministers, die Elpro unter dem Dach einer noch zu gründenden Industrieholding-Ost in staatlicher Hand weiterzuführen.

273 In der Treuhand eingerichtete Direktoren-Gruppe zur Beurteilung möglicher Insiderkonflikte in Fällen, in denen beispielsweise Noch-Treuhand-Mitarbeiter oder Ehemalige Interesse an der Übernahme von Unternehmen äußerten.

Versuch, damit "das Kind wieder aus dem Brunnen zu holen", mißlang gründlich. Statt dessen verhärteten sich die Fronten gegenüber den Arbeitnehmervertretern zusehens. Kommunikation und Positionsfestlegung fand vornehmlich über die Presse statt:

"Die Treuhandanstalt hat bereits im März und April 92 Vertreter des Betriebsrates, der IG Metall, des Aufsichtsrates und der leitenden Angestellten (...) über die qualitativen Unterschiede zwischen den Unternehmenskonzepten (...) und die Plausibilität eines Umzuges der Elpro AG informiert. (...) Vorwürfe, die Treuhand habe mit Geheimdiplomatie die Betriebsräte außen vor gelassen, sind wahrheitswidrig."[274]

"Wenn die Treuhand [das obige, Anm. d. Verf.] behauptet (...) stimmt hier nur, daß die Veranstaltungen stattfanden, aber die Informationen nicht transparent und schlüssig waren. (...) Die IG-Metall wird ihrerseits Gespräche mit anderen Anbietern aufnehmen, um auszuloten, welches Konzept die Elpro AG an ihrem Standort erhält und möglichst viele Arbeitsplätze sichert."[275]

Ausgerechnet an der Frage der Grundstücksmitveräußerung, dem vermeintlichen *As im Ärmel* der Treuhand, entzündete sich ein inhaltlicher - aber nicht minder destruktiver - Streit. Hatte gemeinsames Lernen im Vorfeld nicht stattgefunden, war es jetzt augenscheinlich nicht mehr nachzuholen. Favorisierte die Treuhand den Umzug der Elpro auf ein kleineres Grundstück eines anderen Unternehmens, das die Investorengemeinschaft ebenfalls assetweise übernehmen wollte (Technische Gebäudeausstattung Berlin GmbH - Baumontage und Projektierung), um finanzielle Belastungen von den Käufern zu nehmen und gleichzeitig Immobilienspekulationen auszuschließen, machten IG Metall und Betriebsrat die Grundstücks- zur Gretchenfrage. Ohne tragfähiges Alternativkonzept schienen sie den Standort - fortan über den Arbeitsplatzerhalt zu stellen.[276] Zum Fluchtpunkt in einer nicht auflösbaren Situation wurden dem Betriebsratsvorsitzenden die in Gründung

274 Pressemitteilung der Treuhandanstalt vom 13.4.1992, *Abschließende Runde der Privatisierung eingeläutet.*

275 Presseinformation der IG Metall vom 15.4.1992, *IG Metall und Gesamtbetriebsrat der Elpro AG sind empört über die Pressemitteilung der Treuhandanstalt.*

276 A-Interview mit A.v. Joest. Diese Haltung wurde von der Treuhand mit völligem Unverständnis aufgenommen und animierte die Akteure nicht gerade zu intensiveren Bemühungen, zu einer von allen Parteien getragenen Lösung zu kommen.

befindlichen Management-Gesellschaften. Auch nicht frei von Unbehagen hinsichtlich der potentiellen Risiken der sich abzeichnenden Privatisierungsvariante, lehnte der Treuhand-Vizepräsident Brahms diese Idee jedoch kategorisch ab.[277] Für deren Portfolios hatte er bereits mehr als genügend Unternehmen identifiziert, bei denen eine akzeptable Privatisierung, ganz unabhängig von Investorenrisiken und Finanzierungsfragen, überhaupt nicht absehbar war. Die Treuhand signalisierte damit zum wiederholten Male ihre Bereitschaft, das Konzept gegen den Willen der Arbeitnehmervertreter durchzusetzen.

Zur Abfederung des erforderlichen Personalabbaus auf 1.600 Mitarbeiter (gemäß Privatisierungskonzept) mußten sich Treuhand und Betriebsrat schließlich doch entgegenkommen. Ohne den Abschluß eines Interessensausgleichs und Sozialplans für die 600 zu entlassenden Beschäftigten wäre der Kauf- und Abtretungsvertrag schwebend unwirksam geblieben. Die Investoren bestanden auf einem *besenreinen* Unternehmen. Jede weitere Verzögerung einer Einigung hätte die Kosten des Arrangements erhöht.

"Nachdem Forderungen des Gesamtbetriebsrats zur Unternehmenssicherung, darunter insbesondere eine Mietgarantie am späteren Standort, ausreichende Umzugsfristen (3 bis 4 Jahre; Anm. d. Verf.) und die Sicherung der betrieblichen Ausbildung (...) berücksichtigt wurden, trägt auch der Gesamtbetriebsrat der Elpro AG die jetzt (einige Monate später als vorgesehen; Anm. d. Verf.) getroffene Entscheidung mit."[278]

Die Durchsetzung eigener Punkte ermöglichte es den Vertretern der Arbeitnehmerschaft zwar, ohne allzu großen *Gesichtsverlust* bei ihrer *Klientel* in die verhandelte Lösung einzuwilligen. Der Weg zur Einigung war für die Treuhand aber um einiges kürzer. Die hatte bereits in der Interaktion mit den Kaufinteressenten eine lange Reihe Positionen hinter sich lassen müssen. In ihren, mit den Investoren auch nicht mehr verhandlungsfähigen, Eckpunkten blieb die Lösung also unverändert, während Umfang und Grenzen des

277 A-Interview mit M. Kirchner.

278 Gemeinsame Pressemitteilung von Treuhandanstalt und Elpro AG zur Privatisierung der Elpro AG vom 13.5.1992, S. 3.

Privatisierungsobjektes - zumindest für die Treuhand-Akteure - bis zur Vertragsschließung Unschärfen aufwiesen.[279]

Gegen die Übernahme eines 100%-Aktienpaketes, eine nur zweijährig pönalisierte Garantie für 1.400 Arbeitsplätze, eine pönalisierte Investitionsgarantie (50% bei Ausfall) für 55 Mio. DM im operativen Geschäft und eine Veräußerungsverbot des TGA-Grundstücks bis zum Jahre 2001 war es der Investorengruppe gelungen, zahlreiche der verbliebenen Unsicherheiten im *Risiko-Portfolio* der Treuhand zu belassen. Sie hatte sich auch zukünftig mit den Pensionsverpflichtungen, Altlasten und Steuerpflichten (als Erwerber der Grundstücke), unbekannten Restitutionsansprüchen, möglichen betrügerischen Aktivitäten der ehemaligen Vorstandsmitglieder und nicht zuletzt der Immobilienverwertung (zu ihrem zugrunde gelegten Verkehrswert) zu befassen.[280] Einem zwar positiven Kaufpreis standen die Entschuldung der Altkredite (dreistelliger Mio-Betrag) und die Übernahme der Sozialplankosten gegenüber.

Hatte das beschränkte Bietverfahren mit Unterstützung der Investmenbank die Prozesse insgesamt transparenter gemacht, konnte ein Konzeptwettbewerb auf diesem Wege nicht erreicht werden. Dazu waren die Gebote zu unterschiedlich und die Festlegung der Treuhand auf das der Investorengemeinschaft zu früh offensichtlich.[281] Nicht nur war sie damit in der gewohnt schlechten Verhandlungsposition. Es läßt sich auch vermuten, daß ihre Zugeständnisse bei der Vertragsschließung die im Rahmen des ursprünglich vorgelegten Angebots erforderlichen überstiegen. Die Stellungnahme des BMF zu der schließlich am 12.5.1992 vom Treuhand-Gesamtvorstand beschlossenen Privatisierung folgte inhaltlich in allen Punkten dem Verhandlungsergebnis. Lediglich zur finanziellen Absicherung der im Haushaltsausschuß des Bundestages vorzulegenden und dort zu vertretenden Lösung, forderten die Bonner eine "eingehende Prüfung" durch

---

279 Ein Jahr nach der Protokollierung des Vertrages gab es noch Präzisierungsbedarf bei der Herstellung der Übernahmebilanz (A-Interview mit T. Schmidt).

280 A-Interview mit A.v. Joest. Bei der Immobilienverwertung sollten in enger Zusammenarbeit zwischen Treuhand und dem Senat von Berlin dessen Interessen bei der Standortentwicklung Rechnung getragen werden.

281 A-Interview mit U. Schmid.

einen unabhängigen Wirtschaftsprüfer, deren Ergebnis Verwaltungrat und BMF bei ihrer späteren Zustimmung vorlag.

Vertragsmanagement - Beharren auf Vereinbartem

"Wir beabsichtigen, die Elpro AG insgesamt zu übernehmen, zu sanieren und als eigenständiges Unternehmen weiterzuentwickeln. Wir versichern, daß wir über einen Zeitraum von 5 Jahren das Unternehmen nicht zerschlagen werden und auch längerfristig eine Zerschlagung nicht beabsichtigen."[282]

Allein aus den vertraglichen Regelungen konnte die Treuhand in diesem Fall noch weniger als dort, wo Verhandlungen mit mehreren gleichwertigen Bietern sie im Ergebnis besser stellten, ein Gelingen der Umstrukturierung und Neuausrichtung des Unternehmens ableiten. Das Vertragsmanagement hätte im Falle eines Mißlingens versuchen müssen, zu retten, was von ihm eigentlich nicht zu retten war. War die Feststellung eines Zuwiderhandelns noch über technokratische Prüfungen der vereinbarten Eckdaten (Arbeitsplätze, Investitionen) möglich, war eine Objektivierung eines Verschuldens nahezu ausgeschlossen. Gleichzeitig war weniger als sonst zu unterscheiden, ob das Beharren auf festgelegten Eckdaten dem Unternehmen schadete oder nutzte. Ein Beharren versprach nur dort eine nützliche Strategie zu sein, wo es verbunden mit einer Pönalisierung industrielle Investoren anreizte, vorhandene eigene Kapazitäten in Westdeutschland zugunsten ihrer ostdeutschen zu schließen. Bei einem MBI konnte es dagegen das Gesamtengagement gefährden. Hätte dementsprechend die Vertragsschließung zur Bewältigung der verbliebenen Unsicherheiten Öffnungsklauseln vorgesehen, wäre das Vertragsmanagement bei seiner Gratwanderung zwischen *Beharren* und *Nachgeben* wiederum in der schlechtesten Verhandlungsposition gewesen.

Diese Klippe konnte die Treuhand bei der Elpro umschiffen. Sie hatte zwar die bilanziellen Risiken übernommen, die unternehmerischen aber ebenso konsequent den Investoren zugeordnet. Die exzellente Ausformulierung des Vertrages und der technischen Regelung von Unvorhersehbarem, außerhalb des Betriebswirtschaftlichen, bewahrte sie einerseits davor, einem

---

282 Präambel zum Kauf- und Abtretungsvertrag der Elpro AG vom 2.6.1992.

"Nachkarten" der neuen Eigentümer hinsichtlich des Kaufpreises auf der Basis eines immer größer werdenden Informationsvorsprungs nachgeben zu müssen. Der Präzisierung der Übernahmebilanz lag eine dezidiert festgelegte Prozedur zugrunde, die keinen Platz für Interpretationswünsche ließ.[283] Entsprechend in der Defensive fanden sich die Investoren andererseits auch bei ihren Versuchen, den unternehmerischen Rahmen anzupassen. Argumente eines tatsächlich erforderlichen Abweichens von der Konzeption in Einzelbereichen aufgrund wirtschaftlicher Fehlentwicklungen waren nicht ausreichend Begründung für eine entsprechende Reduzierung der pönalisierten Arbeitsplätze (denn anderen Bereichen konnte es entsprechend besser gehen). Die abgegebene Garantie lautete auf die Elpro als Ganzes und nicht für bestimmte Bereiche oder Qualifikationen. Diese Vertragsflexibilität aus nicht detailliert geregelten konzeptionellen Sachverhalten ermöglichte dem Treuhand-Vertragsmanagement beides: Erbsenzählerei oder Großzügigkeit aus einer starken Verhandlungsposition heraus. Dennoch: Ebenso groß wie seine Flexibilität mußte auch dabei die Ungenauigkeit seines Urteils sein.

Im Falle der Elpro hat sich die Treuhand für Präzision und Hartnäckigkeit (Kontrolle und Beharren auf der Zuordnung der Risiken zu Trägern - Begünstigten oder Benachteiligten) entschieden, denn die meisten Erkenntnisse der letzten zwei Jahre *in privater Hand* sprechen für eine Entwicklung innerhalb des zugrundegelegten Erwartungskorridors. Ein Lernen im unternehmerischen Sinne findet heute, jenseits eines aktiven Treuhand-Interesses, vor Ort statt. Dort lagen die Vorteile des bis dahin größten MBI in den neuen Ländern anfangs vornehmlich in seiner Hersteller- und Systemunabhängigkeit - sowohl in eigentumsrechtlicher Sicht als auch hinsichtlich seiner Kooperationsbindungen. Verbanden sich eine gute finanzielle Ausstattung mit einer gutausgebildeten Belegschaft und einem Management mit Erfahrungen und Geschäftsbeziehungen in diesem Bereich (auf Kunden- und

283 A-Interview mit T. Schmidt. Schmidt bezeichnet den Vertrag als "wasserdicht" und vergleichsweise (zu anderen von ihm betreuten Verträgen "herausragend ausgestaltet". Die Professionalität der Treuhand bei der Vetragsformulierung mag einerseits darin begründet liegen, daß die öffentliche Aufmerksamkeit in diesem Fall ihr diese abverlangt hat. Andererseits haben die Investoren in dieser Frage eine (wie auch immer motivierte) *laissez-faire* gezeigt, die die Treuhand in die Lage versetzte, ihre Erfahrungen in ihrem Sinne niederzulegen und Versuche der Investoren, Verbesserungen für sich zu erreichen, abzuwehren.

Partnerseite), beschrieb dies die Ausgangsposition, von der aus kurzfristig und flexibel dringend benötigtes "Volumen" geschaffen werden sollte. Das Konzept, sich als Sublieferant an die großen westdeutschen Anlagenbauer anzuhängen, begann allerdings erst langsam an, Früchte zu tragen. Nach weiter rückläufiger Umsatzentwicklung 1992 (40 Mio. DM Ergebnisverlust) konnte zwar 1993 erstmals ein Volumenwachstum verbucht werden. Die Ostmarktabhängigkeit konnte mit 20% aber nur unwesentlich verringert und die Prognosen eines positiven Ergebnisses mußten erneut um ein Jahr nach hinten verschoben werden. Die Dezentralisierungsabsichten sind unterdessen weitgehend umgesetzt. Unter einer Management-Holding mit etwa 20 Mitarbeitern wurden drei Unternehmensbereiche etabliert: Leit- und Energietechnik; Gebäudesystem- und Versorgungstechnik; Lufttechnik, Schaltschrank- und Metallbau. So mag zwar das Ziel der Sanierung und Modernisierung weiter entfernt sein als ursprünglich angenommen. Es scheint aber für die Elpro AG, im Gegensatz zu vielen anderen privatisierten Unternehmen, doch in greifbarer Nähe zu sein.

Auch wenn sie sich mit einem industriellen Investor wegen seines Marktzugangs stets eher auf der sicheren Seite fühlte, fällt die treuhandinterne Beurteilung dieser Privatisierungslösung und ihrer Ergebnisse entsprechend insgesamt positiv aus. Ein weiteres Indiz dafür mögen die intensiven Verhandlungen sein, die die Treuhand mit einzelnen Personen der Elpro-Investorengemeinschaft heute zur Privatisierung einer ihrer größten Problemfälle, der Sket AG Magdeburg, führt. Und in beinahe gewohnter Weise hat dieses Konsortium wiederum die Treuhand auf seiner Seite und Belegschaftsvertreter und IG Metall gegen sich.[284]

Wertung der Ergebnisse

Der vorliegende Fall sollte eine Untersuchung der Interaktion als Mechanismus zur Problemlösung und Entscheidungsverbesserung aus einer komplexen Ausgangskonstellation heraus ermöglichen. Und in der Tat zeigt sich hier eines, was bereits häufiger Gegenstand der Erörterung in diesem Buch war sehr deutlich: Die Treuhand war zwar in der Lage, eigene Konzeptvorstel-

284 Vgl.: Handelsblatt v. 18.5.1994.

lungen zu entwickeln, jedoch bewegten sich diese zwangsläufig auf einer Aggregationsstufe, die ein Herantasten an Umfang, Wert und Verwendung einer Unternehmung mit potentiellen Bietern erforderte. Überall dort, wo komplexe Konstellationen auf zurückhaltende Investorenmärkte trafen, mußte sie, per Definition, interaktiv und flexibel vorgehen. Das galt im Vorfeld insbesondere, wenn sie sich - wie üblich und notwendig - auf Privatisierungen mit Once-for-all-Charakter festlegte. Dennoch bleibt das Ergebnis häufig *unsicher* und ist nachträglich durch ein Vertragsmanagement, das vertragliche Regelungen zwar kontrollieren, aber nur schwer durchsetzen kann, nicht zu retten. Unterscheiden sich komplexe Konstellationen demgemäß eher hinsichtlich ihrer Interaktionsmöglichkeiten und -teilnehmer als hinsichtlich ihrer Marktspezifika (Technologiekomplexität, Assetspezifität etc.) und verbessern sich Ergebnisse mit der Interaktionsintensität, bot dieser Fall eine denkbar schlechte Ausgangsbasis:

Die drei vorgelegten Konzepte waren so unterschiedlich, daß zwar eines als, im Sinne der Treuhand, bestes identifiziert werden konnte, aber ein Bieterwettbewerb nicht zustande kam. Auch in den Verhandlungen konnten lediglich punktuelle Verbesserungen der Einzellösungen erreicht werden. Für die Treuhand war keine *Ideallösung* (i.d.R. industrieller Investor mit Markt) in Sicht. So blieb das in ihrer Einschätzung akzeptable, aber unsichere Arrangement alternativlos - wenn sie in jedem Fall privatisieren wollte. Ihre begrenzten Interaktionsmöglichkeiten auf Investorenseite (*Gegner*) kehrten sich außerdem bezüglich denkbarer institutioneller *Partner* ins Gegenteil um. Dort hatte sie eher eine *vielstimmige* Behinderung als Unterstützung zu erwarten. Eine fallkonkrete Vernetzung konnte dort nur Wirksamkeit erlangen, wenn sie auf pragmatische Weise inhaltliche Beiträge leistete. Ob dies durch eine verfehlte Informationspolitik der Treuhand verhindert wurde, bleibt Spekulation. Zu objektivierbaren inhaltlichen Veränderungen haben die Interventionsversuche zahlreicher Institutionen nicht geführt; aber zu Verzögerungen, die Lösungen auf unterschiedlichen Pfaden verteuern können. Auch ob die Treuhand durch die öffentlichen Anwürfe gegen den einzig erfolgversprechenden Bieter *per se* in eine bessere Verhandlungsposition gelangt ist, bleibt verdeckt.

Zunächst ließe sich vermuten, daß das Ergebnis (Arrangement) in einer virulenten Situation schlechter wird oder zumindest labil bleibt und der

Aufwand des Vertragsmanagements steigt, um auftretende Krankheitssymptome nachträglich gemeinsam zu beseitigen. Beides scheint aber, abgesehen von der nachträglichen, detaillierteren Definition und Abgrenzung des Unternehmens in der Übernahmebilanz, nicht der Fall zu sein. Aus der Untersuchung lassen sich dafür zwei Erklärungen herleiten: Einerseits kann das nach seinem ersten Scheitern auf Flexibilität ausgelegte Verfahren trotz widriger Begleitumstände (vertrauenszerstörende Maßnahmen im Umfeld) bei der *zentralen* Interaktion zwischen Treuhand und Investor Lernen ermöglicht haben. Andererseits kann der öffentliche und politische Druck, Lernbereitschaft und das Schließen von Lücken durch professionelle Regelungen, mehr als üblich, herausgefordert haben. Öffnungsmöglichkeiten in Verträgen versprachen hier weder inhaltlich (MBI) noch prozessual (Verhand-lungsposition und zukünftige Vertrauensetablierung) ein gelungenes Matching ersetzen zu können. Vielleicht haben die Treuhand-Akteure hier aber auch das Glück des Tüchtigen für sich in Anspruch nehmen können. Bestätigt hat sich, das läßt sich mit Sicherheit sagen, die Bedeutung des Interaktions- und Lernbedürfnisses und seiner Intensität. Gleichzeitig scheint die Interaktionsvariabilität allein, keine Gewährleistung für Lernen zu sein. In jeder Konstellation verschmelzen fallspezifische mit institutionellen Notwendigkeiten - zu einem schwer trennbaren *Amalgam* -, die erkannt werden müssen und an denen sich Handeln und sequenzielle Problemlösung flexibel ausrichten muß. Jede Situation erfordert dann bestimmte Geschicke, deren Wirksamkeit sich oft erst in Abhängigkeit von den handelnden Akteuren selbst entfaltet.

Der hier betrachtete Fall siedelt sich auf der anderen (komplexen) Seite des von der Treuhand zu bewältigenden Spektrums an und steht dort doch für eine Vielzahl von Privatisierungen aus dem industriellen Bereich. Planbares - i.S. festgelegter Verfahrensweisen - ist, weder bei seinem *Hergang* noch zu seiner Ergebnisverbesserung, schwerlich auszumachen. Das erweist sich als prägnant für die Wesensart weiter Teile des Spektrums bis hin zu den weiter oben behandelten Fällen.[285] Reichen der Treuhand die Interaktionsergebnisse

---

[285] Die zusammenfassende Beurteilung der Möglichkeiten eines Einsatzes ausgewählter Arrangements auf der Basis einer identifizierbaren Ausgangskonstellation in Kapitel 3.3. wird diese zweideutigen Erkenntnisse verarbeiten.

hinsichtlich Unsicherheitsabbau oder Konzeptkonditionen nicht aus und sieht sie in ihrem Vertragsmanagement keinen Rettungsanker, muß sie Lösungen finden, die andere Akteursgruppen einbeziehen (die sie auch nach der Vertragsschließung) in der Wahrnehmung ihrer Interessen substituieren können. Entsprechend sind ihre Interaktionsbemühungen also bereits im Vorfeld weitaus variabler zu gestalten. Diesem Versuch widmen sich die zwei folgenden Abschnitte der Untersuchung.

2.4. Joint Residual Control - Die Teilprivatisierung der Jenoptik Carl Zeiss Jena GmbH

1891 wurden die Traditionsunternehmen Carl Zeiss und Jenaer Glaswerk in das Eigentum der Carl Zeiss Stiftung übertragen, die fortan deren eigenständigen Erhalt unter der Betonung von Gemeinnützigkeit und wissenschaftlicher Forschungsabsicht garantieren sollte.[286] Der Vorhang zum vorläufig letzten Akt der wechselvollen Unternehmensgeschichte öffnete sich ein Jahrhundert später mit einer Grundsatzvereinbarung zwischen Treuhand, den Ländern Thüringen und Baden-Württemberg sowie den in Ost und West geteilten Nachfolgern zur Neuordnung des Eigentums und Modernisierung der ostdeutschen Kombinatsreste.

"Wir gehören alle uns nicht selbst."[287]

Konnte es im zweigeteilten Deutschland und auf dem zweigeteilten Weltmarkt zwei Unternehmen geben, die Tradition und Namen beanspruchten, so hatte die staatliche Vereinigung auch deren Teilung in Frage gestellt. Es schien fast so, als sei die Rückgewinnung der Unternehmens-Einheit symptomatisch für das schmerzhafte Zusammenwachsen der beiden grundverschiedenen deutschen Volkswirtschaften. An der Entstehung, Ausgestal-

---

286 Vgl.: Stiftungsstatut der Carl Zeiss Stiftung, Jena, §1, Zweck der Stiftung. Gleichzeitig entwickelte der Pionier und Sozialreformer das erste umfangreiche betriebliche Sozial- und Rentensystem der deutschen Industriegeschichte.

287 Ernst Abbe, zitiert in der Firmenbroschüre der Carl Zeiss Jena GmbH.

tung und den Kosten des später gefundenen Kompromisses hatte das Überleben der ebenfalls geteilten Stiftung maßgeblichen Anteil. Vielleicht wurde das Arrangement, das den Akteuren ein hohes Maß an Beweglichkeit abverlangte, aber auch getragen von einem Rest an Pioniergeist der Gründer Zeiss, Abbe und Schott - dem *symbolischen Dreigespann* für Unternehmertum.

In vielerlei Hinsicht hatte dieser Fall Signalwirkung und (vielleicht deshalb) keinen Modellcharakter in der ostdeutschen Privatisierungslandschaft. Er steht heute in seiner Ausprägung weitgehend allein für ein Arrangement, das es der Zwischeneigentümerin Treuhand ermöglichen konnte, sich bei Abgabe des Eigentums aus den anschließenden Aushandlungsprozessen zur sukzessiven Bewältigung der Unsicherheit zu exkulpieren. Die gemeinschaftliche Verantwortung in den Händen eines Anwalts struktur- und arbeitsmarktpolitischer Interessen (Land Thüringen) und eines privatwirtschaftlich kalkulierenden Eigentümers (Carl Zeiss Oberkochen) mußte der Treuhand als Idealkombination erscheinen. Ließ sich doch deren notwendige Zusammenarbeit auf diese Weise institutionalisieren. Im Herbst 1991 übergab die Treuhand die Jenaer Glaswerk GmbH mit noch 1.200 Arbeitnehmern in die unternehmerische Verantwortung der Schott Glaswerke, Mainz. Sie gründete eine Carl Zeiss Jena GmbH, die unter Führung von Carl Zeiss Oberkochen die traditionellen Geschäftsfelder optischer Instrumente fortführen sollte.[288] In diese Gesellschaft wechselten 2.950 der ehemals 69.000 Zeissianer sowie die Warenzeichen und Markenrechte. Die restlichen Anteile verblieben bei der Jenoptik GmbH, als Nachfolgeunternehmen des zerschlagenen ehemaligen Kombinats und Rest- oder Auffanggesellschaft für die außerhalb des Kerngeschäftes liegenden Tätigkeitsfelder der Opto-Elektronik. Die Jenoptik sollte als 100%-Landesbeteiligung einerseits durch gezielte Ansiedlungs- und Ausgründungspolitik und andererseits durch Reaktivierung und Neuorientierung der industriellen Randbereiche den Grundstein für ein Jenaer "High-Tech-Valley" legen und auf diese Weise langfristig 7.000 Arbeitsplätze

---

[288] Vgl.: Grundsatzvereinbarung zwischen Treuhandanstalt, Land Thüringen, Land Baden-Württemberg, Jenoptik Carl Zeiss Jena GmbH, Carl Zeiss Oberkochen, Jenaer Glaswerk GmbH, Schott Glaswerke vom 25.6.1991, Präambel, S. 2f..

sichern. Treuhand und Land Thüringen stellten insgesamt 3,9 Mrd. DM (davon 300 Mio für Jenaer Glaswerk) zur Verwirklichung der Lösung bereit.

Carl Zeiss stand nach einigen sehr schmerzhaften Entscheidungen für den Versuch, die "Würde"[289] und den sozialen Frieden in einer Region zu retten. Aus diesem Versuch konnte sich - wenn er denn gelänge - eine Konzeption entwickeln, bei der die neuen Partner, mit dem Anreiz zur Zusammenarbeit verbunden, in betriebswirtschaftlicher wie strukturpolitischer Hinsicht erfolgreich neue Wege gehen. Andererseits wurde hier erstmals am Beispiel einer Region deutlich, in welcher Größenordnung sich die Kosten der Wiedervereinigung bewegen konnten. In Bonn und den Ländern entbrannte daraufhin im Herbst 1991 eine Finanzierungsdiskussion, aus der die Hardliner unter den Privatisierungsbefürwortern als Punktsieger hervorgingen. Und auch wenn später die finanzielle Subventionierung von Arbeitsplätzen als Vorleistung für die Investoren der zweiten und dritten Privatisierungswelle keine Seltenheit darstellten und nur Beleg für die intermediäre Stellung und Aufgabenwahrnehmung der Treuhand (zwischen Baum und Borke) war, blieb Zeiss Jena für viele ihr erster, schwerer fiskalischer *Sündenfall*.[290] Ihr (vermeintlich) ungeschicktes Vorgehen in den Verhandlungen und inhaltliches Gerangel mit dem Land hatten dazu geführt, daß die Lösung für die öffentliche Hand so teuer geworden war.[291] Das Land war nur deshalb mit ins Boot gestiegen, weil das stillschweigende Hinnehmen der Schließung der Wartburgwerke in Eisenach im Vorfeld politischen Druck erzeugt hatte und das Brechen westdeutscher, ordnungspolitischer Tabus leichter fiel, als die Gefährdung einer ohnehin wirtschaftlich und politisch instabilen Situation.[292]

Der Fall bietet zurückschreckende und wegweisende Merkmale gleichermaßen und könnte sich bei näherem Hinsehen nur als eine notwendige

---

289 In der Treuhand wird ihr damaliger Präsident Rohwedder mit dem Satz: "Carl Zeiss ist die Würde Thüringens", zitiert (A-Interview mit D. Scheunert).

290 Brutto ergaben sich pro erhaltenem Arbeitsplatz 350 TDM (Carl Zeiss Jena/Jenoptik, 3,6 Mrd. DM für 10200 Mitarbeiter) und netto 170 TDM (bei Abzug der erforderlichen Altkreditentschuldung und Befriedigung der Pensionsverpflichtungen).

291 Vgl.: Härtel/Krüger/Seeler/Weinhold (1992a), S. 36-41.

292 Interview mit H. Schulz (ehemaliger Wirtschaftsminister des Landes Thüringen). Nahezu aussichtslos stufte die damalige Landesregierung um Ministerpräsident Duchac die Chancen ihrer Landsleute im Kalibergbau (Südharz) und in der Mikroelektronik in Erfurt ein.

Kompromißformel aus rechtlichen, politischen und wirtschaftlichen Pfadabhängigkeiten erweisen, in einer Zeit, in der Grundsatzpositionen noch nicht grundsätzlich und ausschließlich das Handeln der Beteiligten bestimmten. Die theoretische (und praktische) Hoffnung, in dem Arrangement ein System von *Lernen* durch gemeinsam ausgeübte *Eigentümerkontrolle* (joint residual control) zu entdecken, soll hier im Anschluß an sein Zustandekommen und unabhängig von der Tatsache seiner Nicht-Vervielfältigung tentativ untersucht werden.[293]

Historie - Die "Würde Thüringens"

Bereits früh in diesem Jahrhundert entwickelte sich Carl Zeiss zu dem strukturbestimmenden Arbeitgeber der Region Jena. Technisch galt der Betrieb in seinem Feld als international führend.[294] Die Entwicklung und Produktion wehrtechnischer Güter für zwei Weltkriege unterstrichen seine Bedeutung für den Staat. Zeiss war Symbol der Stärke und daher Ziel der Zerstörung, aber weder die Versailler Verträge noch der Demontagebeschluß des Alliierten Kontrollrates verhinderten seine Wiedererstarkung. Die Amerikaner, die das *brain* der Firma als Nukleus für den Neuaufbau im Westen *entführten* und die Sowjets, die nach anfänglicher Demontage die Produktion in Jena 1947 wieder anlaufen ließen, erkannten seine politische, wirtschaftliche und technologische Bedeutung auf der jeweils "eigenen" Seite des geteilten Deutschland.

Mit ihrer Enteignung 1948 allerdings wurde aus der Carl Zeiss Stiftung in Jena ein von Ost-Berlin fortan sparsam finanzierter Träger gemeinnütziger Einrichtungen. Parallel versuchten die inzwischen in Oberkochen ansässigen Zeissianer von Tradition inspiriert und wirtschaftlichem Kalkül forciert, eine eigene Stiftung einzusetzen und sich die Markenrechte auf den Westmärkten zu sichern. Die baden-württembergische Landesregierung bestimmte 1949

---

293 Der Charakter der Sonderlösung weicht die bisher in den Fällen verfolgte Stufenbetrachtung auf. Noch mehr als dort verwischen die unterschiedlichen Verfahrensstufen in einer stärkeren Betonung der Interaktion und Aushandlung. Dieser Beobachtung trägt die Gliederung dieses Falls Rechnung, gilt im übrigen auch für die Untersuchung im Abschnitt 3.2.5..

294 Vgl.: Armin Hermann (1991), *Nur der Name ist geblieben*, S. 9.

Heidenheim zum neuen Sitz der Stiftung, die durch die Enteignung in Jena dort ihre ursprüngliche Bestimmung und damit ebenso ihre Rechtmäßigkeit verloren habe.

Wie auf der westlichen Seite des eisernen Vorhangs entwicklete sich auch auf der östlichen ein Unternehmen, das wie einst zur technischen Elite gehörte und dort eine hervorragende Position einnahmen. Bereits Ende der fünziger Jahre war der VEB Carl Zeiss Jena auf annähernd 20.000 Mitarbeiter angewachsen. Die DDR-Wirtschaftsstrategen der sechziger Jahre vergrößerten den Musterbetrieb der Bereiche Feinmechanik / Optik / Elektronik durch Hinzufügung anderer VEB's verwandter Bereiche. Mit der Kombinatsgründung 1971, dessen Kernbetrieb Zeiss wurde, entstand ein Konglomerat von 25 Betrieben unterschiedlichster Herkunft. In den siebziger und achtziger Jahren hatte Zeiss vor allem zwei strategischen Zielen zu folgen: Es galt den Rückstand in der Mikroelektronik aufzuholen und die militärische Stärke der RGW-Staaten sicherzustellen.[295] Ende der achtziger Jahre produzierten 69.000 Beschäftigte über 1.000 Haupterzeugnisse teils nur sehr lose verwandter Anwendungsgebiete. Die Standorte in Jena beschäftigten davon allein 26.000. Jeder zweite Arbeitsplatz der Region war auf Gedeih und Verderb mit dem Großunternehmen verbunden. Entsprechend entwickelt blieb auch das Selbstverständnis der Zeissianer. Hier vereinten sich Traditionsbewußtsein mit technologischer und vermeintlich wirtschaftlicher Stärke sowie regionaler Bedeutung zu einer seltenen, wohl einmaligen Mischung in der DDR.

---

295 Der damalige Genaraldirektor Wolfgang Biermann verfolgte seit seinem Eintritt 1975 das Ziel das auf den Gebieten Optik und Feinmechanik führende Unternehmen zu einen militärisch-industriellen Superkonzern zu entwickeln und nutzte dafür seinen engen Kontakt zu einigen Mitgliedern des Politbüros. So wurde beispielsweise 1977 das Jenaer Glaswerk, 1985 der Kamera-Hersteller Pentacon und 1988 die Mikroelektronik Erfurt in das Kombinat eingegliedert (vgl.: O. Jessen (1992), *Carl Zeiss Jena - Viele Sanierungskonzepte*, S. 33 und A-Interview mit D. Scheunert).

Die permanente Mangelwirtschaft, die Abbildung ganzer Märkte durch nur ein Unternehmen[296], die auswuchernde staatliche Subventionierung technologisch und strategisch bedeutender Bereiche und die Gigantomanie machtbewußter Politmitglieder und Generaldirektoren hinterließen 1989 ein Großkombinat, daß in technischer Hinsicht den Vergleich zum Westen nicht zu scheuen brauchte, sich ökonomisch aber in eine Sackgasse gewirtschaftet hatte. Der enorme Personalüberhang, eine Fertigungstiefe von über 90% und ein wegbrechendes Ostgeschäft stürzten den Unternehmensverbund mit dem Übergang in die Marktwirtschaft in eine nicht übersehbare Krise. 1990 wurden die nach der Währungsumstellung zu erwartenden Absatzeinbußen im Ostgeschäft zwar noch überlagert von der Abwicklung eines Restbestandes an Verträgen auf Rubel-Basis.[297] Die Erwartung schlechterer Zeiten hatte diesen Bestand im Interesse beider Seiten kurzfristig anwachsen lassen und die zurückgehende Inlandsnachfrage zu einem Teil kompensieren können.

Zum Jahreswechsel 1991 kam es dann aber zu einem einschneidenden Rückgang der Vertragsabschlüsse, der für die meisten Treuhand-Unternehmen sympthomatisch, im Fall Zeiss aber strukturell besonders problematisch war. Die Politik des letzten Kombinatsdirektors Biermann hatte in den Achziger Jahren zu einer stetig wachsenden Dominanz des - zudem lukrativeren.[298]- Osthandels und einer entsprechenden Konzentration der Kapazitäten geführt. Durch die Ausrichtung des Produktprogramms auf strategische Produkte, die primär zur Wahrung der staatlichen Souvärenität auf militärischem und technologischem Gebiet dienten, wuchs die Distanz zur Realität auf den In- und westlichen Auslandsmärkten. Von den 5 Mrd. Mark Umsatz des Jahres 1989 waren zwar rund 2 Mrd. Inlandsumsatz. Der weitaus größte

---

296 Zeiss Jena vereinigte 1985 rund 98% der DDR-Produktion in den Bereichen Feinmechanik, Optik, Foto und Kino (vgl.: Wirtschaftwoche vom 8.3.1985, *Wir sind einzigartig*).

297 Abgeschlossen mit einem festgelegten Umrechnungskurs von 4,68 Mark für einen Rubel, 2,34 DM nach der Währungsunion.

298 Vergleichsweise wurden Westumsätze (z.B. Planetarien, Billigoptik, Speziallösungen) nur mit einem Devisenerlös von 0,21 DM pro DDR-Mark berechnet.

Teil davon wurde allerdings durch sogenannte Kooperationen, d.h. innerbetriebliche Leistungsverrechnungen dargestellt, die in erster Linie dem Aufblasen der Statistik dienten. Während sich die Entwicklung auf dem Papier immer besser darstellte, wurde es in der Wirklichkeit immer schlechter.[299] Der Ostumsatz erreichte über 2 Mrd. Mark (davon etwa 60% aus der SU), der Westumsatz bei 1 Mrd. Mark zu Inlandspreisen, tatsächlich nur 200 Mio. DM.

Unter dem sich abzeichnenden finanziellen Druck nach der Währungsunion und mit der Erkenntnis, die Komplexität der Probleme reduzieren zu müssen, wurden zum 1.Juli 90 in einer ersten Entflechtungwelle Randgeschäfte (u.a. Rathenower Optische Werke, Pentacon Dresden) und mit militärischer Produktion befaßte Standorte (z.B. Herstellung von SS-20-Steuerungen) abgeschnitten [Abb. 29]. Zu einem Teil brauchte die Geschäftsführung nur die bislang unterdrückten, unternehmensimmanenten Zentrifugalkräfte freizusetzen; zum anderen sollten aber auch mittelfristig unrentable Bereiche an die Treuhand überantwortet werden, die sich in dem Verbund zu verstecken suchten. Die Rückabwicklung der extern forcierten Bündelung der siebziger und achtziger Jahre und die Konzentration auf das traditionelle Kerngeschäft verkleinerte zwar den Klumpen, aber noch nicht das Problem selbst. Seine Zerlegung und Dezentralisierung war nicht vorgesehen, auch wenn für den verbleibenden Rest mit rund 30.000 Arbeitnehmern an 17 Standorten eine ganzheitliche Überlebensstrategie nicht erkennbar war. Bei bedrohtem Ostgeschäft, schwacher Position auf den gesättigten Westmärkten und schnellem Verlust der Faktorkostenvorteile ließen einerseits die immensen Strukturdefizite ein Gesunden - wenn überhaupt - aber nur aus einem kleinen Kern heraus möglich.[300] Andererseits standen dem erforderlichen Investitionsbedarf keine innenfinanzierbaren Mittel gegenüber. Nur ein drastisches Herunterfahren der Fertigungstiefe und die Zusammenlegung

---

299 A-Interview mit H. Reimer.

300 Eine bei der Boston Consulting Group in Auftrag gegebene Studie zur Einschätzung der strategischen und operativen Position von zehn Geschäftsfeldern verdeutlichte die Aussichtslosigkeit einer ganzheitlichen Sanierung. Das Erreichen einer mittelfristig stabilen Positionierung schien aus eigener Kraft selbst auf stark reduziertem Niveau nicht darstellbar.

Optischer Präzisionsgerätebau (G)	Mikroskope u. wissenschaft. Gerätebau (I)	Saalfeld (S)	Eisfeld (E)	Gera (D)
Lommatzsch (H)	Optik (O)	Zulieferungen (Z)	Ing.-Betrieb für Rationalisierung (A)	Ing.-Betrieb f. Anlagenbau Suhl (P)
Wissenschaftl.-techn. Ausrüstungen (U)	Gera-Bieblach (Y)	Forschungszentrum (W)	Rathenower Optische Werke (ROW)	Pentacon Dresden (PKD)
Feinoptische Werke Görlitz (FOG)	Keramikfabrik Freital (KFF)	Feinmeß Suhl (FMS)	Freiberger Präzisionsmechanik (FPM)	Feinmeß Dresden (FMD)
Elektromat Dresden (EMD)	Hochvakuum Dresden GmbH (HVD)	Jenaer Glaswerke (JGW)	Zentrum Mikroelektronik Dresden (ZMD)	Elektroinvest Jena (EJ)

Quelle: Jessen, 1992, S. 33

Abb. 29: Ausgegliederte Geschäftsbereiche der Carl Zeiss Jena GmbH

von Produktionsstandorten bei einschneidenden Personalmaßnahmen ließ nach einer Durststrecke einen Erfolg einzelner Geschäftsfelder erwarten. Trotz der antizipierbaren Einbußen enthielt im Herbst 1990 die erste Umsatzplanung der Geschäftsleitung für das Jahr 1991 einen Gutteil *Prinzip Hoffnung*, respektive einen hohen Anteil Ostgeschäft.[301] Diese Hoffnung auf Volumen und Überzeugung hinsichtlich der Sattelfestigkeit der eigenen Produkte im Ostmarkt teilten die Geschäftsleitung mit den meisten ostdeutschen Herstellern vergleichsweise intelligenter Produkte. Die Deviseneinnahmen der osteuropäischen Nachbarn würden auch weiterhin in den Import angestammter und benötigter Produkte fließen.

Der tatsächliche Prozentsatz fiel aber gemessen am früheren Handelsvolumen so gering aus, daß es besser gewesen wäre, die Erwartungen bei Null anzusiedeln und jede darüber hinaus gehende Umsatz-DM als willkommenes, aber unsicheres Zusatzgeschäft anzusehen. Die Ausrichtung auf die Westmärkte wäre dann sicherlich schneller und konsequenter gelungen. So gab es zwar in größerem Umfang keinen realen Übergangspuffer zwischen *weichem* Plan und *hartem* Markt, aber einen in den subjektiven Fehleinschätzungen der Akteure, der von der Treuhand finanziert werden mußte.

Entsprechend erklären sich die unrealistischen Sanierungskonzepte und die Weigerung von Geschäftsleitung und Betriebsrat, einen einschneidenden Personalabbau hinzunehmen. Diese Haltung fand bei dem sich gerade konstituierenden Eigentümer und Geldgeber Treuhand keine Zustimmung. Nachdem in der Anfangszeit die finanzielle Unterstützung mit der Gießkanne verteilt worden war, sollte sich im Herbst 1990 der Leitungsausschuß zunächst der großen Fälle annehmen. Seine Erkenntnisse widersprachen dem Optimismus der ostdeutschen Geschäftsführer, auch wenn er sich bei Zeiss ebenfalls verschätzte. Die Unplanbarkeit der Entwicklungen in Osteuropa wurden anfangs überall eher zum Vorteil der Betroffenen in Konzepte gegossen. Dennoch wurde die Treuhand in der Wahrnehmung ihrer Eigentümerrolle jetzt spürbar. Aus dem geordneten Chaos ließen sich auch erste unternehmensspezifische Entscheidungen treffen. Von den geforderten

301 Zeiss sollte zudem einen Teil der Rückgänge durch Zuwächse in den anderen - ja noch nicht ausgereizten - Märkten im Westen wett machen. 1,5 Mrd. DM sollten zum Start in die Marktwirtschaft erreicht werden (A-Interview mit H. Reimer).

Mitteln wurden zunächst nur 41% bewilligt. Davon konnte Druck in quantitativer und qualitativer Hinsicht auf die Unternehmen ausgehen. Parallel wurden über die "Task force Aufsichtsräte" zwei Vorstandsmitglieder von Zeiss-West in das Aufsichtsgremium des Jenaer Unternehmens entsandt. Auch wenn die Treuhand damit primär ihrer Einsicht folgte, ihren Betrieben helfe in dieser Situation nur westliches, industrielles Know-how vor Ort (etwas, welches sie nicht selbst zur Verfügung stellen konnte), wuchs bei der Belegschaft die Sorge, ihr damaliger Präsident Rohwedder wolle den Westdeutschen den Weg zur Zerschlagung des lästigen Konkurrenten ebnen.

Ausgangskonstellation - Der vorgezeichnete Weg in die Privatisierung

Als am 1. März 1990 die Treuhand mit ihrer Gründung Eigentümerin des Kombinats wurde, das nach seiner Umwandlung in eine Kapitalgesellschaft im Juli 1990 als Jenoptik Carl Zeiss Jena GmbH firmierte, waren Unsicherheit und Orientierungslosigkeit auf Seiten der Akteure groß.[302] In Jena hatte bereits Anfang des Jahres ein kleiner Kreis unternehmensinterner Funktionsträger den ehemaligen Generaldirektor an der Spitze des Konglomerats abgelöst. Parallel versuchte Zeiss Oberkochen, aus dem Stiftungsrecht abgeleitete Ansprüche bei den Ostunternehmen und in der Treuhand deutlich und geltend zu machen. Für die Westdeutschen offenbarte sich allerdings schnell, daß bestenfalls sorgfältig ausgewählte Teile, nie aber der ganze Moloch, betriebswirtschaftlich in das eigene Profil passen konnte. Während die Geschäftsführung in Jena noch nach dem größten gemeinsamen Nenner einer Partnerschaft suchte, sah die Minimallösung der Oberkochener die Übernahme der Produktbereiche Mikroskopie, Objektive, Meßgeräte und Weltraumtechnik mit insgesamt 1.200 Arbeitsplätzen vor.[303]

Im Mai 1990 vereinbarten beide Parteien - unabhängig von der in Berlin noch weitgehend in den Kinderschuhen befindlichen Treuhand - in der "Biebelrieder Erklärung" die gegenseitige Achtung der rechtlichen Selbständigkeit und sicherten sich Exklusivität in den Verhandlungen zu.[304] Die Frage

302 A-Interview mit P. Spotthelfer.

303 A-Interview mit M. Hiller.

304 Die Idee einer Stiftungsfusionierung wurde weiterentwickelt, obwohl sie nach deutschem Recht nicht möglich ist. Zeiss Oberkochen war an einem Produktions-

einer zukünftigen Nutzung der Markenrechte blieb weiterhin zum Jenaer Nachteil offen.[305]

Von den besorgten Zeissianern aktiviert und ausgestattet mit dem geerbten Mißtrauen gegenüber Entscheidungen der *neuen* Berliner Zentralisten versuchten einige Thüringer Kreis- und Bezirkspolitiker politisch Druck auszuüben. Dies führte im September 1990 zu zwei wegweisenden (oder besser pfadeinengenden) Entscheidungen:

1) Der "Rumpfvorstand" der Ur-Treuhand erkannte auf politisches Drängen und unter Vernachlässigung möglicher rechtlicher Konsequenzen die Grundsätze des Bibelrieder Abkommens an. De facto bedeutete dies gegenüber Zeiss Oberkochen die Zusage einer Vorkaufsoption und die weitgehende Akzeptanz der westdeutschen Spielregeln. Sahen die Ostdeutschen in der Erklärung einen deutlichen Schritt in Richtung einer erfolgreichen, gemeinsamen Zukunft, hatte Zeiss-West in den Formulierungen sehr genau darauf geachtet, daß jedes Entgegenkomen durch die Wahrung des eigenen Vorteils begrenzt wurde.[306]

---

standort Ostdeutschland nicht interessiert. "In der Produktion werden wir nur dann Kapazitäten austauschen, wenn wir Not daran haben. Das große Thema aber ist die Technologieentwicklung. (...) Wir müssen jetzt nur mal gegenseitig in die Schubladen sehen. Und wenn wir das Know-how zusammenbringen, gibt es enorme Synergien für die Zukunft." (Wirtschafts Woche, Nr. 50, 7.12.90, Interview mit dem GF von Zeiss-West, Horst Skoludek).

305 Nach jahrelangem Rechtsstreit hatten sich beide Unternehmen 1971 den Weltmarkt in West, Ost und einige Länder "des geregelten Nebeneinanders" aufgeteilt (vgl.: Londoner Vereinbarung vom 26.4.1971). Zeiss West verkaufte danach im RGW unter dem Namen "Opton", Zeiss Jena auf den meisten Westmärkten unter "Jenoptik". Zeiss, Oberkochen beharrte auf dem Standpunkt, die Heidenheimer Stiftung sei die wahre Rechtsnachfolgerin der von Abbe ins Leben gerufenen Stiftung, obwohl das Statut ausdrücklich Jena vorsah. Neben der zurückgebliebenen Wettbewerbsfähigkeit der Jenaer Produkte und den fehlenden Vertriebskanälen versperrte der Namensstreit den schnelleren Zugang auf die attraktiven Wesmärkte.

306 "Die Stiftungsunternehmen Carl Zeiss Oberkochen und Schott Glaswerke, Mainz sind grundsätzlich bereit, sich in der Übergangszeit an privatisierten Kapitalgesellschaften des Kombinats VEB Jena zu beteiligen, sofern die Wirtschaftlichkeit der Beteiligung gewährleistet ist. (...) Das Zwischenergebnis der seit einigen Monaten laufenden Kooperationsgespräche wurde unbeschadet unterschiedlicher Rechtsauffassungen in der Frage der Carl-Zeiss-Stiftung erzielt." (Pressemitteilung Nr. 57 der Carl Zeiss Oberkochen GmbH zur Bibelrieder Erklärung, Mai 1990).

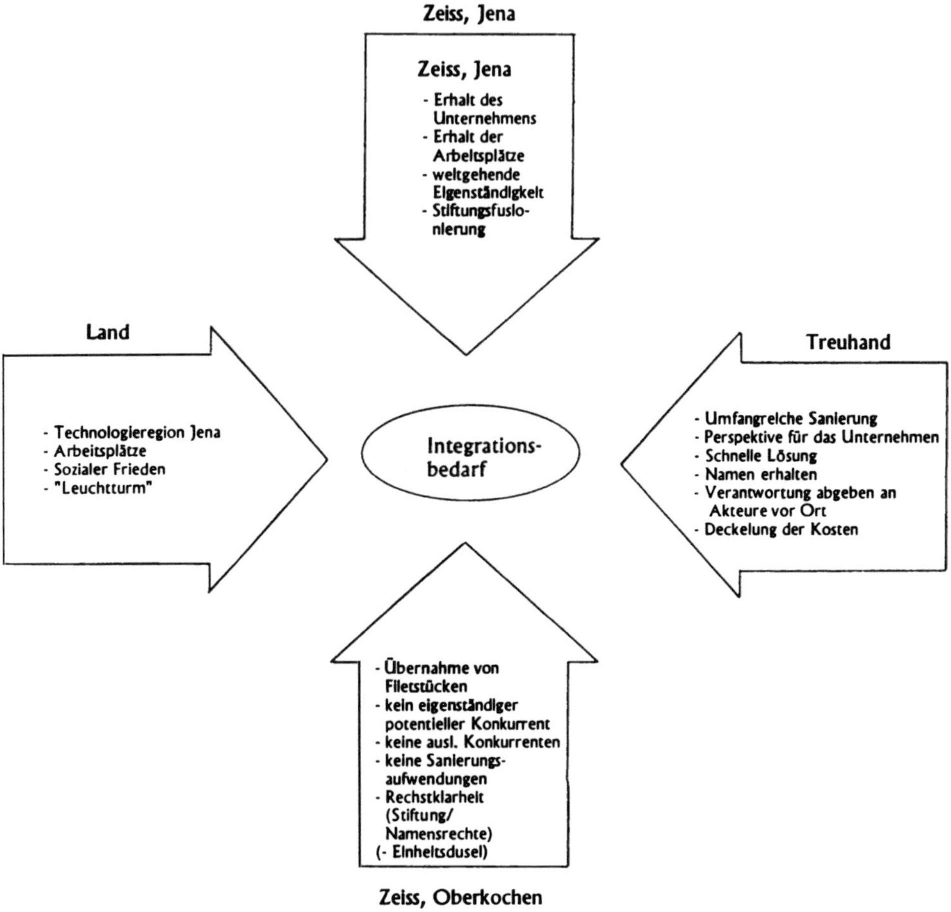

Quelle: Interviews

Abb. 30: Ziele und Integrationsbedarf

2) Auf Beschluß der zwei Wochen später aufgelösten Volkskammer übertrug die Treuhand dann Ende September 20% des Eigentums an der Jenoptik Carl Zeiss Jena GmbH auf die ruhende Stiftung in Jena, die das Land wiederum als Verwalter einsetzte. Das zuständige Direktorat in der Treuhand ging auf der Grundlage unternehmensinterner Schätzungen zu dieser Zeit noch von einem Unternehmenswert von an die 3 Mrd. DM aus. Man hatte folglich für den Verzicht auf 500-600 Mio. DM die Stiftung in ihrem ursprünglichen Sinne revitalisiert und damit Zeiss-West gezwungen, an konstruktiven Verhandlungen interessiert zu sein (später stellte sich heraus, daß die Zahlen zwar richtig, die Vorzeichen aber falsch waren).

Der Treuhand war es wohl mehr zufällig gelungen, eine Verzahnung zu erreichen, in der die Akteure (Zeiss-Ost, Zeiss-West, Land und Treuhand) zwar unterschiedliche Ziele und Interessen verfolgten, die Nicht-Lösung des Problems aber von allen als schlechteste aller Alternativen empfunden werden mußte [Abb. 30].

Enormer Integrationsbedarf - Noch wächst nichts zusammen

Auch wenn der Willen zur Lösung allen Akteuren unterstellt werden kann, war der Weg dorthin weit. Der Druck der wirtschaftlichen Ausgangslage und ihre Verschlechterung im Prozeß der Realanpassung veranlaßte die einen zu einer Mischung aus übereilten Aktionen und lethargischem Abwarten (Jena), die anderen zu wachsender Sorge und Zugeständnisbereitschaft (Land, Treuhand) sowie die Westdeutschen zu kalkuliertem Warten, weil alles eigentlich nur besser werden konnte. Eine Übereinkunft der Interessen war nur in Einzelpunkten herstellbar und bis Frühjahr 1991 liefen in der Treuhand je nach Verfasser oder Auftraggeber Konzepte ein, die zu unterschiedlichsten Ergebnissen, von weitgehendem Erhalt bis hin zur Liquidation des Molochs und der Veräußerung einzelner Kernbereiche, kamen:

Das Konzept von *Zeiss-West* war ebenso einfach wie unannehmbar. In eine Stiftungszusammenlegung würde man einwilligen. Jena würde deren zweiter Sitz mit eigenen Aufgaben werden. Angesichts der Beurteilung der eigenen Möglichkeiten hinsichtlich Management-Kapazitäten und Marktgenerierung war man nur an den Filetstücken und den direkten Konkurrenzprodukten interessiert. Aus der Sanierung selbst wollte man sich verständlicherweise heraushalten. Die finanziellen Mittel zur Sanierung sollten von der Treuhand kommen und die übernommenen Mitarbeiter *handverlesen* werden[307]. Oberkochen sicherte sich den Erhalt seiner Interessen in einer im November 1990 verhandelten Rahmenvereinbarung zur schrittweisen Zusammenführung beider Stiftungen. Als "Meilenstein auf dem Weg in eine gemeinsame Zukunft" feierten beide Seiten das, was primär der einen nutzte. Die Westdeutschen erhielten uneingeschränkten Einblick in die Jenaer Unternehmen und das Mitgestaltungsrecht (Konzepterstellungsrecht) an ihrer Sanierung. Vor einer Vereinigung mußte die Sanierung stehen, um die potentiellen Risiken abschätzbar zu machen. Zeiss-West wollte den sicheren Weg gehen. Als Gegenleistung kam man den Jenaern bei den Markenrechten ein kleines Stück entgegen. Deutschland sollte fortan als "Land des geregelten Nebeneinander"[308] gelten.

Mit der Aufhebung des Clearingabkommens zum Jahreswechsel brachen die Umsätze im Ostgeschäft in Jena schlagartig weg. Restaufträge waren abgearbeitet. Der Auftragsbestand für 1991 lag Anfang des Jahres unter der durchschnittlichen Produktion früherer Monate. Für einige Produktgruppen gab es überhaupt keine Aufträge, für den Handel mit der Sowjetunion nur Protokolle, keine Verträge. Es blieb die Hoffnung, wenigstens einen Teil über Bartergeschäfte realisieren zu können. Im Westen hoffte man auf die Einbeziehung in europäische Programme in der Weltraum- und Umweltforschung sowie in der Verkehrsleittechnik. Die Bundesregierung sollte Fördermittel bereitstellen, um einen Teil des Forschungspotentials erhalten zu können. Für die *Geschäftsführung in Jena* um Klaus-Dieter Gattnar addierten sich diese Hoffnungen zu einem Jahresumsatz von 800 Mio. DM.[309]

---

307 A-Interviews mit M. Hiller und G. Reißmann (BRV der Jenoptik GmbH, "Die Westdeutschen wollten sich die Olympiamannschaft - überdurchschnittlich qualifiziert und keine Härtefälle - rauspicken").

308 Presseinformation Nr. 91, Zeiss Oberkochen und Pressemitteilung der Jenoptik CZJ GmbH vom 22. Nov. 1990.

309 Das Jahr 1991 begann allerdings für 18.000 Zeissianer erst einmal mit Kurzarbeit Null. Die anderen produzierten auf Halde. Selbst diese Auftragslage hätte bei nach wie vor niedrigerem Lohnniveau und niedriger Produktivität eine Beschäftigung von max. 10.000 Mitarbeitern erlaubt. Unternehmensinterne Analysen mit Beraterunterstützung gingen Mitte Februar bereits von nur noch 5.000 tragbaren Arbeitsplätzen aus. Tatsächlich erreichte die Jenoptik Carl Zeiss Jena GmbH im Jahr 1991 bei einer Steigerung des Geschäftes im westlichen Ausland um etwa 10% nur etwa

Dringend erforderliche Umstrukturierungsmaßnahmen wurden folglich nicht umgesetzt. Erst die endgültige Entscheidung über den zukünftigen Weg hätte Energien in diese Richtung freisetzen können. Wie in vielen anderen Unternehmen blickten die Unternehmenslenker nach Berlin wie das *Kaninchen auf die Schlange*. Den eigenen Hoffnungen und Forderungen auf einen weitgehenden, eigenständigen Erhalt von Betrieben und Arbeitsplätzen versuchte man indes durch Politik, Gewerkschaften und Presse Nachdruck zu verleihen. Während unterschiedlichste Zahlen über die tatsächliche Beschäftigungs- und Verschuldungssituation kursierten und die Vermutung nährten, die Schrumpfkur in Jena könnte viel schmerzhafter ausfallen als ursprünglich angenommen, wies das schließlich Ende Februar bei der Treuhand eingereichte Konzept 10.200 Mitarbeiter als kritische Größe aus, die nicht unterschritten werden könne, ohne den Lebensnerv Jenas zu treffen. Geschäftsführung und Betriebsrat hatten ihr Erhaltungsinteresse bereits in einer Betriebsvereinbarung (trotz gegenteiliger Erkenntnisse) offiziell festgeschrieben. Die 10.000 wurden zur politischen Zahl, an die auch das Land sich klammerte.

In der *Treuhand* reifte unterdessen die Überzeugung, Zeiss sei als Komplex und nach betriebswirtschaftlichen Maßstäben nicht zu retten.[310] Die von Oberkochen erarbeitete Asset picking-Lösung sah nach der Übernahme eines Kernbereichs mit 3.000 Mitarbeitern die Liquidation der Reste vor. Ihre eigenen zaghaften Bemühungen, andere Interessenten in die Überlegungen einzubeziehen, bestätigten der Treuhand die Relevanz dieses Konzepts für den privaten Sektor. Mit der Firma Olympus gab es zwar neben Oberkochen einen Interessenten an der Weiterführung des optisch-elektronischen Bereiches in Jena, das nicht verhandelte Übernahmeangebot stellte aber ebenfalls eine Minimallösung dar. Für die Jenaer Glaswerke gab es neben Schott nur einen Interessenten für eine 15%-ige Minderheitsbeteiligung: das US-Unternehmen Corning Glass Works. Auch über Teilausgründungen und Kooperationen mit Anbietern aus Fernost war eine tragfähige Gesamtlösung

250 Mio. DM Jahresumsatz. Dieser Umsatz hätte kurzfristig bestenfalls die Vollbeschäftigung von etwa 3.000 Zeissianern gesichert (A-Interview mit H. Reimer).

310 Während die Jenaer bemüht waren, eine Fassade ohne größere Risse zu präsentieren, versuchte Zeiss-West, den besseren Zugang zu den Treuhand-Akteuren zu nutzen, dem entgegen zu wirken (A-Interview mit U. Reinert, GF der Jenoptik GmbH).

nicht erreichbar. Entgegen ihrer üblichen Vorgehensweise unternahm die Treuhand also keine Anstrengungen einen Bieterwettbewerb zu initiieren. Es gleichte einer Illusion zu glauben, die Aufmerksamkeit potentieller Übernahmeinteressenten, die den Koloß Zeiss stemmen konnten, bedurfte einer Ansprache durch die Treuhand. Das Interesse der Ausländer wurde schon dadurch gedämpft, daß nicht sicher war, ob nach einer Fremdübernahme die Waren- und Markenzeichenrechte bei den Jenaer Betrieben verblieben wären. Neben dem Humankapital und dem umfangreichen Immobilienbesitz stellten sie aber die einzig wertvollen Aktiva der Gesellschaft dar.[311] Die Aussichtslosigkeit des Sanierungsansatzes führte, ohne absehbaren Marktzugang bei stetig wachsendem monatlichen Liquiditätsbedarf in zweistelliger Millionenhöhe, auch in Berlin zu Ratlosigkeit. In monatlichen Abständen wurden die ursprünglich zur Überbrückung ausgereichten Kredite verlängert und parallel der Bürgschaftsrahmen ausgeweitet. Zeiss drohte, ein Faß ohne Boden zu werden. Der gedankliche Rahmen möglicher Arrangements mußte aber aus der bestehenden Konstellation heraus das Ergebnis anderer als primär betriebswirtschaftlicher Überlegungen sein. Die Treuhand hatte dieses (von ihr als solches empfundene) Dilemma durch das Dulden grundsätzlicher Annäherungsvereinbarungen zwischen den Zeiss-Unternehmen und die Wiederbelebung der Jenaer Stiftung verschärft. Neben nicht einschätzbaren Rechtsstreitigkeiten sah sie sich enormen finanziellen Verpflichtungen aus dem Pensionsstatut gegenüber.

Trotz stetiger Sorge, für andere Fälle Präjudizien zu schaffen, scheute die Treuhand keine Auseinandersetzung mit Geschäftsleitung, Belegschaft, Gewerkschaften und Politik in der Frage des Kapazitäten- und Beschäftigungsabbaus. Die Nicht-Sanierungsfähigkeit eines Betriebsteils schien ihr normalerweise ausreichend sachliche Begründung für diese Haltung zu sein. Forderten andere politische Lösungen, forderte sie stets die finanzielle Beteiligung der Politik. Das Mitgestaltungsrecht sollte die Politik ihr regelmäßig abkaufen. Ein Vorgehen, das ihr nicht überall Sympathien einbrachte, die Landespolitik aber in den meisten Fällen davon abhielt, stur auf unrealisti-

311 Vgl.: Härtel/Krüger/Seeler/Weinhold (1992a), S. 38.

schen Lösungen zu beharren.[312] Das Scheitern einer privatwirtschaftlichen Lösung für den größten Teil des ehemaligen Kombinats und die Vehemenz, mit der die Erhaltung eines größeren Stücks zunehmend gefordert wurde[313], veranlaßten die Treuhand, über die aktive Einbindung möglicher anderer Partner nachzudenken. *Die junge CDU/FDP-Landesregierung* - bei der Wartburg-Entscheidung noch im Schlepptau der selbstbewußten Treuhand - signalisierte nun unmißverständlich und mit Rückendeckung der Arbeitnehmervertreter, sie wolle zukünftig, angefangen mit Zeiss, das Schicksal ihrer strukturbestimmenden Großbetriebe selbst in die Hand nehmen. Frustriert von der bisherigen Zusammenarbeit forderte der Ministerpräsident Duchac in seiner ersten Rede vor dem Bundesrat, das "Gebilde Treuhandanstalt" grundsätzlich zu ändern, nachdem sich alle Forderungen nach mehr Einfluß auf deren Entscheidungen als illusorisch erwiesen hatten. Auf einer Großkundgebung in Jena garantierte er dann Ende Februar 1991 teils unter dem Druck von 20.000 Zeissianern, teils in der Hoffnung, die Treuhand in diesem Fall zu einer "Aufbaubehörde" zu machen, die Erhaltung der 10.000 Arbeitsplätze am Standort Jena. Außerdem forderte er die Treuhand auf, die restlichen achtzig Prozent ihrer Geschäftsanteile auf die Jenaer Stiftung zu übertragen.

Ausverhandlungen - Die Gunst der frühen Stunde

Rohwedder nutzte seine Chance. Mit dem Hinweis, dies nicht als Abkehr vom bisherigen Privatisierungsauftrag der *Treuhand* zu verstehen, sondern als Versuch, der "besonderen regionalen und kulturellen Bedeutung von Zeiss" Rechnung zu tragen, bot er dem Land die Anteilsübertragung zum 1. April an.[314] Für diesen Teil wollte er sogar die bilanziellen Altlasten in Höhe von 1,3 Mrd. DM übernehmen. Schlagartig hätte die Treuhand ihre Verant-

312 Die Forderung "Mitsprache gegen Geld" hat allzu oft aber auch dazu geführt, daß die Länder mit der Nicht-Wahrnehmung ihrer gestalterischen Rolle ihre ureigensten wirtschaftpolitischen Aufgaben de facto an die Treuhand delegiert haben.

313 Vgl.: Interview mit dem Geschäftsführer der IG Metall in Jena, Rolf Tänzer, *Wenn Zeiss stirbt, stirbt die ganze Region*, in: Neues Deutschland vom 11.2.91 und Der Tagesspiegel vom 22.2.91, *Nun Rufen sie wieder: Wir sind das Volk.*

314 Franfurter Allgemeine Zeitung vom 7.3.91, *Ein Versöhnungsgeschenk Rohwedders an die Thüringer*, S. 16.

wortung für ein Arrangement abgegeben, das drohte, außerhalb ihrer definierten Möglichkeiten und Gepflogenheiten, neue Standards zu setzen. Abgegeben hätte sie auch die unübersichtlichen finanziellen Pensionsverpflichtungen aus dem Stiftungsstatut.

Es ist davon auszugehen, daß die Treuhand wußte, wie ihr Angebot aufgenommen werden würde. Die *Heidenheimer Stiftung* drohte mit der Erwirkung einer einstweiligen Verfügung gegen die Antragsübertragung an das Land. Ihr Interesse, die Stiftung in Jena in der alten Form wieder aufleben zu lassen, war in doppelter Hinsicht gering. Unter Umständen wäre man einerseits rechtlich in die Sanierung der Betriebe involviert worden und hätte mit dem eigenen Rücklagenfonds für die sozialen Kosten geradestehen müssen.[315] Andererseits fürchtete man, die ostdeutsche Landesregierung könnte (anders als die Treuhand es wollte) durch erhebliche Subventionierung die Erstarkung des Jenaer Konkurrenten mit in weiten Teilen gleicher Produktpalette betreiben. Während sie dafür Sorge getragen hatten, daß eine privatwirtschaftliche Lösung an ihnen vorbei nahezu unmöglich war, hatten sie einer Verstaatlichung der revitalisierten Stiftung nicht viel entgegenzusetzen.

Die *Landesregierung* zeigte sich nach anfänglicher Euphorie und näherem Hinsehen mit dem Angebot der Treuhand überfordert. Denn um die Zukunft zu sichern, brauchte das Unternehmen viel Geld. Für die seit der Währungsunion aufgelaufenen Schulden galt die Offerte nicht. Insbesondere das notwendige Investitionskapital konnte aus dem Landeshaushalt nicht bereitgestellt werden. Die Schätzungen der Kosten von Duchacs "Unvorsichtigkeit" beliefen sich bereits auf an die 2 Mrd. DM. Zudem fehlte es mit einem schlüssigen Stand-Allone-Konzept noch an einer Zukunftsvision. Bis zu diesem Zeitpunkt war der einzige Fixpunkt die eingegangene Verpflichtung zur Rettung von 10.000 Arbeitsplätzen am Standort Jena.

Hatte die Verzahnung des grundsätzlichen Lösungsinteresses noch eher konstellationsabhängige Züge, brachte die Ablehnung der Treuhandofferte diese zunächst in eine bessere Position, in der sie erstmals Tempo und Rich-

---

315 Zeiss Oberkochen hatte in 40 Jahren rund 1,5 Mrd.DM Pensionsrückstellungen gebildet, eine Summe, die nach damaliger Schätzung exakt dem Fehlbetrag an Pensionsrückstellungen bei Zeiss Jena entsprach. (vgl.: O. Jessen (1992), S. 34).

tung der Verhandlung bestimmen konnte. Die Vorgaben für ein mögliches Integrationskonzept lagen allerdings schon weitgehend fest: Die traditionellen Geschäftsfelder der Jenoptik konnten als eigenständige Gesellschaft unter marktwirtschaftlichen Bedingungen mit dem westdeutschen Partner überlebensfähig gemacht werden. Etwa 7.000 Arbeitsplätze und die Zukunft der Region als wissenschaftlich-technologisches Transferzentrum waren nur durch neue Investoren mit innovativen Produkten und Produktideen zu sichern. Beide Stiftungen - Ost und West - mußten eine gemeinsame unternehmerische Zukunft finden.[316] Mit der eigenen Verhandlungsstärke war die Zahl der optionalen Lösungen für die Treuhand also nicht gestiegen.

Einzige Alternative zu einer Integration der unterschiedlichen Vorstellungen in einem Kompromißarrangement war die Verantwortung durch Gesamtvollstreckung an einen Liquidator abzugeben. Die von der Treuhand eingesetzten Wirtschaftsprüfer votierten für diese Variante. Ob die Treuhand-Akteure sie jemals ernsthaft in Erwägung gezogen und schließlich nur von der politischen Konsequenz abgeschreckt in die Gesamtlösung eingewilligt haben, ist unsicher. Vermutlich gab es innerhalb des Treuhand-Vorstandes diesbezüglich unterschiedliche Auffassungen, denn auch die Liquidation barg unkalkulierbare finanzielle Risiken aus dem Stiftungsstatut.Vielleicht wollten sie mit ihrem öffentlichen Nachdenken auch nur sicherstellen, daß die Landesregierung das Korsett, in das sie sie gezwängt hatte, mit ihnen teilte. Auch die Oberkochener mußten diese Variante scheuen, war doch nicht auszuschließen, daß die japanische Konkurrenz Betriebsteile aus der Konkursmasse von Zeiss-Ost nutzen würde, die eigene Marktpräsenz in Westeuropa auszubauen. Nichts wollte der West-Vorstand Skoludek weniger als "einen Japaner mit deutschem Namen".

Arrangementkonzeptionierung und -umsetzung

Der einfachste Teil der Arrangementkonzeption war schließlich die Übernahme der Reste des *Jenaer Glaswerkes* durch die Schott Glaswerke Mainz. Trotz aller Kritik schien die Weiterführung mit einem Viertel der Belegschaft nach Entschuldung der Altkredite die einzig erfolgversprechende Alternative

316 Vgl.: Pressemitteilung der Treuhandanstalt vom 16.5.1991.

zu sein.[317] Erleichtert wurde der Zusammenschluß durch die Größenverhältnisse der Partner. Das Glaswerk war eher Zwerg als Konkurrent. Die Schott-Gruppe erreichte 1990 mit dem zehnfachen Personalbestand etwa das Zwanzigfache an Umsatz.

Weitaus schwieriger gestaltete sich die Integration der unterschiedlichen Vorstellungen bezüglich der *Jenoptik*. Sie hatte im Vergleich zu Oberkochen doch zumindest anfangs eine respektable Größe. Der Knackpunkt ihrer Verhandlungen war eigentlich nicht verhandlungsfähig. Sowohl die Westdeutschen als auch die Jenaer beharrten auf dem Sitz der gemeinsamen Stiftung in ihrem Bundesland.

Erst mit dem ehemaligen Ministerpräsident Späth erhielt das Integrationskonzept auch seine Integrationsfigur. Späth, der auf Anraten des Bundeskanzlersanzlers Duchac bei der Auflösung seines Dilemmas helfen sollte[318], nutzte seine Rolle, den Verhandlungsparteien im Austausch Standpunkte abzutrotzen. Die Treuhand mußte sich bereit erklären, zukünftige Verluste und außerhalb ihrer selbstauferlegten Beschränkungen liegende Pensionsforderungen auszugleichen.[319] Oberkochen und Jena mußten Einvernehmen in der Stiftungsfrage erzielen. Die thüringische Landesregierung mußte bereit sein, dem System und der Bonner Parteilinie eigentlich fremde, staatliche Einflußelemente zu betonen, eine Zwischeneigentümerschaft einzugehen und einen finanziellen Beitrag zur Entlastung der Treuhand zu leisten. Die Bereitschaft Thüringens, finanziell für die eigenen Stiftungsanteile aufzukommen, hat es der Treuhand erleichtert, ihr Gesicht zu wahren. Der 860

---

317 Tatsächlich übersteigen die finanziellen Aufwendungen der westdeutschen Mutter heute die eigenen und die Erwartungen der Treuhand zum Zeitpunkt des Vertragsabschlusses. Selbst bei Annahme gleicher Sanierungskompetenz ist die Treuhand hier billiger weggekommen. Insofern scheint zumindest in diesem Fall das Konzept aufgegangen zu sein. Schott will den turnaround trotz zurückgegangener Verkaufzahlen an seinem ostdeutschen Standort schaffen.

318 Vgl.: Frankfurter Allgemeine Zeitung vom 5.6.91, *Eine gemeinsame Stiftung für Zeiss-West und Zeiss-Ost?*, S. 16.

319 Vgl.: Grundsatzvereinbarung zwischen Treuhandanstalt, DGB und DAG vom 10.4.1991. Nach gemeinsamer Festlegung stellt die Treuhand ausscheidenden Arbeitnehmern einen Betrag von durchschnittlich max. 5.000 DM zur Verfügung. Die Geschäftsleitungen sind angehalten, dies in den Sozialplanverhandlungen zu berücksichtigen. Für darüber hinaus gehende Zugeständnisse sollen andere eintreten.

Mio.DM-Beitrag und die Beteiligung des Landes machte zunächst aus einem unerwünschten Präjudiz über die mangelhafte Standhaftigkeit der Treuhand-Akteure ein zumindest akzeptables Arrangement.[320] Die ursprüngliche Idee der Aufspaltung der GmbH in zwei Teile mit je 5.000 Mitarbeitern scheiterte am geringen Interesse Oberkochens, die Entwicklung des Neugeschäftes der Randbereiche zu übernehmen [Abb. 31]. Damit erhielt die ohnehin geplante Restgesellschaft eine zusätzliche, unternehmerische Aufgabe und das Engagement des Landes eine neue Qualität. Anfang Juni hatte sich dieses Arrangement als unter den gesetzten Prämissen einzig machbare Variante herausgeschält. Dennoch drohte es bis zuletzt am Geld zu scheitern. Strittig war am Ende vor allem der finanzielle Spielraum, der nach Abwicklung aller Altlasten für Neuinvestitionen und Standortentwicklung bei der Jenoptik verbleiben sollte.[321] Beinahe wöchentlich wurde die Lösung teurer. Einmal so weit gekommen und lange nach Überschreiten der finanziellen "Schmerzgrenze", wollte die Treuhand den eingeschlagenen Weg dann aber doch nicht zugunsten einer nicht absehbaren Alternativlösung verlassen. Ihr Gesamt-Engagement belief sich schließlich auf 2,74 Mrd. DM [Abb. 32].

Auf der Basis der in der Grundsatzvereinbarung festgelegten Konditionen und nach einigen Abgrenzungsproblemen in der Detailkonzeptionierung wurde am 7. November 91 die Abspaltung des Kerngeschäftes mit 2.950 namentlich genannten Mitarbeitern aus der Jenoptik (10% der Belegschaft und 90% des Jahresumsatzes 1991; 230 Mio. DM) in einem Once-for-all Vertrag vereinbart. Dieser Kern mit den Bereichen Mikroskope, Fernrohre, Teleskope, Planetarien, medizinisch-optische Gerätetechnik, industrielle Meßtechnik und Erdvermessung ging auf eine neu gegründete Gesellschaft -

---

320 Die letztlich über die 5.000 DM hinaus gezahlten Abgangsentschädigungen an 17.000 Mitarbeiter ließen sich zudem bequem in diesem Betrag unterbringen. In der Grundsatzvereinbarung vom 25.6.91 weist die Treuhand bereits in der Präambel darauf hin, daß im Rahmen ihres finanziellen Engagements nicht mehr als 5.000 pro ausscheidendem Mitarbeiter enthalten sind. Der verhandelte Sozialplan lag tatsächlich durch die Anerkennung der Pensionsanteile aus dem Stiftungsstatut bei zwischen 25.000 und 100.000 DM Abfindung pro Mitarbeiter (A-Interview mit G. Reißmann). Reißmann bestätigt, daß auch deshalb der Personalabbau zum Jahresende 1991 vergleichsweise ruhig verlaufen ist.

321 Vgl.: Frankfurter Allgemeine Zeitung vom 14.6.91, S. 19.

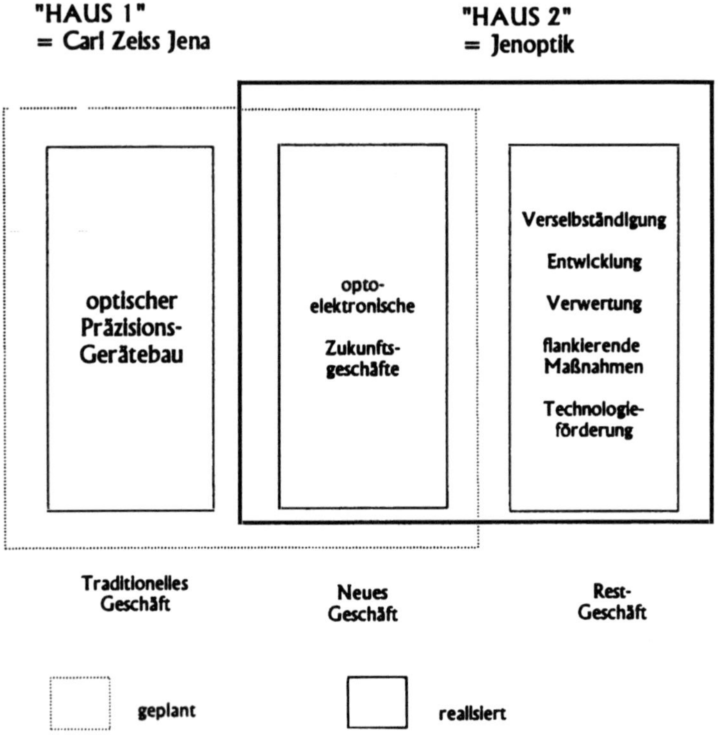

Quelle: Interviews mit U. Reinert, P. Spotthelfer, Jenoptik

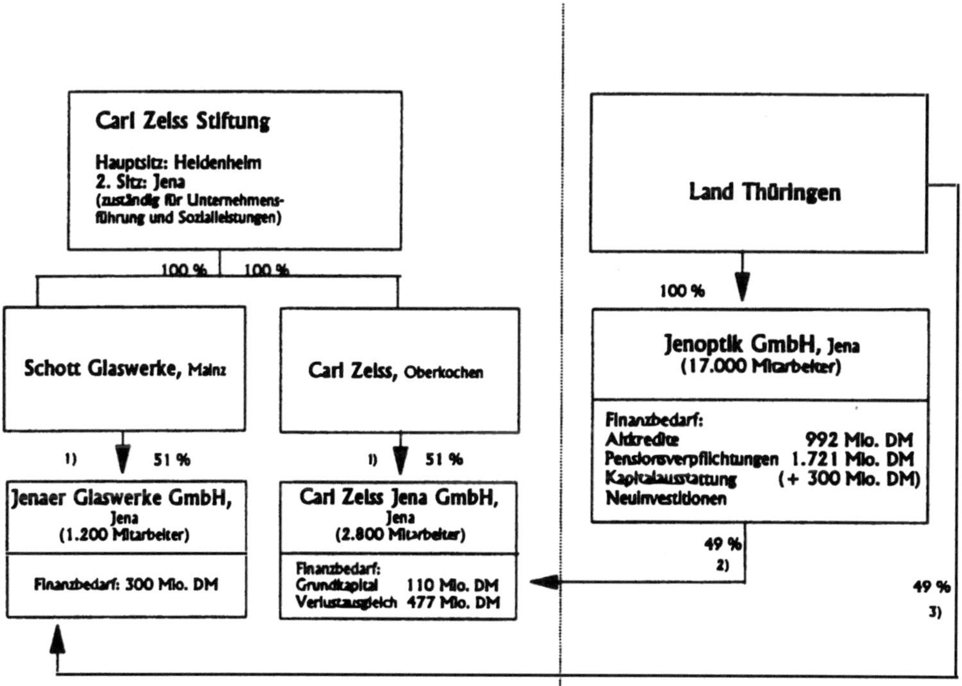

1) Nach erfolgter Sanierung überträgt Oberkochen, Mainz seine Anteile an die Stiftung.
Erst dann erwerben die Arbeitnehmer Pensionsansprüche.

2) Bis spätestens 1996 überträgt die Jenoptik ihre Anteile zum symbolischen Preis von DM 1,- der Carl Zeiss Stiftung.

3) Bis spätestens 1995.

Quelle: Presseberichte, Interviews

Abb. 32: Struktur und Finanzbedarf

die *Carl Zeiss Jena GmbH* - über, deren unternehmerische Führung Oberkochen mit einem 51%-Anteil übernahm. Damit waren der Verkaufsgegenstand und die Beiträge von Treuhand und Land vertraglich fixiert. Die Verpflichtungen der Carl Zeiss Jena GmbH zur Schaffung ebenso vieler Dauerarbeitsplätze und zur Bestreitung des erforderlichen Investitionsvolumens (116 Mio.DM bis 1995) sollten nicht rechtsbindend festgelegt werden. Aus der Formulierung in der Präambel des Vertrages ergibt sich für Oberkochen lediglich eine moralische Verpflichtung, "alles in ihren Kräften stehende zu unternehmen"[322], diese Zielgrößen zu erreichen. Anders als in den später üblichen standardisierten Verträgen blieb offen, in welcher Form (fresh money oder Blaupausen) und wann investiert werden sollte. Weder unternehmerische Unsicherheiten noch die vergleichsweise starke Verhandlungsposition der West-Zeissianer hätten eine weitergehende Einschränkung ihrer Handlungsfreiheit zugelassen.

Hinsichtlich ihrer Aufgaben lag auch für die *Jenoptik* der Fall klar. Bei ihr verblieben die Altschulden, die Pensionsverpflichtungen, die Entlassungen (etwa 17.000), die Neuansiedlungs-/ Ausgründungsaufgaben (für etwa 5-6.000), die Immobilien und etwa 20 Mio.DM Umsatz[323] als Keimzelle des Neugeschäfts (mit langfristig etwa 1.500-2.500 Mitarbeitern). Jena sollte mit Späths Hilfe zu einem Innovationskern werden, der "gewissermaßen als Leuchtturm in die Landschaft hinausstrahlt"[324]. Dabei ließen ihm Treuhand und Land innerhalb des vertraglichen Korridors Entfaltungsspielräume. Die Treuhänder betrachteten ihre Aufgabe mit der Eigentumsübertragung und dem Verkauf ihres Fürsorgeinteresses an die selbstinteressierte Institution Land als erledigt und beschränkten sich auf eine sehr zurückgezogene Rolle als Vertragsmanager. Nur in der Finanzierungsfrage blieb man interessiert. Der Jenoptik sollten auf Bedarf und Nachweis weitere 300 Mio.DM zur

---

322 Präambel zum Kaufvertrag (Jenoptik / Carl Zeiss Jena GmbH), beurkundete Fassung vom 7.11.91.

323 Herstellung von Feldstechern, elektronischen Komponenten (z.B. Leiterplatten), Rationalisierungstechnik, Spezialausrüstungen (Druck- und Kältesimulation), Militärtechnik und Forschungszentren.

324 Der Tagesspiegel vom 30.7.91, S. 4, Interview mit Lothar Späth, GF der Jenoptik.

Verfügung gestellt werden.[325] Alles andere wollte - und hat - man dem neuen Eigentümer Land und dem Führungsteam[326] vor Ort überlassen.

Das Land sah seinen Beitrag vor allem in der Bereitschaft zur Zwischeneigentümerschaft. Dieser war zwangsläufig gepaart mit sehr zurückhaltenden Erwartungen hinsichtlich der zukünftigen Ertragsausschüttungen. Außer über eine Kontrollfunktion im Aufsichtsrat (zwei Sitze) und die üblichen Investitionsprüfungsverfahren wollte man, selbst noch unorganisiert und im Aufbau, nicht ins Geschäft eingreifen. Dennoch hatte man eine Sanierungsaufgabe, wie eine regional- und strukturpolitische Aufgabe übernommen und nun deren Umsetzung sicherzustellen, denn die Parallelität von beidem war essentiell, wollte man "keine Insel der Glücksseeligen in einem Trümmerfeld"[327] schaffen. Späths Person versprach den Einklang dieser Interessen im Alltagsgeschäft. Ausgründungen und vor allem Neugründungen und Immobilienverwertung würde die Jenoptik vor Ort einfacher und kompetenter als Treuhand oder man selbst vornehmen. Zudem kam alles aus einer Hand und genügte dem Anspruch der Arbeitsplatzsicherung, der nicht weiterdelegiert werden konnte. Bei MBO's und Neuansiedlungen konnten beispielsweise keine Garantien festgeschrieben werden, wollte man sie nicht einem unkalkulierbaren Risiko aussetzen. Späth hatte mit seiner Reputation innerhalb des weichen Rahmens der Treuhand (Vertrag) und Land (Monitoring), für das Gelingen geradezustehen. Ähnlich dem Vorgehen im Abwicklungsbereich der Treuhand sollte der Kreativität genügend Raum zur Entfaltung gelassen werden.

Eine erste Ergebnisbeurteilung - Lernen durch Kontrolle?

Der Umstand, daß ein Arrangement in seiner Ausprägung allein in der ostdeutschen Privatisierungslandschaft steht, spricht noch nicht gegen seine Inhalte. Sehr wohl liefert seine Einmaligkeit aber Indizien für seine

---

325 Dieser Betrag wurde bereits 1992 ausgezahlt.

326 Auch in der Retrospektive wertet die Treuhand die Konstellation aus erfahrenem Industriepolitiker (Späth), Sanierer (Dierolf, ehem. Coop) und Berater (Reinert, ehem. BCG) als notwendige Basis zur Lösung der gestellten Probleme (A-Interview mit D. Scheunert).

327 A-Interview mit P. Spotthelfer.

Unerwünschtheit, wenn sie nicht durch sein Zustandekommen, aus einer ebenfalls einmaligen Konstellation heraus, erklärt werden kann. Der vorliegende Fall ist in keiner Hinsicht eindeutig. Das Arrangement hat in seiner Entstehungsphase vier Akteursgruppen, die zuvor an einem Ergebnis, aber mehr oder weniger nicht aneinander interessiert waren, zur Interaktion *gezwungen*. Die Treuhand hat sich heute aus diesem Prozeß weitgehend exkulpiert, während die anderen eine Form der Kooperation entwickeln müssen, die das gemeinsame Erreichen der unterschiedlichen Erwartungen ermöglicht. Ein Bewährungsspielraum dafür ist vorfinanziert. Dieser wird mit dem Geld knapper, ist aber noch nicht abgelaufen. Ob sich hier eine fruchtbare Konstellation aus Kontrolle und Lernen etabliert, hängt von der Umsetzung der *ungewollten* Eigentumsverflechtung in *gewolltes* Wahrnehmen von daraus abgeleiteten Verpflichtungen bei der Weiterentwicklung der Beziehung ab. Die Voraussetzungen dafür sind gut, die Ergebnisse aber keineswegs ermutigend. Ihre Beurteilung geht in diesem Abschitt in drei Schritten vor: Zunächst sollen Argumente gesammelt werden, die die Singularität des Arrangements erklären können. Im Anschluß daran werden Erkenntnisse auf dem bisher zurückgelegten Weg zur Umstrukturierung in den zwei sehr unterschiedlich konzipierten Lösungen (Carl Zeiss / Jenoptik) zusammengefaßt. Daraus sollen schließlich Aussagen über die Bedingungen von Erfolg bzw. Mißerfolg generiert werden, die jenseits der Fallbetrachtung allgemeingültigen Charakter haben können.

Gegen die Vervielfältigung des Arrangements im Privatisierungsalltag sprach schon sein Zustandekommen und die mit seiner Ausprägung verbundenen Signale. Ganz im Sinne eines *Durchwurstelns* des zentralen Akteurs Treuhand waren weder Weg noch Ziel das Resultat seiner gezielten Politik, noch das eines anderen Beteiligten. Vielmehr vermischten sich konvergierende Interessen zu einem Verhandlungsergebnis, das außerhalb der früh festgelegten Grundsatzpositionen der Akteure lag. Die Konstellation aus Lösungsdruck und fallimmanenter Alternativlosigkeit hat die Parteien am Verhandlungstisch gehalten. Die Mischung aus Unerfahrenheit und früher Flexibilität der Partner Treuhand und Land hat die Einigung schließlich ermöglicht. Während die Ermangelung von Alternativen in der späteren Arbeit der Treuhand wohl eher die Regel als die Ausnahme war, hat die

Flexibilität beider Seiten parallel in unterschiedlicher Weise mit der Zeit gelitten. Den Treuhändern galt der Fall im Jahre 1991 finanziell als "Sünde"[328]. Hätte jemand allerdings die Kosten für Sanierung vor oder nach der Privatisierung in der Annahme gleicher Verhältnisse auf alle industriellen Arbeitsplätze der Treuhandunternehmen (rund 4 Mrd.DM) hochgerechnet, wäre er zu der damals für unrealistisch und nicht finanzierbaren Summe von zwischen 300 und 400 Mrd. DM gelangt. Auch wenn diese Rechnung nur bedingt zulässig ist, gilt diese Größenordnung heute als akzeptiert. In vielen Fällen hat die Treuhand bei der Begleitung ihrer Unternehmen über mehrere Jahre schleichend Substanzverzehr und Finanzzuwendungen in weit größerem Ausmaß zugelassen. Mitte 1991 hatte daran niemand glauben wollen. Statt dessen leistete der Fall Zeiss seinen Beitrag, den Befürwortern der Debatte Privatisierung versus Liquidation Argumente zu liefern, um Grundsatzpositionen in ihrem Sinne fester zu schreiben. Die Arbeitsteilung zwischen Treuhand und Ländern wurde beiderseitig genauer spezifiziert. Die Treuhand wies eine umfassende industriepolitische Verantwortung mehr denn je von sich und auf die Einhaltung der Grundsatzvereinbarung mit DGB und DAG (5.000 DM Sozialplan pro Kopf im Durchschnitt) wurde in der Folge akribisch geachtet. Damit sind sowohl das Bewußtsein einer Gesamtverantwortung als auch die Möglichkeiten für die Treuhand, diese in ähnlichem Umfang an Dritte abzugeben zerfallen. Andere Versuche der Länder, ihrer regional- und strukturpolitischen Aufgabe in der Zusammenarbeit mit der Treuhand auf andere Weise nachzukommen, sind -wie das Atlas-Projekt in Sachsen - weitgehend fehlgeschlagen. Vielfach fehlte es an der Präzisierung zukunftsweisender Konzepte und dem Mut, die wenigen verfügbaren Mittel für einige wenige *Leuchttürme* zur Verfügung zu stellen.

---

328 Auch in Bonn und Brüssel hat der Präzedenzfall Zeiss zu heftigen Reaktionen geführt. Beeindruckt von den ersten Erkenntnissen aus der Treuhandtätigkeit entbrannte in Bonn nach der Sommerpause '91 eine harte Finanzierungsdiskussion. Im Januar '92 kündigte dann die EG-Kommission die Eröffnung des ersten Verfahrens gegen einen Treuhandvertrag nach Artikel 93 Absatz 2 EWG-Vertrag an. Sie vermutete in den Zahlungen widerrechtliche Beihilfen, da der Privatisierungsvertrag "nicht im Rahmen eines offenen und bedingungsfreien Ausschreibungsverfahrens zustandegekommen" war. Mit Ausdauer und einigem Geschick gelang es Treuhand und Bundesregierung, die drohende Unwirksamkeit des Konzepts abzu-

Auf sie wurde zugunsten einer *gleichverteilten Schlechtbehandlung* verzichtet. Nenneswerte Beteiligungen oder Übergangseigentümerschaften wurden dem westdeutschen ordnungspolitischen Zeitgeist entsprechend, von den häufig in dieser Schule erzogenen Akteuren aus Länderseite, grundsätzlich abgelehnt.[329] Neben dem Geld, den Partnern und dem politischen Rückhalt fehlte der Treuhand wohl auch weniger die Einsicht als der Mut, herausragende Lösungen zu verwirklichen und zu finanzieren.

-Hier soll nicht der Eindruck erweckt werden, ein Großteil dieser Entwicklungen seien die Folge eines *Fehlgriffs* in Jena. Parallelität und Kausalität, sind schwer zu trennen. Festzuhalten bleibt, daß sich die besonderen Jenaer Faktoren und Voraussetzungen (Infrastruktur, leistungsfähige Forschungsbasis, Liegenschaftsbesitz und Managementverfügbarkeit gepaart mit Reputation) mit dem frühen Zeitpunkt und dem Mut der institutionellen Akteure zu Flexibilität zu einer in Ostdeutschland raren Konstellation zusammenfügten.

Unabhängig von ihrer Einmaligkeit bleibt nun die Frage zu beantworten, ob die beschriebene Einengung der Spielräume Segen oder Fluch bedeutete. Erste Ansatzpunkte finden sich vielleicht in den Unternehmen selbst.

"Mein größter Wunsch wäre, daß wir nach ein paar Jahren überflüssig sind."[330]

Davon ist die *Jenoptik* heute noch ein ganzes Stück entfernt, auch wenn einiges in Rekordtempo gelang. Laut eigener Planung sollte der Ausgründungs- und Neuansiedlungsprozeß 1995 weitgehend abgeschlossen sein. Bereits Ende 1993 war ein Großteil der Strecke zurückgelegt. Immobilien und Wertschöpfungsstufen waren ausgegliedert und verkauft, 160 kleine Mittelständler neu angesiedelt und etwa 5.000 Arbeitsplätze *gesichert* [Abb. 33]. Häufig wurden Partnerschaften und Minderheitsbeteiligungen eingegangen, um überhaupt neue Unternehmer zu verpflichten. Zum 31.12.91

---

wenden. Erst 16 Monate später wurde das Verfahren eingestellt (Amtsblatt der EG, Nr. C97/7 vom 6.4.93).

329 Die Diskussion der Zusammenarbeit zwischen Treuhand, Ländern und anderen institutionellen Akteuren ist an anderer Stelle in dieser Arbeit vertieft geführt worden.

330 WirtschaftsWoche vom 21.6.91, S. 16, Interview mit Lothar Späth.

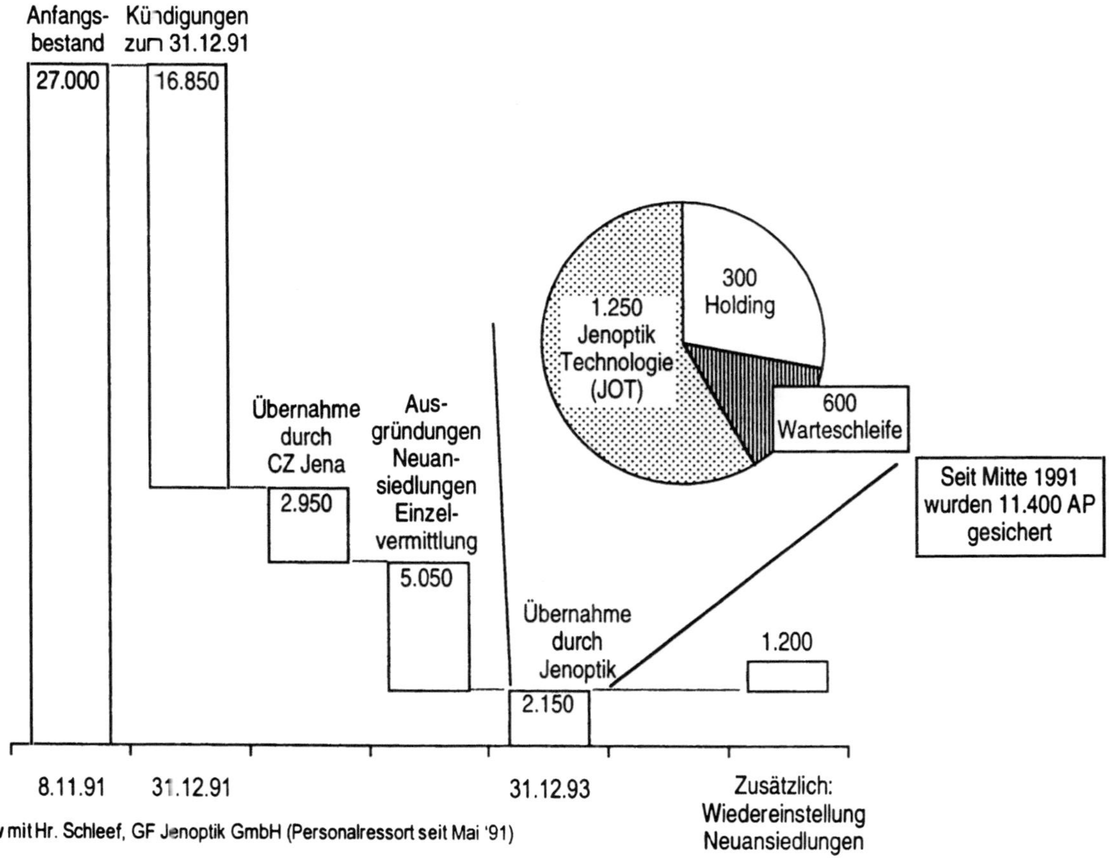

Quelle: Interview mit Hr. Schleef, GF Jenoptik GmbH (Personalressort seit Mai '91)

Abb. 33: **Personalentwicklung der Jenoptik (Stand 31.12.1993)**

wurden die geplanten 17.000 Mitarbeiter in einer Kündigungswelle abgebaut.

Auch die flankierenden Maßnahmen kamen in Zusammenarbeit mit den jeweiligen Behörden aus einer Hand.[331] Etwa ein Viertel der 7.200 zugesagten Arbeitsplätze sollen auch zukünftig in der neuen Jenoptik verbleiben, die die Ausrichtung der eigenen Geschäftsfelder jenseits des Kerngeschäftes von Carl Zeiss vorsieht. Auch wenn die Wachstumsraten dieser Randbereiche bessere Aussichten versprechen, kann bei optimaler strategischer Bündelung der vorhandenen Potentiale unter Berücksichtigung üblicher Entwicklungszyklen mit einer Positionierung marktgängiger Produkte nicht schnell gerechnet werden. Zunächst muß also durch die Akquisition von Investoren mit etablierten oder innovativen Produkten und Märkten oder zumindest Marktpotentialen der Vision Jenoptik Leben eingehaucht werden.[332] Neben Immobilien hat sie dazu zwar etwas zu bieten, das für innovative Betriebe im Westen schnell zum Engpaßfaktor werden kann - ein nahezu unerschöpfliches Potential an Technikern, Ingenieuren und anwendungsorientierten Wissenschaftlern. Den Weg dahin hat die Unternehmung aber noch vor sich. Heute generiert sie Cash primär aus der Verwertung ihrer Liegenschaften und aus Zinsgeschäften mit der vollen

---

331 A-Interview mit H. Schleef. Nach Schleefs Einschätzung hat diese Vorgehensweise Vorteile, weil Erfahrungen aus dem Westen zeigen, daß bei Entlassungen diesen Umfangs in mehreren Wellen eine nicht mehr lebensfähige Belegschaftsstruktur zurückbleibt. Nicht ausgegründete Mitarbeiter eines Bereiches wurden in eine eingerichtete Warteschleife eingestellt. Gleiches galt für Mitarbeiter aus den bei der Jenoptik verbleibenden Geschäften. Dadurch gelang es, dem operativen Bereich den Beschäftigungsdruck zu nehmen. Die Jenoptik kümmerte sich begleitend um Umschulung, Weiterbildung und Arbeitsbeschaffung und trat neben dem Arbeitsamt als Vermittler auf. Der Betriebsrat konnte sich mit dem Konzept der Sozialauswahl in den Verhandlungen nicht durchsetzen. Stattdessen wurden Beschäftigungsgruppen einzelner Betriebsteile gekündigt. Die Geschäftsführung hat auch hier die Gunst der frühen Stunde genutzt. Unerfahrenheit und Leidensfähigkeit der Belegschaft waren auf ihrem Höhepunkt. Dennoch konstatiert auch Schleef der Belegschaft ein erstaunliches Maß an realistischer Einschätzung der Unternehmenssituation. Erstaunlich bleibt für den Betrachter die Ruhe und Einigkeit zwischen Arbeitgebern und Arbeitnehmervertretern, die den Personalabbau auch in der Rückschau begleitet.

332 A-Interview mit U. Reinert. Mit 400 Forschern und Entwicklern ist dieser Bereich heute erheblich überdimensioniert. Um das vorläufige Ziel, einen Pro-Kopf-Umsatz von 200 TDM/Jahr, zu erreichen, muß der Gesamtumsatz mehr als verdreifacht werden.

Kriegskasse. Substanzverzehr und fallendes Zinsniveau zwingen sie aber, ihre unternehmerische Eigenständigkeit schnell zu nutzen, und in absehbarer Zeit zu Erfolgen in der Entwicklung ihres Zukunftsgeschäfts [Abb. 34 und Abb. 35].

Die *Carl Zeiss Jena GmbH* befindet sich durch die allgemein rezessive Wirtschaftsentwicklung in einer Konsolidierungsphase[333]. Wie bei vielen anderen in westdeutsche Konzerne hinein privatisierten Unternehmen bedeutet die Konsolidierung die Verharmlosung eines *Verteilungskampfes* zwischen westdeutschen Stammbetrieben und ostdeutschen Produktionsstätten. Die Stillegung westdeutscher Kapazitäten erweist sich gegen den Zeitgeist und den Widerstand der besser organisierten Arbeitnehmervertretungen als äußerst schwierig. Zeiss hat die Möglichkeit einer Verlagerung einzelner Produktlinien - beispielsweise der Mikroskopie von Göttingen nach Jena - nicht genutzt. Statt dessen sollen heute über die Verschiebung von subventionsfähigen Forschungskapazitäten mittelfristig neue Märkte aus Jena heraus erschlossen werden. Zwischenzeitlich muß der Mitarbeiterbestand nach heftigen Auseinandersetzungen mit dem indirekten Minderheitseigentümer Thüringen bis 1996 über Vorruhestandregelungen und Aufhebungsverträge auf wahrscheinlich 2.000 abgebaut werden. Wegen weit unter den Erwartungen zurückgebliebenen Umsätzen übersteigen die Anlaufverluste mit der heutigen Belegschaft die in der Planung festgelegte Treuhandvorfinanzierung. Eine über ihr weitreichendes finanzielles Engagement hinaus gehende Unterstützung hatten Treuhand und Land in der Grundsatzvereinbarung mit Verweis auf das betriebswirtschaftliche Risiko ausdrücklich abgelehnt.[334] Der Wunsch Oberkochens verpflichtet zwar die Jenoptik, die Verluste im Verhältnis ihrer Anteile durch Einlage von Kapital auszugleichen. Zeiss-West war aber zu einem eigenen Fresh-Money-Engagement nicht bereit und ist es heute um so weniger. Die zugesagten Investitionen bescheiden sich mit Know how-Transfer und der Implementierung von Software-Paketen.

---

333 A-Interview mit M. Hiller.

334 Die Regelung der Freistellung von Altlasten blieb davon unberührt.

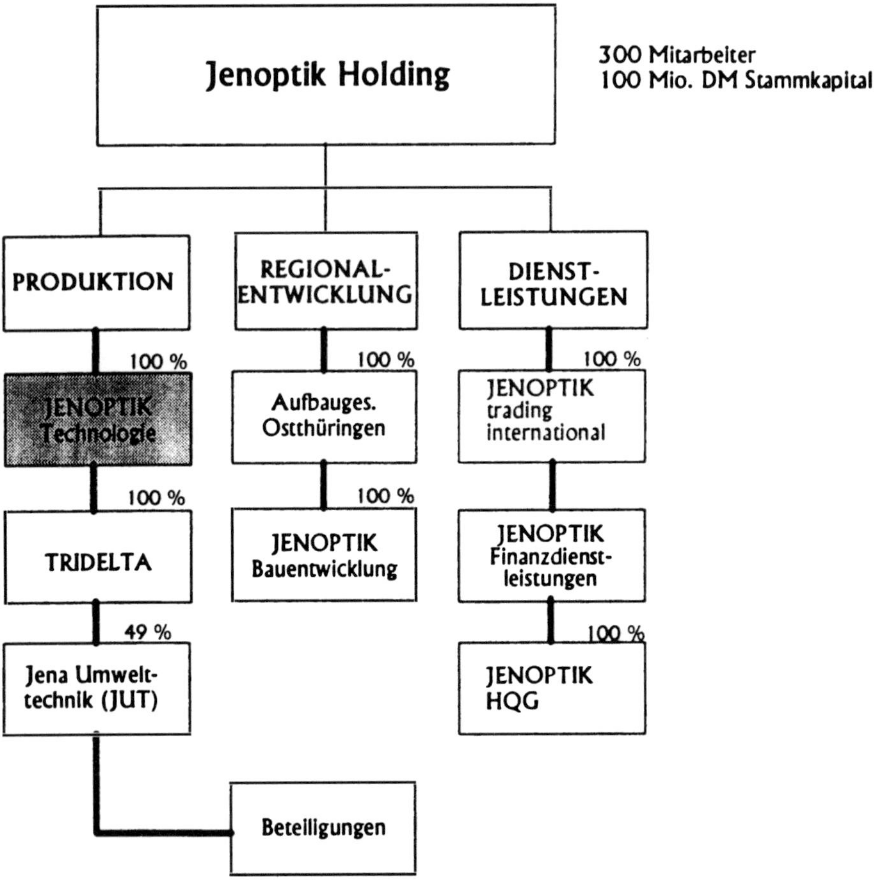

Quelle: Focus Jenoptik, Nr. 4, Dez '93

Abb. 34: Jenoptik-Holding (1.1.1994)

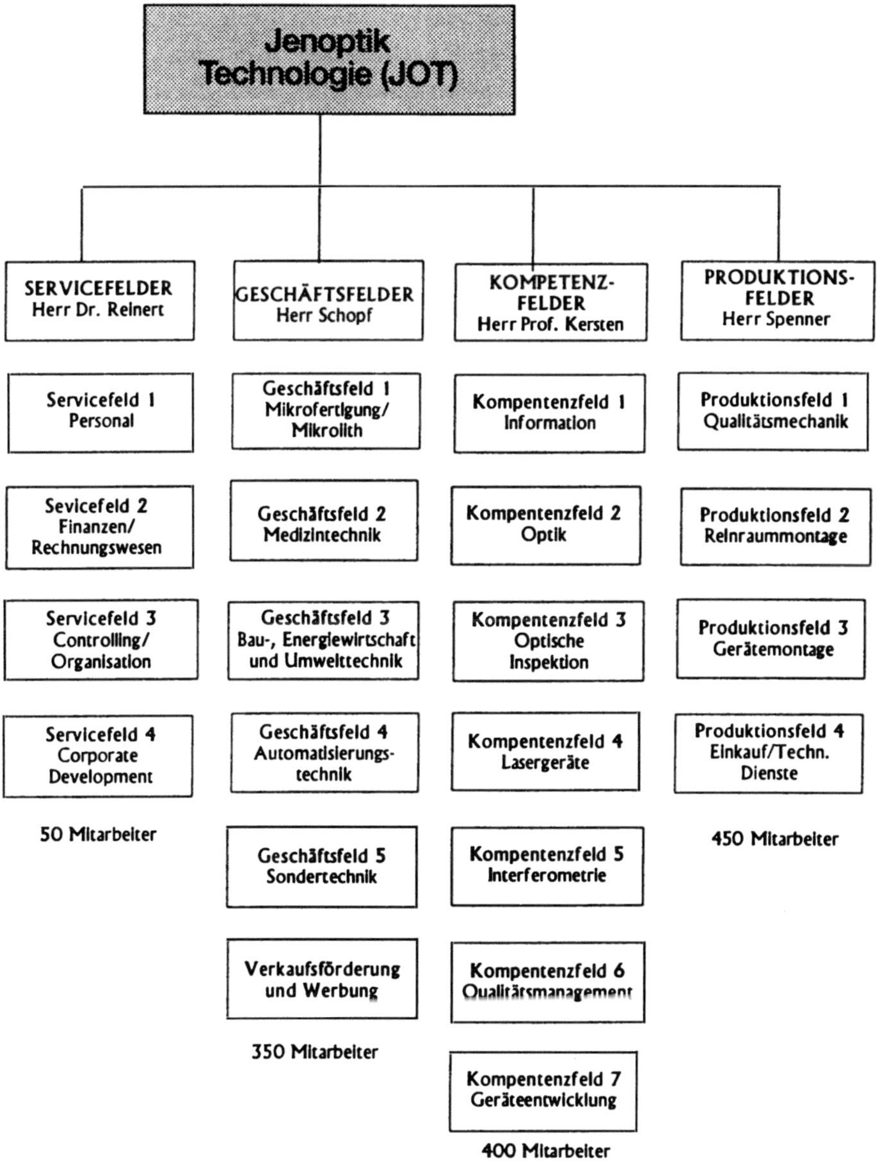

Quelle: Interview mit H. Kliem, Jenoptik GmbH

Abb. 35: Struktur der Jenoptik Technologie GmbH (1.1.1994)

Während also Carl Zeiss, ausgestattet mit den heute ungenutzten aber international bekannten Linsenzeichen (Marke!), droht, am Tropf Oberkochens zur verlängerten Werkbank zu verkommen, hofft die Jenoptik durch die Betonung eigener Forschungsanstrengungen, die Chancen der zunehmend internationalen Arbeitsteilung wahrzunehmen und sich eine eigenständige Wettbewerbsbasis auf den Zukunftsmärkten zu schaffen.

Entgegen der gehegten Vermutung, der Erfolg der Kombinats-Erben ließe sich aus ihrer diversifizierten Eigentümerstruktur (joint residual control) herleiten, kristallisiert sich hier die unternehmerische Eigenständigkeit als diskriminierendes Kriterium heraus. Ein gemeinsames Lernen zwischen Oberkochen, Land und Jenoptik findet de facto nicht statt. Die als Produktionsstandort geführte Carl Zeiss Jena GmbH vermag ihr durchaus vorhandenes kreatives Potential nicht eigenständig zu nutzen. Statt dessen hat der Unternehmer-West über lange Zeit versucht, den Unternehmer-Ost von seiner Monitoring-Aufgabe abzuhalten.[335] Unter der unternehmerischen (und aktienrechtlichen) Führung der Westdeutschen kommt dem Element des Landesinteresses kaum Geltung zu. Haben zusätzlich beide kein Interesse an einer mit dem Eigentum untrennbar verbundenen weitergehenden Finanzierung des zu knapp festgelegten Bewährungsspielraums, ist der geordnete Rückzug zwangsläufig. Im Sinne der vorgestellten Theorie nimmt nur der Unternehmer (Oberkochen) seine Eigentumsrechte war. Sieht das Land, wie die Treuhand, seine Aufgabe mit der finanziellen Unterstützung als erledigt an, bestätigt sich nicht nur das *überhastete* Zustandekommen des Arrangements, sondern auch, daß Lernen durch Kontrolle eine *Interessensverzahnung* vorsieht, die hier nicht stattfindet. Eigentum (erst recht ungewolltes oder ungeplantes) allein vermag Distanz nicht zu überwinden. Das Land ist dann kein erfolgreicherer *Kontrolleur* als die Treuhand, die zahlt und Wirtschaftsprozesse außerhalb ihrer Einflußsphäre versucht, über Verträge zu managen.

Ähnliches gilt letztlich auch für die Jenoptik. Solange das Geld reicht, hat sich das Management aber über die Übergangsbeteiligung des anspruchslosen

---

335 Als Vertreter des 49%-Anteils der Jenoptik an Carl Zeiss Jena erhielt Späth erst 1994 einen Sitz im Aufsichtsrat.

Landes die Freiheit des Handelns gesichert. So blieb auch das Selbstverständnis der ehemaligen Zeissianer erhalten, die sich heute als wahre Eigentümer und Unternehmer (mit den daraus ableitbaren Anreizeffekten) betrachten.[336] Das Land kann außerdem, anders als bei Carl Zeiss, von einem Interessengleichklang mit dem Politik-Unternehmer Späth ausgehen, der über das Einbringen eines komplexen, funktionsfähigen Netzwerkes die Verzahnung von Struktur- und Unternehmensentwicklung garantiert. Es ist nicht ausgeschlossen, daß die Akteure des Landes in ihre Rolle mit der Zeit hineinwachsen. Denn auch wenn die Erledigung der regionalen Aufgabe der unternehmerischen vorauseilt, bleiben beide unabdingbar in Vision und Erfolg verbunden. Während also Eigentum Kontrolle rechtfertigt, scheint erst *Nähe* (auch in der Beziehung Prinzipal-Agent) fruchtbare Kontrolle und kooperatives Lernen zu ermöglichen. Ist die Bedingung für den Erfolg hier Autonomie (im unternehmerischen Sinn), wird es darauf ankommen, daß das Land auch finanzielle Autonomie dann sichert, wenn diese knapp werden sollte und die Beziehung nicht dadurch gefährdet, daß striktere Regeln das Lernen ersticken.

In beiden Fällen leisten die *Zwischeneigentümer Treuhand* und *Thüringen* ihren Beitrag in der Konzeptfindungs- und Anlaufphase. Die Integration der Einzelziele läßt sich in diesem Prozeß als komplexer, kooperativer Lernversuch unterschiedlicher Akteure interpretieren, auch wenn die Einigung erst unter Ausnutzung der Drohpotentiale der Partner gelungen ist. Für die Treuhand hat die Lösung once-for-all-Charakter und nirgendwo sonst hat sie so früh ihre offizielle Privatisierungsphilosophie über Bord geworfen. Nirgendwo sonst ist es ihr aber auch gelungen, die Gesamtverantwortung für ein weitaus größeres Stück als üblich - ein Unternehmen mit den damit verbundenen und darüber hinausgehenden Aufgaben[337] - gegen Vorausbezahlung abzugeben. Heute ist nach wie vor unklar, ob die Jenoptik die Wandlung von der Raupe zum Schmetterling vollziehen kann. Außerdem gilt es festzuhalten, daß der Treuhand von den Zutaten dieser Lösung mit der Zeit zunehmend weniger zur Verfügung standen. Die Frage nach den Möglichkeiten einer Vervielfältigung bleibt daher spekulativ. Auch für ihre

336 A-Interview mit U. Reinert.

337 Entflechtung, Personalabbau, Sanierung, unternehmerische Führung, Ausgründungen, Neuansiedlungen, Bauträgerschaft, Jobvermittlung etc.

später propagierte Strategie der Erhaltung industrieller Kerne verleiht erst ein erfolgreiches Ende dem Fall beispielhafte Züge. Bei der Suche nach konstruktiven Überbleibseln in ihrer Privatisierungsarbeit stößt man aber dennoch auf zahlreiche mehr oder weniger intensive Versuche, für einzelne oder gruppenweise zusammengefaßte Unternehmen unterschiedlichste Fonds- und Managementlösungen zu finden. Die Vorteile einer eigenständigen Entwicklung ihrer Unternehmen hat sie vor dem Hintergrund der *Werkbank*-Diskussion erkannt. Derartige Privatisierungen blieben allerdings die krasse Ausnahme. Regelmäßig war die Treuhand-Einschätzung der eigenständigen Sanierbarkeit ihrer Unternehmen mit der der "risikobewußten" privaten Fonds nicht in Einklang zu bringen. Die gescheiterten Versuche eines Matching von Assets, Fonds und Management sind zahlreich und letztlich Ausgangspunkt für den Versuch, erstere mit letzterem in eigener Regie in den *Management-Gesellschaften* zu kombinieren.

2.5. Learning by Monitoring - Die Management-Gesellschaften

Die Management-Kommanditgesellschaften (MKGen) sind Auffangbecken für Unternehmen, bei denen kein in Übernahmen umsetzbares Investoreninteresse generiert werden konnte oder die Konditionen der Privatisierung selbst der großzügigen Treuhand unakzeptabel erschienen. In dieser zunächst oberflächlichen Einschätzung dokumentieren sich Nachteile und Vorteile dieses Arrangements gleichermaßen: Nachteile deshalb, weil ein Auffangbecken (mit knietiefem, lauwarmem Wasser) von den Vor-Ort-Akteuren auch als solches identifiziert wird und sich Handeln daran nicht zukunftsweisend ausrichten kann; Vorteile deshalb, weil der Treuhand ein Ausweg bleibt, in Märkten, in denen kartellartige Strukturen und unausgelastete Kapazitäten auf westdeutscher Seite (oder international) im Grunde wettbewerbsfähigen Unternehmen in den neuen Ländern gegenüberstehen, letztere befristet und effektiver über Wasser zu halten, als sie es selbst kann. Der Erfolg des Modells ist dann abhängig von der Beantwortung der Frage, wie sich Vorteile nutzen lassen, ohne Nachteile in Kauf nehmen zu müssen. Wie war die Beckentiefe so festzulegen und das Wasser so zu temperieren,

daß eine Umstrukturierung (und später Privatisierung) konsequent und zielgerichtet erreicht werden kann? Und - bleibt man in diesem Bild - wer muß am Beckenrand stehen, die Schwimmer motivieren und ihnen wenn nötig den Rettungsring zuwerfen?

Ausgangssituation

Ende 1991 gehörten Vergabeentscheidungen nach dem Windhundprinzip schon längere Zeit der Vergangenheit an. Im Rahmen eines gestaltenden Prozesses sollten idiosynkratische Assets auf ihre beste Verwendung hin untersucht und dem ***besten Wirt*** unter Inkaufnahme erheblicher Preisabschläge zugeordnet werden. Wo im Rahmen ausgeklügelter Ansprache-instrumente und langwieriger Verhandlungen die heutige Verwendung, aber nicht gegen eine greifbare morgige und die Kontinuität der Modernisierung begünstigt werden konnte, brach das Dilemma der Treuhand-Privatisierungspolitik (das Diskontinuum des operativen Dreiklangs) wieder auf. Wo eine erkennbare Chance vorlag, aber nicht mit einem privatwirtschaftlichen Nutzer kombiniert werden konnte, stand die Treuhand vor der Frage nach dem richtigen Weg zwischen schleichender Zerstörung und der Manifestierung ineffizienter Strukturen. Gleichzeitig stand sie vor der Frage einer Aufhebung der Dichotomie zwischen staatlichem und privatem Eigentum, wenigstens in einer Übergangszeit.

Auf diesem Boden konnten Lösungen mit möglicherweise ***wegweisendem*** Charakter gedeihen, auch wenn sie im Empfinden vieler operativer Treuhand-Akteure nur ***ausweichenden*** Charakter besaßen. Die Treuhand scheute sich aber nicht nur vor der Beantwortung dieser Fragen. Die Treuhandspitze hielt ihre Organisation gleichzeitig für gänzlich ungeeignet, diesen Boden zu kultivieren. Einerseits geprägt durch die Erfahrung in ihrer täglichen Überforderung wollte sie andererseits nicht einer erneuten Debatte zu ihrer Arbeit Tür und Tor öffnen, deren Ziel die grundsätzliche Streckung der Realanpassung sein würde. Das Scheitern der Treuhand-Sanierungspolitik hat in dieser Arbeit bereits Berücksichtigung gefunden. Dennoch sollen an dieser Stelle einige Punkte noch einmal aufgegriffen werden, um den Kontext, in den die MKGen hineingeboren wurden, zu verstehen. Auf der Erfahrungskurve hatte sich nicht nur das Niveau der Professionalisierung bei der Privatisierung erhöht. Das Lernen war auch mit unliebsamer Problemerkenntnis verbunden, die zwar den Weg zu neuen Lösungen ebnete, aber noch nicht ihr Ziel definieren konnte:

1. Die Kosten der Treuhand-Privatisierungspolitik waren für ihre nicht privatisierten Unternehmen sehr hoch. Die Ausrichtung der Sanierungsbemühungen auf potentielle oder schon bereitstehende Interessenten, war kontraproduktiv, wenn es der Treuhand nicht gelang, die Investoren zu *commitments* ihrerseits zu bewegen. Dazu befand sie sich bei den hier diskutierten Fällen in einer schwachen Position.

2. Die Anpassungsmaßnahmen in diesen Unternehmen verliefen entsprechend schleppend und nach unten gerichtet. Gerade einige Großunternehmungen verschlangen einen Großteil der zur Verfügung stehenden finanziellen Mittel. Die Stützungsmaßnahmen waren nahezu ausschließlich komsumptiv.

3. Das Handeln der Vor-Ort-Akteure war an weichen Budgetrestriktionen eines weitentfernten Eigentümers und nicht an denen der Kreditwirtschaft ausgerichtet. In einer sich radikal ändernden Umwelt war die Zuordnung des Schwarzen Peters zu dem schwachen Glied in der Kette (Belegschaften, Management, Berater, Aufsichtsräte, Banken, Treuhandmitarbeiter) fast zufällig. Eine Politik der langen Zügel setzte aber voraus, daß diese(s) identifizierbar, sanktionierbar und ersetzbar war(en).

4. Abgesehen von seiner kreativen Entwicklung bis zu einem brauchbaren Entwurf fehlte es auch an der Organisierbarkeit eines Plans auf dem Weg zum Markt in einigen zentralen Bereichen der industriellen Landschaft.

5. Die allgemeine Debatte um das Primat der Treuhandtätigkeit (Privatisierung / Sanierung) konzentrierte sich mit der Dauer ihrer Tätigkeit zunehmend auf die Unternehmensebene und dort auf die Zerreißprobe zwischen Betriebswirtschaft und Politik auf der Unternehmensebene im Einzelfall (industrielle Kerne).

Für diese Problemfälle mußten Konzeptionen für Arrangements außerhalb der eigenen Organisation gefunden werden. Die Parallelität von Privatisierung und wirtschaftlichem Niedergang und ihre Verquickung zu einem Kausalzusammenhang hatten die Relation von Betriebswirtschaft und Politik bei Treuhandentscheidungen in einigen Einzelfällen zugunsten der Politik verschoben. Damit wurden Handlungsspielräume eingeengt, Entscheidungsprozesse verlängert und die Verfahrenskomplexität entsprechend angereichert.

"Sie (die Pressionen Betroffener und berufener wie auch nicht berufener Sachverwalter, Anm. d. Verf.) zielen naturgemäß auf den sich zunehmend jener Restgröße des Treuhand-Portfolios annähernden Unternehmensbestand, der zwar als sanierungsfähig eingestuft (...), aber noch nicht für verkaufsfähig gehalten wird."[338]

Die Zahl der Restgröße wurde treuhand-extern mit etwa 2.000 angegeben.[339] Zum Jahreswechsel 1992 hatte die Treuhand nach eigenen Angaben noch etwa 6.000 zu privatisierende Unternehmen in ihrem Bestand. Davon zählten nahezu 5.000 zu der Gruppe unter 250 Mitarbeitern. 70% galten als im Grundsatz (unter den Bedingungen des Prüfungszeitraums) sanierungsfähig. Zahlreiche Unternehmen aus dieser Gruppe drohten allerdings die Sanierungseinstufungs-Leiter herunterzufallen. Ihre eigene Definition von Problemfällen, für die neue Konzeptionen zu erarbeiten waren, dürfte dennoch erheblich darunter, bei etwa 300-500 Fällen, gelegen haben. Davon waren wiederum einige große nur im Rahmen kontextspezifischer und sehr aufwendiger Arrangements lösbar. Beispielweise in der Chemie und im Stahl (EKO) mußte die Treuhand mit einer längerfristigen Eigentümerschaft rechnen, die sie nach ihrer Auflösung an den Bund übertragen würde. Das gab ihr Zeit in der Interaktion mit unterschiedlichsten Akteurs-Gruppen den Weg dorthin zu gestalten, ohne aus dem Auge zu verlieren, daß eine Privatisierung das Endziel ihrer Bemühungen sein sollte.[340]

Die übrigen Fälle der Gruppe eigneten sich aus ihrer Sicht grundsätzlich für die Aufnahme in Fonds, deren Eigentümerstruktur und Zusammensetzung garantierte, daß die Gratwanderung zwischen Zerstören und Zementieren im

---

338 Gruhler (1992), *Unternehmensbezogene Umstrukturierung in den neuen Bundesländern*, S. 28.

339 Vgl.: Frankfurter Allgemeine Zeitung vom 21.7.1992.

340 Zur Chemie-Industrie vgl.: Kern/Voßkamp (1994), *Bocksprungstrategie - Überholende Modernisierung zur Sicherung ostdeutscher Industriestandorte* und zu EKO-Stahl. Vgl.: Kern/Sabel (1993b). Zu dieser Gruppe gehörten etwa 30 bis 50 Fälle, von denen einige bis Ende 1994 doch privatisiert werden können, während andere - wie eben große Teile der Chemie - dem Bund zur weiteren Führung zugeordnet werden müssen.

Aushandlungsprozeß fallspezifisch vollzogen wurde. Hoffnungen setzte die Treuhand-Spitze auf die sog. *Privatisierungsmodelle mit Länderwirkung*, bei denen sich unter unternehmerischer Führung eines mehrheitsbeteiligten Privatinvestors die minderheitsbeteiligte Gebietskörperschaft nicht betriebswirtschaftlich begründete Ansprüche erkaufen konnte. Wie in dem Fall der in zähen Verhandlungen institutionalisierten *Banken-Milliarde* wurden die Hoffnungen weitestgehend enttäuscht. Die Ablehnung der aus Gewerkschaftskreisen wiederholt vorgeschlagenen Branchen- oder Industrieholdings einerseits und der wachsende Handlungsdruck andererseits veranlaßte die Treuhand schließlich, das Konzept einer *Als-Ob-Privatisierung* in eigener Regie durch die Einrichtung von Management-Gesellschaften zu realisieren. In gewisser Weise lud sich der Staat damit auf Anraten seines zentralen Akteurs bei der Transformation der ostdeutschen Wirtschaft für eine begrenzte Zahl von Unternehmen die Hypothek erneut auf, die man durch die Auflösungspolitik der Treuhand im Wege der Privatisierung schnell abzubauen angetreten war.

Konzeption der Management-Gesellschaften - Systeme kontrollierter Autonomie?

Angetreten mit dem Ziel einer *Privatisierung der Sanierung* wurde ihre Bezeichnung bewußt abgesetzt von den Namen, die der politische Raum für seine Forderungen gefunden hatte. Der Versuch einer Vermeidung der Ineffizienzen staatlicher Sanierungsbemühungen begründete ihre Existenz, aber nicht den Ausschluß von Privatisierung (oder Stillegung). Die unternehmerische Verantwortung sollte zwar vor dem Eigentum in die Hände eines "privaten" Managements gelegt werden. Dennoch sollte letzteres ersterem zwingend folgen. Zur Teilexternalisierung des Treuhand-Dreiklangs wurde eine als GmbH & Co. KG firmierende Subholding aus der Taufe gehoben, in der sich die Treuhand als einzige Kommanditistin und eine Manangement-GmbH als einzige Komplementärin als Partner gegenüber stehen [Abb. 36]. Die Kommanditistin bringt ihre Beteiligungsunternehmen in die KG ein, leistet eine Hafteinlage (Substanzerhaltung) und einen beträchtlichen Finanzierungsbeitrag (Verlustvorwegnahme). Sie trägt alle Verluste auf dem Weg und streicht die Erlöse - so vorhanden - nach der

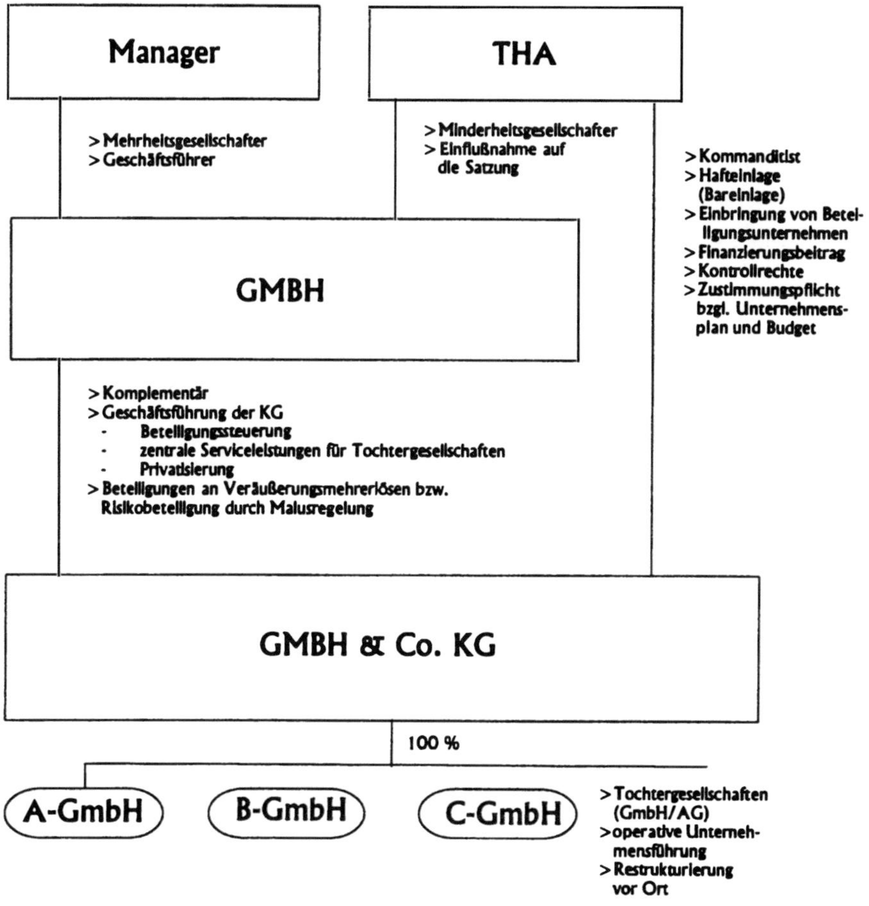

Vertragswerke:

> Rahmenvereinbarungen zwischen Treuhandanstalt und Sanierungsmanagern
> KG-Vertrag
> GmbH-Vertrag
> Geschäftsführervereinbarungen zwischen GmbH und GmbH & Co. KG (u. a. Tantiemenregelung)
> Beiratsregelung

Quelle: Treuhand, Pressekonferenz Brahms vom 07.05.1992

Abb. 36: Grundkonzeption der Management-Gesellschaften

Privatisierung ein. Die Komplementär-GmbH bringt ihre Know how- und Management-Kapazitäten ein und partizipiert an dem Erfolg ihrer Arbeit über ein Bonus-Malus-System.

Erarbeitet wurden rechtlicher Rahmen, Abstimmungsprozedere und Aufgabenverständnis von einer Gruppe erfahrener Treuhand-Manager unter Mitwirkung des Leitungsauschusses sowie der Rechtsabteilung. Entstanden ist eine Konstruktion, die eine Reihe von Vorteilen vereint. Neben steuerlichen und Flexibilitäts-Aspekten bei ihrer laufenden finanziellen Ausstattung bieten sich vor allem gesellschaftsrechtliche Freiräume, die genutzt werden sollten. Die Rechtsform der KG entzieht die Manager in ihrer täglichen Arbeit dem durchgreifenden Einfluß des Eigentümers Treuhand und einem Aufsichtsgremium mit Arbeitnehmerbeteiligung. Die Unabhängigkeit der Sanierer im Umgang mit "ihren" Unternehmen wird lediglich durch Kontrollrechte beschränkt, die aus dem Finanzierungsbedarf abgeleitet werden. Im Rahmen eines mit einer Rückgabeoption verbundenen Betriebsführungsvertrags haben sie Zeit, ihre Unternehmen über sechs Monate kennenzulernen. Anders als viele der Bieter für Treuhand-Unternehmen dürften sie nach dieser Phase wissen, was sie sich "einkaufen". In dieser Zeit werden Sanierungsmaßnahmen und mögliche Hindernisse und Beeinträchtigungen in Unternehmenskonzepten verbunden mit Finanzierungsfestlegungen. Die Treuhand sichert sich ein begrenztes Maß an Aufsicht durch die gemeinsame Feststellung eines Jahresplanes, eine rollierende Quartalsplanung und zustimmungspflichtige Geschäfte (z.B. Stillegung, Unternehmenserwerb und Privatisierung ab einer bestimmten Größenordnung). Außerdem hat sie sich durch das Kündigungsrecht im KG-Vertrag eine Notbremse installiert. Die Feststellung unvorhergesehener Ereignisse setzt eine Informationsroutine in Gang, die die informellen Kontakte und Informationswege mit operativen und unterstützenden Funktionen innerhalb der Kommanditistin ergänzt.

Die in der Öffentlichkeit häufig mit Unverständnis begleitete Zusammensetzung der MKGen hat ihnen die Bezeichnung "Gemischtwarenläden" eingebracht, "denn jetzt wächst zusammen, was eigentlich nicht zusammengehört"[341]. Auch in der Beurteilung der Konstruktion dieses Arrangements

341 WirtschaftsWoche, Nr. 20 vom 8.5.92, S. 64.

blieben die Gegner der Grundsatzdebatte ihren festgeschriebenen Positionen treu. Während die einen die Chancen zur Nutzung von Synergien und der Bildung strategischer Allianzen zur Sicherung der industriellen Kerne bereits in der Zusammensetzung der KGen verpuffen sahen, war es die Absicht der anderen, einen Mittelweg zwischen Konzernbildung und Know how-Zerstreuung zu finden. Auf keinen Fall sollte der Organisation langfristig in staatlichem Besitz befindlicher Holdings Vorschub geleistet werden. Auf diesen Kurs wurden auch die Manager eingeschworen, die zu ihrer Übernahme gefunden wurden. Für die ersten zwei Gesellschaften wurden nicht zufällig treuhandnahe Manager verpflichtet. Schon aus der mit der Konstruktion dieser intermediären Institution verfolgten Absicht, läßt sich vermuten, daß die Auswahl der zentralen Akteure entscheidenden Einfluß auf Aufgabenverständnis und -wahrnehmung haben mußte. Wollte die Treuhand sicherstellen, daß ihren Zielen Rechnung getragen würde, mußte sie Kompetenzen weitestgehend delegieren und gleichzeitig dafür sorgen, daß Verantwortungen nicht umdefiniert wurden und ein Eigenleben entwickelten.

Besetzung und Zusammensetzung

Die Untersuchung konzentriert sich hier auf die zuerst gegründeten zwei MKGen, die auf der Basis ihres Erfahrungsvorsprungs bei der Beurteilung der Erfolgs- und Mißerfolgskriterien weiter unten in diesem Text genauere Ergebnisse versprechen.[342] Sanierungserfahrene West-Manager der oberen Führungsebene mit "Einzelkämpfer-mentalität" sollten kleine, hochqualifizierte Teams zur Betreuung der Beteiligungs-unternehmen zusammenstellen. Sowohl Horst Plaschna als auch Horst Urban verfügten über langjährige Erfahrungen in der privaten Wirtschaft und hatten die Treuhand von innen kennengelernt. Plaschna vereinte Bank- (Royal Bank of Canada) und Sanierungserfahrung (DAL) mit dem Treuhand-Selbstverständnis, das er als Koordinator des Leitungsauschusses beratend entscheidend mitgeprägt und

342 Zum Jahreswechsel 1993/94 ist die Treuhand Kommanditistin von 5 Management-Gesellschaften, von denen sich die drei später gegründeten schwerpunktmäßig mit Elektronik, Elektrotechnik, Stahl- und Anlagenbau sowie Eisen- und Stahlverarbeitung einerseits, Motoren und Anlagenbau andererseits und schließlich Möbel- , Textil- und Elektrogeräteproduktion widmen.

verinnerlicht hatte. Urban war nach seinem Ausscheiden als ehemaliger Continental-Vorstandsvorsitzender einige Monate für den Aufbau des Treuhand-Direktorats zur Investorenbetreuung zuständig. Plaschna und Urban nahmen im Mai 1992 ihre Arbeit auf. Für die Treuhand war die Besetzung ihrer Pilot-KGen mit ihr nahestehenden Managern in vielerlei Hinsicht vorteilhaft. Einerseits bedeutete treuhandnah nicht Treuhand. Vorbehalte seitens des internen Insider-Ausschusses und der kritischen Öffentlichkeit waren insofern nicht zu erwarten. Andererseits war ihre Zusammenarbeit mit den intermediären Institutionen auf einen goodwill aufgebaut, den Regelungen nicht ersetzen konnten.

Anders als die Treuhand es kommuniziert, ist ein Automatismus zur Herstellung eines Interessenseinklangs aus der Konstruktion von Kontrolle und Flexibilität nicht auszumachen.[343] Statt dessen sind Vergütung und Alltagsgeschäft in erster Linie auf vertrauensvolle Zusammenarbeit und Zusammenhalt ausgelegt. Die reputative Verflechtung zieht der Beziehung über das gemeinsam entwickelte Aufgabenverständnis hinaus Korsettstangen ein. Die Tantiemeregelung berücksichtigt die komplexen Ziele der Treuhand, transformiert in meßbare Größen von einer definierten Ausgangskonstellation aus. Zusätzlich sollte das Engagement der Manager zwar (anders als das vieler westdeutscher Treuhand-Mitarbeiter) nicht eingebettet werden in umfangreiche finanzielle Zuwendungen. Zuviel *Ballast* hätte der Schnelligkeit abträglich sein können. Gleichzeitig impliziert diese Vorgehensweise aber, daß Geld als zentraler Anreiz dem Engagement zugrundeliegt. Davon ist wohl nicht auszugehen. Und selbst wenn Geld statt anderer Interessen als treibende Kraft überwöge, blieben Interpretations- und Verhandlungsspielräume, bei denen der Komplementär schon allein seines Informationsvorsprungs wegen der Kommanditistin überlegen ist.

"In eine Management-KG sollen solche Unternehmen der Treuhandanstalt eingebracht werden, die eine erfolgreiche Zukunft erreichen können, bis dahin aber besonders intensiv betreut werden müssen. Die Aussicht auf eine erfolgreiche Zukunft kann keine Bestandsgarantie für einen bestimmten Umfang oder bestimmten Zeitraum sein. Sie ist aber sehr wohl ein deutliches Signal auch an den Markt und die Kunden des Unternehmens, daß die

343 Vgl.: Pressegespräch mit Hero Brahms am 7.5.1992.

Treuhandanstalt als Eigentümer zu diesen Unternehmen steht und auf seine Entwicklungs- und Sanierungspotentiale setzt."[344]

Die Zusammensetzung der KG-Portfolios folgte einer Abstimmungsroutine zwischen Treuhandspitze, Branchendirektoraten, Leitungsauschuß und zentralem Beteiligungscontrolling bis hin zur Genehmigung durch den Verwaltungsrat und das BMF [Abb. 37]. Diese Abstimmung verlief nicht in jedem Fall einvernehmlich. Zunächst waren die Vorschläge externer Beobachter zahlreich und weitaus stärker an Erhaltungswünschen geprägt, als es die der Treuhand sein würden. Die internen Kriterien

- grundsätzliche Sanierungsfähigkeit,
- 400 bis 500 Beschäftigte pro Unternehmen (später mindestens 200 Beschäftigte),
- keine kurzfristige, vertretbare Privatisierungschance, aber mittelfristig privatisierbar und
- Portfolioumsatz etwa 0,5 bis 1 Mrd. DM.

definierten eine Gruppe möglicher Unternehmen, deren Zahl einige operative Einheiten befürchten ließ, "ausgeplündert" zu werden. Ganz erheblich eingegrenzt wurde der Kreis durch die Berücksichtigung des jeweiligen Privatisierungsfortschritts sowie der zahlreichen ungeklärten Restitutionsansprüche. Die Angst vor Ausplünderung, sprunghaft abnehmender Bedeutung und einer schrumpfenden Zeitperspektive förderte die ohnehin dehnbare Interpretation des Privatisierungsstands erheblich. Um einige Unternehmen gab es erbitterte hausinterne Kämpfe. Insofern förderte nicht nur die einkalkulierte Sorge bislang zögerlicher Westinvestoren, nicht zum Zuge zu kommen, die Privatisierungschancen einiger Betriebe spürbar nach monatelangem Stillstand, sondern auch der unerwartet angestachelte Wettbewerb zwischen Branchendirektorat und MKG. Für begleitende Unruhe sorgte das breite Interesse der "Strukturerhalter" an diesem Instrument und die Versuche einiger Unternehmensleitungen, das für temporär unsinkbar gehaltene Floß MKG für den Weg an das Ufer Marktwirtschaft zu nutzen und für sich

344 *Treuhand intern* (1993), Breuel (Hrsg.), S. 290.

Portfolio	Unternehmen 1)	Ort	Schwerpunkte der Produktpalette
1	Keulahütte Krauschwitz GmbH	Krauschwitz	Formteile, Armaturen
1	zirkon Druckmaschinen GmbH Leipzig	Leipzig	Druckmaschinen
1	Abus Getriebe GmbH Dessau	Dessau	Schiffsgetriebe, Tagebauausrüstungen, Zementanlagen, Gußtechnik
1	Getriebewerke Leipzig GmbH	Leipzig	Planetengetriebe
1	Altenburger Industrienähmaschinen GmbH	Altenburg	Industrienähmaschinen
1	Pactec GmbH	Dresden	Verpackungsmaschinen für Nahrungs- u. Genußmittel
1	VEM-Antriebstechnik AG, Dresden	Dresden	Elektromaschinen, Elektromotoren
1	Freiberger Elektronik Werkstoffe GmbH	Freiberg	Siliziumscheiben, Siliziumwafer
1	Neubrandenburger Verkehrs-AG	Neubrandenburg	Kraftverkehrsleistungen im Gütertransport
1	Lautex GmbH Neugersdorf	Neugersdorf	Herstellung, Bearbeitung und Vertrieb von Garnen und Geweben, Konfektionserzg.

Die angeführten Gesellschaften der Plaschna MKG beschäftigten im Januar 1992 ca. 15.500 Mitarbeiter und hatten 1991 einen Umsatz von ca. DM 900 Mio.

Portfolio	Unternehmen 2)	Ort	Schwerpunkte der Produktpalette
2	Saxonia AG, Freiberg	Freiberg	Blei und Bleilegierung, Edelmetalle
2	Maschinenbau Halberstadt GmbH	Halberstadt	Viertaktschiffsdieselmotoren, Großkolbenkompressoren
2	Industriebau Ost GmbH	Eisenhüttenstadt	Hoch-, Tief- und Ingenieurbau
2	Schwedter Bau GmbH	Schwedt	Hoch-, Tief-, Spezial- und Ingenieurbau
2	Apparate- und Anlagenbau AG	Chemnitz	Kolonnen und Behälter, Druck und Spezialapparate für Chemische Industrie
2	Chemieanlagenbau Staßfurt AG	Staßfurt	Sodateilanlagen, Kaliausrüstungen, Verdampfer, Wärmeübertrager
2	K.A.B. Kraftwerks- u. Anlagen AG	Berlin	KKW-Modernisierung, Stillegung und Kraftwerke (Braunkohle)
2	K.A.B. GmbH	Berlin	Energie- und Kraftwerksengineering, Anlagenkoordinierung
2	Maschinen- und Anlagenbau GmbH	Grimma	Anlagen für Erdöl, Vakuumdestillation, Standard- u. Spezialapp. für Chem. Industrie
2	Ingeniurbetrieb Anlagenbau GmbH	Leipzig	Projektabwicklung, Engineering-Planung für Chemische Industrie
2	Schwermaschinenbau AG Wildau	Wildau	Walzwerkausrüstungen (auch Ersatzteile), Großkurbelwellen

Die angeführten Gesellschaften der Urban MKG beschäftigten im Januar 1992 ca. 12.000 Mitarbeiter und hatten 1991 einen Umsatz von ca. DM 1.900 Mio.

1) 2 Unternehmen wurden "zurückgegeben"
2) 4 Unternehmen wurden gegen 2 andere ausgetauscht

Quelle: Treuhand, Pressekonferenz Brahms vom 7.5.92

Abb. 37: Geplante Zusammensetzung der Plaschna MKG/Urban MKG

zu reklamieren. Andere wiederum, die ausgewählt wurden, hatten sich gerade von Planwirtschaft und Treuhand-Gängelung freigeschwommen. Sie befürchteten erneute unfruchtbare Einflußnahme auf das, was sie sich selbstbewußt fortan eigenverantwortlich zutrauten. Neben positiven Privatisierungsimpulsen haben die unterschiedlichen Ansichten und Wünsche der Akteure in dieser Phase auch zu erheblichen Verzögerungen zu Lasten einiger der Unternehmen geführt.

Das Konzept von einer kritischen Öffentlichkeit wurde für gescheitert erklärt, nachdem die Auswahl nach langem Hin und Her offensichtlich synergiefeindlich branchenübergreifend getroffen wurde.[345] Bewußt wollte die Treuhand einer Konzernbildung und Verflechtung zugunsten gemeinsamer Sanierungsschwerpunkte, Erfolgsfaktoren und auch künftiger Privatisierungschancen entgegenwirken. Branchenportfolios waren nur dort akzeptabel, wo die Zusammenlegung zersplitterter, selbständig nicht wettbewerbsfähiger Einheiten, organische Strukturen erwarten ließ (so beispielsweise im Textilbereich, dessen Restbestand von 13 Unternehmen mit etwa 4.000 Mitarbeitern im Februar 1993 zusammen mit 8 weiteren Unternehmen in eine MKG übertragen wurde). Die zeitliche Befristung der MKGen auf drei Jahre (ein Jahr über das Treuhand-Ende hinaus) war in dieser Hinsicht konkludent, erweist sich aber heute als zu eng.

Umsetzung im Tagesgeschäft

Die Organisation einer Sanierungsinstitution - quasi in der Hand des Staates - mußte Begehrlichkeiten all dee wecken, denen die Politik der Treuhand ein Dorn im Auge war. War ein Einflußnahme in dem langwierigen Prozeß der Unternehmensauswahl durch Undurchsichtigkeit erfolgreich abgewehrt worden, sollte auch das Alltagsgeschäft der KGen unter den Schutz der weitestgehend streng praktizierten Devise "Einflußnahme kostet Geld" gestellt werden. Im Umkehrschluß konnte das bedeuten, daß die Treuhand ihren erfolglosen Sanierungskurs mit besseren Betreuungsrelationen weiterverfolgte und auf die Management-Gesellschaften übertrug. Wo konnten also jenseits der quantitativen Kapazitäten Verbesserungen erreicht werden?

---

345 Vgl.: Dieter Kampe (1993), S. 137f..

Kauft die Treuhand für einige Unternehmen nur Zeit oder lassen sich qualitative Vorteile identifizieren, die i.S. eines Lernens durch Kontrolle bessere Ergebnisse versprechen? Die formale Konstruktion der Managementgesellschaften schaffte jedenfalls Freiräume, die durch eine nicht formalisierbare Zusammenarbeit unterschiedlicher Akteursgruppen ausgefüllt werden konnten [Abb. 38]. Während also der Zwang zu gemeinsamem Lernen (beispielsweise mit den Arbeitnehmervertretern[346]) nicht juristisch einklagbar festgelegt wurde, konnte dieser aus der Sache heraus entwickelt werden und kreative Lösungen hervorbringen.

"Wir ziehen einen klaren Strich zwischen der Management-KG und der Treuhand."[347]

Die Interpretation des neuartigen Arrangements i.S. einer Überführung der Unternehmen in privates Eigentum wäre nicht angemessen. Vielmehr handelt es sich um eine Art befristetes *Handelsvertragsverhältnis*, das die Führung der Betriebe für einen begrenzten Zeitraum in die Hände weitgehend unabhängiger Manager legt.[348] Die Treuhand muß für die Finanzierung der KG-Unternehmen gerade stehen und wird, anders als es ihr Vertragsmangement bei privatisierten Unternehmen handhabt und anders als Banken es bei privatwirtschaftlichen Fonds praktizieren, mit den Managern interagieren. Ihre formale *Beziehung zur Treuhand* haben die MKGen nach einer Übergangsphase durch Verifizierung der Ausgangssituation ihrer Unternehmen und Vorzeichnung deren schwer kalkulierbarer Entwicklung in Form von Erwartungsräumen festgeschrieben. Von dort aus ist gemeinsames Lernen innerhalb des vereinbarten weichen Budgetrahmens (und seiner Kontrolle) möglich. Nicht die Budgetverläßlichkeit oder Transparenz der Konstruktion sichert der finanzierenden öffentlichen Hand ein wirksames Mitspracherecht, sondern vielmehr die Verzahnung der beiderseitigen Erfolgsinteressen. Über zahlreiche Schnittstellen versorgt die Treuhand die

346 Den Management-GmbHs wurde zwar die Einrichtung eines Beirats (4-6 Mitglieder, hälftig Vertreter der Arbeitnehmerschaft) von der Treuhand empfohlen. Dies mußte ihr aber leicht von den Lippen gehen, hatte sie doch gesellschaftsrechtliche Unabhängigkeit vorher weitgehend sichergestellt.

347 Hero Brahms zitiert in: VDI nachrichten, Nr. 21, 22.5.1992, S. 17.

348 A-Interview mit H. Plaschna.

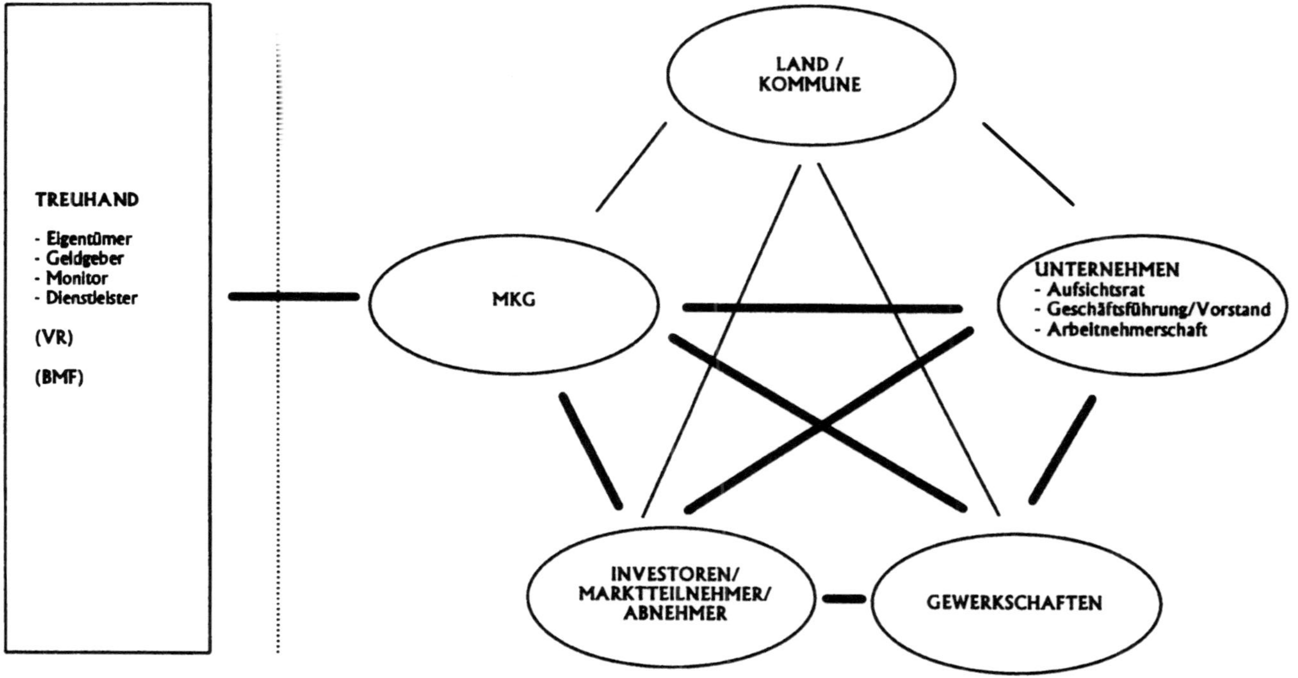

Abb. 38: Verflechtung unterschiedlicher Akteursgruppen

Management-Gesellschaften mit unterschiedlichsten Dienstleistungen und stellt damit gleichzeitig über eigene Handlungsräume Einheitlichkeit in der geübten Auseinandersetzung mit diesen Fragen her: z.B. bei Beschäftigungsmaßnahmen, der Handhabung von Umweltaltlasten, der Regelung von Restitutionsansprüchen und der Abstimmung mit externen Gremien. Umgesetzt wurden die gleichgerichteten Ziele innerhalb der KG-Organisation einerseits durch die Trennung unterstützender von operativen Funktionen. Diese Trennung hatte sich in der Treuhand als vorteilhaft erwiesen, wenn die Unterstützer sich auch als solche verstanden. Anders als dort ist die Gefahr einer Verselbständigung in der MKG wegen ihrer schlanken und flachen Struktur nicht möglich. Innerhalb der operativen Gruppen sind andererseits Betreuungs- und Privatisierungsfunktionen unterschiedlich besetzt, um in der Arbeit einen fließenden Übergang dieser Aufgaben herzustellen.

Die Vorteile der Beziehung THA - MKG lassen sich aber nur dann zu einer weitreichenden *Verbesserung gegenüber den Treuhand-Sanierungsaktivitäten* ("Quantensprung in der Betreuung" - Brahms) nutzen, wenn in qualifizierterem Maße als bisher eine Interessenverzahnung mit den Unternehmen erreicht werden kann. Hier sind die Zwischenholdings zunächst weitgehend frei von Einflüssen und Beschränkungen, denen die Treuhand unterliegt. Sie führen ihre Unternehmenseinheiten aus einer einheitlichen Leitung heraus wie ein faktischer Konzern, der die Treuhand zu werden vermeiden mußte. Der Sanierungsauftrag im Gepäck ermöglicht ihnen jenseits von Abbau- und Bereinigungsaktivitäten eine gezielte Vorwärtsentwicklung durch investive Subventionierung der Unternehmen im Vorfeld der Privatisierung. Die lose Verbindung zu ihrer Kommanditistin bringt diese wiederum nicht in Probleme der Durchgriffshaftung. Trotz aufwendiger und einheitlicher Berichts- und Controllingsysteme, der Teilnahme an Geschäftsführungssitzungen und stärkerer Präsenz in den Unternehmen beschreiben sich die Manager der Subholdings in einer Funktion als *Berufsaufsichtsratsvorsitzende.*[349] Die Sanierung selbst kann nur durch die Akteure vor Ort gelingen. Unter Treuhand-Betreuung konnten Lethargie und Wunschdenken nicht überall aufgebrochen werden. Anders als bei nachbessernder oder punktueller Mängelbeseitigung tradierter Sanierungsprogramme entsteht im

---

349 Ebd..

operativen Tagesgeschäft aus der Gleichzeitigkeit heraus ein Vakuum, das zentral nicht ausgefüllt und dessen Ausfüllung zentral nicht organisiert werden kann.[350] Und viel mehr noch als im *going concern* verlangt Sanierung Initiative, die nach wie vor nur langsam erlernt wird. Zur Unterstützung dieses Prozesses, der den Subholdings neben dem Öffnen der versperrten Marktzugänge als Kernaufgabe gilt, wurden unterschiedlich erfolgreiche Instrumente entwickelt. Die Abschaffung von Aufsichtsräten sollte ihnen einen direkteren Zugang und bessere Informationen sichern. An deren Stelle traten Fachbeiräte zur Etablierung von externem Branchen-Know how. Geschäftsführungen und Mitarbeiterstamm wurden insbesondere durch Vertriebsfachleute ergänzt. Die Einrichtung von Investitionsausschüssen soll gemeinsames Lernen bei der Zukunftsausrichtung und den gezielten Einsatz der Mittel sicherstellen. Darüber hinaus werden einzelne Vertriebsaktivitäten der Unternehmen durch gezielte Ansprache von Schlüsselkunden durch die MKGen unterstützt. Wirksamkeit erlangt dieses Instrument zusätzlich durch die gebündelte Interaktion mit anderen beteiligten Institutionen (Verbände, Gewerkschaften, Hermes) und die befristete Quasi-Bestandsgarantie, die bei potentiellen Kunden Vertrauen in zumindest mittelfristig aufrechzuerhaltende Beziehungen weckt.

Greift man zur Beurteilung der *Wahrnehmung der Privatisierungsaufgabe* die Frage nach der Anreizwirksamkeit der Tantiemeregelung erneut auf, liegt die Vermutung nahe, daß sie je nach Persönlichkeit unterschiedlich ausfällt. Philosophieunterschiede lassen sich nicht übertünchen, wenn Geld und Karriere hinter andere persönliche Ziele zurücktreten.[351] Während eine der untersuchten Managergruppen Sanierung und Privatisierung als übergangslos verbunden interpretiert, hat sich die andere das Primat der Sanierung auf die Fahne geschrieben. Während also die eine bei ihren *stand alone* Maßnahmen

---

350 Vgl.: Kern/Sabel (1993b), S. 499.

351 Es mag als spekulativ bezeichnet werden (und dennoch seinen Wahrheitsgehalt nicht einbüßen), wenn man vermutet, daß eine solche Tendenz zum Ende des Arbeitslebens eines Managers eher wahrscheinlich ist als in seiner Mitte. Aus der beruflichen Entwicklung der KG-Manager Plaschna und Urban ließen sich konkretere (und doch auch zu einem hohen Grad spekulative) Vermutungen herleiten. Jenseits aller Spekulationen gibt es faktische Unterschiede in der Aufgabenwahrnehmung, deren Betrachtung hier im Mittelpunkt stehen sollte.

auch weiterhin auf künftige industrielle Partner schielt (privatisierbare Einheiten), wird die andere ihre Beteiligungen so strukturieren, wie es unter Betreuungsgesichtspunkten ratsam erscheint (managable units). Hat die Treuhand Privatisierungen subventioniert, subventioniert die eine also im Vorfeld der Privatisierung und die andere zunächst ohne kalkulierten Eigentumsübergang. Die Gefahr (i. S. der Treuhand-Politik) einer auf längere Frist angelegten staatlichen Sanierungsholding ist durch die finanzielle Sanktionierung nicht gebannt.

"Mittelfristiges Ziel ist es, die Unternehmen so zu stärken, daß sie ohne finanzielle Hilfen von außen bestehen können und als gleichwertige Partner strategische Allianzen mit anderen Unternehmen eingehen können."[352]

Zu dem Erfolg der jeweiligen Strategie läßt sich heute noch nicht viel sagen. Das wenige aber, das gesagt werden kann, wird weiter unten bei der Gesamtwertung zusammengefaßt. Ganz unabhängig von der Intensität ihrer Privatisierungsbemühungen ist beiden die Notwendigkeit gemein, bei potentiellen Investoren ein Umdenken zu erreichen. Wo es an Interessenten nicht mangelt, scheitert vieles am Kaufpreis. Für die Investoren ungewöhnlich ist die Erkenntnis, daß Investieren in Ostdeutschland Geld kostet. Entwickeln die Unternehmen einen gewissen Reifegrad durch investive Subventionierung und Vermeidung überhasteter Privatisierungsaktionen ist die Erkenntnis aber folgerichtig.

Auch in der *Zusammenarbeit mit den übrigen Akteuren* lassen sich nuanciert unterschiedliche Philosophien abhängig von dem jeweiligen Erfahrungshintergrund der Akteure auf beiden Seiten konstatieren. Für die politische und institutionelle Außenwelt sind dies primär Erfahrungen in der Zusammenarbeit mit der Treuhand. So können alte Informationswege genutzt werden oder verkümmern. Gleichzeitig werden bislang unterrepräsentierte Kontakte neu geknüpft. Konstruktion und Aufgabenverständnis machen die Management-Gesellschaften für die Regierungskoalition und die

352 Presseveröffentlichung der Urban KG, September 1992. Der Privatisierungsauftrag findet sich in der Selbstdarstellung nicht. Das Handelsblatt, 26./27.2.1994, S.14, zitiert Urban mit: "Wir sind weder der Oberverkäufer noch der Makler der Treuhandanstalt".

Aufsichtbehörde BMF zu einem politisch willkommenen Instrument, das multiplizierbare Ausweichslösungen schafft, ohne die ordnungspolitischen Gebote allzusehr zu strapazieren. Jegliche Einflußnahme wäre den eigenen Vorstellungen eher abträglich. Der Informationsbedarf der Gremien in Bonn (einschließlich der Ausschüsse) kann über die bewährten Treuhandkanäle befriedigt werden. Ein gemeinsames Lernen mit den Landesregierungen findet i.d.R. nicht statt. Obwohl in der Reihe der Befürworter der MKG-Lösungen an vorderster Stelle (oder vielleicht gerade deshalb) verschiebt sich deren Fokus auf die Unternehmen, für die in ihrer Eigenschaft als *Strukturbestimmer* noch keine Auffanglösung in Sicht ist. Die MKGen wiederum können in deren Organisation kaum jemanden ausmachen, der einen entscheidenden Beitrag zur Verbesserung ihrer Arbeit leisten könnte.[353] So staatliche Institutionen dazu in der Lage sind, übernimmt diese Funktion die Treuhand.

Als außerordendlich positiv erweist sich andererseits beispielweise die Zusammenarbeit mit der IG Metall in Sachsen. In diesem konkreten Fall können durch intensive ("freiwillige") Einbeziehung der Gewerkschaften in die Entscheidungsfindung Mauern eingerissen werden, die bei der Interaktion mit der Treuhand aufgebaut wurden. Eine gemeinsamer Willensbildungsprozeß in zahlreichen Fragen weit über die Gestaltung des Arbeitsplatzabbaus hinaus setzt allerdings voraus, daß auf Gewerkschaftsseite inhaltliche Flexibilität und in gewissem Maße Unabhängigkeit von gesamtdeutschen Interessen erreicht werden können. Der Verteilungsstreit Ost-West geht auch hinsichtlich seiner sozialen Zumutbarkeit zu oft den falschen Weg geringerer Widerstände. Nicht nur unterschiedlich ausgeprägte Berührungsängste auf Seiten der Manager, sondern auch eine punktuelle Entscheidungs-Immobilität der Gewerkschaftler versperren andernorts den Weg zu neuen Lösungen der Zusammenarbeit, die insbesondere im Maschinen- und Anlagenbau in Sachsen anfangen Früchte zu tragen.[354]

---

353 Hierin bestätigt sich die andernorts entwickelte Einschätzung, der Beitrag der Länder beschränke sich weitestgehend auf das Kaufen von Zeit und Mitspracherechten. Vgl. dazu die Erörterungen in Teil 1, Kapitel 2. - Zusammenarbeit mit den übrigen Akteuren und in diesem Teil die Fallstudie zur Jenoptik Carl Zeiss Jena GmbH.

354 A-Interview mit H. Plaschna.

Eine erste Ergebnisbeurteilung - Lernen durch Kontrolle?

Die Management-Gesellschaften wurden nicht gegründet, um die Aufgaben der Vor-Ort-Akteure bei der Sanierung zu ersetzen. Dafür reicht ihre Besetzung nicht aus. Statt dessen sollte ein institutioneller Rahmen geschaffen werden, der Druck und Motivation erzeugen hilft, daß Unternehmen ihre Sanierung zielgerichtet selbst in die Hand nehmen. Eine Richtung Erarbeiten und Kontrollieren heißt zunächst, Handlungsfreiräume vor Ort zu verkleinern. Im Idealfall aber wird das Nichtnutzen weiter Räume (Treuhand-Begleitung) ersetzt durch ein Lernen, engere Räume flexibel und gestalterisch zu nutzen. Die Beurteilung soll hier zunächst ergebnisorientiert und danach vorausschauend versucht werden.

Ein Rückblick in das Jahr 1992 zeigt, daß sich die Betriebe in den MKGen als schlecht gerüstet erwiesen. Auch wenn nicht erwartet werden konnte, daß sich Erfolge von heute auf morgen einstellten, dürfte die Umsatzhalbierung der von der Urban KG betreuten Unternehmen nicht nur Außenseiter überrascht haben. Obwohl fast jeder zweite Arbeitsplatz abgebaut wurde, sank der Pro-Kopf-Umsatz durchschnittlich auf etwas über 70 TDM (-25%). Einerseits manifestieren sich hierin deutliche Spuren der allgemeinen ostmarktinduzierten Flaute der ostdeutschen Industriebetriebe, wie sich auf der anderen Seite Indizien für die Vermutung finden, daß das Aufpropfen eines Monitoring-Arrangements allein die Gesundung der Unternehmen nicht sicherstellen kann. Wenn Lernen Vetrauensbildung und Interssenverzahnung voraussetzt, dann erfordert genau dies Zeit. Außerdem darf der Erfolg der Management-Gesellschaften nicht an absoluten Zahlen gemessen werden, sondern bestenfalls in Relation zu den Erfolgen oder Mißerfolgen der Sanierungsbegleitung in der Treuhand selbst. Erst die Jahre 1993 und 1994 liefern dafür eine fundiertere Basis.

Bei gleichbleibendem Umsatz im Jahr 1993 konnte der Verlust der Unternehmen beider MKGen auf über die Hälfte reduziert werden. Während Personalanpassungen zu 80% von Tariferhöhungen aufgefressen wurden, machten sich das stramme Kostenmanagement, die Verflachung der Fertigung und die Aufgabe von Verlustträgern bemerkbar. Allerdings wird die Gefahr, die Unternehmen unter eine kritische Größe zu sanieren, 1994 spürbarer, so daß primär Hilfe bei der Absatzförderung erforderlich ist.[355] Hier setzen sich die Schwierigkeiten der Treuhand fort, die sich aus diesem Grund veranlaßt sah, für die Sanierung ihrer Unternehmen hauptsächlich industrielle Investoren zu suchen. In den meisten Fällen konnten weder die Barrieren der West-Märkte überwunden, noch eine nennenswerte Plazierung öffentlicher Aufträge erreicht werden. Forderungen zur Einführung einer Wertschöpfungspräferenz für Ost-Produkte an Stelle einer Direktsubventionierung werden von der Bundesregierung abgelehnt. Gelingt es den MKGen nicht, für ihre Unternehmen Marktzugänge zu schaffen, werden sich die Sanierungszyklen verlängern. Kurzfristige Erfolge versprechen dann nur Privatisierungen, die zwar positive Verkaufspreise erwarten lassen, aber unter Verrechnung der eingesetzten Mittel nicht zwangsläufig günstiger (im Netto-Cash-Ergebnis) als unter Treuhand-Betreuung ausfallen werden.[356] Damit verkämen sie aber zu temporären Auffangbecken, deren Aufgabe es ist, Unternehmen, denen Zeit zur Privatisierung gekauft wird, so zu betreuen, daß ein Teil der Mittel in den Schrumpfungsprozeß investiert und nicht ausschließlich Arbeitsplätze subventioniert werden.

Eine greifbare Erfolgsbewertung des Modells muß hier fehlgeschlagen. Die Ergebnisse sind weder eindeutig noch einem Verursacher genau zuzuordnen. Die Anforderungen gestalten sich aus der Sache und aus der Inhomogenität des Verbundes heraus so hoch, daß verläßliche Ergebnisse durchschnittliche Sanierungszyklen von bis zu 4-6 Jahren abwarten müssen. In jedem Fall spricht die Entwicklung für eine Verbesserung in der Definition und Nutzung von Handlungsräumen gegenüber der Treuhand-Betreuung. Wieviel davon

---

[355] Die 81 Mio. DM Investitionen der Plaschna KG im Jahr 1993 (131 Mio. DM für 1994) wurden vollständig für die Modernisierung und Rationalisierung, nicht aber für Kapazitätserweiterungen eingesetzt. Bisher mußten aber parallel für über 370 Mio. DM Altkredite ausgeglichen und 430 MioDM zur Verlustfinanzierung von der Treuhand bereitgestellt werden (vgl.: Pressekonferenz der Plaschna KG am 6.4.1994).

[356] Bislang konnte aus allen MKGen erst ein Unternehmen vollständig privatisiert werden (vgl.: W. Schöde in: Börsenzeitung vom 8.2.1994). Diese Statistik ist zwar irreführend, weil aus der Plaschna-KG bereits 18 Teilprivatisierungen vorgenommen wurden (aus der VEM Antriebstechnik). Dennoch läßt sie eine Einschätzung des kurzfristigen Privatiserungserfolgs zu.

nur kleineren Betreuungsrelationen und mehr Geld für mehr Zeit zuzuschreiben ist, bleibt spekulativ. Daran krankt letztlich aber auch die weitergefaßte Beurteilung ihrer Modellhaftigkeit:

Die KGen entstanden aus dem Druck und "den Bemühungen der Treuhandanstalt, über ihren eigenen Schatten zu springen"[357]. Ganz in der Tradition ihrer "Mutter" befinden auch sie sich zwischen Baum und Borke, zwischen Branchen-Sanierungsholding einerseits und Privatisierungsinstrument für einen inhomogenen Unternehmensbestand mit befristetem Sanierungsauftrag andererseits. Folglich kristallisiert sich an ihnen und der Möglichkeit ihrer Vervielfältigung auch der Streit um die Industriepolitik.

Nicht nur in Bonn und den Ländern, auch auf der betrieblichen Ebene entflammte die Diskussion um die Treuhand-Strategie erneut. Einige Betriebe, deren Marktchancenverbesserung das Angebot von Systemlösungen voraussetzt, sahen in einer Politik der Problemzerlegung durch Einheitenzerlegung im Ergebnis nichts anderes als die Zertörung arbeitsteiliger Strukturen. Tatsächlich gefährderte das Herausverkaufen von Filetstücken als Problemzerlegungs-Strategie häufiger den übrig bleibenden Verbund. Sollte das verhindert werden, mußte damit aber gleichzeitig die Forderung verbunden sein, über die Zusammensetzung der KGen zur besseren Nutzung von Synergien noch einmal nachzudenken. Die stärkere Berücksichtigung von Branchenschwerpunkten in den drei Anfang 1993 gegründeten KGen kann als Nachgeben der Treuhand oder als Lernergebnis interpretiert werden.

In jedem Fall ist es der Treuhand heute gelungen, ihren Institutionen die intermediäre Stellung und Autonomie weitgehend zu erhalten.

"Der Staat hat in dieser Situation Weitblick gezeigt, der privaten Konzernen bei ihrem Umgang mit Krisen fehlt."[358]

Plaschna als Mitkonstrukteur der Lösung und Manager einer der Gesellschaften steht dennoch nicht allein mit dieser Auffassung. Kern/Sabel (1993) nehmen gegenüber dem "vertrauensbasierten Kooperationstypus" im Hinblick auf den Versuch, der Treuhand ein Lernen durch Kontrolle zu erreichen, eine durchaus optimistische Position ein. Letztlich hat sich der

---

357 Kern/Sabel (1993b), S. 499.

358 A-Interview mit H. Plaschna.

Staat (denn er muß die Kontrolle der MKGen organisieren, wenn die Treuhand ihr Geschäft beendet) eine Zahlungsverpflichtung für sanierungsbedürftige Unternehmen auferlegt und weitgehend unabhängige und freie Manager (Handelsvertrag) damit beauftragt, ein unklares, nur sukzessive aushandelbares Ziel mit ihnen zu erreichen. Privatwirtschaftlich agierende Konzerne hätten wohl mehr Vertrauen in die eigenen Zielfestlegungs- und Monitoringmöglichkeiten (und Banken hätten zuwenig davon). Nicht nur wäre die finanzielle Ausstattung der Subholdings enger und deren Grenzen stabiler, auch würden als notwendig erachtete Autorität und Zentralismus operative Freiräume ersticken (bei Banken eine Lösung verhindern). Die fortgesetzte Krise hat aber den Staat veranlaßt tradierte Organisationsmodelle über Bord zu werfen und ein neues Arrangement einzuführen, das auf Vertrauen setzt, die notwendige Distanz und zwangsläufige Vielfalt zu überbrücken.[359] Der Grad gemeinsamer Sozialisation bleibt in der Beziehung zur Treuhand der verbindende und innerhalb der Gruppe der MKGen der trennende Erfolgsfaktor. Das gilt umso mehr, wenn der Vorgehensweise eine erkennbare und kommunizierbare, übergeordnete Rationalität fehlt. Für den Staat wird es von entscheidender Bedeutung sein, die Beziehung nach Auflösung der selbst stets nach Unabhängigkeit strebenden Treuhand so zu organisieren, daß ihre Vorteile (gemeinsames Lernen aus weitgehender Autonomie) erhalten und ihre Nachteile (Anbindung oder Verselbständigung) vermieden werden. Dieses Problem stellt sich vor allem für solche Arrangements, die zur Bewältigung des Restbestandes zum Ende 1994 gegründet werden könnten[360] und auf deutlich weniger identische Sozialisation und Kooperation in der Vergangenheit abgestützt wären. Der fragile Grat zwischen Zementieren und Zerstören könnte schon bei ihrer Zusammensetzung zu einer Seite hin verlassen werden.

---

359 Zu den negativen Konsequenzen einer vertrauensbasierten Kooperation vgl.: Sabel (1993) und Kern/Sabel (1993b), S. 502. M.E. reicht das entwickelte *rekursive Regelwerk* allein nicht aus, die genannten Gefahren auszuschließen, weil ein Verhandlungsungleichgewicht bei flexiblen Grenzen ein immanenter Störfaktor bleibt.

360 Die Treuhand (vgl.: W. Schöde in: Handelsblatt v. 8.2.94, S.3) schließt diese Möglichkeit nicht aus, während beispielsweise die IG Metall Sachsen (H. Düwel auf der 2. Landeskonferenz Ende Januar 1994) und das Land (vgl.: K. Schommer in: Leipziger Volkszeitung vom 7.3.1994) sie vehement fordern.

Erst die Bewertung ihrer Ergebnisse wird eine Antwort darauf geben, ob die neuartigen Arrangements nutzbare Erkenntnisse für den Alltag generieren oder aber mit der Einmaligkeit der Umgebung, in die sie hinein geboren wurden, wieder untergehen.

3. Verbindungen zwischen Theorie und Praxis - Zusammenfassung der Erkenntnisse aus den Einzelfalluntersuchungen

Das Heranziehen einzelner Stränge aus dem weiten Feld der *Theory of the firm* diente der Entwicklung des analytischen Rahmens zum Aufspüren einer Treuhand-Privatisierungsstrategie: Folgen die Treuhand-Akteure also in ihrem Kerngeschäft einer identifizierbaren Strategie oder sind sie deren Objekt? Aus der der Fallbetrachtung vorangegangenen Erörterung von Auftrag und Selbstverständnis der intermediären Institution ließ sich bereits Grundsätzliches herleiten. Demgemäß war zu vermuten, daß sich die Privatisierungspraxis unterhalb einer Rahmenstrategie, die vage bleiben mußte, solange die darunterliegenden Ziele weite Abwägungs- und Interpretationsspielräume ließen, und innerhalb einer auf Dezentralisierung ausgelegten Organisation aus Einzelfällen formierte; in einer pragmatischen Handlungsweise der Akteure, orientiert an den eigenen Erfahrungen und den restriktiven, erst sukzessive freigelegten Bedingungen jeder einzelfallspezifischen Konstellation. Erwies sich letzteres als elementar zur Bewältigung der komplexen Probleme der Realanpassung in Ostdeutschland, definiert sich jedes institutionelle Arrangement als differenzierter Anpassungsmechanismus an eine zugrundeliegende Konstellation. Es bleibt zunächst aber unklar, ob Fallspezifika erkennbar und Lösungen damit strukturierbar, inszenierbar und gruppierbar unter Berücksichtigung strategischer Ziele sind.

Die Untersuchung einzelner Fälle, von insgesamt über 13.500 Privatisierungen, kann - auch wenn deren Auswahl gezielt vorgenommen wurde - bestenfalls Fragmente zum Aufspüren von Strategieelementen liefern. Dennoch finden sich in ihr eine Fülle von Antworten auf Einzelfragen, die an dieser Stelle noch einmal aggregiert werden sollen und ebenso in die

Erörterung zu Ergebnissen und Exemplarischem der Treuhand-Privatisierungspraxis [im dritten Teil dieses Buches] einfließen werden. Jede der betrachteten Lösungen weist Konturen auf, die es dem Untersuchenden leichter machen, ein formale Strategie (auch gruppenbezogen) grundsätzlich abzulehnen, als konstruktiv an ihrer Konkretisierung mitzuwirken. Allzu leicht besteht aber auch die Gefahr, sich von dem Charme des praktischen *Chaos* und *Trial-and-error-Verhalten* der Akteure gefangennehmen zu lassen.

Der praktische Nutzen (bis hinunter auf die Verfahrensebene) alternativer theoretischer Zugänge, die ohne Ausnahme eine nicht zu unterschätzende Entfernung zum Untersuchungsgegenstand aufweisen, mußte von vornherein begrenzt sein. Seine Aufdeckung war auch nicht Ziel der Fallbetrachtung. In einer Situation, in der dem Chaos an jedem Einzelfall neu mit lernoffenem Probieren begegnet wurde, hat die theoretische Erörterung der Untersuchung gleichwohl eine Struktur geben und mehr als prinzipielle Erklärungsmuster zur Überlegenheit der privatwirtschaftlichen Organisation von Wirtschaftsprozessen liefern können.

Aus der Fallbetrachtung lassen sich Ergebnisse auf drei Ebenen generieren, deren Zusammenfassung in ihrer Gliederung der theoretischen Annäherung an diese Fragestellungen und Verfahren folgt.[361]

Auktionen

Auktionen sind starre Vergabemechanismen, deren Anwendung voraussetzt, daß Unsicherheiten im Vorfeld *beseitigt* oder *ignoriert* werden können. Gelingt dies, liefern sie aus der Sicht des Auktionators mit hoher Wahrscheinlichkeit Ergebnisse in der Nähe des Optimums. Der Weg von dem Verkauf eines in seinen Eigenschaften und deren Bewertung definierten Objektes bis hin zur Privatisierung eines Assetverbundes in einer zutiefst unsicheren Umgebung ist allerdings weit. Jeder der hier betrachteten Fälle dokumentiert das auf seine Weise. Die flächendeckende Einführung von Auktionen mußte schon allein daran scheitern. Der Versuch, aus Auktionen

361 Vgl.: Kapitel 3.1.2..

zu lernen, sollte sich hier deshalb von vornherein auf solche Unternehmungen beschränken, die abseits der *Norm* (zumindest durch die Theoriebrille betrachtet) für die Akteure am ehesten definierbar waren.

Zu ähnlichen Ergebnissen, wie die theoretische Erörterung (hinsichtlich der Vorteile von Auktionierungen) haben - wenn auch aus ganz unterschiedlicher Motivation - die Lernversuche der Treuhand-Spitze geführt. Beschränken sich die Aussagen der Theorie auf die Möglichkeiten, durch eine entsprechende Organisation der Vergabe Unsicherheiten im Vorfeld abzubauen, war der Erkenntnisprozeß der Treuhänder nach zwei Jahren Privatisierungstätigkeit geleitet durch den Versuch, Unsicherheiten zu ignorieren. Nicht Optimalität, sondern Pragmatik war dort wohl der Vater des Gedankens.

Nun ließe sich vermuten, daß allein die Auswahl in Frage kommender Unternehmungen bei unterschiedlicher Herangehensweise und Absicht auch unterschiedliche Ergebnisse hervorbringen muß. Und weiter ließe sich schlußfolgern, daß das Scheitern der Treuhänder dann nicht zwangsläufig auch das *Scheitern* der Methodik im Treuhand-Kontext bedeutet. Die Ergebnisse der Falluntersuchung legen allerdings die Parallelität von beidem nahe, weil sich zwischen ihnen ein Kausalzusammenhang herausschält, wenn die Privatisierer Lernoffenheit im Einzelfall gezeigt haben. Während die *zentrale* Willensbildung durchaus Rückbindungen zur Theorie aufweisen kann, wird sich die *regionale* Umsetzung weitgehend losgelöst davon entwickelt haben. Die Ergebnisse sind mehr als anderswo eindeutig: Der Versuch einer Auktionierung von bis Mitte 1992 im Portfolio verbliebenen Kleinstunternehmen ist großflächig gescheitert.[362] Unerheblich (i.S. der Klarheit) ist dabei auch, daß die Erklärung in einer Mischung aus selbstbe-

---

362 Später wurde das Scheitern häufig zum Anlaß genommen, nicht privatisierte Kleinunternehmen in die Liquidation zu schicken. Der Anteil der nach Ende 1992 privatisierten Unternehmen (mit < 50 Mitarbeitern) liegt einiges unter dem der in dieser Gruppe nach Ende 1992 liquidierten. Ein Grund liegt sicherlich auch in dem Untertauchen vieler Restgesellschaften (Beispielsweise: Hüllen ehemaliger Holdings) in dieser Gruppe. Dennoch bleibt festzuhalten, daß sich ein Scheitern schon darin dokumentiert, daß Privatisierungen nach dem vereinfachten Verfahren kaum auszumachen sind. Trotz ihrer Veröffentlichung als quasi-auktionierbare Betriebe wurden die meisten der tatsächlich privatisierten erst nach Interaktionsprozessen und im Rahmen der regulären Standardverträge veräußert.

wußter Verweigerungshaltung und praktischer Undurchführbarkeit lag. Gerade die Zurückhaltung der operativen Akteure ist bei Offenheit Indiz für Lernen in diese Richtung. Außerdem hätten sie losgelöst von einer großangelegten Aktion punktuell solche Lösungen finden können. Die Inszenierung von Arrangements mit auktionsähnlichem Charakter bedarf keiner zentralen Ankündigung und Veröffentlichung. Und selbst wenn - was sehr wahrscheinlich ist - die Untersuchung und Überblicksrecherche hier eine Reihe solcher Einzelfallösungen übersehen hat, bleibt die Auktionierung ein Verfahren, das in der Weite der ostdeutschen Privatisierungslandschaft, keine nennenswerte Bedeutung erlangt hat.

Insofern widerspricht die Untersuchung hier jenen, die nicht müde wurden, die Treuhand aufzufordern, ihre Privatisierungstätigkeit nicht durch die Befriedigung ihres oft diffus wirkenden Interaktionsbedürfnisses unnötig zu verkomplizieren, und insbesondere denen von ihnen, die in den Vorteilen einer Auktionierung Gründe genug fanden, eine Änderung der Rahmenstrategie zu empfehlen.[363] Ob der Versuch punktuell erfolgsversprechender auf eine näher definierbare Gruppe von Unternehmen hätte konzentriert werden können, muß hier unbeantwortet bleiben. Er könnte in dem Vakuum zwischen zentraler Willensbildung und regionalem Einzelfallernen untergegangen sein. Die Voraussetzungen dafür liegen mit der Identifizierung unterscheidender (diskriminierender) Kriterien im Dunkeln. Die Erkenntnisse zu deren Praktikablilität und Ausprägungen werden im folgenden Abschnitt zusammengefaßt.

Neue Institutionenökonomik

Kann Unsicherheit durch den Privatisierer nicht allein bewältigt werden, gewinnt die Interaktion mit anderen Akteuren an Bedeutung. Die Unmöglichkeit vollständiger Verträge verlangt eine Einbindung von Transaktionen in weitergefaßte institutionelle Arrangements. In dieser Feststellung sind sich theoretische Erörterung aus diesem Feld und Erfahrungen im ostdeutschen

---

363 Immer wieder tauchen Andeutungen und Forderungen in diese Richtung dort auf, wo sich die führenden deutschen Wirtschaftsforschungsinstitute (allen voran das Kieler IfW) mit der Arbeit der Treuhand beschäftigen.

Privatisierungsalltag einig. Anders als in der Theorie ist das Spektrum möglicher Lösungen bei der Veräußerung von Unternehmen aber deutlich enger. Auf der einen Seite sind reine Marktmechanismen (Auktionen s.o.) hinsichtlich ihres Einsatzes begrenzt, auf der anderen Seite sind hierarchische Lösungen *per se* unmöglich, wenn Eigentum übertragen - privatisiert - werden soll.

Zur Unterscheidung *hybrider* Arrangements bietet die Neue Institutionenökonomik Kriterien wie Formen (also Lösungen für bestimmte Ausprägungen) an. Beides scheitert bei seiner Operationalisierung i.d.R. aber an der Unmöglichkeit praxisrelevante Konstellationen in Modellen vollständig abzubilden und nicht unbedingt an dem auseinanderliegenden Fokus.[364] Entsprechend finden sich häufig nur Hinweise zu Einzelfragen bei der Organisation komplexer Prozesse. Dennoch sollte hier der Versuch diskutiert werden - ex post -, Gruppen von Unternehmen zu identifizieren, deren Privatisierung auf ähnliche Weise in Verfahren hätte gegossen werden können.

Auch dieser Versuch muß an der Komplexität im Einzelfall scheitern. Es gelingt zwar durch Heranziehen einiger theoretischer Argumente, dem operativen Geschäft der Treuhand einen Rahmen zu verleihen. Die Nützlichkeit der Vorgehensweise für die Praxis (im oben definierten Sinne) hat sich aber selbst in der *bequemen* Nachbetrachtung als sehr begrenzt erwiesen. Diesem Ergebnis kann man sich von zwei Seiten nähern: Einerseits ist die Unterscheidung der drei exemplarisch ausgewählten Fälle ("Quasiauktion"; "Einfache Verhandlungslösung", Komplexe Interaktion") in ihren Arrangementausprägungen (Phasenmodell) nur peripher möglich und sinnvoll. Es lassen sich innerhalb der definierten Phasen zwar Verschiebungen in ihrer Bedeutung feststellen. Jeder Fall nutzt aber jede einzelne Phase, und das in einer nicht immer vorhersehbaren Art und Weise. Andererseits sind also die im Vorfeld als transaktionsrelevant definierten Faktoren (Charakteristika) mit großer Sicherheit nicht eindeutig oder zumindest nicht vollständig; ganz

---

364 Die *Neue Institutionenökonmik* befaßt sich in der Tradition der Transaktionkosten-Theoretiker mit der Organisation von Wirtschaftsprozessen in Hierarchien (Integration in Firmen) und Märkten (Auslagerung) bzw. an der Schnittstelle Staat/Privat auch mit staatlichen Vergabe- und Liberalisierungsproblemen, nicht aber mit der Veräußerung von Unternehmen in dem speziellen Kontext der Entstaatlichung als Teil einer Systemtransformation.

Markt	Investoren	Theorie	analytischer Rahmen	Praxis-ergebnisse
• reife Technologie • geringe Produktkomplexität • überregionaler wachsender Markt • unsichere Gewinnerwartungen	• wenige kleine • Regelungsbedarf unklar	Verhandlung / once-for-all	Quasiauktion (HWP)	• Unsicherheiten vernachlässigt • hoher Aufwand im VM
• reife Technologien • geringe Produktkomplexität • starker Wettbewerb • lokaler Markt • moderate Gewinnerwartungen	• zahlreiche große Player • geringer Regelungsbedarf	Auktion/once-for-all	Einfache Verhandlungslösung (SQW)	• Unsicherheiten aus Restitution und Kartellrecht verhindern Auktion
• sichere Technologie • mittlere Produktkomplexität • überschaubarer Markt • unsichere Gewinnerwartungen	• Exoten • hoher Regelungsbedarf	Verhandlung/once-for-all	Komplexe Verhandlungslösung (Elpro)	• Komplexität durch erhebliche externe Einflußnahme • hohes Maß an Flexibilitätder Akteure • geringer Aufwand im VM
• unsichere Technologie • hohe Komplexität • kaum Wettbewerb • hohe Verlusterwartungen	• "Monopolist" • sehr hoher Regelungsbedarf	Komplexe Verhandlung/ Rückbehalt von Kontrollrechten	Joint Residual Control (Jenoptik)	• Landesbeteiligung wegen Stiftungsrecht und regionaler Bedeutung • Kaum Ausübung der Kontrollrechte durch das Land • Eigenständigkeit als Katalysator
• sanierungsfähig + -würdig • aber vorerst nicht privatisierbar	• keine	Suche nach Monitoring-Instrument	Learning by monitoring (MKG'en)	• Philosophie-Unterschiede können Absicht in das Gegenteil umkehren • punktuell gemeinsames Lernen, das sich entwickelt

Abb. 39: Zusammenfassung einzelner Ergebnisse der Fallstudien

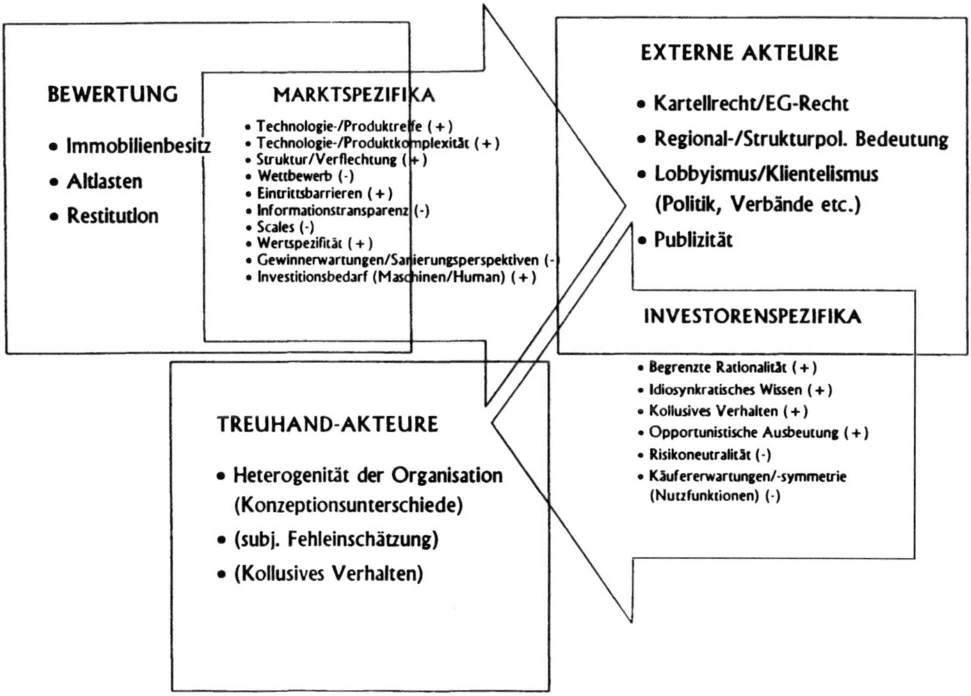

Abb. 40: Fallspezifika überlagern Markt- und Investorenspezifika

losgelöst von der Tatsache, daß Konstellationen nur selten eindeutige, d.h. gleichgerichtete Ausprägungen in allen relevanten Faktoren einnehmen werden. Vielleicht muß das Ergebnis hier aber auch sein, daß bereits das Vorhandensein einer *Extremausprägung* in allen Fällen Unsicherheit in einem Maß steigert, das deren gleichgerichtete interaktive Behandlung erfordert [Abb. 39].

Vollständigkeit der relevanten und identifizierbaren Faktoren läßt diese Untersuchung nicht erwarten. Dennoch können solche *Fallspezifika* (*Transformationsunsicherheiten*) benannt werden, die bislang deshalb unerwähnt geblieben sind, weil sie Ausdruck der Einzigartigkeit des ostdeutschen Privatisierungsfalls und entsprechend aus der Theorie schwer herleitbar sind. Spielen Markt- und Investorenspezifika ebenso bei Privatisierungen in unvergleichbar sicheren Umgebungen (beispielsweise der Liberalisierung staatlicher Versorgungsmonopole im England der achtziger Jahre) und überhaupt bei Unternehmensverkäufen eine Rolle, haben die spezifischen Unsicherheiten der Transformationsumgebung hier eine katalysierende (beschleunigende oder verlangsamende) und überlagernde Wirkung, die Situationen für die handelnden Akteure kaum einschätz- und beeinflußbar scheinen lassen. In jedem Fall wächst mit deren Relevanz (Grad der Ausprägung) die Unsicherheit und Komplexität einer Konstellation und mit ihr der Interaktions-, Flexibilitäts- und Lernbedarf der Privatisierer und übrigen Beteiligten. Verstärkt bzw. gemildert wird dieser auch für den Untersuchenden zunehmend undurchsichtige Effekt zusätzlich durch individuelle Schwächen und Stärken der Akteure bei der Bewältigung spezifischer Unsicherheiten [Abb. 40].

Die Zuordnung eines Falls *ex ante* zu einer Gruppe wird dann nahezu unmöglich. Leichter mag da noch die Zuordnung einer Einzelkonstellation zu einem Arrangement sein. Im Ergebnis lassen sich diese (wie gezeigt) allerdings kaum auseinanderhalten. Zudem entwickelt jede der betrachteten Konstellationen im oft ungeordneten Zusammenspiel der Akteure eine Eigendynamik, der dann mit Reagieren, statt Agieren, begegnet wird. Ist selbst die Zuordnung *ex post* von Fall zu Arrangement schwierig, kann der Versuch *ex ante* nur zufällig ein *gelungenes* Ergebnis erwarten lassen. Die Argumente und Empfehlungen des hier herangezogenen Theoriestrangs können keinen detailliert voraussagenden Charakter für den Privatisierungsalltag haben. Dennoch haben sie strukturierenden und erklärenden Charakter, weil sich die identifizierten Spezifika auf einer abstrakteren Ebene unter den dort benannten Key-Faktoren (Unsicherheit, begrenzte Rationalität etc.) zusammenfassen lassen. Mehr war bei der Einzigartigkeit des Untersuchungsgegenstands nicht zu erwarten. Die Akteure selbst geben mit der Verneinung eines definierten, klaren Handlungsplans bei ihrem Tun den Versuch einer theoretischen Ordnung des Privatisierungsprozesses der Unordnung preis. Daran hat sich auch mit fortschreitendem Lernen nichts geändert.

Aus diesem Ergebnis lassen sich zweierlei Schlußfolgerungen ziehen: Auf der einen Seite gilt übergeordnet für die Organisation des Privatisierungsprozesses, daß die Agentur in der Lage sein muß, Ressourcen und Mechanismen zu entwickeln und *umzupoolen*, um flexibel auf nicht vorhersehbare Konstellationen zu reagieren. Auf der anderen Seite muß sie versuchen, aus der Enge des Spektrums möglicher Verfahren (Once-for-all-Entscheidungen) auszubrechen, wo Unsicherheiten, Flexibilität und Interaktion auch nach dem Eigentumsübergang fordern. Diesem Versuch, der in zwei Fallstudien untersucht wurde, und seinen Ergebnissen dient die sich hier anschließende Erörterung.

Eigentumsinterpretation und Learning by Monitoring

Eine Übertragung der residuellen Kontrollrechte des Eigentums auf die, die besseres als die Treuhand damit anfangen können und wollen, schließt die Eigentümerschaft interessierter Institutionen, wie beispielsweise des betroffenen Bundeslandes, ein. In diesen Fällen - und, folgt man der Erörterung bei Hart et. al.[365], nur dort - kann es gelingen, die destruktiven (konstruktiven) Anreize an die Stelle geringsten Schadens (größten Nutzens) zu verlagern oder übertragen auf den Privatisierungsfall das Matching unsicherer Assets mit unsicheren privaten Verfügern über vertragliche Regelungen hinaus institutionell einzubetten. In einem zweiten Fall kann sich das Bemühen, wenn keine potentiellen Verfüger in Sicht sind, auf ein Matching zwischen

365 Vgl.: Hart (1989) und Hart/Moore (1990).

Assets und privatem Monitor vorverlagern und dort ein *Learning by Monitoring*[366] jenseits des Konzepts eines Eigentumsübergangs entstehen lassen.

In beiden Fällen verläßt sich die Treuhand nicht allein auf die *zentrale* Interaktion, zwischen Privatisierer (später Vertragsmanager) und Investor. In der Untersuchung hat sich bestätigt, daß die Treuhänder die Möglichkeit eines Lernens nach dem Privatisierungsakt einerseits zwar hoch einschätzen, andererseits eine eigene Rolle dabei aber ablehnen. *Aktive* Interaktion institutioneller Akteure (inhaltliche Forderungen aus einer sicheren und grundsätzlichen Position heraus) betrachtet sie bei ihrer Willensbildung im Vorfeld der Entscheidung allerdings oft als unerwünschte Einmischung. Ihr Verhalten ist Ausdruck der Befürchtung, komplexe und *umtriebige* Interaktionsprozesse würden Verfahren in mitten der Unvereinbarkeit der Forderungen (Positionen) unnötig und eher schädlich als nützlich strecken. Gleichzeitig dokumentiert sich das Selbstverständnis einer Institution, die an der Schnittstelle Staat / Markt und damit im Zentrum der oft widersprüchlichen Ziele am besten in der Lage zu sein glaubte, ihren intermediären Auftrag im Einzelfall zielgerichtet und vor allem schnell zu interpretieren. Gesetzt den Fall, dies sei so gewesen - und einiges spricht in der Tat dafür - mußte sie dennoch in vielen Fällen vor der Unsicherheit kapitulieren, ihren diffusen *Fürsorgewünschen* könnten nach dem Übergang in eine neue Verantwortung aus betriebswirtschaftlichen Gründen nicht mehr Rechnung getragen werden.

In gewisser Weise läßt sich der Wunsch der Treuhand, dort auf den aktiven Beitrag ähnlich interessierter Institutionen setzen zu können, als Bestätigung der Auffassung bei Hart (Eigentum als beste Form der Ausübung von Kontrollrechten) interpretieren. Und auch wenn in dem konkreten (hier untersuchten Fall, Zeiss) kaum Kontrollrechte, i.S. eines gemeinsamen Lernens wahrgenommen werden, scheint die Kombination von Eigentum vielversprechender zu sein als die bloße Vernetzung von Interessen, d.h. diffusen Bedürfnissen einerseits und Förderinstrumentarien andererseits (beispielsweise bei ATLAS und ANKER).

Auch die abschließende Beantwortung der Frage, ob die Hoffnung einer Unsicherheitsbewältigung durch ein vorübergehendes Matching von Assets

---

366 Vgl.: Sabel (1993) und Kern/Sabel (1993b).

mit privatem Zwischenmonitor (MKG) erfüllt werden kann, bleibt die Untersuchung schuldig. Aus ihren Konturen läßt sich aber eines sagen: In der umstrukturierenden Ausrichtung der Unternehmen stellt das Modell aus den genannten Gründen eine Verbesserung gegenüber den Treuhand-Aktivitäten dar. Und nur daran kann es, wenn eine schnelle Privatisierung keine vertretbare Chance bietet, gemessen werden. Für eine Beurteilung ihrer nachgelagerten Aufgabe Privatisierung kommt die Untersuchung zu früh. Grundsätzlich erweist sich die Treuhand eher als uneigennütziger Garant der Privatisierungsidee. Die MKGen zollen, wie auch die Treuhand, ihrer intermediären Stellung, die gleichzeitig ihre Vorteile erklären hilft, Tribut. In der Grauzone von Sanierung und Privatisierung, stehen sie in ersterem den Möglichkeiten des privaten Eigentümers und in letzterem den Möglichkeiten der Treuhand nach. Dennoch kann gerade deswegen in den für ihre Unternehmen spezifischen Situationen die Mischung - ihr hybrider Charakter i.S. eines Lernens - die insgesamt beste Lösung sein.

Zusammenfassung der Erkenntnisse im Hinblick auf die weitere Untersuchung

Als Handlungsempfehlungen für eine Strategie oder Gestaltung der Privatisierung läßt sich aus den theoretischen und praktischen Erkenntnissen folgendes schlußfolgern:

1.) Das Scheitern einer Gruppierung von Privatisierungsarrangements auf der Grundlage erkennbarer Konstellationen in der Mehrzahl der Fälle ist evident und unvermeidlich. Once-for-all Entscheidungen (auch die, die ein Vertragsmangement vorsehen) erfordern in der zutiefst unsicheren Transformationsumgebung Ostdeutschlands Interaktion und Lernen innerhalb der unterschiedlichen Phasen, die ein Arrangement durchläuft. Flexible Reaktion auf Einzelfallbedingungen führt zwar zu Verschiebungen in der Phasenbedeutung, ist aber eben erst Ergebnis von Interaktion und Lernen.

2.) Eine Unterscheidung von Privatisierungstätigkeit (Fälle 1 bis 3 - gezielter Verkauf mit Auflagen) und Sonderlösungen (Fälle 4 und 5) ist analytisch sinnvoll und kann auch gestalterische Bedeutung dort erlangen, wo die Realanpassung oder Umstrukturierung ganzer Teile der ostdeutschen

Wirtschaft auf mangelndes oder unvertretbares Interesse der Privatwirtschaft stößt.

3.) Die Treuhand ist auch in diesem Fall (der Sonderlösung) den Weg der Interaktion gegangen, um erst nach einer Versuchsphase - und in manchen Fällen zu spät - andere als rein privatwirtschaftliche Lösungen zu finden. Dieses Vorgehen ist Ausdruck ihrer Gefangenschaft zwischen zentraler Stellung in Prozeß und Lernen einerseits und forcierter Auflösung andererseits, denn die sie umgebende institutionelle Landschaft Ostdeutschlands hat (oder vielmehr hätte) sich gleichzeitig selbst aus dem Nichts über das westdeutsche Modell hinaus entwickeln müssen. So sind die oft ad hoc unternommenen Versuche beiderseits zwar zahlreich, die tatsächlich erfolgsversprechenden Lösungen aber rar.

4.) In der zurückblickenden Betrachtung wird die Hoffnung einer großangelegt sortierten Vorgehensweise bei der Privatisierung in ihrem spezifischen Kontext also aufgegeben werden müssen, während die Vermutung, die Treuhand hätte die Vorteilhaftigkeit von Kooperationslösungen (nicht Erhaltungslösungen) mit externen privaten und institutionellen Akteuren gezielter und früher nutzen können, fortbesteht; dies allerdings unter dem Vorbehalt, daß sich die wenigen realisierten Lösungen als tatsächlich vorteilhaft erweisen - wie es sich bei vielen der reinen Privatisierungsarrangements heute schon zeigt.[367]

Die hier zusammengefaßten Erkenntnisse der Falluntersuchungen werfen eine Frage auf, die weiter oben bereits angedeutet, einleitend im ersten Teil erörtert wurde und auch im letzten Teil dieses Buches noch einmal Gegenstand der fallübergeordneten Betrachtung sein soll: War die Treuhand-Organisation in der Lage, Ressourcen und Mechanismen zu entwickeln und umzupoolen, um flexibel auf die Unvorhersehbarkeit fallspezifischer Konstellationen zu reagieren?

Die Inhomogenität der Fragestellungen und der untersuchten Antworten (Arrangements) erlaubt für die Einzelfälle eine erste positive Einschätzung. Gleichzeitig war aber auch sicherzustellen, daß gemeinsames Lernen

---

[367] Die heute absehbaren Ergebnisse der Treuhand-Privatisierung werden in Kapitel 4. zusammengefaßt.

Professionalität förderte und innerhalb gewisser Grenzen Einheitlichkeit und vor allem Glaubwürdigkeit herstellte. Die bis Anfang 1992 geschilderte Weiterentwicklung der Organisation läßt beides, bezogen auf die Privatisierung, vermuten. Eine Verfeinerung des handlungsleitenden Orientierungsrahmens hatte bei gemeinsamer Sozialisierung und gleichzeitiger Betonung der Dezentralisierung übergeordnetes und spezifisches Lernen ermöglicht. Während Strukturen und Arrangements (Verträge, Pönalien) standardisiert wurden, verlieh die Auffächerung von Privatisierungshilfen und Investorenansprache dem Spektrum potentieller Bieter zunehmend Breite. Intermediäre Stellung, "Sündenbockfunktion" und gezieltes, weitgehend selbst definiertes Zusammenspiel mit den übrigen, i.d.R. ebenfalls überforderten Akteuren der Transformation schafften Freiräume. Damit standen die Eckpfeiler einer Konstruktion, die gleichermaßen auf Homogenität, Flexibilität und Geschwindigkeit ausgelegt werden mußte.

Es ist unwahrscheinlich in einer zutiefst dynamischen Umwelt eine Organisation zu finden, die nicht auch einer schwer steuerbaren Dynamik unterworfen ist. Auf der einen Seite war intern zu befürchten, daß gemeinsames Lernen der Treuhänder durch Fluktuation und Verselbständigung behindert werden konnte. Andererseits würde dies zusammen mit externem Druck und zunehmender Kontrolle, bis hin zu inquisitorischen Untersuchungsgebärden politischer Stellen, zentrale Schutzmechanismen aktivieren, die Zentralisierung und Bürokratisierung nachsichziehen mußten. Nicht zuletzt nahm parallel mit dem Bestand an Unternehmen auch dessen Attraktivität weiter ab, und während Investoren immer *unverschämter* Forderungen stellten, mußte es den Treuhand-Akteuren immer schwerer fallen, die Unternehmen, die man nun auch besser kannte, mit wachsender Konzessionsbereitschaft abzugeben. Handlungsspielräume werden dann kleiner, Entscheidungsprozesse länger und Privatisierung verlangsamt sich bei nicht abschätzbaren Effekten auf Qualität und Homogenität der Prozesse.

Die Beantwortung der Frage, ob es der Treuhand bis zum heutigen Tag gelungen ist, sich das eine zu sichern, ohne das andere zuzulassen, soll an den Anfang der abschließenden Betrachtung der Treuhand-Strategie in dieser Arbeit gestellt werden.

Dritter Teil: Würdigung der Privatisierungsergebnisse

Chandler definiert einerseits Strategie als "the determination of the basic long-term goals and objectives of an enterprise, and the adoption of cources of action and allocation of ressources necessary for carrying out these goals", während Strukturen andererseits das Organisationsdesign beschreiben "through which the enterprise is administered"[368].

Die Treuhand hat sowohl versucht, ihre - teils widersprüchlichen - Ziele und Aufgaben an der Schnittstelle zwischen Staat und Unternehmen in eine übergeordnete Strategie zu transformieren, als auch sich die entsprechende Struktur zu deren Absicherung und Umsetzung zu geben. Bezogen auf den Einzelfall blieb beides verschwommen. Erst in der Interaktion nahmen Strategie und Struktur dort zusammen Form an. Der Versuch, in diesem Buch - ex post - etwas anderes als das zu identifizieren, kann als mißlungen angesehen werden.

Formiert sich die Privatisierungsstrategie aus einem Trial-and-Error an Einzelfällen, stellt sich neben der Frage nach dem Hüten und Bewahren der Zutaten, die sich dafür als essentiell herausgestellt haben [Kapitel 1.], auch die übergeordnete Frage nach deren an den ursprünglichen Zielen gemessenen Ergebnissen [Kapitel 2.]. Vielleicht lassen die sich erst keimartig herausschälenden Ergebnisse ihrer Arbeit Rückschlüsse auf die Vorteilhaftigkeit der zugrundeliegenden Strategie zu. Dann ließe sich auch die Frage beantworten, ob die Zusammensetzung eines Mosaiks vieler Einzelentscheidungen auf der Unternehmensebene eine in der Volkswirtschaft vitale Struktur begründen kann.

Die Gesamtwürdigung der Privatisierungsergebnisse wird bei dem Versuch einer Beantwortung dieser Fragen in einem Ausblick münden, welches die Lehren aus der Tätigkeit der Treuhand sein können - für Ostdeutschland (rückblickend und vorausschauend) und für die in der Transformation ihrer Wirtschaft zwangsläufig weit zurückliegenden Gesellschaften Osteuropas [Kapitel 3.].

368 Chandler (1962), *Strategy and Structure*, S. 13 und 14.

1. Die Weiterentwicklung der Privatisierungstätigkeit

"Es besteht die Gefahr, daß die Treuhand sich als Organisation perpetuiert und das Interesse an ihrer ureigenen Aufgabe verliert, die Betriebe zu privatisieren. Es wäre nicht die erste staatliche Behörde, die Parkinsons Gesetz bestätigt."[369]

Nachdem erstmals bereits 1991 konkrete Termine zur Beendigung ihrer Arbeit festgelegt wurden, begann im Herbst 1992 die Willensbildung im Treuhand-Vorstand zur Überführung der Aufgaben in eine neue Struktur nach 1994. Der Druck auf das Privatisierungstempo blieb damit unmißverständlich hoch und konnte vielleicht sogar allein Garant dafür sein, eine Entwicklung zu verhindern, die mit der praktischen Bestätigung *Parkinsons* in Wissenschaftskreisen einen Namen fand. Ein Blick unter die Oberfläche der zweifelsohne beeindruckenden Privatisierungszahlen soll in diesem Abschnitt zeigen, welche Befürchtungen der einen - und damit gleichzeitig Hoffnungen der anderen (Gegner einer schnellen Privatisierung) - wahr wurden und welche Mechanismen die Treuhand entwickelte, ihre lebenswichtig gewordene intermediäre Position nicht zu verlassen und ihre Tätigkeit bis Ende 1994 *pünktlich* abzuschließen.

---

369 H. Siebert (1990), Handelblatt, 18.6.1990. Nach den Erkenntnissen des britischen Historikers Cyril Parkinson ("Arbeit schafft Arbeit") wachsen bürokratische Institutionen losgelöst von dem Umfang der zu bewältigenden Aufgaben und beschäftigen sich zunehmend mit sich selbst (vgl.: Die Zeit vom 11.3.1994, S. 32)

1.1. Lerneffekte in operativer Tätigkeit und Organisation

"Das Tempo unserer Arbeit genügt nicht allen. Aber wir meinen, daß es ein beachtliches Tempo ist."[370]

Mit beeindruckenden Wasserstandsmeldungen - durch Entflechtung täglich wachsender (bezogen auf den Anfangsbestand) Unternehmenszahlen bei nahezu konstantem Abbautempo - gelang es der Treuhand, in den Jahren 1992 und 1993 das Bild von der *heilen Welt* in ihrem Kerngeschäft nahezu unbeschädigt aufrecht zu erhalten.

Verlangsamung des operativen Geschäftes

In einer Zeit abflachender Lernkurven - was zunächst bedeutet, daß die Akteure den Punkt maximalen methodischen Lernens mit geringem Aufwand überschritten hatten - und zunehmender Betreuungsrelationen (mehr Privatisierer für weniger Unternehmen) konnte aber bereits beides dafür verantwortlich sein, daß die Verhandlungsdauer sich bei Privatisierungen stetig verlängerte.[371] Ein Ausreizen verfahrensmäßiger Varianten durch die Akteure erscheint einerseits auf der Basis des überall großen Interaktionsbedarfs wahrscheinlich.

Verschlechterte sich parallel durch die zwangsläufig mangelhafte Sanierungsbegleitung und Umsetzung vor Ort die Situation ihrer Unternehmen, läßt sich andererseits vermuten, daß das Matching von Assets und Verfügern zusätzlich schwieriger oder - besser gesagt - anspruchsvoller wurde. Wachsende Betreuungszahlen und die abnehmende Bereitschaft zu Konzessionen bei *liebgewordenen* und zudem arg *gebeutelten* Unternehmen (intensiveres Lernen am Einzelfall) auf Treuhand-Seite sowie abnehmende Attraktivität der Assets auf der Seite potentieller Investoren (die zudem vor der eigenen Tür genügend Probleme zu lösen hatten) konnten den Prozeß -

---

370 B. Breuel, zitiert in: Die Wochenpost vom 24.10.1991, S.22.

371 Eine Untersuchung der Treuhand-Privatisierungspraxis durch das Institut für Mittelstandforschung Bonn (IFM) im Oktober 1992 bestätigt die Verlangsamung von Einzelfallentscheidungen, sieht darin aber vornehmlich Einflüsse der zunehmenden externen Einmischungsversuche.

jenseits wachsender Organisationprobleme und externer, politischer Einflußnahme - früher oder später zum Stillstand bringen. Operativ verschränkte sich hier die Reflektion der grundsätzlich positiv bewerteten Privatisierungsergebnisse mit der Wahrnehmung der unbefriedigenden Entwicklung der nicht privatisierten Unternehmen und der Zeit als weiterhin kritischster Faktor der eigenen Arbeit.[372]

Diese Wahrnehmung wurde von der Treuhand-Spitze sehr ernstgenommen. Ihre nüchterne Bestandsaufnahme des verbliebenen Unternehmensspektrums Mitte 1992 und der teils ungeplanten organisatorischen Entwicklungen veranlaßte sie, weitergehende (als die einleitend in Teil 1 beschriebenen) Anpassungen und punktuelle Verfeinerungen ihrer Strategie vorzunehmen:

An ihrer operativen Philosophie sollte sich nichts ändern. Privatisierung wurde auch weiterhin "als beste Form der Sanierung" interpretiert. Entlang dieser Leitlinie sollte die Betreuung des Beteiligungsbestandes zum Jahreswechsel 1992/93 aber mit neuen Instrumenten dem Trend entgegentreten. Die bereits anfangs erwähnte Phase der "qualitativen, problemorientierten Auswahl der optimalen Vorgehensweise"[373] wurde eingeläutet. Für die Aufgabenerledigung bedeutete dies eine sophistiziertere Prioritätensetzung durch Detailplanung und gruppenorientierte Vorgehensweise.

In der Privatisierung sollten die Kleinstunternehmen über vereinfachte Verfahren schnell veräußert werden. Trotz des Aufschreies vor Ort wurde an diesem Ziel festgehalten.[374] Gleichzeitig sollte die Zahl der Minderheits-

---

372 Die vielfach geäußerte Vermutung, die Schwierigkeiten der Privatisierung lägen weniger in den zunehmend engeren Investorenmärkten (durch rezessive Tendenzen im Westen) oder in der mangelhaften Begleitung der Unternehmen unter Treuhand-Obhut und seien dafür um so mehr notwendige Konsequenz einer anfänglichen Ausverkaufspolitik der Filetstücke, trifft m.E. nicht den wahren Korn. Analysen der Treuhand zeigen einen über alle Sanierungsklassen annähernd gleichverteilten Privatisierungserfolg. Die insgesamt schlechtere Sanierungseinstufung des Treuhand-Restbestandes zum Jahreswechsel 1992/93 drückt das aus, was schon öfter in dieser Arbeit angeklungen ist: die Hilflosigkeit der Treuhand, den Schwierigkeiten ihrer Unternehmen (hauptsächlich dem Wegbrechen der Märkte) mit eigenen Sanierungsanstrengungen entgegenzuwirken.

373 A-Interview mit H. Maaßen zu den Ergebnissen der Klausurtagung der Führungskräfte der Treuhand vom 28.1.1993.

374 Ob die außerordentlich hohe Liquidationsquote in dieser Unternehmensgruppe auch Folge des nicht nachlassenden Drucks in dieser Frage ist, muß hier offen bleiben.

beteiligungen (vielfach wegen unklarer Restitutionsansprüche eingegangen) abgebaut werden, um mit einem *besenreinen* Unternehmensbestand in das letzte Jahr operativer Tätigkeit zu gehen. Für die besonders schwierigen Fälle (Komplexität, *Cash-Fresser*, hoher Zeitbedarf) waren Lösungen vorzudefinieren und die Beteiligungsbegleitung zu intensivieren. Je nach Schwierigkeitsgrad wurde ein abgestuftes Verfahren in der Verantwortung des zuständigen Bereichsvorstands aktiviert.[375]

Der Erfolg dieser Maßnahmen ist umstritten. Das *zentrale* Lernen speiste sich nicht aus dezentralen Erfahrungen hin zu einer gezielten Verfahrensauffächerung (sie mußte - wie hier ausführlich erörtert wurde - eher abgelehnt als unterstützt werden), sondern aus den erkannten Notwendigkeiten einer Veränderung der Rahmenbedingungen.

Bemerkenswert ist dabei zweierlei: Einerseits erging eine Ermahnung an die Adresse der Privatisierer, die Chancen einer privatwirtschaftlichen Lösung in jedem Einzelfall zwar kritisch, aber vor allem zügig, konsequent und - wo nötig - auch flexibel in der Konditionengestaltung zu nutzen. Andererseits verlangte man ihnen dort Prioritätensetzung ab, wo sie durch interaktives *Hindurchwursteln* zwar zahlenmäßigen Erfolg nachweisen konnten, scheinbar aber drohten, mittelfristig steckenzubleiben.

Die Auslotung aller Privatisierungsmöglichkeiten wird unter dem Zeitdruck (*Kehraus*) mit Sicherheit gelitten haben.

375 Innerhalb unterschiedlicher Intensitätsstufen sollte von einer Abweichungsanalyse standardisierter Daten kombiniert mit dem Nachhalten von Maßnahmenplänen (Stufe III) bis hin zur aktiven "Wahrnehmung der Gesellschafterfunktion" durch den Bereichsvorstand und gezielten Task Force-Einsätzen (Stufe I) das Instrumentarium erweitert und erheblich verfeinert werden (Interview mit H. Maaßen). Wie ernst es der Treuhand-Spitze damit war, dokumentiert die Tatsache, daß sie die Entwicklung zum Anlaß nahm, die im Sommer 1991 erstellte "Richtlinie zur Erstellung und Behandlung von Unternehmenskonzepten" durch eine aktualisierte Fassung zu ersetzen. Die neu eingeführten Instrumente hatten insofern keinen optionalen, sondern bindenden Charakter. Gleichzeitig wurden die Genehmigungsstufen nach unten angepaßt.

Beides verstand sich nicht als Kritik an einer Vorgehensweise, zu deren Änderung am Einzelfall der sich erst mühsam entwickelnde Kenntnisstand der Akteure nicht ausreichte.

Vermutet man aber in diesem Vorgehen nur die (i.S. der Aufgabenerledigung) konsequente Anwendung der *20:80-Regel*[376], würden Konfliktpotentiale in der Organisation selbst unberücksichtigt bleiben, die die Sorge der Treuhand-Spitze nährten, ihre Institution könnte sich auf einen *status quo* einpendeln, der einer sich stets wandelnden Privatisierungsumgebung schnell nicht mehr angemessen wäre: Im letzten Quartal 1992 lag die Mitarbeiterfluktuation (auf das Jahr hochgerechnet) bei 25%. Mußten tatsächlich von über 4.000 Mitarbeitern nun mehr als 1.000 jährlich ersetzt werden, sprengte das die Integrationsfähigkeit einer ohnehin fragilen Organisation. Mit der Rückkehr der "One-Dollar-Men"[377] in ihre westdeutschen Konzerne verlor die Treuhand wichtige Erfahrungsträger der *ersten Stunde*. Die Auseinandersetzung der Mitarbeiter mit der Beendigung ihrer Tätigkeit ("Kollektiver Selbstmord" im Jargon des ehemaligen Treuhand-Personalvorstands Koch) verschärfte das Konfliktpotential. Einige suchten aktiv nach neuen Aufgaben außerhalb der Treuhand, andere verselbständigten sich mit einer Verzögerung ihrer Aufgabenerledigung. Geschwindigkeits- und Auflösungswunsch konnten mit der spürbaren Nähe zum Ende der Aufgabenerledigung plötzlich kontraproduktiv wirken. In Verbindung damit konnte ein weiteres anfangs zusammenschweißendes Phänomen destruktive Wirkung zeigen: Die öffentlichen Anwürfe waren nicht verstummt und minderten den Preis der Treuhand-Mitarbeiter auf dem Arbeitsmarkt. Der schnelle Absprung konnte

---

376 Mit der Konzentration der Ressourcen auf die Bearbeitung von 20% des Bestandes lassen sich im Ergebnis (bezogen auf die Mitarbeiter und Investitionen) 80% der Zielsetzungen erreichen. Die Gleichbehandlung der 100% führt zu einer geringeren Zielerreichungsquote. Wenn das Lernen die Auffassung bestätigt hat (die auch als Ergebnis der Einzelfalluntersuchung in dieser Arbeit vorliegt), die Unsicherheit jedes Einzelfalls erfordere, weitgehend unabhängig von seiner Größe, eine ressourcenbindende Interaktion, ist diese Vorgehensweise bei knappen Ressourcen (Zeit und Akteure) eine zutiefst ökonomische.

377 Im Rahmen der "Kanzler-Hundert"-Aktion an die Treuhand ausgeliehene Mitarbeiter der zweiten und dritten Führungsebenen.

dem zukünftigen Problem einer Wellenbewegung zuvorkommen. Und selbst die, die blieben, beschäftigten sich zwangsläufig in zunehmendem Umfang mit dieser einnehmenden und zeitintensiven existentiellen Frage.

Neben den grundsätzlichen unkontrollierbaren Auffassungsunterschieden - jeder sah den Grat zwischen Privatisierung/Verscherbeln und Sanierung/zu Tode-Verhandeln in Nuancen unterschiedlich positioniert - drohte die Aufgabenerledigung durch die rückläufige Identifizierung mit den Zielen der Treuhand ungesteuert zu verlaufen. Der Druck auf das Gaspedal konnte nun *Parkinsonsche* Tendenzen im operativen Geschäft eher fördern als verhindern, wenn es nicht gleichzeitig gelang, die Mitarbeiter mit zentraler Bedeutung für die Aufgabenerledigung im Kerngeschäft auf der gleichen Linie zu halten.

Das Lernen der Treuhand-Spitze äußerte sich zum einen im Zurücknehmen eherner Grundsätze. Mit ihren Festlegungen wurde die gleichmäßige *Gut- oder Schlechtbehandlung* (abhängig vom Blickwinkel des Betrachters) und die Verlagerung der Diskussion (Privatisierung oder Stillegung) auf die Unternehmensebene, die dort Freiheit im Handeln (Gratwanderung im Einzelfall) garantiert hatte, intern aufgeweicht. Offensichtlich hatte man das Gefühl, zentrale Lenkung und Kontrolle müßten (paradoxerweise) dafür Sorge tragen, die Organisation beweglich zu halten. Für einen Teil des Bestandes - den zahlenmäßig größten aber von den Mitarbeiterzahlen kleinsten - sollte das Dezentralisierungsprinzip durch "unkomplizierte" (d.h. weniger genaue) Veräußerung aus der Treuhand heraus verlagert werden. Für einen weiteren (komplexen) Teil wurde es in gewisser Weise durch die Betonung der Vorstandsverantwortung in eine Zentralisierung umgewandelt.

Zum anderen sollte ein später extern heftig kritisiertes Zielvereinbarungssystem über die Kopplung mit finanziellen Anreizen Direktoren, Niederlassungsleiter und Abteilungsleiter veranlassen, ihre Aufgaben zügig und qualitativ ansprechend zu Ende zu führen.[378] Allen Mitarbeitern wurden

[378] Die Kopplung von Boni an die nicht miteinander verrechenbaren Ziele (Geschwindigkeit, Arbeitsplätze, Investitionen, Kaufpreis, Sanierungsbegleitung etc.) drückt einerseits das erkannte Bedürfnis nach dem Erhalt eines, und sei es erkauften, *corporate spirit* und gleichzeitig die Hilflosigkeit bei dessen Umsetzung aus. Wie sollte Geschwindigkeit gehalten werden, wenn gleichzeitig hohe Arbeits-

Outplacement-Modelle aufgezeigt, denen es später aber häufig an der Umsetzung fehlte.[379]

Die Wirksamkeit der neu eingeführten Instrumentarien isoliert einzuschätzen, fällt schwer, weil sich Konflikte und Lösungsansätze überlagerten. Mit Sicherheit läßt sich nur eines sagen: Die Unsicherheiten in Privatisierungsprozeß und Organisation waren durch sie allein nicht zu beseitigen. Dort, wo Informationssicherheit wuchs, verdeutlichte sich häufig nur die Aussichtslosigkeit einer akzeptablen Privatisierung. Die Verbesserung der Begleitungs-Instrumentarien hat in den meisten Fällen nicht zu einer spürbaren Verbesserung der Unternehmenssituation geführt. So ist anzunehmen, daß nur das Abrücken von gar nicht mal mehr idealen Vorstellungen in vielen Fällen eine schnelle Privatisierung ermöglichte. Der Verselbständigung konnte keine *wirksame* Zentralisierung entgegengesetzt werden. Dafür war die Aufgabe nach wie vor zu komplex. Dennoch werden die Regelungsversuche und Weiterentwicklungen die destruktiven Tendenzen eines Auseinanderbewegens von dynamischer Aufgabe, Treuhand-Spitze und -Mannschaft in punktuell spürbarem Umfang gemildert haben. Wo daraus wiederum negative Einflüsse auf die Aufgabenbewältigung entstanden sind, bleibt selbst für die Treuhänder im Dunkeln.[380] Notwendiges und Vermeidbares sind in dieser Hinsicht nicht zu trennen.

Ein weiteres Problem mit nicht zu unterschätzender Wirkung auf das Organisationsverhalten der Treuhand ist hier bislang unberücksichtigt geblieben. Seiner Bedeutung angemessen widmet sich der nächste Abschnitt dem Einfluß der zunehmenden politischen Interventionsversuche auf die Privatisierungsbemühungen und die Organisation der Treuhand.

---

platzzusagen mehr Geld versprachen (und umgekehrt)? Dennoch zeugt beispielsweise die vernichtende Kritik des Bundesrechnungshofes an dem "teuren und weitgehend nutzlosen Instrument" vom mangelnden Verständnis der Bonner Externen an den Vorgängen in der Treuhand. *Nichts-Tun* (oder zu wenig davon) war in dieser Hinsicht keineswegs die bessere Alternative.

379 Beispielsweise scheiterten (meiner Kenntnis nach) alle Versuche, den Bieterkreis bei Privatisierungen auf die Gruppe erfahrener Treuhänder auszudehnen, an den strengen Prüfungen des Insider-Ausschusses der THA. Damit blieben auch erhoffte positive Mitnahmeeffekte (Abbau des Bestandes) ungenutzt.

380 A-Interview mit G. v. Gusinski.

1.2. Engere "Netze" - Die Einflußnahme der übrigen Akteure wächst

"Noch überhören die Mitarbeiter der Treuhandanstalt die Signale aus der Politik, die sich mokant über die Unfähigkeit der Treuhandanstalt lustig macht. Es wäre fatal, wenn sich die Treuhandanstalt - obwohl keine Behörde - doch so verhalten würde, wie eine Behörde auch sein kann: verschanzt hinter Vorschriften, vorauseilend im Gehorsam gegenüber der Politik."[381]

War das als Mahnung - intern wie extern - zu verstehen, weil genau diese Tendenzen mit voranschreitender Zeit immer deutlicher wurden? Die Beurteilung wird hier auf einige Punkte zurückgreifen, die bereits in dem Kapitel zu Organisation und übergeordneten politischen wie öffentlichen Interaktionsbemühungen der Treuhand [im ersten Teil des Buches] ausführlich thematisiert wurden.

Abnehmende Wehrhaftigkeit bei der Konfliktdämpfung

Gefangen in einer Kombination aus Erfolgsdruck und Überforderung mußte die Treuhand ihre Handlungsräume und Außenbeziehungen frei gestalten können. Die Freiheit (auch die um den Preis der Einsamkeit) erwies sich allerdings in der dynamischen Transformationsumgebung als knappes Gut, von dem sie zunehmend weniger zur Verfügung hatte. Die Ironie dieser Entwicklung lag darin, daß der von ihr *gewollte* und *geplante* Verlust der eigenen Bedeutung - von der "Regierung zur gesamten Hand" zur Überflüssigkeit - maßgeblichen Anteil am, für ihren Geschmack zu frühen, Freiheitsverlust hatte. War sie zum Anfang ihrer Tätigkeit die ebenso zentrale wie mächtige Institution des Umbaus, hinter der sich die Politik (wenn sie denn wollte) verstecken konnte, verlor die Treuhand im Zeitablauf mit ihrer Zentralität und Bedeutung auch die respekteinflößende Distanz. Damit mußten sich auch ihre Möglichkeiten verringern, sich gegen die ihre Arbeit begleitenden Versuche, Einfluß zu nehmen (hier verstanden als Behinde-

381 B. Breuel (1992b), S. 30.

rung), effektiv zu wehren. Während sich parallel die *Kooptation* mit einigen Mitspielern (punktuell Länder und Gewerkschaften; insbesondere auch im Verwaltungsrat) verbesserte, öffneten sich zwei Flanken ihrer bis dato erfolgreichen *Konfliktdämpfungsmechanismen* (lose Kopplung, geschickte Rethorik) insbesondere in Richtung der Bonner Bürokratie:

Einerseits gewann die *Kopplung* mit dem Regierungs-, Verwaltungs- und politischen System auf dessen Bestreben hin an Festigkeit.

Die zunächst allgemein geführte Debatte um das Aufgabenverständnis hatte sich im politischen Raum zunehmend auf eine Zereißprobe zwischen den unterschiedlichsten Interessen und dem betriebswirtschaftlich Durchsetzbarem auf die Unternehmensebene verlagert. Die wachsende Übersichtlichkeit der von der Treuhand zu bewältigenden Restaufgaben ermöglichte es nun, die Forderungen genauer zu spezifizieren und gezielter Einfluß zu nehmen. Zudem gewannen die Versuche an Vehemenz, weil die sozial- und industriepolitischen Folgen der Treuhandtätigkeit (berechtigt oder unberechtigt in einen Kausalzusammenhang gebracht) keine theoretische Größe blieben, sondern allmählich erschreckende Formen annahmen. Gleichzeitig wurden die enormen, teils unerwarteten finanzpolitischen Belastungen zum Anlaß genommen, die Institution zu einer strikteren Budgetorientierung aufzufordern, auch wenn Renditeerwartungen aus dem Privatisierungsgeschäft heute wohl der Vergangenheit angehören. Beides, Erhaltungspolitik am Einzelfall und allgemeine Budgetrestriktionen, wirkte zwar argumentativ gegeneinander, aber im Hinblick auf die Einschränkung der Entscheidungsfreiheit in die gleiche Richtung.

Andererseits büßte ihre *Rethorik* zwar nicht unbedingt an politischem Geschick ein, sie drohte aber, in der zunehmenden *Bedeutungslosigkeit* unterzugehen und ihren wehrhaften Charakter zu verlieren. Die Treuhand verwirkte ihre Lokomotivfunktion in der Kommunikation und Themenfestlegung und wurde dort spürbar in eine defensive Position gedrängt.[382]

---

[382] Eine Analyse der Presseaktivitäten der Treuhand-Spitze unterstützt diese Einschätzung. Immer häufiger wurde Bestandsabbau mit Bedeutungsabnahme in Verbindung gebracht und immer seltener wurde an der Diskussion anderer als zentraler Treuhand-Themen teilgenommen. Hatte sich die Institution aus der Diskussion um übergeordnete Fragen der Transformation in den neuen Bundesländern anfangs nicht exkulpieren können, waren an ihre Stelle zunehmend andere

Wasserstandsmeldungen und Brückenköpfe in der Organisation dienten zwar immer wieder als Puffer, verloren aber auch mit den engeren *Netzen* an Wirksamkeit.

Es fällt schwer, berechtigtes und notwendiges Kontrollinteresse und demokratische Mitspracheinteressen von den Versuchen zu trennen, politische Vorteile aus der Kommentierung der Treuhandtätigkeit und Aufdeckung ihrer "Machenschaften" zu ziehen. Der Versuch soll hier auch nicht im einzelnen unternommen werden. Lediglich werden im folgenden aus der Fülle möglicher drei besonders einschneidende Beispiele einer Aufweichung oder Verschiebung der Demarkationslinien zwischen der Treuhand und den politischen Akteuren herausgegriffen. Fest steht, daß die Bedeutung der Treuhand beim Umbau der ehemaligen ostdeutschen Planwirtschaft zur Spielwiese politischer Schaukämpfe werden konnte. Diese Gefahr wuchs, je näher das Superwahljahr 1994 rückte. Nicht aber die Veranlassung soll hier das Thema sein, sondern ihre Konsequenzen und das Bemühen der Treuhand-Spitze, diese so gering wie möglich zu halten.

"Die Treuhandanstalt und ihre Aufgabenerfüllung wird auch immer stärker politisch kontrovers diskutiert. Wir wären weltfremd, wenn wir glaubten, uns davor verstecken zu können oder in eine sachliche Welt ohne Politik flüchten zu können. Dennoch werden wir sachlich bleiben und immer wieder versuchen müssen, Fakten gegen Emotionen zu setzen. Die öffentliche kontroverse Diskussion ist nun einmal die Grundlage demokratischen Handelns und einer pluralen freiheitlichen Welt.

Viele werden in den nächsten Monaten noch stärker als bisher das Gefühl haben, daß man die Aufgaben der Treuhandanstalt in der Öffentlichkeit nicht richtig versteht, daß man die Entscheidungen nicht richtig nachvollzieht und daß allgemein die Menschen zu wenig von Wirtschaft verstehen und deshalb uns nicht verstehen. Wir müssen immer daran denken, daß dies nicht die Schuld der Menschen ist."[383]

In der Auseinandersetzung mit dem von der SPD-Bundestagsfraktion - nach langem Zögern und kontroversen Diskussionen - zur Überprüfung ihrer

---

getreten (die sie ja immer aufgefordert hatte, ihrer Verantwortung gerecht zu werden).

383 Die Treuhand-Präsidentin Breuel schrieb dies in einem Brief an die Mitarbeiter anläßlich der Einrichtung eines parlamentarischen Untersuchungsausschusses zur Arbeit der Institution im Oktober 1993.

Arbeit ins Leben gerufenen *parlamantarischen Untersuchungsausschuß* lassen die Treuhänder mehr als eine *Spur* Unverständnis und Resignation erkennen. Zwischen den hier und weiter oben zitierten Stellungnahmen der Treuhand-Präsidentin lag etwa ein Jahr zunehmend frustrierter Erfahrungen mit den externen Versuchen einer Politisierung der eigenen Tätigkeit. Während die Treuhand sich fachlich weiterhin in ihrer eigenen Welt agierend wähnte, wurden die *Netze* um sie herum auch in dieser Hinsicht enger gezogen. Dieser Prozeß gipfelte schließlich im Herbst 1993 in der Einrichtung eines Ausschusses (zu den zwei anderen die Treuhänder bereits ausgiebig beschäftigenden Gremien: Auschuß Treuhandanstalt und Haushaltausschuß), dessen Fragwürdigkeit, konstruktive Ergebnisse zu produzieren, sich schon aus seiner Gründungsabsicht ergeben mag, hier aber nicht erörtert werden soll.[384]

Auch der Intensivierung ihrer Bindung an die *Ressorts der Bundesregierung mit Rechts- und Fachaufsicht* hatten die Treuhänder nicht viel entgegenzusetzen, obwohl diese viel eher das argumentative Dilemma zwischen Arbeitsplatzrettung und immenser Schuldenlast mit ihr zu teilen hatten. Die Verschärfung der Einzelfallprüfung (Anpassung der Genehmigungsgrenzen) zum Jahreswechsel 1992/93[385] sorgte zwar für wenig Aufregung, aber zu einer (jedenfalls formalen) Einschränkung der Handlungsfreiheiten, einer Zunahme des organisatorischen Aufwandes und der Entscheidungsdauer. Auch in der Frage der Anpassung ihrer Organisation an die Beendigung des operativen Geschäftes traten nun zunehmend Auffasungsunterschiede zu Tage. An ihr konnte sich ein öffentlicher Streit zwischen

---

384 Nachdem die SPD mit dem Versuch gescheitert war, im März 1992 eine Änderung des Treuhandgesetzes zur Aufnahme des Sanierungsauftrages (Gesetzesentwurf vom 18.3.1992) parlamentarisch durchzusetzen, sollte nun ein Ausschuß mit weitreichenden Kompetenzen unter SPD-Vorsitz die Abweichungen der Treuhand-Arbeit von ihrer ideologischen Grundlage (THA-Auftrag) untersuchen, ohne erneut die Ideologie selbst in Frage zu stellen: "Der Bundestag wolle beschließen: (...) Der Ausschuß soll untersuchen, ob in welchem Umfang durch Maßnahmen oder Unterlassungen der Bundesregierung und der Treuhandanstalt - überlebensfähige Treuhandbetriebe geschlossen und - in noch existierenden Betrieben (...) Arbeitsplätze vernichtet wurden, die hätten erhalten werden können. (...)" (Antrag der SPD-Fraktion zur Einsetzung eines Untersuchungsausschusses vom 7.9.1993, S. 1).

385 Vgl.: Änderung der "Geschäftsordnung der Treuhandanstalt", Richtlinie Nr. 03/91 geändert zum 1.1.93, Organisationshandbuch, S. 13f.

Treuhand-Spitze und BMF entzünden, auf den bei der Suche nach neuen Lösungen im nächsten Abschnitt noch einmal eingegangen wird.

Als erheblicher Störfaktor kristallisierte sich außerdem das zunehmende Interesse des weitgehend selbstgesteuerten *Bundesrechnungshofs (BRH)* an der Treuhand-Arbeit heraus.[386] Auch in dieser Hinsicht blieb die sachlich und auf Kooperation ausgerichtete Treuhand-Abwehrstrategie ein *zahnloser Tiger*. Legitimiert, wie der Haushaltsausschuß auch, die laufende Tätigkeit von Bundesorganen und deren nachgeordneten Behörden zu prüfen, fand der BRH in der Treuhand bei nahezu jedem Thema - inklusive der eigentlichen Arbeit - ein "Eldorado" offensichtlicher Zuwiderhandlungen gegen das geltende Haushaltsrecht.

"Die Orientierung an Einzelfällen verbunden mit üblichen Maßstäben öffentlicher Haushalte birgt die Gefahr des Fehlurteils, sofern daraus Schlüsse auf die Treuhandanstalt insgesamt abgeleitet werden. Die Zulässigkeit unvollkommenen Arbeitens ist die Existenz- und Erfolgsgrundlage der Treuhandanstalt schlechthin. Ein Perfektionismus im Einzelfall wie im Regelwerk wäre nur vordergründig positiv zu beurteilen - in der Gesamtsicht würde er nicht nur grob gegen den Haushaltsgrundsatz der Wirtschaftlichkeit und Sparsamkeit verstoßen, sondern möglicherweise sogar die Erreichung der Ziele des Treuhandgesetzes insgesamt in Frage stellen. Die Aufgabenstellung der Treuhandanstalt war nicht, einzelne Unternehmen optimal zu privatisieren und zu sanieren; sie besteht darin, einen Bestand von rund 12.000 Unternehmen mit sehr begrenzten Ressourcen, nicht zuletzt an hierfür einsetzbaren Menschen, in möglichst kurzer Zeit nach Möglichkeit wettbewerbsfähig zu machen. Die Erfüllung dieser Aufgabe erfordert auch bei den Zielen Konzessionen."[387]

Gratwanderung zwischen distanzierter Kooperation und vorauseilendem Gehorsam

Die zunehmende Behandlung der eigentlich intermediären Institution als Behörde mag zwar deren Selbstwahrnehmung zunächst unbeeindruckt gelas-

---

386 A-Interview mit H. Maaßen.

387 Stellungnahme des Treuhand-Vizepräsidenten Brahms zur "Mitteilung des Bundesrechnungshofes über die Prüfung der Verfahrensweise bei Entscheidungen über die Sanierungsfähigkeit von Beteiligungsunternehmen der Treuhandanstalt" vom 27.5.1993.

sen haben. Zumindest in ihrem organisatorischen Verhalten und in den Köpfen der Akteure bei Einzelentscheidungen mußte sich die Treuhand aber immer mehr auf eine Bürokratisierung zu Lasten der Flexibilität einlassen.

Wo sachliche Argumentation ihre Grenzen fand, konnten in bewährter Manier Brückenköpfe den operativen Einheiten den Rücken freihalten. Die Beobachtung, daß die Zahl der Privatisierer und Unternehmensbetreuer seit Mitte 1991 weitgehend konstant blieb, während parallel die Gesamt-Mitarbeiterzahl von etwa 2.700 bis Ende 1993 um mehr als das Doppelte auf über 5.700 wuchs, war aber besorgniserregend. Wucherte hier eine Bürokratie, die sich zunehmend mit sich selbst beschäftigte, oder waren gerade die dafür maßgeblich verantwortlich, die anfingen sie für ihre Auswüchse zu kritisieren, als über die Neuorganisation nach der Aufgabenbeendigung nachgedacht wurde?

Dennoch könnte die Beobachtung von Auswucherungen der Organisation in dieser Arbeit unberücksichtigt bleiben, wenn sie (die Auswucherungen) ihren Zweck (schützender Mantel) erfüllten und die operativen Einheiten unbeeindruckt von *engeren Netzen* ihrem Kerngeschäft und dessen Beendigung nachgehen würden. Informations- und Abstimmungsbedürfnisse in der Sache (Kerngeschäft) konnten jedoch nur von denen befriedigt werden, die an der Sache arbeiteten. Läßt man beiseite, daß qualitativ wertvolle Kapazitäten nicht beliebig teil- oder ergänzbar waren, die Intensität der Arbeit also schon dadurch leiden mußte, bleibt die Vermutung, daß von dem *Hineinreden* bei den handelnden Akteuren und deren Entscheidungsfindung eines hängen blieb: Freiheitsverlust auf der organisatorischen wie persönlichen Ebene.

Abgesehen von einem vorauseilenden Gehorsam bei abstimmungspflichtigen Einzelfallentscheidungen konnten sie außerdem zunehmend weniger unbeeindruckt bleiben von der externen Versuchung, mit (statistischen) Meßlatten die wirtschaftliche Realität gestalten zu wollen. Selbst die, deren berufliche Herkunft oder Persönlichkeitsstruktur sie weitgehend gegen ein politisches Diktat unempfindlich machten, fingen an, Entscheidungen über Gutachten und Gegengutachten immer feinmaschiger abzusichern.[388] Diese

---

[388] Eine der ernstzunehmenden Auswucherungen der Organisation liegt in der drastischen Zunahme des Gutachtenwesens (zu dem dem Verfasser allerdings keine Zahlen vorliegen). Dennoch ist der Privatisierungsprozeß heute ohne Gutachter

Entwicklung war insofern fatal, als daß es die Treuhand selbst war, die stets die Notwendigkeit *gepredigt* hatte, auf die in jedem Detail objektivierbare Rationalität zugunsten einer vertretbaren Pragmatik (*muddling through*) als Reaktion auf die dynamische Problementwicklung zu verzichten.

Angetrieben von dem Auflösungstermin und gleichzeitig gebremst von wachsenden externen Kontroll- und Interventionsinteressen bewegten sich ihre Entscheidungen - jenseits des Lernens - in einen Trichter hinein. Das Ausmaß der Verschiebungen im Zielsystem der Treuhand und deren Umsetzung in eine einzelfallbezogene Strategie ist nicht einschätzbar. In der Zwickmühle sich parallel verschärfender Konflikte und Verunsicherungen werden zumindest einige der operativen Akteure ihre unternehmerische Handlungsfreiheit (freiwillig oder unfreiwillig) gegen eine bürokratische Absicherung eingetauscht haben[389], auf deren steinigen Boden das, was die Treuhand auszeichnete - kreative und flexible Interaktion -, verkümmern konnte.

"Es muß möglich sein, auch für diese (bei der Treuhand noch verbliebenen; Anm. d. Verf.) Unternehmen des industriellen Kerns einen individuell richtigen Weg zu finden - ohne von Meßwerten eingekesselt zu sein, mit denen man die Richtigkeit des Weges aus der Distanz messen will, wo fürsorgliche Nähe allein angebracht ist. Der Winter kommt auch für die Treuhandanstalt."[390]

1.3. Auf der Zielgeraden - Die Suche nach neuen Lösungen?

Die Privatisierungsbilanz der Treuhand bleibt trotz 1993 spürbar abflachender Bestandsabbau-Kurve[391] beeindruckend. Anfang Mai 1994 weist ihr

---

unvorstellbar geworden (A-Interview mit H. Maaßen). Hatte die zunehmende Berücksichtigung des Informationsdefizits die Entwicklung von *freihändigen* zu *gezielten* Verkäufen ermöglicht, hatte sich die Kosten/Nutzen-Relation immer mehr in Richtung *vollständiger* Absicherung verschoben.

389 A-Interview mit W. Schöde.

390 B. Breuel (1992b), S. 30.

391 Ein abflachender Bestandsabbau kann zweierlei Ursachen haben. Einerseits wird mit verkleinerter Ausgangsgröße (Restbestand) bei verhältnismäßig (prozentual) gleichbleibendem Erfolg auch die absolute Abbaugeschwindigkeit abnehmen. Gleiches gilt

Angebotsbestand 191 Unternehmen aus, für die noch keine abschließende Lösung gefunden wurde - davon allein 75 in den MKGen [Abb. 41]. Für etwas weniger als 100.000 Beschäftigte, 2% der ostdeutschen Erwerbstätigen (nach 50% in 1990), trägt die Treuhand damit acht Monate vor ihrem geplanten Ende noch die Verantwortung. Mit etwa 14.000 Privatisierungen von Unternehmen und Unternehmensteilen, 9.500 Reprivatisierungen, 30.000 Kommunalisierungen und 3.200 Liquidationen hat sie ihre Aufgabe, sich möglichst schnell überflüssig zu machen, zahlenmäßig erreicht. Ihre eigenen in Bonn heftig kritisierten Neuordnungsvorstellungen der Restaufgaben fordern aber eine inhaltlich andere Schlußfolgerung.

Die Treuhand vor der Auflösung - Kann der Mohr gehen?

Bereits früh (im Herbst 1992), von der Treuhand-Spitze vorschattiert und gedacht als politisches Zeichen der *organisatorischen Zellteilung* im Wahljahr 1994 und als eine Orientierung für die Mitarbeiter sowohl hinsichtlich der Entwicklung der Organisation als auch für deren eigene berufliche Planung, wurde das wiederholt verfeinerte und im Frühjahr 1994 in Bonn abschließend vorgelegte THA-Konzept zur eigenen Nachfolgeorganisation vom Bundesrechnungshof als primär "den Interessen der Führungskräfte und Mitarbeiter der Treuhandanstalt Rechnung"[392] tragenden Vorschlag kommentiert. Wie sie sich schon im Prozeß ihrer vierjährigen Tätigkeit Rohwedders Forderung nach einer *schlanken Organisation* hatte abtrutzen lassen, wurden auch die geplanten Mitarbeiterzahlen der Nachfolgebereiche sukzessive erhöht. Gleichwohl war die qualitative und quantitative Neuordnung nach der Erfüllung ihres originären Auftrags geleitet von der verbleibenden Aufgabenvielfalt und der Zielsetzung,

---

im Falle eines grundsätzlich schwieriger verlaufenden Privatisierungsgeschäfts (s.o.). Wie zu erwarten trifft beides hier zu und ist nur schwer auseinanderzuhalten.

392 Der BRH wird zitiert in: Die Zeit, vom 11.3.1994, S. 32. Diese Einschätzung ist in der Tradition der Rechnungshof-Kommentare zur Treuhand geleitet von einem tiefen Mißtrauen in die bis zuletzt undurchsichtige Institution. Außerdem fehlt der Einschätzung die konstruktive Komponente. Dennoch wird auch dieser Gedanke - insbesondere bezogen auf die Mitarbeiter, berechtigt oder unberechtigt - eine Rolle bei den Festlegungen der Treuhand-Führung gespielt haben.

Bruttobestand an Unternehmen	**12.320**	
Bestandsabbau Insgesamt	**11.637**	
Privatisierungen		
- vollständig privatisierte Gesellschaften		6.054
- mehrheitlich privatisierte Gesellschaften		303
Reprivatisierungen		
- vollständig reprivatisierte Gesellschaften		1.575
Kommunalisierungen		
- vollständig kommunalisierte Gesellschaften		266
Liquidationen		
- Liquidationen/GV abgeschlossen		102
- Liquidationen/GV in Bearbeitung		3.270
Nettobestand	**683**	
- Auslaufgesellschaften, TLG		24
- langfristig vermietet/verpachtet		0
- Grundstücksverwaltungsgesellschaften		18
- Vermögensverwaltungsgesellschaften		11
- Güter		150
- Mantel- u. Restgesellschaften		106
- Unternehmen in der Gutachtersphase u. ä.		80
- ABS / ABM-Gesellschaften		5
- Kaufverhandlungen bzw. Reprivatisierung vor Abschluß		98
Treuhandunternehmen im Angebot	**191**	
davon		
- in den Unternehmensbereichen		98
- in den Geschäftsstellen/Niederlassungen		18
- in den MKG'en		75

Quelle: Treuhandanstalt, Monatsinformation, Mai 1994

Abb. 41: THA-Unternehmensbestand (Stand 30.4.1994)

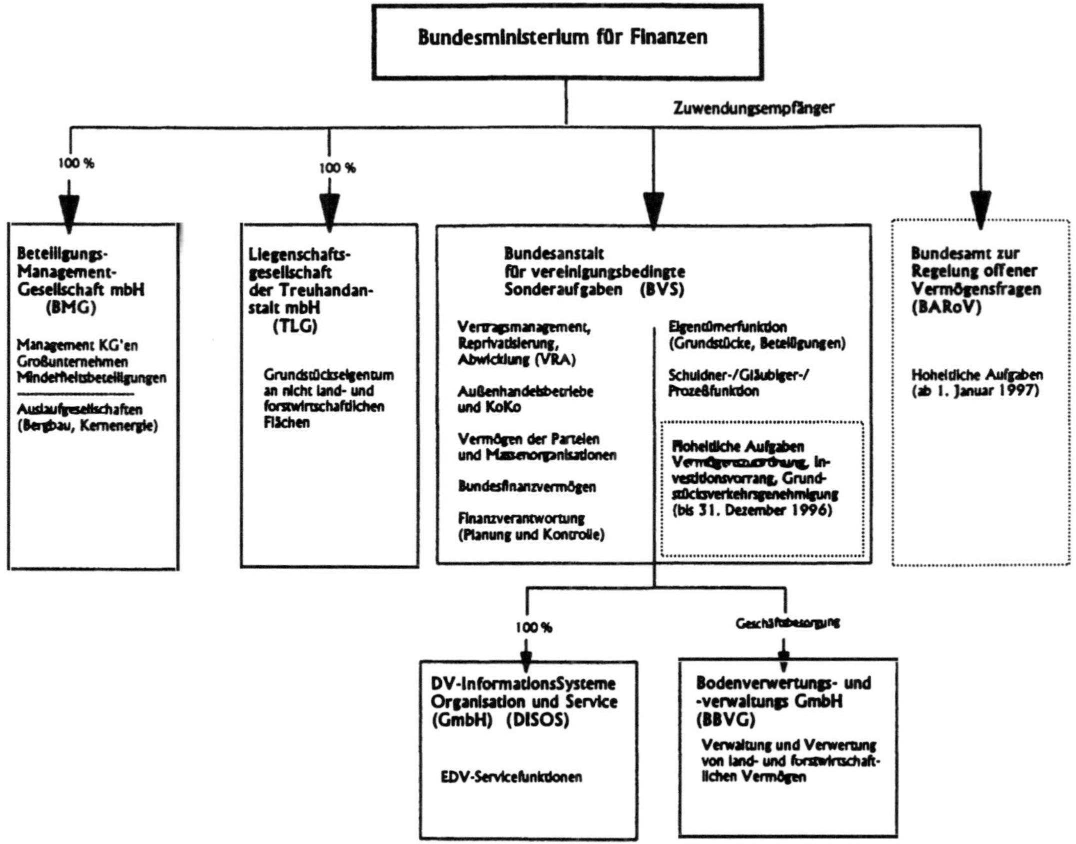

Quelle: BMF-Vorlage 23/94 vom 1[illegible].4.1994, Ausschuß-Drs. 249, Anlage 1

Abb. 42: Neuorganisation der Restaufgaben der Treuhandanstalt

"die Verantwortung für möglichst viele der verbliebenen Aufgaben auf die klassischen Träger öffentlicher Aufgaben in der bundesstaatlichen Verfassung der Bundesrepublik zu übertragen und nur dort, wo es von der Sache her unbedingt geboten ist, einen Restbestand an Aufgaben bei der Nachfolgerin der Treuhandanstalt zu belassen".[393]

Von diesen Plänen ist heute kaum etwas übrig geblieben. Auch in diesem Punkt scheinen die Treuhänder den Bonner Bürokraten widerspruchlos, vielleicht resignativ zu folgen. Die "staatliche Lösung" sieht weder Teilprivatisierungen (außer bei der Treuhand-Ostberatungs-Gesellschaft, TOB) noch eine Länderverantwortung zur Bewältigung der Restaufgaben vor, die nach der Auflösung der *Treuhand Alt* in mehrere zu gründende zentrale, staatlich und parlamentarisch kontrollierbare Behörden unter Aufsicht des Bundesfinanzministeriums aufgeteilt werden [Abb. 42]. Damit wird zwar die Treuhand aufgelöst, von ihrem *Fremdkörper*-Charakter bleibt allerdings einiges spürbar - wenn auch unter anderem Namen - erhalten. Und mit ihm bleibt auch ein Teil des Spannungsverhältnisses der - zwar nicht mehr im Mittelpunkt, aber nach wie vor in der Mitte befindlichen - Institution zu den eigentlichen Trägern rechtsstaatlicher Verantwortung bestehen und ebenso die Notwendigkeit neuer oder die Bestätigung alter Positionsbestimmungen und Schnittstellendefinitionen.

Nur in der Frage der Personalbesetzung - deren Beantwortung die Treuhand all denen schuldig ist, die ihr Treue und Erfahrungsschatz ge- und erhalten haben und bis zum Jahresende halten wollen - herrscht nach wie vor öffentlich kommunizierte Uneinigkeit.[394]

"Die Ausschüsse des Deutschen Bundestages (Haushaltsausschuß und Ausschuß Treuhandanstalt; Anm. d. Verf.) erwarten, daß für alle Nachfolgeorganisationen der Treuhandanstalt und ihre Ausgründungen das Stellensoll, die Vergütungsstruktur und die Zahl externer Berater deutlich reduziert werden. (...) Wir wollen, wie bisher, die Aufgaben so gut und so schnell wie möglich erfüllen und dabei an uns die gleichen Maßstäbe der

---

393 N.v. Scherpenberg in einem Artikelentwurf für Die Welt, 4.1.1993.

394 Vgl.: Interview mit H. Föhr, Personalvorstand der Treuhand, in: Handelsblatt v. 19.4.1994, S. 3.

Sparsamkeit und Effizienz anlegen, die wir auch in unseren Unternehmen erwarten müssen."[395]

Dem Ziel der Bundesregierung, die Personalplanungen der Treuhand (3.700 Mitarbeiter) zu reduzieren, steht die Aufforderung der Institution gegenüber, die Aufgaben zu benennen, die künftig dann nicht mehr wahr genommen werden sollen. Entsprechend denkt der Ausschuß Treuhandanstalt in seiner Beschlußfassung über die Möglichkeit nach, die Aktivitäten des Vertragsmanagements (1.400 geplante Mitarbeiter) "grundsätzlich auf solche Verträge" zu konzentrieren, "deren Bedeutung in einem angemessenen Verhältnis zum personellen und Sachaufwand steht"[396]. Er setzt damit dort Planbarkeit voraus (beispielsweise bei allen Betrieben <50 Mitarbeitern), wo offensichtlich - folgt man den Ergebnissen dieser Arbeit - Voraussehbarkeit oder das Ignorieren von Problemen mit gutem Gewissen nicht möglich ist. Während die einen also mit üppiger Ausstattung Probleme auch nach ihrer Auflösung dezentral und schnell lösen wollten, haben sich die anderen für eine knappe Ausstattung und Zentralisierung entschieden, um das für eine Öffentlichkeit wahrnehmbar zu verhindern, was sie damit möglicherweise fördern werden: die Perpetuierung einer systemfremden, ungeliebten Institution.

Während die einen fragen, ob der *Mohr* (mit seinen auch weiterhin bedeutsamen Restaufgaben: Vertragsmanagement und Abwicklung) denn wirklich so gehen kann, nehmen die anderen aus ihrer politischen Sicht die Antwort vorweg: er muß. Und es scheint, als nähme das Jahr 1994 und das Ende der Treuhand nach einer Phase - zwar abnehmenden aber - weitgehend freien und einsamen Agierens, ähnlich politische Züge an wie ihr Anfang im Wahljahr 1990.

---

395 B. Breuel in einem Brief an die Mitarbeiter vom 10.3.1994, anläßlich der Entscheidungen der Bonner Ausschüsse zur Neuordnung der Treuhandaufgaben.

396 Beschluß des Ausschusses Treuhandanstalt zum Konzept der Neuorganisation der Treuhandanstalt vom 20.4.1994, S. 2; Bezug: BMF-Vorlage 23/94 vom 11.4.1994; Ausschuß-Drs. 249.

Rein zahlenmäßig hat die Treuhand die Punktlandung vollbracht. Etwa 100 Unternehmungen müssen wohl in die Beteiligungs-Management-Gesellschaft des Bundes eingestellt werden. Dazu zählen die 75 von den MKGen betreuten Unternehmen. Neben zehn Auslaufgesellschaften (Bergbau, Kernenergie) und drei unternehmerischen Minderheitsbeteiligungen finden dort die Großunternehmen, für die bis Ende des Jahres 1994 keine vertretbare Lösung gefunden wird (möglicherweise EKO, DWA und Teile der Chemie) eine befristete *Bleibe*. Für sie ist die Betreuung noch im Einzelfall unterschiedlich zu regeln. Mögliche Konturen zeichnen sich heute ab und sind dennoch weiterhin unscharf und unsicher.

Die Suche nach neuen Lösungen, die Mitte 1992 Ausdruck der Sorge war, auf einem erklecklichen Restbestand sitzenzubleiben, hat die Treuhand damit zahlenmäßig für sich weitgehend beendet, ohne aber für einige Bereiche eine Aussage für die Zukunft machen zu können. Während sie - schon um im Auflösungsprozeß die eigene Entscheidungsfreiheit zu retten - alle institutionalisierbaren Arrangenments einer neuen Verstaatlichungspolitik ablehnte, verlief ihre Suche nach einem erweiterten Eigentümerkreis lediglich bei den ostdeutschen (und einigen westdeutschen) Geschäftsführern im Rahmen ihres MBO/MBI-Programms (wiederum i.S. der Zahlen, aber nicht zwangsläufig der Ergebnisse). Eine Zusammenarbeit unterschiedlichster Akteursgruppen konnte sich nur *spontan* oder an wenigen herausragenden Einzelfällen - allerdings mit unterschiedlichem Erfolg - herausschälen. Die im empirischen Teil betrachteten tatsächlich umgesetzten Lösungen (Zeiss, MKGen) stehen in dieser Hinsicht neben wenigen anderen alleine da.[397]

"In ihnen konvergieren eher Lernprozesse verschiedener Akteure, die aus der negativen Erfahrung des Scheiterns anderer Zugriffe heraus zu der Einsicht gekommen sind, daß sie ihre je spezifischen Absichten angesichts ihrer jeweils begrenzten Ressourcen am besten

---

397 Die Untersuchung einer weiteren in diesem Kontext interessanten Lösung findet sich bei: Kern/Voßkamp (1994). Die Autoren versuchen bei den sich abzeichnenden Arrangements Wege und Akteure (Ost, West, THA, Staat) zur überholenden Modernisierung (Bocksprungstrategien) der ostdeutschen Chemie-Standorte zu identifizieren.

auf diese Weise realisieren können, daß sie in einem Bündnis mit anderen Akteuren die skizzierten Projekte auf den Weg bringen."[398]

Die Suche nach einer *Vorbereitung* solcher neuen Arrangements jenseits der *normalen* Privatisierungsstrategie und -verfahren (Vergabe an private, industrielle Investoren über einen gezielten Verkauf mit Auflagen), die ein Lernen des zentralen Akteurs Treuhand in diese Richtung hätte dokumentieren können, muß sich damit bescheiden, das Scheitern zahlreicher angedachter Modelle festzustellen, die ein Zusammenwirken unterschiedlichster Akteure auf breiter Ebene gefordert hätte. Einige Gründe hierfür sind bereits im Rahmen der Falluntersuchung und an anderer Stelle in dieser Arbeit angeklungen. Die Erkenntnisse und Möglichkeiten eines Nachholens sollen hier noch einmal kurz zusammengefaßt werden:

Die Furcht der Staatskanzleien der neuen Länder vor den finanziellen Konsequenzen einer Interventionspolitik war augenscheinlich. Hätten sie das Tor zu *Landesbeteiligungen* erst einmal geöffnet, konnte der Druck der Basis sie dazu zwingen, bei zahlreichen nicht sanierungsfähigen Unternehmen als Teilhaber einzusteigen. Dieser *Verlockung* konnten sie widerstehen. Andere ernsthafte Bemühungen einer Interventions- oder Mitentscheidungspolitik außerhalb des Verwaltungsrats - die sie der Treuhand regelmäßig *abkaufen* mußten - wie der "Sachsenfond" oder das ATLAS-Modell gingen in dem Zögern und den "Schwierigkeiten der Einigung über die für eine Bewährung der Unternehmen notwendige Grundausstattung und die jeweiligen Pflichten der Partner zu ihrer Sicherung"[399] unter. Heute können die Länder ihre Politik darauf konzentrieren, den mit der Privatisierung in Gang gebrachten ökonomischen Wandel mit ihren Förderungsinstrumentarien zu begleiten. Zu einer weitergehenden Ablösung von Treuhand- durch Länderkompetenzen hätte sich künftig eine Zuständigkeit der Landesverwaltungen bei dem regionalen Management der Privatisierungsverträge angeboten. Nach der Entscheidung in Bonn, dieses in einer divisionalen Einheit innerhalb der Bundesanstalt für vereinigungsbedingte Sonderaufgaben (BVS) zu zentralisieren, bleibt ihnen dafür nur die Zusammenarbeit mit den für die

398 Ebd., S. 135.

399 Kern/Sabel (1993), S. 489.

kleinen Fälle verantwortlichen, regionalen Geschäftsstellen. Die Bedeutung auch dieser Aufgabe kann zwar nicht hoch genug veranschlagt werden, gleichwohl wurde die Chance eines institutionalisierten Lernens damit verpaßt.

Das Scheitern der nach zähen Verhandlungen (und wiederholter Intervention des Bundeskanzlers) aufgelegten und als Solidarbeitrag für den Aufbau Ost angekündigten *Bankenmilliarde* kann heute in ihrer geplanten Form als sicher gelten.[400] Offenbar lagen die Erwartungen von Treuhand und der eigens gegründeten *Beteiligungsgesellschaft Neue Länder* (BNL) hinsichtlich der Risiko- und Kooperationsbereitschaft der Kreditinstitute zu weit auseinander. Der Rückzug der Banken auf eine "betriebswirtschaftlich zu verantwortende" und "volkswirtschaftlich sinnvolle" Beteiligungspolitik - die sie in fünf ernsthaft verhandelten Fällen zu niedrigeren Bewertungen führten, als Private zu zahlen bereit waren - verdeutlicht deren selbstempfundene Hilflosigkeit bei der Bewältigung der Umstrukturierung ostdeutscher Unternehmen. Insgesamt haben die *Krisengewinnler* die von verschiedenen (oft selbst hilflosen) Seiten an sie herangetragenen Hoffnungen nicht erfüllt.[401]

Heute ist abzusehen, daß auch das *letzte Aufgebot* an Treuhand-Unternehmen die Banken nicht veranlassen wird, ihre Politik zu ändern. Um ihr Solidarpakt-Versprechen keinem endgültigen Scheitern preis zu geben, ist es wahrscheinlich, daß sie die bereitgestellten Gelder in einen Kreditfond (zur Vergabe an privatisierte Unternehmen) umfunktionieren werden. Ob diese Lösung einen Beitrag dort leisten kann, wo umstrukturierungswürdige Unternehmen notleidend werden oder junge Erfinder Risikokapital benötigen, ist nicht mit einiger Sicherheit mit "Ja" zu beantworten.

Gleiches gilt im übrigen für andere privatwirtschaftliche *Geld-Sammelstellen* mit nur mäßigem Erfolg bei ihrem ostdeutschen Engagement, wie *Fonds* oder *Kapitalbeteiligungsgesellschaften*. Für ein ernsthaftes Nachdenken über

---

400 Von den auf die privaten Banken entfallenden 400 Mio. DM wurde bisher "noch keine Mark" investiert (Handelsblatt, vom 7.3.1994, S. 10). Nur zwei von 215 angebotenen Firmen wurden von den Geldhäusern übernommen: die FIHA mitteldeutsche Fischhandels-union (DG Bank) und die TNI Thüringische Nadel GmbH (Hessisch-Thüringische LB).

401 Eine interessante Vertiefung zu diesem Thema bietet J. Griffin (1993), *Investment and Ownership in a Volatile Economy: German Banks and the Case of East German Privatization*.

Börseneinführungen ist es selbst in kleinerem Umfang heute - entgegen häufig anders lautender Absichten - noch zu früh.

Täuschten die Forderungen nach einem strukturpolitischen Masterplan die Steuer- und Regelbarkeit der Realanpassung durch den zentralen Akteur Treuhand vor, blieben auch dessen Hoffnungen nach einem mehr als "fallweisen Zusammenschweißen von Lernprozessen unterschiedlicher Akteure"[402] weitestgehend unberücksichtigt. Dennoch wird sie sich vorwerfen lassen müssen, daß ihre operative Strategie der Einzelfallorientierung und -dezentralisierung - so wichtig sie für den größten Teil ihres Portfolios war - etwas anderes nicht herausgefordert hat. Dort, wo aus dem Handlungsdruck des drohenden Verschwindens ganzer industrieller Bereiche Zusammenarbeit entstand, war sie oftmals mehr am *Erhalten* oder *Nachholen* (zudem ohne Auftragsbestand) und weniger am *Überholen* orientiert.

Heute können mit dem nahen Ende der Privatisierung die Probleme der ostdeutschen Umstrukturierung nur initial gelöst sein. Insofern mag sich die Suche nach neuen Lösungen - für die die in Westdeutschland *groß gewordenen* institutionellen Akteure noch lernen müssen, über ihren eigenen Schatten zu springen - zukünftig weniger auf die Verhinderung der Deindustrialisierung (Realanpassung) und um so mehr auf die Förderung einer *Reindustrialisierung* (Aufbau) in den neuen Bundesländern konzentrieren.

---

402 Kern/Voßkamp (1994), S. 135.

2. Ergebnisse der Privatisierung in Ostdeutschland

Von denen im Mai 1994 bei ihr verbliebenen knapp 200 Unternehmen schätzt die Treuhand die "allermeisten" als sanierungs- und privatisierungsfähig ein. Diesen Gipfel (Privatisierung vs. Liquidation) mußten die Unternehmen auch vorher regelmäßig bei der Beurteilung durch ihre Eigentümerin erklimmen, sollte die Treuhand mit ihnen die Gratwanderung eines gezielten Verkaufs mit Auflagen unternehmen.

Das Ergebnis der Privatisierung folgte diesem Maßstab nicht. Bis Ende 1992 hatte sich - den Anhängern der Filetstück-/ oder Ausverkaufs-Hypothese zum Trotz - ein über alle Sanierungseinstufungsklassen annähernd gleichverteilter Privatisierungserfolg herauskristallisiert. Damit widersprachen die Treuhand-Analysen der Vermutung, die zunehmende *Zähigkeit* der Privatisierung sei die Konsequenz einer anfänglichen Ausverkaufspolitik. Gleichzeitig führte die Treuhand in gewisser Weise ihr Einstufungsverfahren und eine daran orientierte Politik *ad absurdum* und dokumentierte einmal mehr die Unsicherheit bei der Einschätzung ihrer Assets.

Im Hinblick auf letzteres konnte zwar angenommen werden, daß die Investoren über bessere Informationen verfügten, aber auch deren Urteil und Engagement blieb nicht frei von einem - größer als üblichen - Restrisiko. An der Treuhand-Strategie, die Assets an die Stelle bester Verfügung zu *verlagern*, durfte diese Erkenntnis nichts ändern. Abgesehen von den - häufig in ihrer Zahl überbewerteten - *Schnäppchenjägern* und *Asset-Strippern* mußte aber auch eine *sorgfältige, gezielte* Privatisierung, verstanden als Einkaufspolitik der Treuhand, im Ergebnis für beide Seiten dann unsicher bleiben, wenn die zugrundegelegten, interaktiv vereinbarten Konzepte Entwicklungen antizipierten, die später so nicht eintrafen. Interpretieren sich die

Verlangsamungstendenzen im Gesamt-Privatisierungsprozeß gleichzeitig als ein Indiz für engere Investorenmärkte, die bei insgesamt rezessiven Tendenzen und eigenen Problemen glaubten, mit den Noch-THA-Unternehmen wenig anfangen zu können, sollte das ebenso auf die zutreffen, die bei der Treuhand schon im Vertragsmanagement als neue Eigentümer geführt wurden. Auch deren Engagement konnte sich in der Dynamik der Realanpassung schnell als unvorteilhaft erweisen.

Ein Überblick über die Vertragsergebnisse läßt nicht nur grundsätzliche Rückschlüsse auf die Weiterentwicklung der ehemaligen DDR-Staatsunternehmen in privaten Händen zu. Vielleicht finden sich dort auch allgemeine Kriterien, die die Bedingungen des Erfolges, auch im Hinblick auf ein *gelungenes* Matching von Assets und Investor, erhellen. Die Gesamtwertung der Privatisierungsstrategie des Zwischeneigentümers Treuhand beschließt in diesem Kapitel der Versuch, eine aufkeimende Vitalität in der ostdeutschen Wirtschaftslandschaft aufzuspüren.

2.1. Ergebnisse als Aggregation der Einzelfallbetrachtung - Das Vertragsmanagement

Dem Erfolg einer Strategie, die sich aus *Mosaik-Steinen* zusammensetzt, kann man sich zunächst - gerade dort, wo einige Stücke noch fehlen, - durch die Zusammenfassung der Einzelergebnisse auf unterschiedlichen Ebenen nähern. Unabweisbar ist der rein zahlenmäßige Erfolg der Treuhand-Privatisierung. Ihrem Anspruch an Geschwindigkeit ist die Treuhand gerecht geworden. Heute hat sie fast überall anderen das Feld überlassen. Ein Erfüllen ihres Anspruchs an Qualität ist hingegen weitaus schwerer zu beurteilen Dazu fehlt der Konsens über eine Definition gültiger qualitativer Kriterien in einer beispiellosen Transformationsumgebung.[403]

Die Ablehnung eines industrie- und strukturpolitischen Auftrags durch die Treuhand macht es aber dem Betrachter leichter, sich zunächst, wie es die

[403] In seiner Betroffenheit ist fast jeder ein Experte - als Konkurrent im Bieterwettbewerb oder im Markt, als Mitarbeiter, als Arbeitsloser, als Lobbyist, als Politiker und als Steuerzahler.

sich in Auflösung befindliche Institution auch tut, auf ihre Verträge zu konzentrieren. Dort gilt die Absicherung von interaktiv verhandelten Eckpunkten und deren Einhaltung als Indiz für die Vorteilhaftigkeit einer Privatisierung.

Vertragseinhaltung absichern

Bis Ende Februar 1994 wurden durch Privatisierungen Investitionszusagen in Höhe von 188 Mrd. DM und Zusagen für 1.497.654 Beschäftigte *eingekauft*[404]. 70% ihrer Unternehmen hatte die Treuhand anfangs als sanierungsfähig eingeschätzt. Für 73% wurden durch Privatisierung unternehmerische Lösungen gefunden und bei weiteren 7% wurden wesentliche Unternehmensteile privatisiert. Während die Treuhand in diesem Punkt also ihre *Spekulation* übertroffen hatte, waren ihre Erwartungen an den Erhalt von Arbeitsplätzen und die investiven Vorhaben der Käufer in den Verhandlungen Stück für Stück nach unten korrigiert worden. Von über 4 Millionen 1990 in ihren Unternehmen und Betrieben Beschäftigten konnte sie nur etwa ein Drittel für die Zukunft "absichern".

Das Vertragsmanagement befaßt sich heute bei 47.500 Einzelverträgen[405] mit deren Erfassung, Inkraftsetzung, Kontrolle und in wenigen Fällen mit ihrem Management im engeren Sinne. Auf welcher Stufe die Treuhand das VM mit welchem Aufwand agiert, bleibt selbst in der Aggregation eines ihrer bestgehütetsten Geheimnisse. Lediglich der "aktuelle Stand" der Überprüfung von Investorenzusagen gilt als "stabil"[406]. Diese Formulierung läßt vermuten (worauf auch die Treuhand-Planung zur personellen Besetzung der VRA-Einheiten[407] nach 1994 hinweist), daß die Vertragskontrolleure (etwa 500) eine *Tradition* im operativen Geschäft fortsetzen: die rein zahlenmäßige Überforderung mit ihrer Aufgabe.

Bisher werden in etwa 3.000 Fällen Interaktionswünsche der einen oder anderen Seite zum Anlaß genommen, unterschiedlich weitgehende

404 Vgl.: Monatsinformation der Treuhandanstalt, Stand 28.2.1994, S. 1.

405 Vgl.: Handelsblatt vom 4.1.1994, S. 3.

406 Ebd., S. 3.

407 Vertragsabwicklung, Reprivatisierung, Abwicklung (VRA).

"Revisionsgespräche" zu führen. 400 werden davon als schwierig eingeschätzt, nur in 200 Fällen wird ernsthaft neu verhandelt.[408] Lediglich 77 privatisierte Unternehmen waren bis Ende 1993 durch das VM als insolvent erfaßt worden. Diese Bilanz wäre zweideutig, würde sie nicht unterstützt von der Tatsache, daß die bis dato kontrollierten Investoren ihre Zusagen weitgehend einhalten und die Übererfüllung der Erwartungen auf der einen Seite die Untererfüllung auf der anderen Seite überwiegt. Etwa zwei Drittel der Zusagen sind pönalisiert und damit in gewissem Umfang einklagbar. In unter 200 Fällen wurden Vertragsstrafen eingefordert.

Während die Treuhand also vorsichtig von Erfolgen spricht (mehr Arbeitsplätze gesichert als in den Verträgen erwartet), verwischen die von ihr veröffentlichten Zahlen eines, was bei ihrer Arbeit stets im Vordergrund stand: die Einzelfallbetrachtung. Ob die qualitativen Vereinbarungen der Konzepte erfüllt werden, läßt ihre Statistik offen. Und die Frage drängt sich auf, ob sie (d.h. ihr Vertragsmanagement) nur Stillschweigen bewahrt oder es tatsächlich nicht besser weiß. Zu wenig ist außerdem zu ihrer Beantwortung über das Selbstverständnis der Vertragsmanager bekannt.

"Das Prinzip der Privatisierung schließt die Rücknahme grundsätzlich aus."[409]

Nur in strafrechtlich relevanten Fällen ist das Verhalten der Manager eindeutig geregelt. Die traurigen Fälle sind aber nicht die seltenen, bei denen die Treuhand den sogenannten "Abzockern" aufgesessen ist, sondern die, bei denen Investoren nach intensiven Bemühungen und investivem Engagement am Markteintritt scheitern.[410]

"Die Treuhand und ihr Vertragsmanagement können nicht die Verantwortung für unternehmerische Fehler in den privatisierten Betrieben übernehmen."[411]

---

408 B. Breuel wird zitiert in: Der Tagesspiegel v. 4.1.1994.

409 Genehmigungserfordernisse bei "Rückabwicklungsfällen" von Privatisierungen (Brief des Generalbevollmächtigten v. Scherpenberg an die Direktoren und Niederlassungsleiter, 26.10.1992).

410 A-Interview mit H. Schmidt.

411 H. Brahms, in: Treuhand-Informationen, Nr. 19, Sept. 1993, S. 5.

Gemeinsames Lernen setzt Kooperationserfahrungen voraus, aus denen eine Vertrauensbasis entsteht. Dieses ohnehin fragile Vertrauen kann schon dadurch verhindert werden, daß kreative Privatisierer von technokratischen Vertragsmanagern (denn Schwerpunkte ihrer Tätigkeit sind reine *Technik*) abgelöst werden. Interpretieren sich die mit dem Management der Treuhand-Verträge beauftragten Einheiten nur in wenigen herausragenden Fällen (beispielsweise Leuna-Raffinerie / Elf Aquitaine) als Fortsetzung und Teil der gemeinsamen Interaktionsbeziehung[412], wird *Lernen* der *Verfahrensregelung* weichen und die Verantwortung in die Vergangenheit - auf das Matching - zurückverlagert.

Erfolgskriterien für ein Matching?

Die Feststellung einer umfangreichen Einhaltung der Verträge erlaubt im Grunde nur eine Einschätzung der Nähe von Erwartungen und Realität. Werden erstere bei der Vertragsschließung interaktiv bewußt niedrig angesetzt, fällt es den neuen Eigentümern nicht schwer (zumal aggregiert und an nur zwei Kriterien festgemacht), die gesteckten Ziele zu erreichen. Entwickeln sich außerdem einige Branchen (Bau, Nahrungs- und Genußmittel) schneller als erwartet, sagt die punktuelle Größe Übererfüllung nichts über die Vorteilhaftigkeit des industriellen Gesamtbildes aus. Da es gleichzeitig an einem *Masterplan* fehlt, dessen Umsetzung überprüfbar wäre, soll hier noch einmal (wie schon ansatzweise in Teil 2, Kapitel 3.) versucht werden, über die Zusammenfassung verstreuter Einzelergebnisse (diesmal aber auch außerhalb dieses Textes) die Bedingungen zu erhellen, unter denen ein Matching als erfolgreich angesehen werden kann.

Erst der Schluß, die Treuhand habe i.d.R. ein den unterschiedlichsten Situationen angemessenes Matching erreicht, kann dann ihre Strategie und Vorgehensweise als *gelungen* in einer *second-best-world* erscheinen lassen.

412 Mögliche Gründe hierfür und die Schwierigkeiten der Vertragsmanager, die Versuche der Käufer, Gewinne zu individualisieren und Verluste zu sozialisieren, von deren ernsthaften Bemühen um tragfähige Lösungen zu trennen, sind bereits im Rahmen der empirischen Analyse ausführlich diskutiert worden. Darauf sei hier zur Klarheit noch einmal verwiesen.

"Und dennoch gibt es einige die sagen: *Ihr trefft laufend falsche Entscheidungen!* Meine Überzeugung ist: Laufend zwar nicht, aber Fehler haben wir schon gemacht. Auch der Vorstand der Treuhand hat sich - wissenschaftlich zurückhaltend formuliert - in manchen Fällen für suboptimale Lösungen ausgesprochen."[413]

Die Beantwortung der Frage nach dem *optimalen* Matching ist mit der gruppenbezogenen Vorgehensweise gescheitert. Dennoch reicht es nicht aus, ein Arrangement allein um seines Lösungscharakters willen ("überhaupt eine Lösung"), als den Umständen angemessen und *gelungen* zu bezeichnen. Matching ist nicht der *fit*, sondern der *Weg* dahin: das sequentielle Abarbeiten der Unsicherheit. Dort hat die Treuhand Gestaltungsspielräume.

Die im Rahmen der analytischen Aufbereitung der Problemstellung geäußerte These eines steigenden Aufwands im Vertragsmanagement bei komplexeren Fällen hat die empirische Untersuchung nicht bestätigt. Es stellt sich im Gegenteil heraus, daß die Treuhand oft dort (beispielsweise bei den MBO's) viel Aufwand betreiben muß, wo sie *qua* Unternehmensgröße das geringste Kontrollinteresse hat. Reagiert das Vertragsmanagement - eher als daß es agiert - ist zu erwarten, daß sein Aufwand grundsätzlich mit der Qualität des Matching im Einzelfall sinkt. Dies bedeutet wiederum, daß das Matching bei standardisierten Verfahren (kürzerer *Weg* mit wenig Interaktion) nicht so gut gelingt (schlechterer *fit*) wie bei komplexerer Gestaltung des gemeinsamen Wegs vor dem Vertragsübergang.[414]

Vielleicht liegen die Gründe für ein Scheitern ihrer Privatisierungen aber noch weiter außerhalb des Gestaltungs- und Einflußbereiches der Zwischeneigentümerin Treuhand, als gemeinhin angenommen wird - bezogen auf die Vergangenheit (Interaktion) und die Zukunft (Vertragsmanagement).

---

413 B. Breuel in einer Rede anläßlich der Verleihung der Bernhard-Harms-Medaille, 11.3.1994.

414 Bestätigt wird diese Auffassung durch die Analyse der Treuhand. Stellt man die Zahlen des MBO-Vertragsmanagements (etwa 20% aller Fälle) den Gesamtzahlen gegenüber, ergibt sich folgendes Bild: Befinden sich aus dieser Gruppe 2% in Liquidation (vgl.: Vorstandsmitglied Wild in: Handelsblatt vom 5.5.1994) sind das über die Hälfte aller erst privatisierten und später abgewickelten Fälle. Ein ähnliches Verhältnis ergibt sich für den Anteil der MBO's an den "schwierigen Fällen".

Dies müßte man dann annehmen, wenn investorengruppen-spezifische Hinweise für Erfolg aufspürbar sind. Blieb die Treuhand gleichzeitig in der Auswahl ihres Investors oft alternativlos, könnte sie sich bei konsequenter Anwendung flexibler Interaktion davon freisprechen, eine falsche Politik betrieben zu haben. Für diese These sprechen erste - noch spärliche und verstreute - Ergebnisse:[415]

1.) *MBO's* waren für die Begründung eines verkümmerten Mittelstands erwünscht, unterliegen aber den gleichen Problemen, wie westdeutsche Existenzgründer (knappe Kapitaldecke, hohes Marktrisiko). Die standardisierte Vorgehensweise kann ihnen zusätzlich im nachhinein gebotene Flexibilität verwehren. Die von der Treuhand geschnürten Pakete zur Entlastung der Manager erweisen sich häufig als zu klein für die übernommenen Pflichten.

2.) Privatisierte Unternehmen mit *Wettbewerb im lokalen Markt* (Bau, Nahrungs-/Genußmittel, Druckereien etc.) sind am erfolgreichsten, weil sie sowohl für Ost- als auch Westdeutsche die Sanierungs- und Integrationserfordernisse minimieren.

3.) Privatisierte Unternehmen, die dem *internationalen Wettbewerb* ausgesetzt sind lassen sich grob in zwei Gruppen einteilen:[416] a.) Ihre westdeutschen Übernehmer hatten primär Billig-Fertigungs- und Marktexpansions-Konzepte. In einer Zeit engerer Spielräume setzt ein Verteilungsstreit zwischen den Standorten in den alten und neuen Bundesländern ein, den i.d.R. letztere verlieren. Frühere Systemanbieter verkommen immer mehr zu verlängerten Werkbänken (Kesselflicker). Nur ein Konjunkturaufschwung kann diese Fälle kurzfristig retten. Reputation erweist sich als schlechter Garant für Vertragseinhaltung und eine Fortführung in der beabsichtigten und festgelegten Art und Weise. b.) Ihre westdeutschen und ausländischen Übernehmer verfolgten eine eigenständige Neuausrichtung der Standorte zur Nutzung von Synergien und neuen Marktchancen. Strategische Allianzen diesen Zuschnitts ermöglichen bereits heute in wenigen Fällen eine Neuausrichtung des gesamten Unternehmensverbundes bzw. das Angreifen

---

415 Einige davon stammen aus der Treuhand selbst, andere aus Analysen der Wirtschaftsforschungsinstitute, einzelner Autoren oder anderer interessierter Institutionen (Bundesbank, Verbände, Berater etc.).

416 A-Interview mit H. Schmidt.

der westeuropäischen Märkte mit Entwicklungen und Produkten aus den neuen Ländern.

Häufig hat die besser informierte westdeutsche Industrie internationale Bemühungen um strategische Allianzen verhindert. Oft war den westdeutschen Unternehmern das Abwehren eines Konkurrenten wertvoller als dessen eigene Einschätzung seines Engagements. Dadurch wurden unkonventionelle Lösungen erstickt, und vielfach liegt das Know how der ostdeutschen Unternehmen heute brach. Häufig genug war die Treuhand allerdings in der Auswahl des neuen Eigentümers auch alternativlos und *second-best-* konnten zu *third-best-Lösungen* werden.

Für eine abschließende Beurteilung des Treuhand-Matching kommt dieses Buch zu früh. Die Ergebnisse der Untersuchung *legitimieren* nicht jede Einzelentscheidung und damit auch nicht deren noch lückenhafte Aggregation. Einzelfälle sind oft akteursabhängig und Fehler lassen sich - wie die Treuhand nicht müde wird zu betonen - überall ausmachen. Die Verbesserung der Instrumente konnte das Vorgehen, den Entscheidungsweg, verbessern. Die Entscheidungen selbst bleiben in ihrer Bewertung noch unsicher.

Verbinden sich diese Erkenntnisse mit denen des empirischen Teils, *legitimieren* die Ergebnisse der Treuhandtätigkeit (Matching und Vertragseinhaltung) aber ihre Rahmenstrategie der schnellen, raumgreifenden und *einkaufenden* Privatisierung. Überall dort, wo neue Eigentümer sich der Verwendung der Assets schnell angenommen haben, standen und stehen diese besser da als die in der Obhut der Treuhand verbliebenen.[417] Gleichzeitig bestätigen sich damit die grundsätzlichen Festlegungen der Agentur zu ihrer dezentralen Organisation.

Haben sich also Rahmenstrategie und Struktur als notwendig und hinreichend, zur Bewältigung ihrer Aufgaben zwischen Staat und Markt (oder Kontrolle und Flexibilität) mit der Betonung auf letzterem erwiesen, bleiben zur Bestätigung einer Fortsetzung der gelungenen Mischung aus *Rationalität* und *Pragmatik* bis hinunter in den Einzelfall einige Fragen offen, die erst im

417 Vgl.: Price Waterhouse Corporate Finance (1993) *Die Zeit danach: Was wurde aus den Treuhand-Verkäufen*, S. 15ff..

Prozeß tentativ - wiederum auf der Unternehmensebene - beantwortet werden können.

Festzuhalten bleibt hier bezogen auf das Matching und die Ziele der Treuhand, daß bei aller Desillusionierung über Zustand und Möglichkeiten der ehemaligen Planwirtschaft für die meisten Unternehmen schnell (*überhaupt eine private Lösung* und *Schnelligkeit* als Ziel) ein Arrangement gefunden werden konnte und zumindest die Erhaltung der in den Verträgen festgelegten Arbeitsplätze und die Entstehung neuer durch die dort vereinbarten Investitionen (in der Addition) als gesichert angesehen werden kann (*Qualität der Arrangements*).

Insofern - das können die wenigen Befürworter der Treuhand für sich in Anspruch nehmen - wäre hier erst der Beweis zu erbringen, die Treuhand habe eben nicht ein den unterschiedlichsten Situationen angemessenes Matching erreicht, bevor man ihre Strategie und Vorgehensweise in einer *second-best-world* als *mißlungen* bezeichnen kann.

2.2. Herausbildung vitaler Strukturen?

"Wir wissen zwar, was wir privatisiert haben. Wir wissen auch, wieviel Investitionen uns die Käufer zugesagt haben. Wir wissen aber nicht, was sie genau investieren, und wir wissen vor allem nicht, wie sich das in Zukunft auswirken wird."[418]

Der Wunsch liegt nahe, die Erfolge der Treuhand an die Strukturen zu ketten, die heute als Ergebnis ihrer Arbeit vorliegen. Mit jedem Schritt in eine nächst höhere Ebene der Betrachtung werden aber die tatsächlich zuzurechnenden Erfolge immer geringer.

Worauf begründet sich das, was sich Anfang 1994 an struktureller Entwicklung in den neuen Bundesländern andeutet? Und lassen sich mit einiger Seriosität Rückschlüsse darauf ziehen, welcher Effekt auf die Wirtschaftslandschaft von dem - im Einzelfall gezielten, in der Breite aber

---

418 B. Breuel in einem Gespräch mit W. Ullmann (1989 einer der Gründer von "Demokratie Jetzt"), in: Die Wochenpost v. 14.4.1994, S. 26-27.

ungeplanten - Diffundieren ehemaligen Staatseigentums in den privaten Sektor ausgeht? Auch die Beantwortung dieser Fragen muß vorläufig bleiben.

Denjenigen, die sich erschreckt über die Deindustrialisierung ihrer Regionen äußern, halten die Aufschwung-Anhänger das sozialistische Erbe entgegen, das Siebert als den "Ausgangspunkt: Ein Drittel"[419] bezeichnet. Die Ergebnisse - Beschäftigungs- und Schuldenbilanz der Treuhand - entsprächen den Einschätzungen einer nur 30%igen Produktivität und Substanz der DDR-Wirtschaft im Jahr 1989 gemessen am bundesrepublikanischen Niveau.

Dann würde die Eigentums-Überführung in den privatwirtschaftlichen Sektor (bei allen statistischen Ungereimtheiten) also *nur* das nachholen, was der sozialistische Staat über Jahrzehnte verpaßt hatte.

Auf der anderen Seite widerspricht das Wissen um die Effizienz und Dauer privater Umstrukturierungsprozesse dem Glauben an die sofortige Aufdeckung und Beseitigung aller wirtschaftlichen Ineffizienzen in den privatisierten Unternehmen. Erfordert also auch deren Abschmelzungsprozeß - zudem zu einem Teil vor-subventioniert durch die Treuhand - eine Zeit, die über den vertraglich kontrollierten Zeitraum (2 bis 3 Jahre in den Treuhand-Verträgen) hinausgeht, muß das Ergebnis ihrer Tätigkeit anders als oben interpretiert werden. Dann werden langfristig weniger Arbeitsplätze in den ehemaligen Treuhand-Unternehmen verbleiben, als heute angenommen; es sei denn auf die *Modernisierung* folgt eine *Vitalisierung*, die ausgehend von einigen "Leuchttürmen" die ostdeutsche Industrie in ihrer Breite erfaßt und mit ihr all die, die heute weder Innovationsfreudigkeit noch Kapazitätsbedarf aufweisen.[420]

Noch fehlt es an deutlich sichtbaren Leuchttürmen, die in die Landschaft hinausstrahlen. Einige Privatisierungen (und Teilprivatisierungen) könnten

---

419 H. Siebert (1992b), S. 39.

420 A-Interview mit G.v. Gusinski. Heute heißt die "große Hängepartie" weiterhin Industrieproduktion. In einem großen Teil ostdeutscher Betriebe muß die Produktion um das Doppelte bis Dreifache steigen, nur um die jetzige Beschäftigung zu halten. Jährliche Steigerungen zwischen 15 und 20% würden auf zehn Jahre gerechnet erforderlich sein, den Rückstand einzuholen (vgl:. WirschaftsWoche, Nr. 13 v. 25.3.1994, S. 44).

sich dahin entwickeln wie die Jenoptik für die Optikelektronik und Hochtechnologie. In Eisenach bei Opel oder in Schwarzheide im Chemiebereich entstehen neue Strukturen, die intelligente Wertschöpfung und die Wahrnehmung einer internationalen Arbeitsteilung in den neuen Bundesländern ermöglichen. Nur wenn die westdeutschen Käufer aber Forschung und Entwicklung in den neuen Bundesländern lassen (oder zurückverlagern) und nicht nur Produktlinien dort fertigen oder montieren, wird der Abschmelzungsprozeß (die reine *nachholende* Modernisierung) gebremst und *Überholen* möglich. Auch Siemens Dresden oder SMI Frankfurt/Oder können sich in Sachsen und Brandenburg zu Technologie-Treibern entwickeln.

Gleichzeitig mußten also, wollte die Treuhand nicht den *greenfield*-Investoren das Feld überlassen, eine Vielzahl kleiner, voneinander unabhängig operierender Einheiten aus den alten Strukturen gelöst werden, die sich im Umfeld der *Leuchttürme* miteinander vernetzen konnten. Die zwingende Parallelität ihrer Privatisierung ließ diese aber nicht nur ungeplant ablaufen, sondern hinterließ auch Orientierungslosigkeit bei denen, die das *Licht im Dunkeln* noch nicht entdecken können.

1993 ist zwar in den neuen Bundesländern (bezogen auf einen Arbeitsplatz) erstmals mehr investiert worden (140%) als in den alten. Die Modernisierung der ostdeutschen Wirtschaft hat sich unterdessen aber auf dem heimischen Arbeitsmarkt nur geringfügig positiv ausgewirkt. Zu einem großen Teil ist sie im Westen nachfrage- und beschäftigungsrelevant (65% der Ausrüstungsinvestitionen) geworden. Zudem brauchen Investitionen Zeit. Auch wenn die Zyklen von der Planung bis zur Produktivitätswirksamkeit als kürzer angenommen werden können als in Westdeutschland, werden sich 80% der Investitionszusagen in den Treuhandverträgen erst ab 1994 auswirken. Werden kleinere Investitionen in lokalen Märkten heute eher vorgezogen, geht die Tendenz bei größeren Vorhaben angesichts sich rezessiv verengender Märkte in die Richtung einer zeitlichen Streckung.

Treuhand-Eigentum war für keine ihrer ehemaligen Unternehmungen eine denkbare und zukunftsorientierte Alternative. Die Parallelität von Realanpassung (*Freilegen* verdeckter Arbeitslosigkeit), Verlust der Faktorkostenvorteile und raumgreifendem Marktverlust konnte nur für private Betriebe zu einem Katalysator gezielter Modernisierung und Innovation werden. Insofern war die Privatisierungsvariante der Treuhand, die gezielte *Verteilung* der in ihrer Gesamtheit (Marktpreis) negativ bewerteten Assets, in ihrem Ansatz richtig. Alles, das Einrichten von *Leuchttürmen* bis hin zum Entlassen kleiner, flexibler Einheiten, war aber nicht Teil eines großen Privatisierungs-Plans, der auch gezielte Deindustrialisierung und Konzentration von Ressourcen vorausgesetzt hätte. Dort, wo Lösungen - oft nur aus der isolierten Perspektive eines Asset-Verbundes heraus - entstanden, verlief vieles zufällig.

Wenn heute die Frühjahrsgutachten der Forschungsinstitute konstatieren[421], daß sich ein Wachtumspfad in den neuen Ländern abzeichnet, kann die Treuhand für sich nur den Versuch reklamieren, mit ihrer Privatisierungspolitik *Samen* in unterschiedlichen Formen und unterschiedlichem Zustand auf fruchtbarem und steinigem Untergrund fallengelassen zu haben. Nicht mehr und nicht weniger.

Dort, wo die Phase der Modernisierung bereits in eine Phase der Erholung mündet und Arbeitsplätze beginnen ihre Anfälligkeit zu verlieren, hat sie auf Marktmechanismen gehofft, die sich jenseits ihres Einflusses entfalten. Dort beginnt auch der Prozeß, an Vitalität zu gewinnen.[422]

Gleichzeitig kann die Treuhand aber für sich reklamieren, daß die kritischen Betrachter ihrer Arbeit, ihre Privatisierungspolitik in den historischen und wirtschaftlichen Kontext stellen und daran messen, was sie tatsächlich leisten konnte.

An nicht mehr und auch nicht weniger.

---

421 Vgl.: Frühjahrsgutachten der witrschaftswissenschaftlichen Institute in: Handelsblatt v. 27.4.1994, S. 3. "Auch wenn die Fortschritte beachtlich sind, fehlt es der Aufwärtsentwicklung noch an Tiefe und Kraft."

422 A-Interview mit G. v. Gusinski.

Ausblick

Wer heute bei der Beurteilung der Treuhand in "Adenauer den besseren Sanierer"[423] identifiziert, zieht Parallelen zwischen zwei deutschen wirtschaftlichen *Umbrüchen* dieses Jahrhunderts, die letztlich außer dieser Bezeichnung nicht viel miteinander gemein haben. Wer ihre Strategie in der Retrospektive als "Verschleuderungspolitik"[424] beschreibt, mißinterpretiert Möglichkeiten und Vorgehen der Privatisierungsagentur. Und wer den Ostdeutschen "blühende Landschaften" verspricht, nimmt eine Entwicklung vorweg, die sich heute - fast vier Jahre nach der Wirtschaft-, Währungs- und Sozialunion - bestenfalls in Konturen abzeichnet.

"The transfer of the West German order to the eastern Länder has worked relatively well on the consitutional, legal, and institutional level. However, it has met with stiff resistance and has not progressed far on the level of social relations, political culture and everyday life. On another level (i.e. the economy), the transfer of the West German order has led to destruction and crisis."[425]

Von einem Vereinigungstrauma der Deutschen zu sprechen, ist wohl unangemessen. Dennoch war die Entfernung der 40 Jahre lang getrennten Staaten in vielen Bereichen weit größer als es beide Seiten erwartet hatten. Als verantwortlich dafür, daß nach einer Phase der Annäherung auch Entfernungs-Tendenzen spürbar werden, gilt häufig die vor allem schlechte wirtschaftliche Situation der neuen Bundesbürger, die für die einen (*Sieger*)

423 Das Wirtschafts- und Sozialwissenschaftliche Institut des DGB (WSI) zitiert in: Die Süddeutsche Zeitung v. 17.3.1994, S. 23.
424 Denkschrift der PDS/LL-Fraktion, vgl.: Neues Deutschland v. 31.3.1994, S. 14.
425 Jürgen Kocka, zitiert in: The Economist v. 21.5.1994.

logische Schlußfolgerung sein mag, für die anderen (*Verlierer*) aber unverständlich bleibt.

Die Arbeitslosigkeit entwickelt sich zu dem zentralen Problem der Transformation in Ostdeutschland; auch deshalb, weil der Strukturwandel dem ostdeutschen Teil der Gesellschaft Beweglichkeit abverlangt, während er sich gerade in eine (den anderen Teil der) Gesellschaft zu integrieren versucht, in der die Zeichen auf Beharren stehen.

Die Gleichzeitigkeit von zerstörendem Strukturwandel und dem Eigentumsübergang auf Private hätte ein erprobtes Ordnungssystem wirtschaftlicher Prozesse aus den Angeln heben können, wenn nicht vieles davon auf einen zentralen Akteur delegiert worden wäre, der sich als Durchführungsgehilfe (als der er einst gegründet worden war), Sündenbock - und anfänglich auch Hoffnungsträger - verstehen konnte und dessen Führung und Mitarbeiter ihre Aufgabe doch ganz anders definierten und zu bewältigen versuchten.

Das Wort von einer "Zukunft in Alternativen" traf für die Treuhand von Anfang an nicht zu. Gegründet als eine Institution des Übergangs in eine Situation hinein, die von den Menschen der ehemaligen DDR motiviert und von der Politik der alten Bundesrepublik strukturiert wurde, befand sie sich schon hinsichtlich ihrer Existenz in einer Pfadabhängigkeit, die auf Auflösung drängte. Die Machtfülle, die Positionierung und Aufgabe an der Schnittstelle zwischen Staat und Unternehmen mitbrachten, war für das westdeutsche Verständnis - das nun auch das ostdeutsche werden sollte - unerträglich und ihr Auftrag, die Verantwortung schnell an Private zu übertragen, insofern konsequent.

Bei der Erledigung und Interpretation der ihr übertragenen Aufgaben, allen voran die Privatisierung, hatte sie Rahmenbedingungen der Transformation zu berücksichtigen, die sie nicht alternativlos machten, aber einen Korridor definierten, der von vielen Außenstehenden als breiter empfunden wurde, als er tatsächlich war.

Den Eindruck zu erwecken, alle ihre Entscheidungen, ob im Grundsatz oder Einzelfall, seien sachorientiert oder pfadabhängig gewesen, wäre der Wirklichkeit sicherlich nicht angemessen. Dennoch dürfen ihre Möglichkeiten, die Zukunft zu gestalten, nicht überbewertet werden. Weder Politik noch übergeordnete Personalia haben auf der Ebene der Umsetzung grundsätzlich gestalterische Wirkung entwickelt, wo nicht auch sachliche Gründe als Erklärung herangezogen werden können. Die Furcht vor der Macht der Hybridinstitution (staatliche Komponente), die eingespielte Mechanismen unkontrolliert außer Kraft setzen kann, beinhaltet immer eine aus dem Wunsch nach Macht abgeleitete Motivation, die der Treuhand in ihrem Selbstverständnis fehlte. Auf der anderen Seite impliziert das Einfordern zentraler Gestaltung statt dezentraler Entscheidungsverlagerung (unternehmerische Komponente) die Hoffnung nach einer übergeordneten Rationalität, die zumindest in der Breite nicht auszumachen ist.

Erst auf der Unternehmensebene waren Entscheidungen und die Ziele, denen diese folgten, im Einzelfall variierbar. Dort konnte und mußte sich Lernen entwickeln, um die Zukunft der Betriebe nicht leichtfertig aufs Spiel zu setzen. Treffen kann sie die Kritik hauptsächlich in Einzelentscheidungen, bei denen sie zweifelsohne verletzlich ist. Dort trifft sie aber wiederum häufig Einzelakteure, die zusammengebunden zu einer *Aufgabengemeinschaft* weitgehend flexible Interaktionsprozesse zu schwer kontrollierbaren Ergebnissen zusammenfaßten und durchsetzten.

Daß diese Diskrepanz zwischen zentraler Macht und Aufmerksamkeit und ihrer dezentralen Ausübung in einem dynamischen, nach unten gerichteten Prozeß so unerträglich wie - erst einmal so weit gekommen - unvermeidbar war, muß akzeptiert werden. Ebenso respektiert werden muß die Kritik derjenigen, die dieser Prozeß zutiefst in Anspruch nimmt.

Die Frage nach dem richtigen Weg in einer historisch einmaligen Situation ist angesichts der Strecke, die zurückgelegt wurde, und der Probleme, die noch anstehen, eine akademische geworden. Aus diesem Blickwinkel erscheint ihre Lösung auch heute noch einfach. Die Gestaltung einer marktwirtschaftlichen Politik erfordert die Zuordnung der Probleme, Ziele und Instrumente zu spezifischen Entscheidungsträgern. Ineffiziente Strukturen werden dann aufgebrochen und in eine effiziente Wirtschaftsordnung transformiert. Privatinitiative ersetzt staatliches Engagement und von dort entsteht Wachstum.

Die Treuhand als *deus ex machina* wird mit ihrer Auflösung die Aufgabe des Wandels an die institutionellen Träger des Wirtschaftssystems weiterdelegieren. Was sie hinterläßt ist - wie sie selbst - vorläufig. Die Frage, die sich heute stellt, ist, ob in das Vakuum, das sie für den Übergang bereit war auszufüllen, jetzt andere drängen, ohne das wahrzumachen, was sie stets zu vermeiden suchte: Das *Überstülpen* staatlich rationalen Handelns auf wirtschaftliche Akteure.

Der Weg von dem Aufbrechen alter Strukturen bis zu ihrem Neuaufbau erfordert allerdings mehr als das Kopieren eines Modells, das sich in gewohnter Umgebung als leistungsfähig, aber eben auch verbesserungswürdig herausgestellt hat.

"Mich ärgert immer wieder die merkwürdige Phantasielosigkeit der westdeutschen Industrie, die sich nur darauf beschränkte, hier die Ladentische auszudehnen und zu verkaufen, was sie im Angebot hatte."[426]

Ob es den zentralen Akteuren der Marktwirtschaft gelingt, Altes hinter sich zu lassen, wird nicht nur den Erfolg der Umstrukturierung in Ostdeutschland, sondern auch den der eigenen Wirtschaft und das Zusammenwachsen der ungleichen Teile maßgeblich bestimmen. Die Lehren des Mezzogiorno der italienischen Wirtschafts- und Währungsunion von 1861 raten den Deutschen, die Folgen einer jahrzehntelang hochsubventionierten Region mit hoher Arbeitslosigkeit gemeinsam zu vermeiden.

Während die wirtschaftliche Situation in den neuen Bundesländern - nach der Wende und dem Zusammenbruch der Zentralplanung - mit der Verschiebung der Märkte viel stärker durch die Ereignisse in Osteuropa geprägt wurde, als anfangs angenommen, schauen die Reformwilligen dieser Staaten auf Analogien und Lehren aus der ostdeutschen Transformationserfahrung.

Sie verbindet eine ungleich ungünstigere Ausgangssitution, aber ihre langwierige Suche nach den Wegen des Übergangs zur Marktwirtschaft, birgt gegenüber dem abrupten *Systemwechsel* in den neuen Ländern auch die Chancen eines *Systemwandels*.

Dennoch sind die Erfahrungen der primär makroökonomisch ausgerichteten Stabilisierung, beispielweise in den GUS-Staaten, heute wenig ermuti-

426 W. Ullmann, Mitbegründer von "Demokratie Jetzt" und heute Bundestagsabgeordneter von Bündnis 90/ Die Grünen, in: Die Wochenpost v. 14.4.1994, S. 26.

gend. Für den großen Sprung fehlt der "große Bruder" und die kleinen Schritte drohen in der Ernüchterung der Probleme unterzugehen. Die zentrale Lehre aus der ostdeutschen Erfahrung ist, daß der Kern der Transformation in neuen Eigentümerstrukturen auf der mikroökonomischen Ebene liegt, deren Träger sich dort erst entwickeln müssen.

Die Treuhand als Modell einer Umstrukturierung durch intermediäre Institutionen heranzuziehen, wäre der Situation der mittel- und osteuropäischen Länder nicht angemessen. Ihre Bemühungen waren stets auf den kurzfristigen Übergang ausgerichtet. Dort, wo schnelle Schritte in die Marktwirtschaft bei der Kleinprivatisierung möglich sind, gewinnt ihr Lernen punktuell Relevanz. Großangelegten Voucher- oder Auktionsprogrammen, die zunächst Staatseigentum an Private verteilen - das dann auf der Suche nach neuen Monitoring-Instrumenten bei Agenten zusammengefaßt werden soll - widersprechen die deutschen Erfahrungen eher, als daß sie diesen Weg unterstützen.

Vielleicht werden die ehemals sozialistischen Staaten bei ihrer Transformation in der Zwickmühle zwischen regionalen Erwartungen und zentralem Beharrungsvermögen besser beraten sein, aus den *Trippelschritten* Chinas zu lernen, das nunmehr über ein Drittel der ausländischen Direktinvestitionen aller Entwicklungsländer absorbiert.

Eine Arbeit über die Privatisierungstätigkeit der Treuhand wird sich an den Erkenntnissen messen lassen müssen, die sie zu vermitteln vermag. Hier deutet sich an, daß diese Erkenntnisse außerhalb des Aufspürens historischer Tatsachen nur dann einen Beitrag zu einer praktischen Politik leisten können, wenn ähnliche Aufgaben in Zukunft erneut anstehen werden.

An dieser Stelle muß die Suche nach möglichen Implikationen der Treuhanderfahrungen innehalten und anderen das Feld überlassen. Die Arbeit kann sich hier auf eine Position zurückziehen, die die Treuhand, ihr Untersuchungsgegenstand, all denen entgegenhält, die sie - oft im nachhinein aus sicherer Entfernung - zur Fehlervermeidung aufrufen:

"... wird bei der nächsten Wiedervereinigung beachtet!"

Literatur und Quellen

1. Literatur

Aghion, Phillipe / P.Bolton (1988), *An Incomplete Contract Approach to Bankruptcy and the Financial Structure of the Firm,* Working Paper no. 484, Department of Economics, MIT, March 1988.

Aghion, Phillipe / B. Hermalin (1990), *Legal Restrictions on Private Contracts Can Enhance Efficiency*, in: Journal of Law, Economics and Organization, Vol. 6, 1990 (S. 381-409).

Aghion, Philippe / O. Hart / J. Moore (1992), *The Economies of Bankruptcy Reform*, Working Paper No. 4097, National Bureau of Economic Research, Cambridge, June 1992.

Akerlof, George A. (1970), *The Market of Lemons: Qualitative Uncertainty and the Market Mechanism*, in: Quaterly Journal of Economics 84 (S. 488-500).

Akerlof, George A. et. al. (1991), *East Germany in from the Cold: The Economic Aftermath of Currency Union*, Brookings Paoers on Economic Activity.

Alchian, Armen A. / H. Demsetz (1972), *Production, Information Costs and Economic Organization*, in: American Economic Review, Vol. 62, 1972 (S. 777-795).

Alchian, Armen A. / H. Demsetz (1973), *The Property Rights Paradigm*, in: Journal of Economic History, Vol. 33, 1973 (S. 16-27).

Alchian, Armen A. (1984), *Specifity, Specialization, and Coalitions*, in: Journal of Institutional and Theoretical Economics, Nr.140, 1984 (S. 34-49).

Albach, Horst (1992), *Upswing with Brakes*, in: Hochschulnachrichten der WHU Koblenz Nr.19, Mai 1992 (S. 6-12).

Beesley, M. / S. Littlechild, *Privatization: Principles, Problems and Priorities*, in: Lloyds Bank Review Nr.149 (S. 1-20).

Berle, A. A. / G. C. Means (1932), *The Modern Corporation and Privat Propperty*, New York.

Bichof, Robert et. al. (1992), *From Kombinat to Enterprose: Two Case Studies in East German Privatization*, abstract, October 1992.

Bishop, Matthew R. / J. Kay (1992), *Privatization in Western Economies*, in: Privatization, Symposium in Honor of H. Giersch, IfW, Kiel 1992 (S. 193-209).

Black, Bernhard S. (1991), *Agents Watching Agents: The Promise and Limits of Shareholder Voice*, Working Paper no. 52, Center for Law & Economic Studies, Columbia University School of Law, New York, 1991.

Blanchard, Oliver / R. Layard (1991), *How to Privatize*, in: The Transformation of Socialist Economies, Symposium, IfW, Kiel 1991(S. 27-43).

Bös, Dieter (1987), *Privatization of Public Enterprises*, in: European Economic Review Nr.31, 1987 (S. 352-360).

Bös, Dieter (1991), *Privatization: A Theoretical Treatment*, Oxford: Clarendo Pr. 1991.

Bolton, Patrick / G. Bolton (1992), *The Economics of Mass Privatization: Czechoslovakia, Germany, Hungary, Poland*, Paper for 13th Panel Meeting of Economic Policy, Paris, April 1992.

Breuel, Birgit (1991), *Miteinander. Arbeiten für die Soziale Marktwirtschaft*, Treuhand-Broschüre zum Grundsatzreferat, November 1991.

Breuel, Birgit (1992a), *Die Rolle der Treuhandanstalt beim Umstrukturierungsprozeß in den neuen Bundesländern*, in: Entschlossen Sanieren, 1992.

Breuel, Birgit (1992b), *Der Winter kommt*, Namensartikel in: Die Zeit, 13.11.1992.

Breuel, Birgit (1993), *Treuhand intern*, Hrsg., Berlin 1993.

Breuel, Birgit (1991-1994), zahlreiche Vorträge, Vortragsentwürfe (teilweise unveröffentlicht).

Brezinski, Horst (1992), *The Issue of Privatization in Germany in light of Unification*, Workshop: Privatization as a Means of Transforming Post-Socialist Economies, Malente, Sep. 1992.

Buchanan, J.M. (1965), *Ethical Rules, Expected Values, and Large Numbers*, in: Ethics, 76, 1965 (S. 1-13).

Chandler, Alfred D. (1962), *Strategy and Structure: Chapters in the History of the American Industrial Enterprise*, M.I.T., 1962.

Christ, Peter / R.Neubauer, *Kolonie im eigenen Land*, Berlin 1991.

Cloes, Roger / F. Schogs (1989), Frankreichs Wirtschaft zwischen Staat und Markt, in: Die Bank 2, 1989 (S. 100-104).

Coase, Ronald H. (1937), *The Nature of the Firm*, in: Economica 4, 1937 (S. 386-405).

Coase, Ronald H. (1960), *The Problem of Social Cost*, in: Journal of Law and Economics, Vol. 3 (S. 1-44).

Coase, Ronald H. (1984), *The New Institutional Economics*, in: Journal of Institutional and Theoretical Economics, Nr.140, 1984 (S. 229-231).

Coase, Ronald H. (1988), *The Nature of the Firm: Origin, Meaning, Influence*, in: Journal of Law, Economy and Organization, Vol. 4, 1988 (S. 3-47).

Cramton, Peter / A. Schwartz (1991), *Using Auction Theory to Inform Takeover Regulation*, in: Journal of Law, Economics and Organization, Vol. 7, 1991 (S. 27-53).

Cui, Zhiyuan (1993), *Epilogue: A Schumpeterian Perspective and Beyond*, forthcoming in: China: A Reformable Socialism?

Cutler, David M. / L.H. Summers (1988), *The Costs of Conflict Resolution and Financial Distress: Evidence from the Texaco-Pennzoil Litigation*, in: RAND Journal of Economics, Vol.19, No.2, 1988 (S. 157-172).

Czada, Roland (1991), *Regierung und Verwaltung als Organisatoren gesellschaftlicher Interessen*, in: Regieren in der Bundesrepublik III. (S. 151-173).

Czada, Roland (1992a), *Interessengruppen, Eigennutz und Institutionenbildung: Zur politischen Logik kollektiven Handelns*, in: Leistungen und Grenzen politisch-ökonomischer Theorie, Herausgeber Klaus Schubert, Wiss. Buchgesellschaft, Darmstadt 1992 (S. 57-78).

Czada, Roland (1992b), *Die Treuhandanstalt im Transformationsprozeß - Zur organisationswissenschaftlichen Analyse des gelenkten ökonomischen Systemwandels*, (Vorläufige Forschungsskizze) M-P-I. für Gesellschaftsforschung, Köln 1992.

Czada, Roland (1993), *Die Treuhand im Umfeld von Politik und Verbänden*, in: Treuhandanstalt: Das Unmögliche wagen; Forschungsberichte/ hrsg.v. Fischer, Hax und Schneider - Berlin: Akademie Verl.,1993 (S. 148-172).

Demsetz, H. (1969), *Why Regulate Utilities*, in: Journal of Law and Economics,
Vol. 11, 1969 (S. 55-65).

Demsetz, Harold (1988), *The Theory of the Firm Revisited*, in: Journal of Law, Economics and Organization, Vol. 4, 1988 (S. 141-161).

Demougin, Dominique / H.-W. Sinn (1992), *Privatization, Risk-Taking and the Communist Firm*, Working Paper No. 4205, National Bureau of Economic Research, Cambridge, November 1992.

Dodds, Paul / G. Wächter (1992), *Acquisition Contracts with the Treuhandanstalt: An Insiders' Guide*, Working Paper (Draft), Berlin, 1992.

Earle, John S. / R. Frydman / A. Rapaczynski (1993a), *The Ambiguity of Privatization and the Paths of Transition: The Struggle for a Private Property Regime in Eastern Europe*, (Draft) Center of Law and Economic Studies, Columbia University, N.Y. , Sept.1993.

Earle, John S. / R. Frydman / A. Rapaczynski (1993b), *Transition policies and the Establishment of a Private Property Regime in Eastern Europe*, Paper presented at: The Meeting of Economic Policy, Brussels Oct.1993.

Estrin, Saul (1991), *Privatization in Central and Eastern Europe - What lessons can be learnt from Western experience*, in: Annals of Public and Cooperative Economics, Vol. 62, 1991 (S. 159-182).

Fama, Eugene F. (1980), *Agency Problems and the Theory of the Firm*, in: Journal of Political Economy, vol. 88, 1980 (S. 288-307).

Fischer, Wolfram / H. Schröter (1993), *Die Entstehung der Treuhandanstalt*, in: Treuhandanstalt: Das Unmögliche wagen; Forschungsberichte/ hrsg.v. Fischer, Hax und Schneider - Berlin: Akademie Verl.,1993 (S. 17-39).

Fritsch, Thomas (1992), *Unternehmenszusammenschlüsse in den neuen Bundesländern*, HWWA-Report Nr. 119, 1993.

Frydman, Roman / A. Rapaczynski (1991a), *Markets and Institutions in Large-Scale Privatization: An Approach To Economic and Social Transformation in Eastern Europe*, in: Reforming Central and Eastern European Economies; A World Bank Symposium, New York, 1991 (S. 253-274).

Frydman, Roman / A. Rapaczynski (1991b), *Evolution and Design in the East European Transition*, in: Revista Di Politica Economica No. XI., Nov. 1991 (S. 63-103).

Frydman, Roman / A. Rapaczynski (1992), *Privatization and Corporate Governance in Eastern Europe - Can Market Economy be designed?* (Draft), Working Paper #61, Center of Law & Economic Studies, Columbia University, N.Y. 1992.

Frydman, Roman / A. Rapaczynski (1993a), *Insiders and the State: Overview of Responses to Agency Problems in Eastern European Privatizations*, in: The Economics of Transition, EBRD, London 1993 (S. 39-59).

Frydman, Roman / E.S. Phelps / A. Rapaczynski / A. Shleifer (1993), *Needed Mechanisms of Corporate Governance and Finance in Eastern Europe*, Working Paper No. 1, EBRD, London, March 1993.

Fudenberg, Drew / D. Levine / J. Tirole (1985), *Sequential Bargaining with Many Buyers*, Working Paper No. 366, Department of Economics, MIT, Cambridge, Feb. 1985.

Fudenberg, Drew / B. Holmstrom / P. Milgrom (1987), *Short-Term Contacts and Long-Term Agency Relationships*, Working Paper No. 468, Department of Economics, MIT, Cambridge, June 1987.

Furobotn, Eirik G. / S. Pejovic (1972), *Property Rights and Economic Theory: A Survey of Recent Literature*, in: Journal of Economic Literature, Vol. 10, Dez. 1972 (S. 1137-1162).

Gilson, Stuart C. / K. John / L.H.P. Lang (1990), *Troubled Debt Restructurings - An Empirical Study of Private Reorganization of Firms in Default*, in: Journal of Financial Economics Nr.27, 1990 (S. 315-353).

Gilson, Ronald J. (1991), *The Political Ecology of Takeovers: Thoughts on Harmonizing the European Corporate Governance Environment*, in: Working Paper No. 84, Stanford Law School, Oct. 1991.

Gilson, Ronald J. / R. Kraakman (1991), *Reinventing the Outside Director: An Agenda for Institutional Investors*, in: Stanford Law Review, Vol. 43, No 4, April 1991 (S. 863-906).

Goldberg, Victor P. (1976), *Regulation and Administered Contracts*, in: The Bell Journal of Economics, Vol. 7 No 2, 1976 (S. 426-452).

Goldberg, Victor P. / J.E. Erickson (1987), *Quantity and Prica Adjustment in Long-Term Contracts: A Case Study of Petroleum Coke*, in: Journal of Law and Economics, Vol. 30, 1987 (S. 369-398).

Goodman, John B. / G.W. Loveman (1991), *Does Privatization Serve the Public Interest?*, in: Harvard Buisiness Review, Nov.-Dez. 1991 (S. 28-38).

Graver, Kenneth M., J.L. Zimmermann (1977), *An Analysis of Competitive Bidding on BART Contracts*, in: Journal of Political Economy, No 50 (3), July 1977 (S. 279-295).

Griffin, John R. (1993), Investment Ownership in a Volatile Economy: German Banks and the Case of East German Privatization, working paper, M.I.T., Dec. 1993.

Grossman, Sanford J. / O. Hart (1980), *Takeover Bids, the Free-rider Problem and the Theory of Corporation*, in: Bell Journal of Economics, Vol. 11, 1980 (S. 42-64).

Grossman, Sanford J. / J. Stiglitz (1980), *On the Impossibility of Informationally Efficient Markets*, in: American Economic Review, Vol. 70, 1980 (S. 393-408).

Grossman, Stanford J. / Oliver D. Hart (1986), *The Costs and Benifits of Ownership: A Theory of Vertical and Lateral Integration*, in: Journal of Political Economy, No 94, 1986 (S. 691-719).

Gruhler (1992), *Unternehmensbezogene Umstrukturierung in den neuen Bundesländern*, Beiträge zur Wirtschafts- und Sozialpolitik 202, IDW Köln, 7/1992.

Gusinski, G.v. (1992), *Wachstum in Ostdeutschland - Chancen, Risiken und Perspektiven*, in: Thexis 2/92, (S.74-78).

Gusinski, G.v. (1993), *Vom Plan zum Markt: Erfolge die schmerzen*, in: Was wurde aus den Kombinaten, Die Wirtschaft 1993.

Hardin (1968), *The Tragedy of the Commons*, in: Science, 162 (S. 1243-1248).

Hart, Oliver (1988), *Incomplete Contracts and the Theory of the Firm*, in: Journal of Law, Economy and Organization, Vol. 4, 1988 (S. 119-139).

Hart, Oliver (1989), *An Economist's Perspective on the Theory of the Firm*, in: Columbia Law Review, Vol. 89 (S. 1756-1774).

Hart, Oliver / John Moore (1990), *Property Rights and the Nature of the Firm*, in: Journal of Political Economy, Vol. 98, No 6, 1990 (S. 1119-1158).

Hart, Oliver / John Moore (1991), *A Theory of Debt Based on the Inalienability of Human Capital*, Working Paper No 3906, National Bureau of Economic Research, Cambridge, November 1991.

Härtel, H.-H. / R. Krüger / J. Seeler / M. Weinhold (1992a), *Institutionelle Ursachen von Wettbewerbsverzerrungen in den neuen Bundesländern*, HWWA-Report Nr. 92, 1992.

Härtel, H.-H. / R. Krüger / J. Seeler / M. Weinhold (1992b), *Der Einfluß nationaler und europäischer Institutionen auf den Wettbewerb in den neuen Bundesländern*, HWWA-Report Nr. 100, 1992.

Harvard University (1991), *The Program for the Study of Germany and Europe*, Treuhandanstalt, Workshop, Nov. 91.

Hayek, Friedrich A. (1976), *Law, Legislation, and Liberty*, Vol. 2, Chicago University Press.

Hax, Herbert (1992), *Privatization Agencies: The Treuhand Approach*, in: Privatization, Symposium in Honor of H. Giersch, IfW, Kiel 1992 (S. 143-156).

Heering, Walter / K. Schroeder (1992), *Hohe Motivation und verhaltener Optimismus*, in: apt-papers 1/92, FU Berlin.

Heimpold, G. / H. Kroll / M. Wilhelm (1991), *Privatisierung in den neuen Bundesländern - Strategien, Erfahrungen, Probleme*, IAW Studie, Berlin, Juli 1991.

Hermann, Armin (1991), *Nur der Name ist geblieben*, 3.Auflage, DVA, Stuttgart.

Hinds, Manuel (1990), *Issues in the Introduction of Market Forces in Eastern European Socialist Economies*, World Bank Diskussion Paper No 57, April 1990.

Holmstrom, Bengt R. / J. Tirole (1987), *The Theory of the Firm*, Working Paper No. 456, Department of Economics, MIT, Cambridge, May 1987.

Inotai, András (1992), *Experience with Privatization in East Central Europe*, in: Privatization, Symposium in Honor of H. Giersch, IfW, Kiel 1992 (S. 163-183).

Jensen, Michael C. / W.H.Meckling (1976), *Theory of the Firm: Managerial Behavior, Agency Costs and Ownership Structure*, in: Journal of Financial Economics, Vol.3,1976 (S. 305-360).

Joskow, Paul L. (1988), *Asset Specificity and the Structure of Vertikal Relationships: Empirical Evidence*, in: Journal of Law, Economics and Organization, Vol. 4, 1988 (S. 95-117).

Joskow, Paul L. (1991), *The Role of Transaction Cost Economics in Antitrust and Public Utility Regulatory Policies*, in: Journal of Law, Economics and Organization, Vol. 7 special issue, 1991 (S. 53-83).

Kampe, Dieter (1993), *Wer uns kennenlernt, gewinnt uns lieb - Nachruf auf die Treuhand*, Rotbuch Verlag 1993.

Kay, J. A. / D. J. Thompson (1986), *Privatization: A Policy in Search of a Rationale*, in: Economic Journal No 96, 1986 (S. 18-32).

Kern, Horst (1991), *Die Transformation der östlichen Industrien*, Arbeitspapier, Soziologisches Seminar der Universität Göttingen, 1991.

Kern, Horst / C. F. Sabel (1992a), *Zwischen Baum und Borke - Zur Unsicherheit der Treuhand, was sie als nächstes sagen sollte*, Abgedruckt in: Sofi-Mitteilungen Nr 1, 1992 (S. 61-78).

Kern, Horst / C. F. Sabel (1992b), *Die Treuhand als Umfeld neuer Formen der Firmenfindung*, Vorschlag für einen Beitrag zum Treuhand-Sammelband, Aug. 1992.

Kern, Horst / C. F. Sabel (1992c), *Branddüngung*, Exposé für einen Beitrag zum Treuhand-Sammelband, Aug. 1992.

Kern, Horst / C. F. Sabel (1993a), *Wirtschaftliche Erneuerung durch Privatisierung? - Neue Ansätze der industriellen Restrukturierung in Ostdeutschland*, Arbeitspapier für einen Beitrag zum Treuhand-Sammelband, April 1993.

Kern, Horst / C. F. Sabel (1993b), *Die Treuhandanstalt: Experimentierfeld zur Entwicklung neuer Unternehmensformen*, in: Treuhandanstalt: Das Unmögliche wagen; Forschungsberichte/ hrsg.v. Fischer, Hax und Schneider - Berlin: Akademie Verl.,1993 (S. 481-504).

Kern, Horst / U. Voßkamp (1994), *Bocksprungstrategie - Überholende Modernisierung zur Sicherung ostdeutscher Industriestandorte*, in: Sofi-Mitteilungen Nr. 21, März 1994 (S. 98-138).

Klaus, Vaclav (1993), *Die Zehn Gebote der Systemtransformation*, in: Forum - Vortragsreihe des IDW Köln, Jg. 43 - Nr. 21, Mai 1993.

Klein, B. / R.A. Crawford / A.A. Alchian (1978), *Vertical Integration, Appropriable Rents, and the Competitive Contracting Process*, in: Journal of Law and Economics,No 21, 1978 (S. 297-326).

Klöttschen, Karlherrmann (1992), *Kapitalbeteiligungsgesellschaften und Fonds*, in: Privatisieren - Miteinander in die soziale Marktwirtschaft, Treuhandanstalt (hrsg.), Berlin (S. 122-124).

Knauss, Fritz (1990), *Privatisierung in der BRD 1983 - 1990*, Beiträge zur Wirtschafts- und Sozialpolitik Nr. 183.

Kokalj, Ljuba / W. Richter (1992), *Mittelstand und Mittelstandspolitik in den neuen Bundesländern: Privatisierung*, Schriften zur Mittelstandsforschung, Poeschel, Stuttgart 1992.

Kornai, János (1990), *The Affinity Between Ownership Forms and Coordination Mechanisms: The Common Experience of Reform in Socialist Countries*, in: Journal of Economic Perspectives 4, 1990 (S. 403-437).

Küpper, Hans-Ulrich / R.Mayr, *Vertragsgestaltung und Vertragsmanagement der Treuhandanstalt*, in: Treuhandanstalt: Das Unmögliche wagen; Forschungsberichte/ hrsg.v. Fischer, Hax und Schneider - Berlin: Akademie Verl.,1993 (S. 315-352).

Laffont, Jean-Jacques / J. Tirole (1987), *Repeated Auction of Incentive Contracts, Investment and Bidding Parity With an Application to*

Takeovers, Working Paper No. 463, Department of Economics, MIT, Cambridge, Sep. 1987.

Laffont, Jean-Jacques / J. Tirole (1991), *Privatization and Incentives*, in: Journal of Law, Economics and Organization, Vol. 7 special issue, 1991 (S. 84-105).

Lambsdorff, Otto Graf (1992), *Mut statt Mißmut*, Grundsatzpapier zur Verwirklichung der deutschen Einheit, Bonn, 1992.

Lange, Oskar (1936), *On the Economic Theory of Socialism*, McGraw-Hill Company, New York.

Leipold, Helmut (1978), *Theorie der Property Rights: Forschungsziele und Anwendungsbeiche*, in: Wirtschaftswissenschaftliches Studium, Heft 11, Nov. 1978 (S. 518-525).

Leipold, Helmut (1992a), *Probleme und Konzepte der Privatiserung von Staatseigentum*, in: Wirtschaftswissenschaftliches Studium, Heft 2, Feb. 1992 (S. 54-59).

Leipold, Helmut (1992b), *Das Eigentumproblem in der Transformationspolitik*, in: Privatisierungskonzepte im Systemwandel; Arbeitsberichte zum Systemvergleich Nr.16, Marburg, Juni 1992 (S. 1-26).

Leipold, Helmut (1992c), *Privatisierungs- und Sanierungsalternativen für Deutschland*, in: Privatisierungskonzepte im Systemwandel; Arbeitsberichte zum Systemvergleich Nr.16, Marburg, Juni 1992 (S. 27-38).

Lichtblau, Karl (1993), *Privatisierungs- und Sanierungsarbeit der Treuhandanstalt*, Beiträge zur Wirtschafts- und Sozialpolitik 209, IDW Köln, 4/1993.

Lingnau, Mathias (1992), *Die Treuhandanstalt im Zielkonflikt*, in: Hochschulnachrichten der WHU Koblenz Nr.19, Mai 1992 (S. 21-24).

Littlechild, Stephan C. (1986), *Three Types of Market Process*, in: Economics as a Process - Essays in the New Institutional Economics, Cambridge University Press, 1986.

Lipton, D. / J. Sachs (1990), *Privatization in Eastern Europe: The Case of Poland*, Brookings Papers on Economic Activity, 1990

Marissal, Matthias J.(1993), *Der politische Handlungsrahmen der Treuhandanstalt*, in: Analysen zum Wandel politisch- ökonomischer Systeme, hrsg.v.Stephan Bierling und Dieter Grosser, Band 4, Peter Lang - Europäischer Verlag der Wissenschaften, Frankfurt am Main 1993.

McAfee, R. P. / J. McMillan (1987), *Auctions and Bidding*, in: Journal of Economic Literature, Vol. XXV, Juni 87 (S. 699-738).

Mätzke, Margitta (1993), *Einfluß wirtschaftstheoretischer Konzeptionen auf Vorschläge zur Privatisierung staatssozialistischen Eigentums*, HA im Fachbereich Sozialwissenschaften an der Georg-August-Universität Göttingen.

Maskin, Eric S. (1992), *Auctions and Privatization*, in: Privatization, Symposium in Honor of H. Giersch, IfW, Kiel 1992 (S. 115-136).

Maurer, Rainer / B. Sander / K.-D. Schmidt (1991), *Privatisierung in Ostdeutschland - Zur Arbeit der Treuhandanstalt*, in: Die Weltwirtschaft, Heft 1, IfW, Kiel 1991.

Milgrom, Paul (1989), *Auctions and Bidding: A Primer*, in: Economic Perspectives, Vol. 3, No. 3, Summer 89 (S. 3-22).

Milgrom, Paul / Roberts (1990), *Bargaining, influence costs, and organizing*, in: Perspectives on Positive Political Economy, Chapter 3.

Moore, John (1992), *British Privatization - Taking Capitalism to the People*, in: Harvard Buisiness Review, Januar 1992 (S. 115-124).

Müller, K. (1992), *Branchenorientiertes Privatisierungsmarketing*, in: Privatisieren - Miteinander in die soziale Marktwirtschaft, Treuhandanstalt (Hrsg.), Berlin (S. 60-70).

Newbery, David M. (1991), *Reform in Ungary - Sequencing and Privatisation*, in: European Economic Review No 35, 1991 (S.571-580).

Newbery, David M. (1992), *Sequencing the Transition*, in: The Transformation of Socialist Economies, Symposium, IfW, Kiel 1991 (S.161-199).

Nisbet, Robert A. (1962), *Community and Power*, N.Y.University Press, 1962.

Niskanen, William A. (1992), *Guidlines for Delineating the Private and the Government Sector*, in: Privatization, Symposium in Honor of H. Giersch, IfW, Kiel 1992 (S. 217-225).

North, Douglass C. (1984), *Transaction Costs, Institutions, and Economic History*, in: Journal of Institutional and Theoretical Economics, No 140, 1984 (S. 156-171).

North, Douglass C. (1992), *Privatization, Incentives and Economic Performance*, in: Privatization, Symposium in Honor of H. Giersch, IfW, Kiel 1992 (S. 3-16).

Nunnenkamp, P. / H. Schmieding / (1991), *Zur Konsistenz und Glaubwürdigkeit von Wirtschaftsreformen - Einige Erfahrungen und Lehren für die Systemtransformation in Mittel- und Osteuropa*, Kieler Diskussionsbeitrag No. 166, März 1991.

Palay, Thomas M. (1985), *Avoiding Regulatory Constraints: Contracting Safeguards and the Role of Informal Agreements*, in: Journal of Law, Economics and Organization, Vol. 1, 1985 (S. 155-175).

Posner, Richard A. (1977), *Economic Analysis of Law*, Chapter 4: Contract Rights and Remedies, Little, Brown & Co., Boston, Toronto 1977.

Price Waterhouse (1993), *Die Zeit danach: Was wurde aus den Treuhand-Verkäufen*, Studie der Price Waterhouse Corporate Finance Beratung GmbH, Leipzig, Juli 1993.

Priewe, J. / R. Hickel (1991), *Der Preis der Einheit*, Frankfurt/M..

Roe, Mark J. (1991), *Takeover Politics*, Working Paper No. 74, Center for Law & Economic Studies, Columbia University School of Law, New York, 1991.

Sabel, Charles F. (1991), *Constitutional Ordering in Historical Context*, to appear in: *Games and Hierarchies and Networks*, M-P-I. für Gesellschaftsforschung, Köln.

Sabel, Charles F. (1993), *Learning by Monitoring: The Institutions of Economic Development*, Working Paper, MIT, Cambridge, March 1993.

Sabel, Charles F. / J.R. Griffin / R.E. Deeg (1993), *Making Money Talk: Towards a New Debtor-Creditor Relation in German Banking*, Conference on Relational Investing, Center of Law and Economic Studies, Columbia University, New York, May 1993.

Sachverständigenrat zur Begutachtung der gesamtwirtschaftlichen Entwicklung (1991), *Marktwirtschaftlichen Kurs halten. Zur Wirtschaftspolitik für die neuen Bundesländer*, Sondergutachten 1991.

Sappington, David E.M. / Joseph E. Stiglitz (1987), *Privatization, Information and Incentives*, in: Journal of Policy, Ananlysis and Management, Vol. 6, No. 4 (S. 567-582).

Scheifele, Bernd (1991), *Praktische Erfahrungen beim Unternehmensverkauf in den neuen Bundesländern*, (Teil 1 und 2), in: Betriebs-Berater - Zeitschrift für Recht und Wirtschaft, Heft 9/10 (S. 557-563/629-636).

Schleifer, Andrei / Robert W. Vishny (1992), *Liquidation Values and Debt Capacity: A Market Equilibrium Approach*, in: The Journal of Finance, Vol. XLVII., No.4 (S. 1343-1366).

Schmieding, Holger / M. J. Koop (1991), *Privatisierung in Mittel- und Osteuropa: Konzepte für den Hindernislauf zur Marktwirtschaft*, in: Kieler Diskussionsbeiträge No. 165, Feb. 91.

Schmieding, Holger (1992), *Alternative Approaches to Privatization: Some Notes on the Debate*, in: Privatization, Symposium in Honor of H. Giersch, IfW, Kiel 1992 (S. 97-108).

Schmid-Schönbein, Thomas (1990), *Plädoyer für eine radikal-demokratische Wende der DDR-Ökonomie: Verschenkt die Kombinate und VEB an die Einwohner*, in: Wissenschaftliche Zeitschrift der Hochschule für Ökonomie Berlin, 2/1990 (S. 30-32).

Schmid-Schönbein, Thomas (1991), *Die Anpassung von Unternehmen im Prozeß der Privatisierung - Das Beispiel Bundesrepublik Deutschland*, Unveröffentlichtes Manuskript, Berlin, Aug. 1991.

Schmid-Schönbein, Thomas (1993), *Survival Strategies for the East-German Machine-Tool-Industry*, Paper delivered to: Privatization an Socioeconomic Policy in Central and Easten Europe, Intern. Conference, Poland, October 1993.

Schmid-Schönbein, T. / F.-C. Hansel (1991a), *Die Transformationspolitik der Treuhandanstalt*, in: HWWA Wirtschaftsdienst IX, 1991 (S.462-469).

Schmid-Schönbein, T. / F.-C. Hansel (1991b), *Die Treuhandanstalt - ein spekulativer Rückblick: 10 Thesen zu einer Theorie der Transformationspolitik*, Arbeitspapier, Herbst 1991.

Schmidt, Helmut (1993), *Handeln für Deutschland*, Rowohlt, Berlin ,April 1993.

Schmidt, Herbert B. (1992), *Das Instrument der Ausschreibung*, in: Privatisieren - Miteinander in die soziale Marktwirtschaft, Treuhandanstalt (hrsg.), Berlin (S. 72-73).

Schmidt, Klaus-Dieter et al. (1991), *Gesamtwirtschaftliche und unternehmerische Anpassungsprozesse in Ostdeutschland*, in: Kieler Diskussionsbeiträge No. 168, März 91.

Schmidt, Klaus-Dieter / U. Siegmund, *Strategien der Privatisierung*, in: Treuhandanstalt: Das Unmögliche wagen; Forschungsberichte/ hrsg.v. Fischer, Hax und Schneider - Berlin: Akademie Verl.,1993 (S. 211-238).

Schogs, Friedrich (1989), *Zehn Jahre Privatisierungspolitik in Großbritannien*, in: Die Bank 8, 1989 (S. 426-430).

Schogs, Friedrich (1989), *Die Privatisierungspolitik in Großbritannien*, in: Sparkasse 9/87 (S. 404-406).

Schröder, Christoph. (1992), *Eine gemeinsame Aufgabe hilft Brücken bauen*, unveröffentliches Manuskript.

Schwalbach, Joachim / S.-E. Gless (1993), *Begleitung sanierungsfähiger Unternehmen auf dem Weg zur Privatisierung*, in: Treuhandanstalt: Das

Unmögliche wagen; Forschungsberichte/ hrsg.v. Fischer, Hax und Schneider - Berlin: Akademie Verl.,1993 (S. 180-210)

Schwartz, Alan (1986), *Search Theory and the Tender Offer Auction*, in: Journal of Law, Economics and Organization, Vol. 2, 1986 (S. 229-253).

Scott, Kenneth E. (1984), *Corporate Governance and the New Institutional Economics*, in: Journal of Institutional and Theoretical Economics, No 140, 1984 (S. 136-152).

Seibel, Wolfgang (1992), *Necessary Illusions: The Transformation of Governance Structures in the New Germany*, in: The Tocqueville Review 1992 Vol. XIII no.1.

Seibel, Wolfgang / S. Kapferer (1993), *Die organisatorische Entwicklung der Treuhandanstalt*, in: Treuhandanstalt: Das Unmögliche wagen; Forschungsberichte/ hrsg.v. Fischer, Hax und Schneider - Berlin: Akademie Verl.,1993 (S. 111-147).

Sieben, Günter (1992), *Zur Wertfindung bei der Privatisierung von Unternehmen in den neuen Bundesländern durch die Treuhandanstalt* in: Der Betrieb Heft 41/92 (S. 2041-2051).

Siebert, Horst (1991), *German Unification: The Economics of Transition*, in: Kieler Arbeitspapier No. 468, März 1991.

Siebert, Horst (1991), *The Transformation of Eastern Europe*, in: Kieler Diskussionsbeiträge No. 163, Jan. 1991.

Siebert, Horst (1991), *The Transformation of Socialist Economies*, in: Sammelband, Symposium IfW, Kiel 1991.

Siebert, Horst / H. Schmieding / P. Nunnenkamp (1991), *The Transformation of a Socialist Economy - Lessons of German Unification -*, in: Kieler Arbeitspapier No. 469, März 1991.

Siebert, Horst (1992a), *Die reale Anpassung bei der Transformation einer Planwirtschaft*, in: Kieler Arbeitspapier Nr. 500, Jan. 1992.

Siebert, Horst (1992b), *Das Wagnis der Einheit: eine wirtschaftspolitische Therapie*, Stuttgart: Deutsche Verlags-Anstalt, 1992.

Sinn, Gerlinde / H.-W. Sinn (1992), *Kaltstart - Volkswirtschaftliche Aspekte der deutschen Wiedervereinigung*, Kapitel IV., J. C. B. Mohr, Tübingen 1992 (S. 67-121).

Smith, Roy C. (1991), *Privatization Programs of the 1980s: Lessons for the Treuhandanstalt*, in: Kieler Vorträge No. 119, IfW, 1991.

Spulber, Daniel F. (1991), *Auctions and Contract Enforcement*, in: Journal of Law, Economics and Organization, Vol. 6, 1990 (S. 325-344).

Thieme, H. Jörg (1992), *Wege zur Marktwirtschaft: Strategien der Systemtransformation*, in: Orientierungen zur Wirtschafts- und Gesellschaftspolitik 53, 3/1992 (S. 15-23).

Treuhandanstalt und Treuhandgesetz (1990), hrsg. v. Hommelhoff/Krebs, Köln September 1990.

Treuhandanstalt-Grundsatzbroschüre (1991): *Auftrag, Zwischenbilanz, Grundsätze*.

Treuhandanstalt-Grundsatzbroschüre (1992a): *Entschlossen Sanieren.*

Treuhandanstalt-Grundsatzbroschüre (1992b): *Arbeiten für die Soziale Marktwirtschaft.*

Treuhandanstalt-Informationen (1991-1994), verschiedene Nummern.

Treuhandanstalt-Pressemitteilungen (1991-1994), verschiedene Nummern.

Treuhandanstalt Monatsinformationen (1991 - 1994), verschiedene Nummern.

Vickers, J. / G. Yarrow (1988), *Privatization - An Economic Analysis*, The MIT Press, Cambridge 1988.

Wächter/Kaiser/Krause (1992), *Klauseln in Unternehmenskaufverträgen mit der Treuhandanstalt*, Teil 1 und 2, in: Zeitschrift für Wirschafts- und Bankrecht, Nr. 8 und 9.

Wandel, Eckhard / M.W.Mosen (1993), *Abwicklung nicht sanierungsfähiger Unternehmen durch die Treuhandantalt*, in: Treuhandanstalt: Das Unmögliche wagen; Forschungsberichte/ hrsg.v. Fischer, Hax und Schneider - Berlin: Akademie Verl., 1993 (S. 283-314).

Waterson, Michael (1988), *Regulation of the Firm and Natural Monopoly*, Oxford, 1988, Chapter 6, Bidding Schemes (S.106-121); Chapter 7, Privatization, Liberalization and Deregulation - Theory and Empirics (S. 122-144).

Wegner, Manfred (1992), *Transformation und Finanzierung*, in: Unvollendete Transformation im Osten - Probleme und Chancen, IWH, Halle, Nov. 1992.

Wild, K.-P. (1992), Vorwort zu dem Kapitel *Privatisierungsmarketing/Kapital- und Investorensuche*, in: Privatisieren - Miteinander in die soziale Marktwirtschaft, Treuhandanstalt (Hrsg.), Berlin (S. 58-60).

Williamson, Oliver E. (1975), *Markets and Hierarchies: Analysis and Antitrust Implications - A study in the Economics of Internal Organization*, The Free Press, New York, 1975.

Williamson, Oliver E. (1976), *Franchise bidding for natural monopolies - in general and respect to CATV*, in: Bell Journal of Economics, Vol. 7(1), Spring 1976 (S. 73-101).

Williamson, Oliver E. (1979), *Transaction-cost Economics: The governance of Contractual Relations*, in: Journal of Law and Economics, No 22, 1979 (S. 233-261).

Williamson, Oliver E. (1984), *The Economics of Governance: Framework and Implications*, in: Journal of Institutional and Theoretical Economics, No 140, 1984 (S. 195-223).

Williamson, Oliver E. (1985a), *The Economic Institutions of Capitalism*, The Free Press, 1985.

Williamson, Oliver E. (1985b), *Reflections on the New Institutional Economics*, in: Journal of Institutional and Theoretical Economics, No 141, 1985 (S. 187-195).

Williamson, Oliver E. (1985c), *Assessing Contract*, in: Journal of Law, Economics and Organization, Vol. 1, 1985 (S. 177-208).

Williamson, Oliver E. (1986), *The Economics of Government: Framework and Implications*, in: Economics as a Process - Essays in the New Institutional Economics, Cambridge University Press, 1986.

Williamson, Oliver E. (1988), *The Logic of Economic Organization*, in: Journal of Law, Economics and Organization, Vol. 4, 1988 (S. 65-93).

Williamson, Oliver E. (1991a), *Economic Insitutions: Spontaneous and Intentional Governance*, in: Journal of Law, Economics and Organization, Vol. 7 special issue, 1991 (S. 159-187).

Williamson, Oliver E. (1991b), *Comparative Economic Organization: The Analysis of Discrete Structural Alternatives*, in: Administrative Science Quarterly, No 36, 1991, (S. 269-296).

Williamson, Oliver E. (1992), *Private Ownership and the Capital Market*, in: Privatization, Symposium in Honor of H. Giersch, IfW, Kiel 1992 (S. 27-54).

Winiecki, Jan (1992), *The Political Economy of Privatization*, in: Privatization, Symposium in Honor of H. Giersch, IfW, Kiel 1992 (S. 71-90).

Wirtschaft und Währung (1992), *Ostdeutsche Wirtschaft im Wandel*, Deutscher Sparkassen und Giroverband e.V., 1992.

Wolf, Charles F. (1979), *A Theory of Non-market Failures*, in: Public Interest, No 55, 1979.

2. Persönliche Interviews (A-Interviews) und Hintergrundgespräche desVerfassers

Zhiguan Cui, Department of Political Sciences, M.I.T., Cambridge 05.11.1993.

Annett S. Gjessing, Unternehmensentwicklung (PGU),Treuhandanstalt, Berlin (mehrere).

Eberhard Gschwindt, Abteilungsleiter Privatisierung, (UG BS 3), Treuhandanstalt, Berlin 20.08.1993.

Gerd v. Gusinski, Abteilungsleiter volksw. Fragen (PI) Treuhandanstalt, Berlin (mehrere).

Oliver Hart, Professor of Economics, Harvard University, Cambridge 10.11.1993.

Michael Hiller, Geschäftsführer der Carl Zeiss Jena GmbH, Jena 25.01.1994.

August J. P. v. Joest, ehem. Abteilungsleiter Privatisierung (U4 ET), Treuhandanstalt, Berlin 06.09.1993.

Martin Kirchner, ehem. Vorstandsreferent (U 1 REF), Treuhandanstalt, Berlin 02.09.1993.

Kilian Krieger, Price Waterhouse Corporate Finance, Berlin 13.08.1993.

Susanne Kubiak, Rechtsabteilung, Treuhandanstalt Geschäftsstelle Rostock, Rostock 10.05.1994.

Hartmut Maaßen, Abteilungsleiter Unternehmensentwicklung (PGU), Treuhandanstalt, Berlin (mehrere).

H. Otto, Direktor Beteiligungsbetreuung, Treuhandanstalt, Geschäftsstelle Rostock, Rostock 10.05.1994.

Horst Plaschna, Geschäftsführer der Plaschna MKG, Berlin 19.04.1994.

Andrzej Rapaczynski, Professor of Law, Columbia University, New York 14.10.1993.

H. Reimer, ehem. Geschäftsführer der Jenoptik GmbH, Jena 26.01.1994.

Uwe Reinert, Geschäftsführer der Jenoptik GmbH, Jena 26.01.1994.

Günther Reißmann, Vorsitzender des Gesamtbetriebsrats der Jenoptik GmbH, Jena 25.01.1994.

H. Roscher, ehem. Direktor Privatisierung, Treuhandanstalt NL Rostock, Rostock. 10.05.1994.

Detlev Scheunert, ehem. Direktor Privatisierung (U2 OF), Treuhandanstalt, Berlin 21.01.1994.

Ulrich Schmid, ehem. Privatisierer (U4 ET), Treuhandanstalt, Berlin 08.09.1993.

Hilmar Schmidt, volksw. Fragen (PI), Treuhandanstalt, Berlin (mehrere).

Thomas Schmidt, Vertragsmanagement, Treuhandanstalt, Berlin 13.09.1993.

Wolf Schöde, Pressesprecher (PK), Treuhandanstalt, Berlin (mehrere).

Prof. Schulz, ehem. Wirtschaftsminister des Bundeslandes Thüringen, Jena 26.01.1994.

Andrei Shleifer, Professor of Economics, Harvard University, Cambridge 04.11.1993.

Bernd Silkenstedt, Vertragsmanagement, Treuhandanstalt, Berlin 20.08.1993.

Pascal Spotthelfer, ehem. Jenoptik GmbH, Jena 27.01.1994.

Oliver Wittmann, EFBE Management KG, Berlin (mehrere)

3. Interviews im Rahmen des Forschungsprojektes der Treuhandanstalt (B-Interviews)

Norman v. Scherpenberg, Generalbevollmächtigter (PG) Treuhandanstalt, Berlin.

Hilmar Schmidt, volksw. Fragen (PI), Treuhandanstalt, Berlin.

Wolf Schöde, Pressesprecher (PK), Treuhandanstalt, Berlin.

Christoph Schröder, Abteilungsleiter Privatisierung (U4 FB 3), Treuhandanstalt, Berlin.

Eberhard Sinnecker, ehem. Direktor Privatisierung (U5 IG), Treuhandanstalt, Berlin.

Wolfgang Vehse, Direktor Beziehungen zum Bund (PB), Treuhandanstalt, Berlin.

4. Zeitungen, Zeitschriften, Wochen- und Monatspublikationen

Berliner Zeitung, Berlin (BZ)

Börsen-Zeitung, Frankfurt am Main

Forbes!, München

Frankfurter Allgemeine Zeitung, Frankfurt am Main (FAZ)

Handelsblatt, Düsseldorf

Leipziger Volkszeitung, Leipzig

Management Praxis

manager-magazin, Hamburg

Die Marktwirtschaft, Berlin

Neues Deutschland, Berlin (ND)

Der Spiegel, Hamburg

Tagesspiegel, Berlin (TS)

VDI - Nachrichten

Die Welt, Bonn

Die Wirtschaft, Berlin

Wirtschaftswoche, Düsseldorf

Wochenpost, Berlin

Die Zeit, Hamburg